国家社会科学基金重点项目（10AFX009）

检察权
优化配置研究

主编／张智辉

副主编／向泽选　谢鹏程

中国检察出版社

课题组成员

主编：

张智辉　法学博士，最高人民检察院司法体制改革领导小组办公室主任，湖南大学教授，博士生导师

副主编：

向泽选　法学博士，最高人民检察院检察理论研究所副所长，研究员

谢鹏程　法学博士，最高人民检察院检察理论研究所副所长，研究员

成　员：

邓思清　法学博士，最高人民检察院检察理论研究所学术部主任，研究员

刘　方　法学硕士，最高人民检察院检察理论研究所学术部副主任，研究员

葛　琳　法学博士，最高人民检察院检察理论研究所科研管理部副主任，副研究员

导　　言

在法治进程中，检察制度相对于审判制度、警察制度，是一个较晚形成的制度。在世界范围内，检察权的定位和范围都较为模糊。特别是在中国，检察权的配置问题，一直是很有争议的，以致在司法体制和工作机制改革中，检察权的优化配置问题成为法学理论界和法律实务界乃至社会广泛关注的热点问题之一，成为司法体制和工作机制改革中无法回避的一个重大课题。深入研究检察权优化配置的问题，是建设社会主义法治国家的需要，是深化司法体制和工作机制改革的需要，是解决执法不严、司法不公和司法腐败等问题的需要，是发展完善中国特色社会主义检察制度的需要。因此，本课题研究受到国家社会科学规划办公室的重视，被列入重点规划项目。

"检察权优化配置研究"自 2010 年 7 月被列入国家社会科学基金重点项目（10AFX009）以来，课题组做了深入地调查研究工作。

一是明确方向。本课题立项后，课题组负责人即召集课题组全体成员会议，讨论确定本课题研究的指导思想、基本思路，研究具体实施方案，明确了研究方向。我们认为，本课题研究要坚持中国特色社会主义道路，坚持检察机关的宪法定位，立足中国国情，研究回答检察权配置在实践中反映出的突出问题，促进中国特色社会主义检察制度的发展完善。

二是收集资料。按照课题申请书中的课题设计，课题组成员于 2010 年 7 月至 12 月进行了资料收集、信息整理工作，并进行了初步调研，在对检察权配置问题进行初步研究的基础上，集体讨论，拟制了课题研究的大纲，并进行了具体分工。

三是召开专题研讨会。为了集思广益，从全国各地研究该问题的学者和检察人员中汲取营养，同时也为了以此为契机推动全国对检察权优化配置问题的研究，我们于 2010 年 7 月向全国发出了征文通知，受到法学界和检察机关许多同志的响应。2010 年 12 月，我们在广州召开了"检察权优化配置问题研究"学术研讨会，围绕检察权配置的宏观问题、检察权配置的微观问题、检察权配置的完善等专题进行了研讨。研讨会的成果——

《检察权优化配置初探》，于 2011 年 6 月由中国检察出版社正式出版。

四是重点调研。本课题立项后，课题组成员除了阅读有关图书和查阅有关资料外，先后赴山西、天津、湖北、湖南、广东、上海等地的检察机关进行调研，召开十余次座谈会，了解检察机关不同层级、不同地区人员对检察权配置现状的感受、意见和要求。

五是开展专题研究。按照分工，课题组成员按本课题确定的研究大纲进行深入研究，并撰写研究报告。自 2011 年以来，课题组成员围绕本课题研究先后撰写并发表了"检察改革要以检察职权优化配置为核心"（载《河南社会科学》2011 年第 3 期）、"检察规律引领下的检察职权优化配置"（载《河南社会科学》2011 年第 3 期）、"论我国检察机关行政公诉权的程序构建"（载《国家检察官学院学报》2011 年第 4 期）、"检察立法的发展方式"（载《人民检察》2011 年第 9 期）、"论检察委员会的职权范围"（载《人民检察》2011 年第 12 期）、"应当重视检察机关内设机构改革"（载《检察日报》2011 年 8 月 19 日第 3 版）、"检委会正确决策的程序保障"（载《法学》2011年第 10 期，复印报刊资料《诉讼法学、司法制度》2012 年第 4 期全文转载）、"检察职权的内部配置与检察机关内设机构改革"（载《河南社会科学》2012 年第 3 期）、"检察权配置的原理"（载《国家检察官学院学报》2012 年第 4 期）9 篇论文。在认真研究的基础上，课题组成员于 2012 年 6 月完成了本课题研究的报告。

六是组织论证。课题研究形成初稿后，课题组负责人组织论证会，邀请法学专家与课题组成员一起对研究报告进行讨论，提出具体修改意见。课题组成员根据集体讨论的意见，对初稿进行了认真的修改。

七是反复修改。2012 年，刑事诉讼法、民事诉讼法相继修改，根据新修改的法律和有关司法解释，课题组成员再次对初稿进行修改，于 2012 年10 月形成第三稿。党的十八大政治报告对司法体制改革提出了新的要求。十八大召开以后，课题组成员认真学习领会十八大精神，进一步研究检察权配置的问题，特别是 2013 年年初，全国 32 个省级检察院按照十八大精神对新一轮检察改革进行调研，形成书面调研材料。课题组成员认真阅读这些材料，结合学习十八大精神，再次对研究报告进行修改，形成最后的研究报告。

本课题研究报告分总体报告和专题报告两个部分。总体报告从优化检察权配置的现实意义、检察权配置的一般原理、检察权优化配置的指标体系、检察权配置现状的理性考察、优化检察权配置的路径选择五个方面分别论述了检察权优化配置中的宏观性问题，概括了专题研究的成果，比较完整地表达了我们对检察权优化配置问题的思考。专题报告根据我们对检察权内部分解的理解，分检察权在国家权力结构中的优化配置、检察侦查权的优化配置、批准和决定逮捕权的优化配置、公诉权的优化配置、诉讼监督权的优化配置、检察机关其他职权的优化配置、检察机关的机构设置与检察权优化配置、检察权运行机制与检察权优化配置八个专题，对各项检察职权的优化配置及其密切相关的问题，进行了深入具体的研究。

本课题研究的成果是课题组全体成员共同努力的结果。其中，第一、三、四、五章由张智辉撰写，第二、六章由谢鹏程撰写，第七、八章由刘方撰写，第九章由葛琳撰写，第十、十一章由邓思清撰写，第十二章由向泽选、邓思清撰写，第十三章由向泽选撰写。尽管在撰写过程中课题组成员进行过两次统稿，但毕竟是各个撰稿人独立完成的，难免带有不同的写作风格，甚至存在内容重复的地方，敬请读者批评指正。

目　录

下篇　检察权优化配置专题报告

上　篇
检察权优化配置研究总体报告

第一章　优化检察权配置的现实意义

十七大政治报告把"优化司法职权配置"作为深化司法体制改革的任务之一提出后，中央政法委员会《关于深化司法体制和工作机制改革若干问题的意见》，从十个方面提出了优化司法职权配置的任务，其中七个方面都直接涉及检察机关的职权问题，如改革和完善侦查措施和程序、改革和完善对侦查活动等的法律监督、改革和完善审查逮捕制度、改革和完善诉讼制度、改革和完善人民检察院对刑罚执行的法律监督、改革和完善上下级司法机关之间的关系、完善人民参与监督司法的法律制度等。十八届三中全会通过的《中共中央关于全面深化改革若干重大问题的决定》中再次提出了"优化司法职权配置"的任务。这表明，优化检察权配置，不仅是检察机关改革发展中遇到的重大问题，而且是中央十分关注的重大问题。因此，有必要对之进行深入研究。

一、优化检察权配置是政权建设的必然要求

十五大政治报告在"政治体制改革和民主法制建设"部分，专门提出："推进司法改革，从制度上保证司法机关依法独立公正地行使审判权和检察权"；十六大政治报告也是在"政治建设和政治体制改革"中特别强调推进司法体制改革，要"进一步健全权责明确、相互配合、相互制约、高效运行的司法体制，从制度上保证审判机关和检察机关依法独立公正地行使审判权和检察权"；十七大政治报告则在"坚定不移发展社会主义民主政治"部分强调"全面落实依法治国基本方略，加快建设社会主义法治国家"。其中特别明确提出"深化司法体制改革，优化司法职权配置，规范司法行为，建设公正高效权威的社会主义司法制度，保证审判机关、检察机关依法独立公正地行使审判权、检察权"。十八大政治报告第四次强调："进一步深化司法体制改革，坚持和完善中国特色社会主义司法制度，确保审判机关、检察机关依法独立公正行使审判权、检察权。"

党的全国代表大会政治报告中连续四次提到检察权的问题，足以说明检察权的问题在我们国家政权建设中的重要地位，说明保证检察机关依法独立公正行使检察权是我们国家政治体制改革的重要内容。

从中央关于司法改革的基本思路上看，包括检察改革在内的司法体制改

革，始终是作为政治体制改革的一个组成部分进行的。而政治体制改革的核心问题是国家权力如何配置以及如何保障权力正确行使的问题。司法改革始终是围绕职权配置及其正确行使来进行的。并且，从中央确定的司法改革的任务来看，四大政治报告都把司法改革的目标锁定在"保证审判机关、检察机关依法独立公正地行使审判权和检察权"上。这充分说明，无论是中央最初提出司法改革，还是强调深化司法改革，其目标始终是十分明确的，就是要通过改革，保证审判机关和检察机关依法独立公正地行使审判权和检察权。而保证审判机关和检察机关依法独立公正地行使审判权和检察权，首当其冲的，自然是审判机关和检察机关的职权优化配置的问题，其次才是如何保证职权的依法独立公正行使的问题。

（一）检察权是国家权力的重要组成部分

在我们国家，检察制度首先是政治制度的重要组成部分。我国政治制度的基本特点是在中国共产党的领导下人民代表大会统一行使国家权力。按照宪法的规定，人民代表大会产生国家行政机关、审判机关和检察机关，分别行使国家的行政权、审判权和检察权。在这种权力架构中，检察权是国家权力的重要组成部分之一，检察权的配置及其行使的状况，直接关系国家权力的整体状况。

把检察机关定位为国家的法律监督机关，用检察权来保证国家行政权、审判权的依法行使，是我们国家政权组织形式的内在需要，也是我们国家历史和现实的必然选择。

我们知道，任何权力都是由一定的主体来行使的，而任何主体都可能滥用手中的权力。"一切有权力的人都容易滥用权力，这是万古不易的一条经验。有权力的人们使用权力一直到遇有界限的地方才休止。"①这是因为，权力本身具有扩张的本性。"人们一般不是为权力本身才去谋求权力的。他们要权是为了权能给他们带来的其他价值——名誉、财富，甚至情感。"②在现实社会生活中，权力总是能给权力主体带来某种好处。一方面，权力可以用来实现一定的目的。权力主体可以按照自己的或者团体的意志，影响或控制其他主体的行为方式或方向，使其沿着自己所预设的轨道行进，从而达到预想的目的。另一方面，权力可以满足权力主体的某种需要。通过行使权力，权力主体往往能够得到某种利益包括收益，或者能够实现对他人的支配欲望，或者能够获得某种精神上的满足。正是因为这些好处，权力主体才会认真对待权力，充分行使手中

---

① ［法］孟德斯鸠：《论法的精神》（上），商务印书馆 1961 年版，第 154 页。
② ［美］加里·沃德曼：《美国政治基础》，中国社会科学出版社 1994 年版，第 5 页。

的权力，使权力的效益最大化。也正是因为权力的这种本性，如果不加控制，权力就可能被滥用，以致走向自己的反面，背离权力配置的初衷。所以，每个国家，都会在权力配置的时候，根据自己的历史文化传统和权力配置的实际情况，对权力的行使设置一定的限制，以防止国家权力被滥用。

在现代西方国家，受启蒙思想家们分权制衡思想的影响，普遍实行"三权分立"的政权组织形式。通过对国家权力的分解和行使不同权力的国家机关之间的独立性和相互牵制，达到相互制衡的目的。与此同时，通过多党竞争的政治制度和新闻自由的舆论监督，可以有效地监督国家权力的行使。一方面，通过不同政党之间的竞争，达到在野党对执政党的牵制。多党制使执掌国家权力的资格在于赢得更多的选票，这就使执政党不得不动员全党并说服普通公民为自己推荐的候选人投票，从而更加关注民众对本党的主张、作为乃至领导人的品行的看法，谨慎地对待手中的权力；使在野党不遗余力地寻找执政党在执政过程中出现的纰漏和瑕疵，并利用执政党的失误和问题争取民众对执政党的反对和对自己的支持，以便在选举中击败执政党而夺取掌握国家权力的机会。"政党政治使当政的政治家们变成几乎全国半数人口敌对批评的对象了。这就使他们不可能犯在其他情况下容易犯的许多罪行。"① 另一方面，通过大众媒体的舆论监督，遏制国家权力的异化。任何政治丑闻或者权力异化一旦曝光，都会引起巨大的社会反响，对当权者形成强大的舆论压力，甚至可能引发政治地震。而新闻自由使任何公民都有机会和可能利用大众媒体来揭露政治丑闻。这种基于个人意志的不可控性和公众信息来源的广泛性，使大众媒体成为公民和社会监督国家权力的重要途径。分权制衡、政党政治与新闻自由，这些措施相互作用，可以有效地防止国家权力被滥用。

而在我们国家，一切权力属于人民。人民在中国共产党的领导下组成人民代表大会统一行使国家权力。人民行使国家权力的基本方式，主要有三种：一是通过人民代表大会产生其他国家机关，并授权这些国家机关代表人民行使国家权力。由于国家权力的广泛性和复杂性，人民代表大会不可能直接行使每一项国家权力，而必然要在人民代表大会下设立若干个不同的国家机关，授权其代表人民分别行使部分的国家权力。"在权力集中于一个组织——国家的情况下，如要避免产生极端专制的流弊，就必须把那个组织里面的权力广泛地分散

---

① ［英］伯特兰·罗素：《权力论——新社会分析》，商务印书馆1991年版，第209页。

开，并使下级组织享有大量的自治权。"①因此，在人民代表大会制度下，国家设立了行政机关、审判机关、检察机关和军事机关，设立了中央国家机关和地方各级国家机关，分别行使国家权力的某一个方面，而各个、各级国家机关都执行全国人民代表大会及其常务委员会制定的法律，都向全国人民代表大会负责，从而构成完整而统一的国家权力运行模式。在这种权力运行模式中，其他国家机关都是由人民代表大会产生并根据人民代表大会的授权行使权力的，所以要向人民代表大会负责。人民代表大会可以选举或者任命国家机关的组成人员，也可以罢免它选举或者任命的国家机关工作人员。二是通过制定法律设定各个国家机关的职权范围和行为规则。人民通过立法的方式把自己的意志上升为国家意志，制定出一系列权力运行的规范和不同情况下不同主体的行为规范。各个国家机关都是执行全国人民代表大会制定的宪法和法律，依据法律的规定行使职权，实现对国家事务和社会公共事务的管理，维护国家安全、社会稳定和经济发展。三是监督国家机关及其工作人员行使国家权力的活动，保证国家权力依照法律亦即按照人民的意志来进行。人民代表大会通过听取和审议其他国家机关的年度和专项工作报告，监督其履行职责的情况；通过组织对法律法规实施情况的检查，指出法律实施中存在的普遍性问题，提出改进执法工作的建议；通过对中央和地方国家机关制定的行政法规、地方性法规、自治条例和单行条例、规章的备案审查，撤销与宪法和法律相抵触的规范性文件，通过对最高人民法院、最高人民检察院制定的司法解释的备案审查，纠正与被解释的法律精神相抵触的规范性文件，防止国家机关的规范性文件与宪法和法律相抵触；通过在审议过程中对重大事项的询问和质询、在重大决策时的特定事项调查等方式监督其他国家机关的履行职责的情况。

　　在这样一种权力机构中，人民代表大会不仅是国家的立法机关，而且是国家的权力机关。国家行政机关和审判机关由人民代表大会产生、向人民代表大会负责，因而不可能形成西方国家那种立法权、司法权和行政权彼此之间完全独立、相互牵制的权力制衡结构。人民虽然是国家权力的主人，但总是通过国家机关间接地行使权力的，人民代表大会虽然享有广泛的监督权，但只能是从宏观上来监督其他国家机关的工作，而不可能对其他国家机关执行法律的具体情况进行监督。为了保证各个、各级国家机关都能够按照全国人民代表大会制定的、体现全国人民意志的法律来行使权力，就需要在人民监督国家机关行使权力的基础上，设立一个专门的国家机关来监督其他国家机关行使权力、执行

---

　　① ［英］伯特兰·罗素：《权力论——新社会分析》，商务印书馆1991年版，第209页。

法律的情况，以保证全国人民代表大会制定的法律在全国范围内统一正确实施①。而这样一个专门机关就是国家的法律监督机关。正是在这个意义上，我们说，专门的法律监督机关的设置，是人民代表大会制度下防止权力滥用的必然选择，是人民监督政府的必要补充。正如有些学者指出的："人大制度下必须设立专门的机关，对国家机关执行法律和权力运作的情况进行监督，以实现权力制约功能，这就使法律监督权以一种独立的国家权力形式而存在成为必要和可能，因此，法律监督权作为一种权力形式存在于国家结构中，则是'议行合一'国家权力结构形式的一种必然选择，即检察机关成为国家法律监督机关具有其必然性。"②因此，在我们国家的权力架构中，检察权与审判权一起作为国家的司法权，在宪法中被独立规定，检察权成为国家权力结构中一项独立的国家权力。这是中国特色社会主义检察制度的一个显著特征。检察权的配置问题，历来是国家政权组织中的一个重要方面。

在1949年新中国成立时，中央人民政府组织法就明确规定了检察机关的法律地位和职权③。中央人民政府委员会根据《中华人民共和国中央人民政府组织法》的规定，于1951年9月3日颁布了《中央人民政府最高人民检察署暂行组织条例》和《地方各级人民检察署组织通则》，对最高人民检察署和地方各级人民检察署的职权和组织机构分别作了具体的规定。1954年9月20日颁布的第一部《中华人民共和国宪法》在国家机构中明确规定了检察机关的宪法地位和检察权的范围，即"最高人民检察院对于国务院所属各部门、地方各级国家机关、国家机关工作人员和公民是否遵守法律，行使检察权。地方各级人民检察院和专门人民检察院依照法律规定的范围行使检察权"（第81条）。并且规定"地方各级人民检察院独立行使职权，不受地方国家机关的干

①　因为人民是由各个作为个体的人组成的。各个个体的人对国家机关行使权力的情况所进行的监督，往往是缺乏国家强制力的。而人民行使权力的组织形式——人民代表大会主要是通过制定法律、选举任命和罢免国家机关工作人员、审议国家机关的工作等发生来行使权力的，很难对国家机关及其工作人员的每一个执行法律（行使职权）的活动进行监督。

②　谢佑平等：《中国检察监督的政治性与司法性研究》，中国检察出版社2010年版，第279页。

③　1949年9月27日中国人民政治协商会议第一届全体会议通过的《中央人民政府组织法》第5条规定："中央人民政府委员会组织政务院，以为国家政务的最高执行机关；组织人民革命军事委员会，以为国家军事的最高统辖机关；组织最高人民法院及最高人民检察署，以为国家的最高审判机关及检察机关。"第28条规定："最高人民检察署对政府机关、公务员和全国公民之严格遵守法律，负最高的检察责任。"

涉"（第83条）。

"文化大革命"期间，我们国家的政权建设遭到极大的破坏，权力不受监督的思潮泛滥，检察机关被迫撤销。于是，在1975年1月17日修改的《中华人民共和国宪法》中就取消了检察机关的建制，规定"检察机关的职权由各级公安机关行使"（第25条第2款）。而在"文化大革命"结束后，国家权力运行恢复常态，强调加强民主和法制建设的时候，检察机关首先得以恢复。在1978年3月5日全国人民代表大会通过的《中华人民共和国宪法》中，检察机关的宪法地位和职权再次被明确规定。这段历史表明，检察权是国家权力的重要组成部分，检察权的配置问题在国家政权建设和政治体制改革中历来具有重要的地位。

（二）检察权是保障国家权力依法行使的重要力量

十八大政治报告首次提出："要确保决策权、执行权、监督权既相互制约又相互协调，确保国家机关按照法定权限和程序行使权力。"并且首次明确地把"党内监督"、"民主监督"、"法律监督"、"舆论监督"相提并论。这表明，法律监督是我们国家权力监督体系中的一个重要方面，在国家政权建设中具有十分重要的地位。法律监督是我们国家的权力监督体系中不可或缺的重要组成部分，具有其他监督所无法替代的作用。它与其他监督的最大区别在于：第一，它是基于法治目的进行的监督。所有对公共权力的监督，都是为了防止权力的滥用。但是法律监督不同于其他监督的地方在于它并不关注权力行使得是否正确、是否恰当，不对权力的行使进行价值判断，法律监督只对权力的行使进行法律判断即合法性判断。法律监督的目的是维护国家法律的统一正确实施，所关注的是国家法律是否被违反、被曲解或滥用。第二，它是运用法律手段进行的监督。法律监督是运用法律规定的手段（其中有些手段是法律监督机关独享的，有些手段是其他国家机关也可能享有的，但对象和目的不同）、按照法律规定的程序、针对法律规定的对象进行的，能够产生相应的法律效果。因而具有专门性、特定性、程序性、针对性等特点，是权力监督体系中法治化程度最高的一种监督。在推进依法治国的进程中，法律监督的地位和作用将会越来越凸显。第三，它是独立于权力运行体系之外的监督。尽管从总体上看，法律监督权是我们国家权力运行体系中的一个重要方面，但是对监督主体与监督对象的关系而言，法律监督是独立于权力运行体系之外的一种权力。法律监督权行使的主要对象是行政权和审判权，而行使法律监督权的检察机关与行使行政权的行政机关、行使审判权的审判机关是彼此独立、互不隶属的。法律监督不是在行政权或者审判权权力运行体系内进行的一种监督，不同于行政机关内部的行政监督，也不同于审判机关内部的审判监督，而是在行政权、审判权运行体系之外，由专门的法律监督机关对行政权、审判权进行监督。这种监督与国家机关的内部监督相比，更具有公允性、权威性。

检察机关作为国家的法律监督机关，在监督国家法律的正确实施、保障国家权力依法运行等方面担负着重要职责。检察机关能否有效地监督法律实施，直接关系到国家权力能否严格按照法律的规定来行使，关系到依法治国方略能否顺利推进。

检察机关根据法律授权担负着查办职务犯罪的职责，而惩治职务犯罪是关系到党和国家生死存亡的反腐败斗争中极为重要的一个环节。检察机关能否有效地履行法定职责，担负起查办职务犯罪的重任，对于遏制国家工作人员中的腐败行为和渎职行为，促进国家工作人员依法履行职责，保证国家权力廉洁、公正运行，关系重大。正如有的学者指出的："法律监督的对象意义使它成为一种特殊的监督即以国家名义、代表国家和针对国家工作人员的监督，是维护国家政治制度和政治体制的重要力量。法律监督制度也因此成为一种政治制度。法律监督作为一种政治制度和国家监督，体现了强烈的政治性。法律监督所体现的是我国人民代表大会政体的根本性需要。"①因此，优化检察权的配置，保障检察权行使的有效性、权威性，保证检察权行使的公正性、廉洁性，不仅是检察制度自身发展的内在要求，而且是国家政权建设的必然要求，因而也是政治体制改革的重要方面。

（三）检察权配置中存在的问题影响政治制度的完善

在我们国家的政权组织形式中，检察机关作为独立的国家机关，具有明确的宪法地位，并且宪法还特别规定检察机关依法独立行使检察权。但是，无论是在制度设计上，还是在权力的实际运行中，检察机关都难以依法独立行使检察权。这种状况严重影响到公正权威高效的社会主义司法制度建设，影响到检察机关职能作用的充分发挥。

从制度设计上看，检察机关的独立性缺乏应有的制度支持：一是检察机关的人事不独立。按照宪法和有关法律的规定，地方各级人民检察院检察长由地方各级人民代表大会选举和罢免，副检察长、检察委员会委员和检察员由本院检察长提请本级人民代表大会常务委员会任免。与这种选举、罢免和任免权相适应，本级党委对于本级检察机关的人事安排具有提名权。这种提名权不仅包括提出选举、罢免和任免的检察人员名单的权力，而且包括对检察人员调动工

---

① 参见蒋德海：《控权型检察制度研究》，人民出版社2012年版，第156～157页。

作的权力。同级党委和人大对检察机关人员命运的实际控制权，使检察机关在行使检察权的时候，不得不服从地方领导的决定和意见。二是检察机关的经费不独立。我国目前实行的财政制度是地方各级检察机关的经费特别是"人头费"主要依靠地方财政供给，并且这种供给的额度和时间没有明确的标准和必要的保障。特别是财政状况本身就不好的地方，检察人员的工资经常都不能按时发放，检察机关的办案经费和办公经费更是没有保障，检察人员的住房问题难以解决。这种财政供给制度使地方各级检察机关的生存和发展在很大程度上依赖于地方政府，以致在行使检察权时不得不考虑地方的利益，难以独立自主地依法办事。三是检察官的身份不独立。检察人员是构成检察院的主体，因而也是行使检察权的主体。检察人员的身份独立是独立行使检察权的基本前提。但是从我国目前检察机关的人事管理制度上看，无论是普通的检察人员还是检察机关的领导干部，其主体身份都不具有独立性。检察人员作为公务员，要受公务员法的管束。从能否进入检察院，到能否晋升，甚至到能否继续待在检察院，都要按照公务员法的规定执行，从而受地方党委组织部门的管理。这种人事管理制度，使一般检察人员不敢得罪检察长，而检察长又不敢得罪地方党委。检察机关在行使检察权的过程中，一旦遇到地方领导要干预的情况，几乎没有人敢不按照地方领导的意见办案，而不论这种意见是否正确。

在实际运行过程中，地方党政机关通过对检察机关人事权和财政权的控制，不仅可以在很大程度上影响检察机关行使检察权的活动，甚至可以干预检察机关的内部管理。特别是在地方主要领导法治观念淡薄的情况下，个别领导人直接指令或者干预检察机关对具体案件或者具体人的处理，检察机关为了自身的生存不得不屈从个别领导人的意志，甚至置法律于不顾。在这种状况下，检察机关有的领导也会主动地用检察权去讨好地方的主要领导，自觉不自觉地要按照地方领导的意图办案，以致检察机关不得不办理一些与地方领导有关的"关系案"、"人情案"等。至于一些涉及地方经济利益的案件，检察机关难免要从为本地经济发展"保驾护航"的需要出发来办理。其中，最为典型的是曾经震惊中央领导的所谓"白宫案"。安徽省阜阳市颍泉区建造的政府办公大楼外形酷似美国白宫。因知情人举报并遭受迫害而暴露出的系列案件，被称为"白宫书记案"，在互联网上引起舆论的广泛关注。该案的主角区委书记张治安滥用职权，指使区检察院检察长汪成等人迫害举报人李国福的行为，则典型地反映了地方领导滥用职权干预检察权的情况。被害人李国福，曾任泉北贸易区管委会经贸发展局局长兼安曙房地产开发公司董事长。2007年4月，因有人反映李国福长期不上班等问题，为了"敲打"李国福，让其害怕，时任中共阜阳市颍泉区委书记的张治安，安排时任颍泉区人民检察院检察长的汪成，对李国福的经济问题进行调查，但因找不到有关案件当事人，没有查处结果。2007年8月，张治安收到一封关于检举其受贿、卖官、违法乱纪的举报信，并根据举报信内容，分析判定举报人就是李国福，遂产生报复李国福的念头。其后，张治安要求汪成加大查处李国福案件的力度。8月20日，张治安得知李国福案件进展不大时，严厉斥责汪成，并以撤免其检察长职务、卡其单位经费相威胁，要求汪成每天向其汇报李案查处情况。汪成被迫加大对李国福的查处力度，在明知李国福不具备立案条件的情况下，授意案件承办人员提出立案意见，并在检察委员会上，作了颍泉区委领导十分重视该案的引导性发言，致使检察委员会形成对李国福立案并采取强制措施的一致意见。11月下旬，张治安将颍泉区人事局调查的李国福子女违规就业的有关材料交给汪成，指令汪成单独提讯李国福，向其施加压力，要李国福说出幕后举报人，并要求李国福不再举报张治安，否则将清退李国福子女的工作。据此，汪成违法单独提讯李国福，将张治安交给他的材料出示给李国福，转述了张治安的上述威胁，向李国福施加压力。汪成还建议张治安责令公安机关查处李国福所谓伪造公文、印章问题，以实现张治安对李国福重判的要求。张治安遂安排颍泉区公安分局查处此案。颍泉区公安分局迫于张治安的压力，于2008年1月7日对李国福以伪造国家机关公文、印章罪立案侦查；1月18日，颍泉区公安分局侦查终结，移送颍泉区人民检察院审查起诉。1月25日，李国福案移送审查起诉后，汪成要求公诉科长王颍建尽快结案起诉。3月4日，颍泉区人民检察院以李国福构成贪污罪，受贿罪，伪造国家机关公文、印章罪，伪造公司印章罪为由，向阜阳市颍泉区人民法院提起公诉。3月6日，李国福在收到颍泉区人民法院送达的起诉书后，于3月13日在阜阳监狱医院自缢死亡。① 在该案中，固然有汪成为了讨好张治安而积极主动地配合张治安报复陷害举报人的因素，但从案件的过程来看，汪成由于其命运掌握在张治安的手里，甚至检察院的经费也由张治安控制，所以张治安才可以以此要挟汪成，迫使汪成乃至区检察院按照区委书记张治安的旨意滥用检察权来报复陷害他人。正如有的文章指出的：当区委书记张治安要求汪成对举报人李国福打击报复时，汪成就压制下属检察官对李国福立案侦查，并明示批捕的检察官，李国福案系张治安交办，必须逮捕。李国福案到了审查起诉阶段，汪成又向公诉部门施压，仓促结案。在这里，汪成的"读脸术"，就是读出区委书记张治安的脸部变化，明白张的喜怒哀乐和张的意图，而作为批捕和公诉的检察官的"读脸术"，则是要读出汪成的喜怒哀乐、汪的意图。因为，地方司法机关的人、财、物都被控制在地方党政手

① 参见《中华人民共和国最高人民检察院公报》2010年第5期。

中，检察长不能不听从地方党政官员对案件的干涉；而检察官相对于检察长的独立性也弱，检察长也可以轻易地对检察官调动岗位、撤职。如果不懂对上司的"读脸术"，情况就会严重得多，检察长或者检察官轻则被"穿小鞋"、不能升迁，重则丢官或者有牢狱之灾。①

"白宫案"所反映的问题，不仅仅是涉案人员的个人品质问题，更重要的是反映了制度上可能出现的问题，即检察权如果依附于地方的领导人，就可能给我们国家的政权建设造成严重的破坏，给党和人民的利益构成重大的威胁。因此，从制度上解决检察机关依法独立公正地行使检察权的问题，不只是检察制度本身的问题，而是关系到国家政权建设的重大问题，因而也是政治体系改革中的重大问题。

（四）保证依法独立公正行使检察权是党和国家着力解决的重大问题

党的四次全国代表大会政治报告中反复提及同一个问题，即要通过改革来从制度上保证司法机关依法独立公正地行使审判权和检察权。一方面表明，这个问题对于建设社会主义法治国家而言，是一个十分重要的问题。党中央高度重视这个问题，把它作为建设社会主义民主政治、实现依法治国的突破口，始终坚持不懈地予以推进。另一方面也表明，检察机关不能依法独立行使检察权的问题，是中国特色社会主义司法制度自我发展过程中面临的一个突出问题，也是党的十五大以来始终没有解决的一个重大的制度性问题。并且这方面的问题已经严重影响到国家的政权建设和社会稳定，以致引起四届中央委员会的高度关注。

自从党的十五大政治报告中提出"推进司法改革，从制度上保证司法机关依法独立公正地行使审判权和检察权"以来，学术界对这个问题进行了广泛的研究，普遍认为，从制度上保证司法机关依法独立公正地行使审判权、检察权，对于建设公正权威高效的社会主义司法制度，对于全面推进依法治国，具有极为重要的意义。这既是司法改革所要解决的核心问题，也是政治体制改革的突破口。但是对于如何从制度上解决这个问题，没有提出具体的、可行的方案。党的十六大以后，中央成立了司法体制改革领导小组，统一研究部署司法改革工作，但是由于诸多方面的原因，司法改革更多地关注了司法机关工作机制方面的改革，对于体制方面的问题较少涉及。从客观上看，这是因为，从制度上保证司法机关依法独立公正地行使审判权、检察权的问题，既涉及司法

---

① 杨涛：《检察官最需要何种"读脸术"》，载《中国青年报》2012 年 9 月 26 日。

机关的职权配置特别是与其他国家机关职权的关系问题，也需要在政治体制改革的总体框架内解决，不是司法机关自己所能解决的问题。并且，改革要稳妥进行，就必然是一个循序渐进的过程，总是有些问题要先解决，有些问题要后解决。另外，由于解决这个问题的难度很大，涉及面很广，在改革中，司法机关更多的是从自己所能解决的具体问题入手，进行工作机制方面的改革，其中涉及职权配置的，也主要是司法机关之间或者司法机关内部的职权配置问题，以致在政治体制上还没有真正解决司法机关依法独立公正地行使审判权、检察权的问题。所以在党的十八大政治报告中，党中央提出要"进一步深化司法体制改革，坚持和完善中国特色社会主义司法制度，确保审判机关、检察机关依法独立公正行使审判权、检察权"。这既表明党中央一以贯之、坚定不移地要解决这个问题，而且表明了党中央解决这个问题决心。而解决这个问题的关键，就是在国家权力配置中正确处理司法机关与其他国家机关的关系包括与执政党的关系，合理地配置权力，明确设定各种权力的边界，正确处理权力之间的关系。

二、优化检察权配置是检察制度自我完善的迫切需要

如同其他方面的政治制度一样，检察制度本身存在某些不够完善的地方，特别是在职权的配置和行使方面，存在权力边界不明晰、权力功能不完整等问题，以致与我们国家的经济体制改革以及经济社会快速发展不相适应，需要通过改革来进一步优化。

新中国的法律制度，是在砸碎"旧法统"的基础上学习借鉴苏联社会主义法律制度建立起来的。伴随着我国社会的发展道路，法律制度的建设，走过了一个曲折的历程。尤其是我们国家的检察制度，在1957年以后逐渐被削弱，直至1975年宪法明确规定取消检察机关，检察权由公安机关代行。1978年宪法重新确立检察机关的宪法地位之后，人民检察院组织法重新赋予检察机关必要的职权，开始了检察机关恢复重建的历史。随着我国法制建设的不断发展，法律赋予检察机关的职权也在不断调整。

在中国特色社会主义检察制度发展完善的过程中，检察权配置的科学性问题以及检察权在运行过程中遇到的问题，特别是随着经济发展、社会变迁，人民群众法律需求的增加和评判标准的提高，检察制度的某些方面与民主法制建设的要求、与人民群众的期盼不相适应的问题，也逐渐显露出来。这些问题，既涉及检察权与其他国家权力之间的交叉重叠和不协调，影响检察功能的充分发挥，也涉及检察权内部的分解不够科学合理，影响检察权的有效运行，还涉及检察权行使环境不够理想，制约了检察权的有效行使。我们认为，从权力配

置的角度看，突出的问题主要表现在以下几个方面：

（一）检察权与其他国家权力的关系制约检察制度的发展

当检察权作为一项独立的国家权力来设置的时候，它就必不可免地面临着与其他国家权力的关系问题。这些权力关系如何科学设计，是检察制度发展过程中始终面临的重大课题。

首先，检察机关的法律监督权与人大及其常委会监督权的关系问题。按照宪法的规定，人民代表大会及其常务委员会，不仅是国家的权力机关，而且负有监督宪法和法律实施的权力。人民代表大会对各个、各级国家机关及其工作人员履行职责，遵守和执行法律的情况享有普遍的监督权。检察机关作为国家的法律监督机关，是由人民代表大会产生并向人民代表大会负责的国家机关，其所享有的法律监督权毕竟是由人民代表大会赋予的国家权力中的一部分权力。由此就产生了检察机关的法律监督权与人大及其常委会的监督权的关系问题，即检察机关的法律监督权与人大及其常委会的监督权要不要区分、如何区分；哪些事项或问题仍然由人大及其常委会行使监督权，哪些事项或问题由检察机关行使监督权，监督的方式和效力如何区分。这些问题，在把检察机关作为国家的法律监督机关来定位的宪法框架内，是一个无法回避的问题。

尽管监督法规定了人大常委会监督的内容和方式，人民检察院组织法和三大诉讼法规定了检察机关监督的对象和程序，但是在实践中，当这两种监督重合甚或冲突时，检察机关就会处于被动的尴尬的境地。因为检察机关的法律监督无论在位阶上还是在权威性上，都不能与人大及其常委会的监督相提并论。并且，人大及其常委会的监督权，本身就包含了对检察机关行使法律监督权的情况所进行的监督，其效力也不同于检察机关的法律监督权（人大及其常委会的监督具有决定权，检察机关的法律监督只具有督促纠正权和建议权）。检察机关行使法律监督权的时候，同时要接受人大及其常委会的监督。一旦与人大及其常委会的监督意见相左，检察机关的法律监督就面临着权威性的丧失。

因此，科学设置人大及其常委会的监督与检察机关法律监督的权力边界，避免二者的重叠和冲突，是检察制度发展完善中需要着力解决的重大课题。

其次，检察权与行政权的关系问题。在中国，检察机关与审判机关同为司法机关。司法权对行政权的制约，在很大程度上是通过检察机关的法律监督而不是审判机关的司法审查来实现的（外国法院的某些司法审查权，在中国，按照法律规定，是由检察机关行使的）。但是，行使行政权的行政机关，与行使检察权的检察机关，实际上是不对等的。不仅在机构的层级设置上，检察机关远远低于同级的行政机关，而且检察机关的经费来源完全控制在同级行政机关手中。在这种受制于行政机关的状况下，检察权如何有效地监督行政权，始终是制度设计中面临的一个难题。

最后，检察权与党内监督权的关系问题。在我们国家的权力架构中，中国共产党作为执政党，除了领导人民行使国家权力之外，对作为共产党员的国家工作人员遵守党的纪律的情况进行监督，对党员领导干部违反党的纪律的行为进行调查和处理。这是保持党的纯洁性和先进性的重要措施。但是，从另一方面看，党员领导干部违反党的纪律的行为，有时与违反国家法律的行为，是交叉甚至是重合的。如果一个党员领导干部既违反了党的纪律，又触犯了国家的法律，那么，由党的纪律部门进行查处，还是由国家司法机关进行查处，就涉及党内的权力与国家权力的区分问题。

按照党章和法律的规定，共产党员违反党的纪律，由党的纪律部门进行查处；任何人违反国家法律的，由司法机关依法查处，国家工作人员涉嫌贪污贿赂、渎职侵权犯罪的，由检察机关立案侦查。但是在实践中，这些年来，由于反腐败斗争形势的严峻和要求严厉查处贪污贿赂犯罪的呼声不断高涨，党的纪律部门承担了大量的查处贪污贿赂犯罪的工作。党员领导干部实施的重大贪污贿赂犯罪案件，都是先由党的纪律部门查处，然后决定是否移交司法机关依法处理。这种状况，在司法权配置不足的情况下，无疑有利于反腐败斗争的开展。但是随着国家实行依法治国方略的逐步推进，对反腐败斗争法治化的呼声也越来越高。特别是在《联合国反腐败公约》的框架内进行国际刑事司法合作的过程中，更要求通过法律途径来进行。而法治化的蕴含就是把查办贪污贿赂、渎职侵权犯罪的工作交给司法机关依照法律规定的标准和程序来进行。十八大政治报告再次重申："党领导人民制定宪法和法律，党必须在宪法和法律范围内活动"，"任何组织或者个人都不得有超越宪法和法律的特权"。这本身就意味着，党员领导干部违反法律构成犯罪的，应当由司法机关依法处理，而不能用党纪处分代替法律追究，亦不能由党的纪律部门选择是否把构成犯罪的党员领导干部移交司法机关处理。所以，对党的纪律部门与司法机关的职权范围进行科学的界分，避免用党内的纪律处分权代替司法机关的职权，是贯彻落实十八大精神，进一步理顺党的权力与司法权力关系的一个重大问题，是提高反腐败斗争法治化水平的迫切需要。

（二）检察权内部配置中存在的问题制约检察制度的发展

法律赋予检察机关的职权在检察机关内部如何分配，始终是检察制度发展完善中遇到的一个重大问题。这个问题包括三个方面：

第一，上下级检察机关的权力关系如何处理。按照宪法和法律的规定，最高人民检察院领导地方各级人民检察院和专门人民检察院的工作，上级人民检察院领导下级人民检察院的工作，但法律同时规定，人民检察院依法独立行使检察权。于是就存在一个上级人民检察院的领导权与各级人民检察院依法独立行使检察权的关系问题。过分强调上级人民检察院的领导权，就会削减各级人民检察院依法独立行使检察权。反之，片面强调依法独立行使检察权而忽视或不顾及上级人民检察院的领导权，同样会影响到检察权的正确行使。

第二，同一检察院内部的职权如何分配。法律赋予检察机关的职权在同一个检察院内部也存在一个再分配的问题。这种检察权的二次分配是通过设立不同的内设机构来实现的。不同的内设机构分别行使部分检察权，合起来构成检察权的整体。但近些年来，地方各级人民检察院为了解决检察人员待遇普遍低于行政机关工作人员的状况，都在不断地申请增加机构。因为每增加一个机构就可以增加一定的干部职数，从而提高检察人员的行政级别。这样做的结果，导致检察机关内设机构不断庞大，官多兵少，在第一线办案的人员特别是业务骨干通过竞争上岗不断地被提拔到领导岗位，从而影响到检察机关的主业——案件的办理。这种状况如果不改变，就可能严重影响检察权的正确行使，影响检察制度的发展完善。

第三，同一检察院不同主体之间的分工如何确定。每一个检察院都有检察长、副检察长，有内设机构部门负责人，有普通检察人员。他们都是行使检察权的主体（从事行政管理和后勤服务的人员除外）。这些不同的主体之间应当有明确的职责权限。但如果他们之间的职责权限划分得不清晰，就可能出现越俎代庖或者消极怠工，影响检察权的有效行使。

这些年来，检察机关长期强调一体化的工作机制，在很大程度上忽视了不同主体之间的职责权限划分，导致权力过于集中的现象①。这种状况如果不改善，势必影响到检察职能的充分发挥和检察权的滥用。

（三）检察权在运行过程中面临的问题制约检察制度的发展

检察权在运行过程中，既面临外部环境方面的问题，也面临内部管理方面的问题。这些问题，严重影响到检察权的依法独立公正行使，影响到检察制度的发展完善。

从外部环境上看，检察机关在行使检察权的过程中常常受到多方面的干扰。如领导机关、领导人利用手中的权力要求检察机关在法律规定的范围之外处理案件；相关部门的工作人员利用工作上的制约关系要求检察机关在办理有

---

① 有关这方面的问题，参见第四章"检察权配置现状的理性考察"中相关分析。

关个案中为自己的同事、部下或者亲朋好友网开一面；利用熟人社会中的各种人际关系向承办案件的检察人员或者他的上级领导施加影响或压力，要求检察人员法外留情；甚至有的人利用自媒体时代信息发布的便捷渠道，在社会上散布片面的或者不实的所谓"真相"，制造舆论热点，干预检察机关对具体案件的处理。这些都影响到检察机关依法独立公正地行使检察权，影响到检察机关法律监督职能的有效发挥。

从内部管理上看，检察机关长期形成的内部行政化管理模式，在很大程度上制约着检察权的行使方式。一方面，过度强调上级领导和上级机关的领导权，忽视了检察人员在行使检察权中的主体地位，不利于充分调动检察人员办案的积极性和责任心，不利于建设高素质、专业化的检察队伍，以致经过几十年的发展检察机关依然存在专业人才匮乏的状况。另一方面，在内部管理上没有突出检察机关的法律地位和职业特色，完全按照一般国家机关工作人员的管理模式管理检察工作和检察人员，把检察人员混同于一般的公务员，把检察工作混同于一般的机关工作，把检察机关的人员和精力过多地用在行政工作和参与社会管理活动中，忽视了检察工作的规律和特点，影响了检察权的充分行使，以致经过几十年的恢复重建，检察机关在社会上、在国家管理中的地位和作用仍然没有得到普遍认同和尊重。

这些问题，是检察制度自我发展中面临的突出问题，并且直接关系到国家权力配置的科学性问题，关系到检察机关的发展方向，需要通过深化政治体制改革，优化检察权配置来解决。

三、优化检察权配置是推进司法体制改革的核心问题

自 1997 年党的十五大明确提出"推进司法改革，从制度上保证司法机关依法独立公正地行使审判权和检察权"以来，全国各级检察机关围绕检察体制和工作机制进行了一系列的改革探索①。2000 年最高人民检察院颁布了《检察改革三年实施意见》，对检察改革进行了全面规划。2004 年以来，在中

---

① 从检察机关的改革看，按照 2000 年提出的改革意见进行的改革，可以称为第一轮检察改革；根据 2005 年提出的改革意见进行的改革，可以称为第二轮检察改革；根据 2009 年改革意见进行的改革，可以称为第三轮检察改革。当然，按照中央政法委员会的提法，在中央司法体制改革领导小组成立以后，按照中央统一部署，第一轮的司法改革是指根据中央司法体制改革领导小组关于司法体制和工作机制改革的初步意见进行的改革。这在检察机关，就是第二轮检察改革所包含的内容。第二轮司法改革是指根据中央政法委员会关于深化司法体制和工作机制改革若干问题的意见进行的改革。这在检察机关，就是第三轮检察改革所包含的内容。

央司法体制改革领导小组的统一领导下，根据中央确定的司法改革任务，最高人民检察院于 2005 年推出了《关于进一步深化检察改革的三年实施意见》，有计划、分步骤地推出了一系列改革举措；2009 年，最高人民检察院制定了深化检察改革三年工作规划（即《最高人民检察院关于贯彻落实〈中央政法委员会关于深化司法体制和工作机制改革若干意见〉的实施意见——关于深化检察改革 2009—2012 年工作规划》），再次提出了检察改革的具体任务。

（一）检察改革主要是围绕职权配置展开

回顾这些年来的检察改革，可以说主要是围绕检察职权配置问题展开的，检察改革的绝大部分任务，也都与检察职权的配置和行使有关。

在第一轮检察改革中，最高人民检察院提出了六项改革任务：（1）改革检察业务工作机制，强化法律监督的职能和作用。其中包括逐步建立全国各级检察机关侦查协作机制和侦查指挥中心，强化对职务犯罪侦查工作的统一领导和指挥；改革和加强刑事立案监督工作；加强检察业务工作的规范化管理，完善各项检察业务工作的办案规范和工作流程等。（2）改革检察机关的机构等组织体系，加强上级检察机关对下级检察机关的领导。其中包括根据管人与管事相结合的原则，健全检察机关领导干部管理机制；加大上级检察院对下级检察院领导班子成员的管理力度；按照权责一致的原则，科学调整检察机关内设机构；根据业务归口的原则，进一步调整检察机关业务部门的职责范围；加强和改进检察委员会工作；完善检察机关领导体制；规范地方各级人民检察院请示报告的程序和下级检察院向上级检察院报告工作制度等。（3）改革检察官办案机制，全面建立主诉、主办检察官办案责任制。其中包括建立、健全检察官办案责任制；推行和坚持检察长、副检察长、各业务部门负责人亲自办案制度。（4）改革检察机关干部人事制度，调整人员结构，提高人员素质，实行检察人员的分类管理。（5）改革检察机关内、外部监督制约机制，保证公正、廉洁和高效。其中包括进一步深化"检务公开"；强化和完善内部监督制约机制；健全检察业务工作中对举报、初查、立案、适用强制措施、撤案、不批捕、不起诉、申诉复查等诉讼环节的监督制约机制；严格依法接受人民代表大会及其常委会的监督，依法自觉接受公安、法院等部门的诉讼制约和社会监督；依法保障律师在侦查、审查起诉阶段的各项权利等。（6）改革检察机关经费管理机制，实行科技强检，为检察机关依法履行检察职能提供物质保障。[1]

---

[1] 详见最高人民检察院 2000 年 2 月 15 日颁布的《检察改革三年实施意见》。

　　在第二轮检察改革中，最高人民检察院提出了六个方面的改革任务：（1）改革和完善对诉讼活动的法律监督制度，切实维护司法公正，保障人权。其中包括探索完善刑事立案监督机制；健全对侦查活动中刑讯逼供等违法行为的监督查处机制；健全刑事审判监督机制，完善刑事抗诉制度；完善对刑罚执行活动的监督制度；建立健全预防和纠正超期羁押的长效工作机制；健全司法工作人员渎职案件的查办和移送机制；完善人民检察院对民事审判、行政诉讼活动实行法律监督的范围、措施和程序，探索人民检察院对民事执行活动进行监督的方式；探索建立民事、行政公诉制度和人民检察院参与民事、行政诉讼的制度等。（2）完善检察机关接受监督和内部制约的制度，保障检察权的正确行使。其中包括完善人民监督员制度；建立省级以下人民检察院直接受理立案侦查案件的备案、批准制度；建立检务督察制度；健全和规范执法责任制与责任追究制度；全面实行当事人权利义务告知制度等。（3）创新检察工作机制，规范执法行为。其中包括进一步规范检察机关侦查工作，健全职务犯罪侦查一体化工作机制；继续深化审查逮捕方式的改革；进一步深化公诉方式改革；在检察机关实行未成年人犯罪案件专人负责制，有条件的地方逐步设立办理未成年人犯罪案件工作机构；进一步深化检察委员会制度和工作机制的改革等。（4）完善检察机关组织体系，改革有关部门、企业管理检察院的体制。其中包括逐步改革铁路、林业等部门、企业管理检察院的体制；规范人民检察院派出机构的设置等。（5）改革和完善检察干部管理体制，建设高素质、专业化检察队伍。其中包括落实宪法和法律规定的上下级人民检察院的领导体制；落实地方各级人民检察院通过考试录用工作人员的制度；推行检察人员分类改革等。（6）改革和完善检察机关经费保障体制，切实解决基层人民检察院经费困难问题。[①]

　　在第三轮检察改革中，最高人民检察院提出了深化检察改革的五项任务：（1）优化检察职权配置，完善法律监督的范围、程序和措施，加强对诉讼活动的法律监督，切实维护司法公正。（2）改革和完善人民检察院接受监督制约制度，规范执法行为，保障检察权依法、公正行使。其中包括改革职务犯罪案件审查逮捕制度，分、州、市级人民检察院和县级人民检察院受理侦查的职务犯罪案件需要逮捕犯罪嫌疑人的，由上一级人民检察院审查决定；进一步深化检务公开；深化人民监督员制度改革；完善接受人大监督和民主监督的机制；完善办案流程管理和内部制约机制等。（3）完善检察工作中贯彻落实宽

─────────────

　　① 详见最高人民检察院 2005 年 9 月 12 日颁布的《关于进一步深化检察改革的三年实施意见》。

严相济刑事政策的制度和措施，创新检察工作机制，增强惩治犯罪、保障人权、维护社会和谐稳定的能力。（4）改革和完善人民检察院组织体系和检察干部管理制度，进一步提高工作效能，加强检察队伍建设。其中包括完善上下级人民检察院领导关系；深化检察委员会制度改革；改革和完善人民检察院机构设置；深化检察官办案责任制改革；加快部门、企业管理人民检察院体制的改革；推进检察人员分类管理改革等。（5）认真落实中央关于改革和完善政法经费保障体制的总体部署，为检察事业发展提供更加有力的经费和物质保障。①

从检察改革的上述内容上看，除了经费保障外，检察改革可以说基本上是围绕着两条主线进行的：

一是调整检察权的内部配置，以保证检察权的有效运行。在三轮的检察改革中，最高人民检察院都强调改革检察业务工作机制或者创新检察工作机制，其目的是强化法律赋予检察机关的法律监督职能。由于法律监督反映了检察权的性质和检察机关的根本任务，所以，强化法律监督职能的所有措施，都与检察职权的优化组合和有效行使有关。特别是三轮改革方案中都提出的职务犯罪侦查工作机制的改革、检察官办案责任制的改革、职务犯罪侦查案件逮捕制度的改革以及检察委员会制度改革等，都直接关系到检察系统内部的职权调整和行使方式的问题。三轮改革方案中都提到了改革或完善检察机关的机构等组织体系，其目的都是"加强上级检察机关对下级检察机关的领导"，或者"完善上下级人民检察院领导关系"，当然也包括"调整检察机关业务部门的职责范围"、"改革有关部门、企业管理检察院的体制"等。这些改革的目的显然是为了完善检察机关内部的领导关系和部门分工问题，而这些问题的实质，正是检察职权的内部配置包括检察系统内部不同级别的检察机关之间、同一检察机关内部不同业务部门之间的职权配置问题。检察机关在立案监督、审判监督、刑罚执行监督方面所进行的一系列改革，虽然直接表现为检察机关与其他司法机关的关系问题，但其目的都是强化检察机关的法律监督职权，因此仍然与检察职权配置密切相关。

二是建立监督制约机制，以保证检察权的正确行使。在三轮的检察改革中，最高人民检察院都一再强调改革和完善检察机关接受监督和内部制约的制度，并且明确指出其目的是"保障检察权的正确行使"。保障检察权的正确行使，从表面上看，与检察职权配置似乎没有关系，但实际上，保障职权的行使

---

① 详见最高人民检察院 2009 年 2 月 19 日颁布的《关于深化检察改革 2009—2012 年工作规划》。

是职权配置的重要内容。因为任何职权都是有边界的，都是需要受制约的。没有监督制约，职权就可能被滥用，就无法实现职权配置的初衷。因此，在配置职权的过程中，必然要为保障职权的正确行使设置相应的制约机制，或者说，对职权的行使设置必要的监督制约机制是职权配置的题中应有之义。

（二）检察改革的目标是优化检察权配置

检察改革之所以始终是围绕着检察职权配置进行的，是因为优化检察职权配置是检察改革始终不变的目标。

检察改革乃至整个司法改革的根本动因是司法机关的工作与社会发展的需要、与党和人民的期望、与依法治国的要求不相适应的问题。这些问题，在客观上表现为利用法律赋予的职权办"关系案"、"人情案"、"金钱案"，司法不公、司法不廉、司法效率不高等方面。而整个司法工作都是行使国家司法权的活动，司法工作中出现的问题，从根本上说是司法机关的权力配置和行使问题。因为，权力配置得不科学，就难以形成有效的制约，从而就难以避免权力的滥用；权力配置得不科学，也难以高效运行，从而难以取得各方面都满意的效果。就检察机关而言，检察工作中存在的问题虽然涉及方方面面，但主要有三个方面：一是职权问题，即从事检察工作的各个主体分别具有什么样的职权，权力的边界在哪里。二是责任问题，即每一个主体在行使检察职权的时候具有什么样的责任，不依法公正地行使职权时对自己会有什么样的不利后果。三是制约问题，即每一个主体在行使检察权的过程中会受到什么样的制约，这种制约在多大程度上能防止其不当地行使权力。这些问题如果不能有效地解决，检察工作中难免就会出现这样那样的错误，整个检察工作就难以满足党和人民的要求。而这些问题，归根结底都与检察职权的配置包括运行机制有关。法律赋予检察机关的职权，在检察机关内部，如果没有专门的机构行使，就会落空，难以发挥其应有的作用；法律赋予检察机关的职权，在内部分配上过于分散，就难以形成合理的结构，难以高效运作和有效行使；法律赋予检察机关的职权，在检察机关内部分工不明确、机制不顺畅，就会相互扯皮推诿，难以发挥现有资源的作用。因此，检察改革所要解决的问题，从根本上讲是一个检察职权的优化配置问题。不解决检察职权配置问题，检察改革只能是头痛医头，脚痛医脚，甚至连最表层的问题也解决不了。不解决检察职权配置问题，分别进行的改革就难以整合，难以系统化。不解决检察职权配置问题，改革的任务就难以落实到具体的职能部门，难以实现改革的初衷。

既然检察改革始终是围绕着检察职权配置问题展开的，要完成检察改革的任务，就必须从优化检察职权配置入手。只有通过改革，解决检察权配置中存在的不科学、不合理问题，有效地整合检察资源，实现检察权运行中各种要素的优化组合，才能从制度上保障检察权始终依法公正地行使，保障检察工作的科学发展和检察职能作用的充分发挥，因而也才能取得党和人民满意的效果。

（三）检察改革需要进一步优化检察权配置

按照党的十八大的要求，进一步深化检察改革，所要解决的重点问题，依然是检察职权的优化配置问题。"依法独立公正行使"检察权，不仅仅是一个独立行使职权的问题。这句话本身包含了三个方面的价值追求，即"依法"、"独立"、"公正"。独立是公正的前提，没有独立就谈不上严格依法履行职责，就谈不上公正地行使检察权。但是，独立了，未必就一定能够保证检察权的依法、公正行使。如果不能按照司法规律解决检察权的内部配置和运行机制方面存在的问题，同样难以保证检察权依法行使和公正行使。

因此，检察改革如果缺乏对检察职权配置的系统清晰的认识，如果没有明确的方向，如果违背权力配置的基本规律，就会盲目进行，就难以达到党和人民满意的效果，甚至连检察机关自身的要求都不能满足，并且可能使今天的改革成果成为明天的改革对象。这样的改革，难免走上循环往复，无穷无尽的道路。

反思十多年来的检察改革，虽然在许多方面取得了显著成效，但是改革的任务并没有完成，制约检察机关依法独立公正地行使检察权的因素并没有从制度上解决。这除了外部的原因之外，对检察权配置和运行的规律缺乏清醒的认识不能不说是一个主要原因。制约检察机关依法独立公正地行使检察权的外部因素，单靠检察机关自身是不可能解决，必须在政治体制改革的总体框架内解决，必须依赖于外部的政治力量特别是法律来解决。但是制约检察机关依法独立公正地行使检察权的自身因素却是通过检察机关内部的改革可能也应该逐步解决的。然而，由于我们在检察改革的过程中缺乏对职权配置基本原理的深刻认识，缺乏对检察权运行规律的把握，以至于检察机关内部的大多数改革都未能达到预期的效果。例如，检察机关内部进行的改革，很多项目都涉及上下级检察机关之间的职权配置问题。而在这类改革中，我们过多考虑的是如何防止下级检察机关滥用职权的问题，因而通常都是把下级检察机关的某些职权通过改革由上级检察机关来行使，或者是一味地加大上级检察机关的领导权。但是，作为权力配置的一般原理，职权总是和责任联系在一起的。如果只规定上级检察机关享有的权力而不同时规定由于这种权力的行使而产生的责任，就会违背权力配置的原理。同时，职权配置要考虑效率。如果过多注重制约，缺乏对效率的追求，造成司法资源不必要的浪费。职权配置要确立制度的稳定性。

如果某些权力赋予某个部门行使，过一段时间就收回，再过一段时间又赋予该部门；如果一些规定每过几年就得修改一次，有的甚至刚刚制定，就发现有问题，制度的稳定性就会遭受破坏。

又如，检察机关的机构设置问题，尽管在三轮的检察改革中最高人民检察院都提出了同样的任务，各地检察机关也进行过一些探索，但是检察机关的机构设置究竟应当如何改革，哪些机构应当增设、哪些机构应当合并？两三百人的检察院与五六十人的检察院，要不要设置完全相同的内设机构？内设机构分得越多越好、分工越细越好，还是集约性设置好？这些问题，归根结底还是一个法律赋予检察机关的职权，在检察机关内部的部门之间如何再分配的问题。对职权配置问题没有深入的研究，不了解检察权分解、分类的内在规律，就很难对这些问题作出科学的回答。

对检察职权的监督制约，一直是检察改革的重要方面。这是因为，检察改革始终面临着一个基本矛盾，这就是独立行使检察权与检察权必须受制约之间的矛盾。从总体上看，检察权最大量、最直接的表现为案件的办理权。办理案件的基本规律是了解案件的事实真相并依照法律作出处理决定。而案件事实是靠证据来还原的。因此，只有了解并仔细研究案件的全部证据材料，才有可能对案件作出正确的处理。但由于司法资源的有限性，在实践中亲自研究案件全部证据材料的人总是有限的。如果只有了解案件全部证据材料的人才有权对案件作出处理决定，那就有可能把案件的处理权变成一种独断的权力，从而为权力的滥用留下制度性缺陷。为了防止一个人或者一个主体独揽案件的处理权，就需要增加制约的环节，不能让一个人对案件具有完全的决定权。但是如果制约的环节过多，案件的处理就可能相互推诿，久拖不决，以致影响办理案件的效率。因此，在制度设计上，既要设置必要的制约环节，不能由一个主体完全独立的处理案件，以防止滥用办案的权力，又不能设置过多的制约环节，使办案主体既无责任感，也无效率观。这是检察权运行中一个最简单最基本的规律①。

主诉检察官办案责任制的改革，其初衷就是要打破传统的办案模式，减少中间环节，赋予办理案件的检察官以必要的案件处理权。但是随着检察机关面临的外部压力的增加，检察改革走上了不断限制办案检察官的权力甚至包括办案单位的案件处理权的道路。不仅恢复了层层批案的传统做法，甚至对某些案件增加了报上级检察院审批的制度。这样做的目的无疑是防止检察权的滥用，

---

① 检察工作的规律包括多个方面，需要专门研究论证。此处只是就职权配置最基础的规律而言，并不是对检察工作规律的完整表述。

防止在案件处理上发生错误。然而，过多地增加办案环节，不断加强对案件处理权的制约，未必就能有效地防止检察权的滥用。因为，除了少数案件由检察委员会集体决定之外，绝大多数案件，无论经过多少个环节，无论经过几级检察院，最终还是要由一个主体说了算。这在理论上总是存在一个权力可能被滥用的问题。并且，最终作出决定的主体，离案件的证据材料越远，作出决定的准确性的概率就越低。因此，检察改革如果不研究和解决检察职权的优化配置问题，仅仅依靠增加制约环节，是很难走出困境的。

　　总之，我们在检察改革中，只有充分考虑检察职权配置的优化问题，科学合理地配置检察职权，才有可能保证这些职权的充分有效行使，才有可能通过检察改革推进检察工作的科学发展。如果职权配置的不科学，就谈不上检察工作的科学发展。

第二章　检察权配置的一般原理

科学总结和正确阐述检察权配置原理包括检察权配置的内在要求和一般原则，既是全面理解检察权配置的历史必然性、现实合理性和发展趋势的理论基础，也是研究和解决检察权优化配置问题的理论基础。

一、检察权的性质

检察权是一种什么权力？有哪些基本属性？根本属性是什么？这是研究检察权配置的前提性问题。只有正确地回答了这些问题，才能把检察权与其他国家权力区分开来，进而理解国家职能分工的内在机制，找准检察权在国家权力中的定位，把握检察权配置的根本。

（一）检察权的概念

检察权，即检察机关的职权，是宪法和法律赋予检察机关的各项职权的总称。它是对检察机关能做什么、应当做什么和怎样做的指导性和限定性规定。它对检察机关来说既是职权也是职责，既是权利也是义务。它是检察机关在国家机构和诉讼程序中定位和分工即检察职能的体现，是检察机关实现特定国家职能的途径和方式。它的主体是检察机关，其他机关和个人不得行使；它的目的是实现国家的法律监督职能，而不是实现任何其他机关、团体和个人的职能或者任务；它的渊源是宪法和法律，只有全国人民代表大会及其常务委员会通过立法才能设置，其他任何机关都不得以任何方式增设或者克减。

首先，检察权是法定职权。检察权的法律渊源只有宪法和法律，行政法规、地方性法规、自治条例和单行条例等都不是其法律渊源。换言之，只有宪法和法律能够设置和调整检察权，其他法规、条例等规范性文件均不得设置和调整检察权。根据《立法法》第8条第2项规定，"各级人民代表大会、人民政府、人民法院和人民检察院的产生、组织和职权"只能通过制定法律来设置，而制定法律的权力即国家立法权只能由全国人民代表大会和全国人民代表大会常务委员会行使（第7条）。具体而言，规定检察权的法律主要有《人民检察院组织法》、《检察官法》、《刑事诉讼法》、《行政诉讼法》、《民事诉讼法》等法律。实际上，行政法规、地方性法规、自治条例和单行条例中难免涉及检察权，但是只能是援引性、强调性或者实施性的规定，而不是调整性的规定。至于党中央、最高人民法院、最高人民检察院等机关有关检察改革的部署和安排，主要涉及检察权行使的方式和不违背法律原则的合理延伸，但是这些部署和安排仍然是探索性、指导性的制度安排，有待国家立法的确认。

其次，检察权是检察机关的职权。检察机关是检察权的唯一主体，其他机关、团体和个人都不得行使检察权。检察机关是指最高人民检察院、地方各级人民检察院和专门人民检察院。人民检察院是具体行使检察权的实际主体。根据《检察官法》第2条的规定："检察官是依法行使国家检察权的检察人员，包括最高人民检察院、地方各级人民检察院和军事检察院等专门人民检察院的检察长、副检察长、检察委员会委员、检察员和助理检察员。"各级人民检察院的检察长可以代表本院行使检察权，也可以委派本院副检察长、检察委员会委员、检察员、助理检察员代表本院行使检察权。检察长行使本院的检察权不仅要受到检察委员会的制约，而且要受上级人民检察院的领导；其他检察官行使本院的检察权则要受检察长的指派和领导。因此，所有检察官包括检察长行使的检察权都是本院的检察权，其决定权属于本院而不是检察官个人。由人民检察院集体行使检察权，这是我国检察制度的一个特点。在一些国家如日本，检察官不仅是一种身份和资格，而且是一种官署，可以独立行使检察权。

最后，检察权是复合性的国家权力。检察制度的历史形成有多条路径和多种模式，社会主义检察制度的诞生，是对以往各种检察制度的辩证否定。检察机关既超越了诉讼中"控方"身份，又保留了其合理的内核；既是诉讼主体，又是国家的法律监督机关。这就导致检察权内容的丰富和结构的复杂化，检察机关既有作为控方主体的诉讼权力，又有作为法律监督机关的监督权力，既有通过诉讼活动制约执法和司法活动的权力，又以诉讼和非诉讼的方式监督执法和司法活动的权力。检察权不仅是诉讼权力与监督权力、执法权与司法权两种性质的权力结合，而且是诉讼结构中的权力与国家权力结构的权力两个层次权力的结合。

（二）检察权的本质

法定性（法定职权）、专门性（检察机关的职权）和复合性是检察权的基本属性，由此可以界定检察权的范围，把握检察权的概念，但是尚不足以把握检察权的根本属性即本质。如果认识止于此，我们就只能认识检察权的实然，而难以认识其之所以然和应然。

自近代三权分立制度实行以来，关于检察机关、检察权的性质和定位问题，国内外学术界一直存在较大的争议。这个问题并不是一个可以回避的纯粹

学术问题，相反地，它是关系到检察权如何配置和如何行使等制度安排的重大
问题。

德国近代史上发生过两次有关检察机关和检察权性质的大辩论①。在 19
世纪中期，德国在引入现代检察制度时，有人主张改造原有的司库制度，使司
库（负责监督全国官吏和百姓以贯彻国王意志）成为纠问式诉讼制度中的纠
问法官（即审前程序的法官）并赋予上诉权。在当时的司法部长米勒提出的
立法草案中，检察官被设计为代表政府利益提起刑事上诉的官员（由此，检
察权则属于行政权的组成部分）。虽然这一方案得到不少学术上的支持，但是
遭到身居司法要职的著名法学家萨维尼（历史法学派的代表）的抵制。萨维
尼指出，纠问制度之所以应当废除，刑事诉讼之所以要改革，最主要的着眼点
并非政府在刑事诉讼程序中缺乏代言人，而是因为被告人在刑事诉讼程序中的
权利被漠视。改革的目的是完全把刑事诉讼纳入法治国的轨道。米德迈尔
（Mittermaier）教授坚持这一方向并将这一观点系统化。他指出，检察官应当
追求真实与正义，因为片面打击被告人将会减损他的功效和威信，只有公正适
宜的刑罚才符合国家利益。检察官在刑事诉讼程序中，一方面要将当权者的利
益与国家的利益分开，另一方面要把保障人权与追诉犯罪结合起来，全面地实
现国家意志，履行好国家代理人的职责，成为法律守护人。1877 年颁布的德
国刑事诉讼法和法院组织法采取了这一立场，也使这场大辩论告一段落。第二
次大辩论发生在第二次世界大战之后制定法官法的过程中。起初，草案没有规
定检察官的法律地位。第一次大辩论及其随后的立法实质上表明，现代德国检
察制度在建立之时，既没有采取检察官为政府代言人的行政模式，也没有采取
完全独立的审前法官模式，而是采取了居于警察与法官、行政权与司法权之间
的中介枢纽模式：检察官既要追诉犯罪又要保护被告人以防止法官和警察滥用
职权；检察官不是警察，但要控制警察的侦查活动，以防止被告人的权利受到
侵犯；检察官不是法官，但要监督法官裁判，以确保客观公正的裁判结果。然
而，德国法学界也不承认检察权是行政权和司法权之外的第三权力，而是使检
察机关在组织上归属行政机关（司法部），使检察权在运行上趋向于司法权。
20 世纪的刑事诉讼法学家施密特（Eberhard Schmidt）继承了第一次大辩论的
成果，承认检察官和检察权的双重属性，把检察官界定为"司法官署"、"自
主的刑事司法机关"，同时认为检察官不是裁判机构，因为检察官受指令的约
束而且它所作出的决定不具有既判力。尽管当时有人根据检察工作的特殊性及

---

① 参阅林钰雄：《检察官论》，台湾学林文化事业有限公司 1999 年版，第 67～97 页；
魏武：《法德检察制度》，中国检察出版社 2008 年版，第 164～166 页。

其与审判工作的相似性（如客观公正义务），主张检察权属于司法权；也有人援引德国的《基本法》第 20 条第 2 款关于三权分立原则和第 92 条关于将司法权授予法官等规定，并根据检察机关具有等级性组织结构和检察官受指令约束等特征，主张检察权属于行政权；但是，最后各方达成妥协，德国的《法官法》第 122 条明确规定检察官参照执行①。

德国历史上的两次大辩论在现代检察制度和检察学的发展史上具有代表性。从其辩论过程和结果，我们可以得出两条结论：一是检察权和检察机关兼有双重属性，既具有一定的司法属性，又具有一定的行政属性；既不是纯粹的司法权和司法机关，也不是纯粹的行政权和行政机关。二是有关学术和立法争论都是基于三权分立的学说和制度而产生的，超越三权分立，把它确立为一项独立的国家权力和国家机关，就可以化解这种争论。

社会主义国家实行的以民主集中制为原则的新型政体，超越了三权分立政体的局限。"我国实行的是一元分立的权力架构，即在一元权力——人民代表大会下，分出立法权、行政权、审判权、检察权、军事权，其中立法权留给人民代表大会自己直接行使，而将行政权、审判权、检察权、军事权分别授予行政机关、审判机关、检察机关、军事机关行使，这些机关都由人民代表大会产生，向人民代表大会负责。"② 基于这一权力架构，我国宪法给予检察机关以明确的定位，即国家的法律监督机关。在这个意义上说，法律监督是检察权的根本属性，法律监督的内容是由国家政体决定的。

作为检察权根本属性的法律监督的概念，必须首先放在我国政体即人民代表大会制度中来理解和把握，其次要放在我国司法体制和诉讼程序中来理解和把握。三权分立的理论和体制只是具有源渊分析意义和概念参考意义（例如，对于确定检察一体原则的限度、检察独立和检察官身份保障的程度等有一定的理论价值），因为我国的行政、审判、检察、军事等权力已经在范围和运行方式上均不同于三权分立模式下的相关权力了。首先，我国宪法第 3 条第 1 款明确规定："中华人民共和国的国家机构实行民主集中制的原则。"在民主集中制原则下，立法、行政和司法的组织结构和运行模式都发生了很大的变化，司法独立的主体仅限于人民法院和人民检察院，而不包括法官和检察官，司法独

---

① 德国的《法官法》（1962 年 7 月 1 日生效，1972 年 4 月 19 日修正）第 122 条专门规定"检察官"，共有五项，前三项规定为："一、具有本法第五条至第七条所定之法官任用资格，始得任命为检察官。二、本法第十条第一项所称之审判工作，包括检察工作在内。三、本法第四十一条之规定，于检察官准用之。"

② 朱孝清：《中国检察制度的几个问题》，中国检察出版社 2008 年版，第 8 页。

立的程度仅限于相对行政机关、社会团体和个人的独立，而不包括相对国家权力机关和执政党的独立。在我国，立法、行政、司法三项国家职能的性质及其相互关系都与三权分立模式下的三权不同了，套用三权分立学说来分析检察权的性质已经意义不大了。其次，我国的司法体制的基本结构是公安机关、检察机关、审判机关、刑罚执行机关分工负责，互相配合、互相制约；诉讼程序既不采取职权主义，也不采取当事人主义，而是兼采职权主义与当事人主义的合理成分。在我国司法体制和诉讼程序下，我们不能套用西方国家分权制衡司法模式和当事人主义诉讼程序中的检察机关的定位即单纯的国家公诉人了。

"法律监督"一词，从结构上看，是偏正词组，即"法律"是修饰语，监督是中心语，人们容易从主谓关系、动宾关系或者联合关系上去理解；但是，它是一个专门术语，而不是一个普通的组合词。在我国法学中，法律监督有广义与狭义之分，广义的法律监督是指国家机关、社会组织和公民依法对国家立法、执法、司法和守法进行监督的活动；狭义的法律监督是指检察机关依照法律授权和法定程序对执法、司法和守法进行监督的专门活动。狭义的法律监督是广义的法律监督的一个方面或者一个环节①，是一种专门的监督机制。在我国宪法和法律中，法律监督是一个专门术语，仅指狭义的概念，即检察机关的法律监督。在检察学中，法律监督概念也存在不同的认识和解释。我国检察学之父王桂五给"法律监督"下的经典定义是："法律监督是由法定的机关对遵守和执行法律的情况实行的国家监督。"②这个定义明确了法律监督的对象即法律实施，突出了法律监督的国家性、专门性和规范性，但是对法律监督的范围和方式缺乏清晰的界定，也容易引起一些歧义。张智辉针对其局限，给法律监督下了一个比较完整的定义："所谓法律监督，如前所述，就是根据法律的授

---

①　王桂五在其主编的《中华人民共和国检察制度研究》中说："它是由国家权力机关的法律监督权所派生的，是国家权力机关行使法律监督权的一个方面和一种形式。国家权力机关的法律监督权可以由它直接行使，但大部分是由它赋予检察机关行使，但不能由其他机关行使。"（中国检察出版社 2008 年版，第 178 页）另外，这意味着法律监督的主体包括国家权力机关和检察机关。笔者认为，这一观点正确地揭示了检察机关的法律监督权与国家权力机关的监督权之间的渊源关系，但是把国家权力机关的监督权列入法律监督权是不妥的。在我国宪法和法律中，法律监督概念是专指检察机关的法律监督，而不包括其他主体的监督职能。因此，这一观点的准确表述应当是：法律监督权是由国家权力机关的监督权派生的。

②　王桂五主编：《中华人民共和国检察制度研究》，中国检察出版社 2008 年版，第181 页。

权，运用法律规定的手段，对法律实施的情况进行的具有法律效力的监督。"①理解这一定义，我们还需要准确把握法律监督的对象和范围、法律监督的方式和手段、法律监督的程序和效力、法律监督的责任和任务。

1. 法律监督的对象和范围

法律监督的对象可以笼统地表述为法律实施，但在法学中，法律实施泛指宪法和法律的实施，包括执法、司法、守法和监督等法制环节，也包括国家机关及其工作人员的权力行使以及公民和法人的权利行使和义务履行。但是，把法律实施的各个方面和环节都纳入法律监督的范围是不现实的。换言之，法律监督的范围是有限度的。从现行法律规定来看，这个限度主要表现在如下几个方面：（1）对国家权力运行的法律监督，以刑事司法为限，既不包括国家权力机关的立法、监督和任免活动，国家武装力量的军事活动以及普通行政机关的执法活动，也不包括对公权力运行的合理性和一般合法性的监督。（2）对公职人员的法律监督，以侦查和起诉职务犯罪为限，不包括违反内部规章的行为、违反党纪或者行政纪律的行为以及一般违法行为的监督。（3）对诉讼活动的法律监督，以作为公权力行使的诉讼行为的合法性、公正性为限，不包括对国家机关以外的公民和法人作为当事人的诉讼行为的监督。概括地说，法律监督的对象是一定范围的违法和犯罪，这个范围是由法律具体规定的。（4）对守法活动的监督，以追诉犯罪为限，不包括对公民和法人的一般违法行为的监督。

2. 法律监督的方式和手段

法律监督的方式和手段都是由法律规定的，具有专门性的特征。法律监督的方式主要有对职务犯罪的侦查、对刑事犯罪的公诉和对诉讼活动的监督，而且主要是通过诉讼的方式进行。概括地说，法律监督的方式和手段就是依照法定程序发现、惩治和预防违法犯罪行为。具体而言，法律监督的手段可以分为两类：一是诉讼手段，包括收集犯罪线索、初查、立案、侦查、批准或者决定逮捕、审查起诉、提起和支持公诉、抗诉、死刑临场监督等；二是非诉讼手段，包括对诉讼中违法行为的调查、提出纠正违法意见、检察建议、立法提案、司法解释、提请立法解释、法制宣传、犯罪预防等。虽然法律监督的方式和手段具有多样性，但是有两个共性：其一，以法定检察职能为轴心，在法定职能的轨道上运行；其二，各种职能和手段统一于法律监督，以实现法律监督

---

① 张智辉：《检察权研究》，中国检察出版社 2008 年版，第 71 页。

所必需为限度，这是法律监督一元论①的要旨之一。

3. 法律监督的程序和效力

法律监督是一种追诉犯罪和督促纠正违法的主动型的法律行为。首先，法律监督作为法律行为的启动必须以法定事由为条件。一般来说，只有发生了违法犯罪行为，才能启动法律监督程序。从这个意义上说，法律监督主要是一种事后监督。当然，这并不意味着绝对排除事中监督和事前监督，适度的介入和预防也是法律监督的责任。其次，法律监督的实行必须以法定程序为依据，遵循法律程序。法律监督的主要领域是诉讼，而诉讼活动都是依照诉讼程序进行的，因而在诉讼中的法律监督必须严格执行诉讼程序。但是，法律监督的领域并不限于诉讼，在诉讼以外的法律监督，有法定程序的，必须执行法定程序；没有法定程序的，执行检察机关及其与相关部门联合制定的程序规则。最后，在法律监督活动中所作出的决定往往是程序性的，即主要就程序问题作出处理决定。尽管有些程序性的决定如不起诉决定本身具有终结性或者包含着对实性权利的处置，但决定本身是程序性的。这些履行法律监督职能的决定都是依法作出的，均具有法律效力。另外，有些法律监督活动，如提出检察建议、进行法制宣传和咨询等，是督促性、预防性或者咨询性的意见，则不具有决定的性质，因而一般不具有法律上的强制力。

4. 法律监督的责任和任务

根据列宁的法律监督思想，检察机关的根本职责是维护国家法制的统一、尊严和权威。1979 年彭真在《关于七个法律草案的说明》中指出："对于检察院组织法，这次做了较大的修改。第一，确定检察院的性质是国家的法律监督机关。列宁在十月革命后，曾坚持检察机关的职权是维护国家法制的统一。我们的检察院组织法运用列宁这一指导思想，结合我们的情况……"② 《人民检察院组织法》第 4 条规定了法律监督的任务："人民检察院通过行使检察权，镇压一切叛国的、分裂国家的和其他反革命活动，打击反革命分子和其他犯罪分子，维护国家的统一，维护无产阶级专政制度，维护社会主义法制，维护社会秩序、生产秩序、工作秩序、教学科研秩序和人民群众生活秩序，保护社会主义的全民所有的财产和劳动群众集体所有的财产，保护公民私人所有的合法

---

① "所谓法律监督一元论，有两种含义：一种是指在我国的权力结构中，即在国家权力机关的隶属下，只能有一个专门行使国家法律监督权的系统，即检察系统；另一种是指检察机关的各项职能都应当统一于法律监督。而后者是由前者决定的。"参见王桂五：《中华人民共和国检察制度研究》，中国检察出版社 2008 年版，第 177 ~ 178 页。

② 《人民日报》1979 年 7 月 1 日第 1 版。

财产，保护公民的人身权利、民主权利和其他权利，保卫社会主义现代化建设的顺利进行。人民检察院通过检察活动，教育公民忠于社会主义祖国，自觉地遵守宪法和法律，积极同违法行为作斗争。"这些任务概括起来就是：保障国家法律的统一正确实施。

综上所述，法律监督，是指为了维护国家法制的统一、尊严和权威，检察机关依照法定职权和程序，通过侦查、公诉、诉讼监督等方式和手段，对法律实施活动进行的具有法律效力的监督。正如童建明所言："法律监督是蕴藏在各项检察职能中内在的、深刻的东西，是各项检察职能最根本、最一般、最普遍、最共同的东西。这就是检察权的本质，是各项检察职能的共性。正是这一共性，使得各项检察职能都具有了法律监督的根本属性，都打上了法律监督的烙印。也正因为各项检察职能都具有法律监督的属性，才使我国的检察机关成为人民代表大会下'一府两院'体制中的法律监督机关。可以说，我国宪法把检察机关定性为法律监督机关，正是揭示了检察机关的本质特性，体现了对检察职能的内涵及其发展规律更深刻的认识和把握。"① 全面理解法律监督的内涵，准确把握检察权的本质属性，才能正确认识我国社会主义检察权的内在要求，坚持和完善中国特色社会主义检察制度。

二、检察权的分类

检察权的分类，实际上是从不同的角度或者侧面观察和反映检察权的结构，从而认识检察权的内容和要素及其相互关系。《人民检察院组织法》（1983 年修订）第 5 条规定："各级人民检察院行使下列职权：（一）对于叛国案、分裂国家案以及严重破坏国家的政策、法律、法令、政令统一实施的重大犯罪案件，行使检察权。（二）对于直接受理的刑事案件，进行侦查。（三）对于公安机关侦查的案件，进行审查，决定是否逮捕、起诉或者免予起诉；对于公安机关的侦查活动是否合法，实行监督。（四）对于刑事案件提起公诉，支持公诉；对于人民法院的审判活动是否合法，实行监督。（五）对于刑事案件判决、裁定的执行和监狱、看守所、劳动改造机关的活动是否合法，实行监督。"实际上，这不仅是对检察权范围的规定②，也是对检察权的一种分类。第一项可归纳为特别检察权，第二项可归纳为职务犯罪侦查权，第三项

---

① 漠川：《法律监督与检察职能的辩证统一》，载《检察日报》2011 年 11 月 25 日第 3 版。

② 随着立法发展，该条的有些内容已经发生了变化，例如，免予起诉权在于 1996 年修订的《刑事诉讼法》中被取消了。

可归纳为审查起诉权、批捕权、侦查监督权,第四项可归纳为公诉权和抗诉权,第五项可归纳为刑罚执行监督权和羁押措施监督权。这种分类重在对检察权范围的准确界定,显得有点复杂,不够简明。

对检察权进行分类的目的是便于人们了解和把握检察权的内容和结构。标准统一且能穷尽检察权的全部内容,当然是最理想的分类;但是,由于检察权的复杂性,现在还没有一种分类方法能够满足这个要求。从学术研究的视角看,目前学术界对检察权的分类,可以归纳为以下几种:

(一) 检察侦查权、批准和决定逮捕权、公诉权、诉讼监督权和其他检察权

按照各项检察职权的性质和特点,可以把检察权大致划分为检察侦查权、批准和决定逮捕权、公诉权、诉讼监督权和其他检察权。这一分类是本书采取的基本分类方法。

所谓检察侦查权,是指职务犯罪侦查权和普通犯罪补充侦查权。职务犯罪侦查权渊源于《刑事诉讼法》第 18 条第 2 款的规定:"贪污贿赂犯罪,国家工作人员的渎职犯罪,国家机关工作人员利用职权实施的非法拘禁、刑讯逼供、报复陷害、非法搜查的侵犯公民人身权利的犯罪以及侵犯公民民主权利的犯罪,由人民检察院立案侦查。对于国家机关工作人员利用职权实施的其他重大的犯罪案件,需要由人民检察院直接受理的时候,经省级以上人民检察院决定,可以由人民检察院立案侦查。"其中包含三项内容,即贪污贿赂犯罪侦查权、渎职犯罪侦查权和职务犯罪机动侦查权。普通犯罪补充侦查权渊源于《刑事诉讼法》第 171 条第 2 款的规定:"人民检察院审查案件,对于需要补充侦查的,可以退回公安机关补充侦查,也可以自行侦查。"由于这一补充侦查权发生于审查起诉阶段,具有诉讼监督性质,有人主张将其划归诉讼监督权;但是就其主要性质来说,还是属于侦查权的范畴。职务犯罪机动侦查权是对 1979 年《刑事诉讼法》第 13 条第 2 款规定的机动侦查权(即"贪污罪、侵犯公民民主权利罪、渎职罪以及人民检察院认为需要自己直接受理的其他案件,由人民检察院立案侦查和决定是否提起公诉")的压缩和修订,当时的机动侦查权是不受限制的,只要人民检察院认为需要自行侦查的,都可以直接立案侦查;但是现在的机动侦查权具有双重限制:一是实体性的限制,即必须属于国家机关工作人员的职务犯罪,二是程序性的限制,即必须经过省级以上人民检察院决定。近年来,关于检察机关的机动侦查权的范围应当扩大的呼声较高,主张与职务犯罪相关联的非职务犯罪案件应当一并纳入检察侦查权的范围。

所谓批准和决定逮捕权，包括批准逮捕权和决定逮捕。批准逮捕权是指检察机关对公安机关、国家安全机关等侦查机关提请逮捕犯罪嫌疑人的案件，依法进行审查，根据情况分别作出批准逮捕或者不批准逮捕的决定；决定逮捕权是指检察机关对自行立案侦查的案件或者在公诉阶段需要逮捕被告人的案件依法进行审查，对符合法定逮捕条件并有逮捕必要的犯罪嫌疑人、被告人决定逮捕。依照宪法和法律的规定，人民法院也享有决定逮捕权，主要适用于自诉案件。不过，人民检察院和人民法院都只享有逮捕的决定权，逮捕的执行权则由公安机关等侦查机关行使。

所谓公诉权，是指检察机关代表国家和社会公共利益向审判机关提起诉讼，要求人民法院依法裁判的权力。由于《行政诉讼法》没有规定检察机关对行政诉讼案件的起诉权，《民事诉讼法》第 15 条仅规定了检察机关作为国家机关可以支持起诉的权力（这是所有国家机关都有的权力），只有《刑事诉讼法》规定了完整的公诉权，因而现在的公诉权是指刑事公诉权和支持民事起诉权。在这个意义上说，目前我国检察机关的公诉权在结构上是不完整的，缺乏行政公诉权和民事公诉权。刑事公诉权，是指人民检察院代表国家提起刑事诉讼，要求人民法院予以审判，使国家刑罚权得以实现的职能。它包括审查决定起诉（要求侦查机关补充侦查、决定起诉或者不起诉）、提起公诉、公诉变更、出庭支持公诉等权力。至于对生效裁判的刑事抗诉权，虽然通常是由公诉部门行使，并可视为公诉权的延伸，但是它的诉讼监督特征更加突出，因而不应当划归公诉权。刑事公诉权是检察机关的核心权力和标志性权力，所有的检察机关都有公诉权，没有公诉权就不能称其为检察机关。刑事公诉权不仅是一种追诉犯罪的权力，而且是一种保障人权和司法公正的权力，因而本质上是法律监督权。

所谓诉讼监督权，是指检察机关对刑事诉讼、行政诉讼、民事审判中公权力的运行进行法律监督的权力，包括刑事诉讼法律监督权、行政诉讼法律监督权、民事审判法律监督权。民事审判法律监督权主要是对确有错误的民事判决、调解和执行进行法律监督，包括提出抗诉、提出纠正意见、检察建议乃至对审判人员的职务犯罪进行侦查和追诉。行政诉讼法律监督主要是对行政诉讼中的审判行为、被告（行政机关）的诉讼行为进行法律监督，主要方式也是提起抗诉、提出纠正违法意见和检察建议。刑事诉讼法律监督是指对立案、侦查活动、审判活动、刑罚执行活动进行法律监督，被监督的主体有执行侦查职能的公安机关、国家安全部门、军队保卫部门、海关缉私警察，执行羁押职能的看守所，执行监外执行、取保候审、监视居住等非羁押措施的社区矫正机构及其主管部门，监狱（刑罚执行机关），监督的方式有抗诉、提出纠正违法意见和检察建议。由此可以看出，诉讼监督的基本方式就是抗诉、提出纠正违法意见和检察建议。

前述四项权力即检察侦查权、批准和决定逮捕权、公诉权、诉讼监督权是基本的检察权，是各级人民检察院（包括专门人民检察院，下同）都享有的权力。除了四项基本检察权之外，最高人民检察院还享有司法解释权、立法提案权、法律解释提请权、领导地方各级人民检察院和专门人民检察院工作的权力，各级人民检察院还负有检察建议和犯罪预防的职责。这两个方面的权力相对基本检察权而言，具有一定的派生性，且不都具有强制性，因而可以视为延伸职能，归纳为"其他检察权"的范畴。

（二）知情权、追诉权、审查纠正权和建议权

按照检察权的构成要素，检察权可分为知情权、追诉权、审查纠正权和建议权。[①]这一分类法反映了检察权配置和运行的内在机制，对于研究如何优化检察权的配置具有重要的理论价值。

知情权[②]，这里是指检察机关发现和了解违法犯罪行为的权力。在现行法律中，检察机关的知情权是一项隐含的权力，即法律没有直接规定的权力，但它是检察机关履行法律监督职能所必需的、客观存在的权力。检察机关知情权的范围取决于法律监督的范围，目前主要限于两个方面：一是所有关于刑事犯罪的信息，包括有关职务犯罪和普通犯罪的信息；二是有关诉讼活动中执法和司法机关及其工作人员违法行为的信息。对于这两个方面的信息，检察机关有权了解并进行调查核实。当然，这种调查是指一般调查，而不包括专门调查即侦查，具有收集、固定、审查、判断和运用证据材料，查明事实真相即违法犯罪行为是否存在及其危害程度的功能。一旦查明涉嫌犯罪，需要立案侦查，进入了刑事诉讼程序，就属于追诉权的范围。因此，检察机关的知情权限于对职务犯罪案件线索的收集和初查、对诉讼违法行为的调查这两个方面。目前，法定的检察知情权的实现方式主要有三种：一是接受公民和法人的控告、申诉、举报、检举等材料；二是受理公安机关、审判机关、权力机关等国家机关移送

---

① 张智辉从检察权构成要素的角度把检察权分为调查权、追诉权、建议权和法律话语权四类。这一分类法有助于我们分析检察权运行的递进关系，理解我国检察权配置的内在逻辑。参见张智辉：《检察权研究》，中国检察出版社2007年版，第三章。

② 知情权，有广义与狭义之分，广义的知情权，包括公民和法人对国家事务和管理活动的知情权以及国家机关对经济、政治、文化和社会等各方面情况的知情权；狭义的知情权，仅指公民的知情权。

的涉嫌违法犯罪案件的材料；三是通过参与诉讼过程，如检察长列席审判委员会、在监狱和看守所派驻检察室等了解相关情况。近几年，在司法改革和实践中探索了一些新的方式，如行政执法与刑事司法衔接机制、法律监督调查等。知情权不仅是法律监督权的前提和重要内容，而且是实现其他各项法律监督职能的基础和条件。目前，我国法律中关于检察知情权的规定还不够清晰，也不够充分，因而造成调卷困难、行政执法机关不移送涉嫌犯罪的材料等现象，使检察机关的知情权得不到充分的保障，削弱了法律监督的力度。

追诉权，是指检察机关依照诉讼程序，查明和证实违法犯罪行为，提请审判机关追究法律责任的权力，包括侦查权、起诉权和抗诉权三个方面的权力。现行法律对检察机关的侦查权和起诉权都作了限制性的规定，即侦查权限于职务犯罪侦查权和普通犯罪补充侦查权，起诉权限于刑事公诉权和民事支持起诉权。再审抗诉权则存在于民事诉讼、行政诉讼和刑事诉讼三大诉讼程序之中，它是通过对生效裁判提起再审的方式，纠正确有错误的裁判以维护司法公正。抗诉既是起诉权的延伸，也是对审判权的监督，既是对当事人合法权利的保护，也是对滥用或者误用审判权的程序救济。

审查纠正权，是指检察机关对诉讼中的公权力运行情况进行审查，批准或者不批准逮捕，或者提出纠正违法意见的权力。它主要包括对刑事立案、强制性侦查措施和强制措施的适用、审判活动、刑罚执行活动等刑事司法活动的合法性进行审查，也包括对行政执法机关应当移送刑事案件而未移送的情况进行审查，发现违法行为的，应当通知纠正违法或者提出纠正违法意见。审查批准或者决定逮捕是检察机关的司法审查功能之一，是防治侦查活动违法的程序性和预防性措施，因而属于审查纠正权。[①]不过，审查侦查终结的案件、审查生效的裁判则分别属于起诉权和抗诉权的范畴。

建议权，是指检察机关发现有碍法律统一正确实施的情况后，向相关的机关和单位提出改进措施和建设性意见的权力，包括提出检察建议、立法建议、提请立法解释等。检察建议已经成为一个专门术语，是检察机关经常运用的一种建议方式，主要包括纠正性检察建议、整改性检察建议、处置性检察建议和预防性检察建议。检察建议的效力相对较弱，不具有强制性，但是具有一定的

---

① 有人主张，把审查纠正权称为"司法审查权"，就这些权力（特别是批捕权）的性质而言，是比较合适的，但是，在概念上容易与人民法院的司法审查权混淆。我们认为，将其称为"审查纠正权"，有助于标明检察机关的司法审查功能与审判机关的司法审查功能的差别。审判机关的司法审查是终极性的裁判，而检察机关的司法审查是诉讼过程中的监督。

权威性，接收的单位和个人应当慎重对待、严肃处理。近年来，检察建议的形式和内容都有一定的创新和发展，例如，向人民法院提出的再审检察建议、向机关和企业、事业单位提出的预防犯罪对策建议、向社会管理部门提出的创新社会管理建议等，在实践中发挥了积极的作用。建议权的适用范围和对象都十分广泛，但也不是漫无边界的。检察机关运用建议权的基本原则是职责相关性，即在履行检察职能过程中发现了有碍法律统一正确实施的情况，在进行调查研究的基础上提出措施和建议，并经过规定的审批程序后，向有关机关和单位提出。检察机关不能脱离基本职责，直接干预其他机关和单位的正常工作。

知情权是实现法律监督的前提和基础。只有了解违法犯罪发生的情况，才可能进行法律监督。追诉权是实现法律监督的主要途径和保障性措施。追诉具有强制性效力，能够有力地遏制违法犯罪行为，保障法律的统一正确实施。审查纠正权是实现法律监督的程序性救济措施。对诉讼中的执法和司法活动以及诉讼外涉及刑事案件移送的执法活动进行合法性审查，有助于及时发现和纠正违法行为，维护司法公正和司法权威。建议权是实现法律监督的延伸性功能和补充性手段。建议权的运用，可以以最低成本预防违法犯罪的发生，维护国家法制的统一、尊严和权威。知情权是条件，追诉权、审查纠正权和建议权都是手段，而且是分别针对犯罪、违法、违法犯罪发生的可能性采取的力度不同的法律监督方式。没有知情权，法律监督就无以开展；没有追诉权、审查纠正权和建议权，法律监督就无以实行和实现。

（三）积极型检察权与消极型检察权

按照检察权运行的程序走向，可以把检察权分为积极型检察权与消极型检察权[①]。这一分类法，对构建和完善检察权的监督制约机制具有理论指导意义。

所谓积极型检察权，是指检察机关启动或者推动诉讼程序向前进行的权力，包括通知公安机关立案、直接立案、侦查、批准或者决定逮捕、起诉、抗诉、再审建议等权力。它的主要特点：一是检察机关主动进行的诉讼活动；二是有后续程序来审查或者裁判其合法性和正当性。积极型检察权对公民和法人的人身自由和财产权利影响比较大，有时直接限制人身自由和财产权利，因而自现代检察制度产生以来，诉讼程序和检察机关内部管理程序都对其严格控

---

① 这一分类与从检察权启动的条件和原因的角度把检察权分为主动型检察权与被动型检察权不同，它是以检察权行使的法律效果为标准的，而不是以检察权启动的条件和方式为标准的。

制，包括启动条件的限定、后续程序的审查判断和裁判、内部审批程序等。

所谓消极型检察权，是指检察机关决定终止诉讼程序的权力，包括通知或者决定撤销案件、不批准逮捕或者决定不逮捕、决定不起诉等权力。它还可以进一步分为主程序中的消极型检察权（如不起诉）与附属程序中的消极型检察权（如不批准逮捕）。主程序中的消极型检察权行使后，整个诉讼程序至此结束；附属程序中的消极型检察权行使后，主程序可能还继续进行。消极型检察权的特点：一是前面已经启动或者正在进行中的程序到此结束，一般没有后续程序；二是决定在形式上是程序性的，实质上涉及实体性内容，对当事人来说，不仅有程序方面的影响，而且有实体方面的影响。对于消极型检察权的控制，相对比较弱。这些年来，为了加强对消极型检察权的控制，保障司法公正和增强公信力，在刑事诉讼程序上，增设了被害人不服不起诉决定的自诉程序等；在检察机关内部增设了上级备案程序、审批程序和检察委员会决定程序。近年来，我国检察机关探索建立了人民监督员制度，主要对消极型检察权进行监督和控制。

在检察机关内部，消极型检察权对积极型检察权是一种监督制约，这种监督制约功能是由消极型检察权的性质决定和派生的；而积极型检察权如何监督制约消极型检察权的问题，这些年来在理论和实务上都有一些探索，但是还有待进一步完善和发展。

（四）职能性检察权与保障性检察权

前述四种分类法都是对职能性检察权的划分，是检察机关作为一个整体对外行使的各项权力，但是，只有这些权力，检察权不足以正常运行。检察权的正常运行，不仅需要法律规定的程序，而且需要一定的管理和保障。从检察权运行机制来看，可以把检察权分为职能性检察权和保障性检察权。这种分类法对于认识检察权运行的条件和保障，使权力配置反映检察权运行规律和我国实际，都有一定的参考价值。

所谓职能性检察权，是指检察机关以其他机关、单位和个人的行为为对象实行法律监督的所有权力。这种权力的特点是对外性和职责性，是检察机关实现法律监督职能的手段和途径。所谓保障性检察权，是指检察机关为了维持自身的工作秩序和依法独立公正地行使检察权而具有的检察管理、检务保障等方面的权力。检察管理权渊源于《人民检察院组织法》和适用于检察机关的党政管理规则，包括人民检察院内部的管理和检察系统上级对下级的管理以及同级党政机关对检察机关事务的管理。检务保障权渊源于《人民检察院组织法》、《检察官法》等法律以及我国的财政体制、人事管理体制，其内容包括检察官的选任和身份保障、检察机关的经费保障等。

在国外和新中国成立初期，实行过检察业务与检察行政事务相分离的管理模式，即检察业务管理由检察系统内部负责，检察行政事务由司法行政机关负责。党的十六大报告中也曾提出这一改革要求，但是在目前仍然缺乏实行的条件，其中的原因值得研究。

上述四种分类主要是针对现行检察权的结构，按照不同的标准进行的。对现行检察权的分类，还可以分为主动型检察权与被动型检察权、制约性检察权与督察性检察权、裁断型检察权与启动型检察权，等等。① 从更加广泛的视角来看，我们还可以进行一些分类，例如，以新中国检察制度发展的脉络来看，可以分为新中国成立初期的检察权与恢复重建后的检察权；从法律传统来看，可以分为大陆法系国家的检察权、英美法系国家的检察权和社会主义国家的检察权。

检察权是检察机关的法定职权，是检察工作的主要内容、基本范围和基本职能，但不是检察工作的全部。检察机关除了担负法律责任之外，还要担负一定的政治责任和社会责任，如预防犯罪、社会管理综合治理等。

三、检察权配置的内在要求

各国及其不同历史时期的检察权在内容上都可能存在一定的差别。究其原因，主要是政治体制、法律传统、实际需要和检察机关的公信力等方面的差异综合作用的结果。②检察权的配置是国家立法的结果，也受到检察工作发展的影响。在我国，配置检察权是国家权力机关即全国人民代表大会及其常务委员会的专属权力，是全国人民意志的集中体现，也受到国家机关和社会各界的影响。检察权的配置，表面上是一种立法设计，实质上是一个自然的历史进程。在这个历史进程中，难免受到一些偶然因素的影响，使其发展道路表现出某种程度的坎坷和曲折，但是它的基本走势和方向总是比较确定的，这是由检察权配置的内在要求决定的历史必然性。

检察权配置的内在要求，就是在探索我国检察权演变的历史进程，总结检察权配置经验的基础上，从检察权运行的角度反映检察权优化配置的基本规律。理解检察权配置的内在要求，才能把握检察权演变的方向，推动检察权的优化配置。

---

① 参见朱孝清、张智辉主编：《检察学》，中国检察出版社 2010 年版，第 321~322 页。

② 张智辉指出："检察权具体内容上的区别，至少是由以下三个因素决定的：（1）检察机关的性质和任务…… （2）法制传统…… （3）本国的实际情况……"（《检察权研究》，中国检察出版社 2007 年版，第 106~107 页）

（一）符合法律监督性质

检察权是一种国家职能，是检察机关在国家机构中的角色和分工的体现，是政治体制和司法体制的组成部分。从整体上说，检察权的性质和内容都是由国体和政体决定的。国体和政体决定了检察机关的性质和定位，而检察权的配置首先必须反映和符合检察机关的性质和定位。换言之，检察权配置是围绕检察机关的性质和定位而展开的。我国《宪法》第 129 条明确规定："中华人民共和国人民检察院是国家的法律监督机关。"因此，我国检察权的配置必须符合法律监督性质。

首先，各项检察权都具有法律监督性质。检察权是法律监督的实现方式和途径，从属于法律监督。换言之，法律监督是检察权的共性，各项检察权可能分别具有多种属性，但都具有法律监督这一本质属性。近年来，在我国和俄罗斯有一种主张，即认为检察权中的主要内容是法律监督，但不完全是法律监督，或者说，检察权中除了法律监督权还有其他一些权力。我国学者樊崇义等人认为，检察权可以分为两类：一类是追诉权，包括侦查和公诉；另一类是诉讼监督权，包括立案监督、侦查监督、审判监督、执行监督等。①俄罗斯的一些学者也主张，法律监督只是检察机关最为重要的职能，检察机关除了具有法律监督权作为基本职权之外，还具有其他一些权力。②他们认为，法律监督权与检察权是两个不同的概念，法律监督权是检察机关依据俄罗斯联邦立法，在几个特定领域进行法律监督的权力；而检察权是检察机关在法律监督权之外所应当行使的权力，包括追诉权、抗诉权等。③这些观点还有一些不同的表现形态，可以统称为检察权多元论。多元论看到了各项检察权能之间的差异性，却忽视了它们之间的统一性，这不是辩证思维，而是形而上学。当然，从学术上说，深化对各项检察权差异性研究，识别这些属性及其必然联系，也可以发现某些方面的规律，只要把这种认识置于特定的前提条件之下，对我们认识检察制度和改进检察工作同样具有积极的理论指导作用。但是，如果以此为逻辑起点，构建检察学理论体系，则难以解释检察制度的全貌；如果以此理论体系指导检察制度体系的构建，则容易把检察制度建设和检察改革引入歧途。

我们坚持检察权一元论，反对多元论，主要理由：一是检察权渊源于国家

---

① 参见樊崇义：《法律监督职能哲理论纲》，载《人民检察》2010 年第 1 期。

② 参见［俄］维诺库罗夫主编：《检察监督》（第 7 版），刘向文译，中国检察出版社 2009 年版，第 4 页。

③ 参见卢建平主编：《检察学的基本范畴》，中国检察出版社 2010 年版，第 256 页。

权力机关的监督权，是由人大监督权派生的一项专门性的法律监督权。这是由检察机关在国家机构中的定位所决定的。检察权和检察机关都以法律监督为本质属性和基本定位。二是各项检察权都具有不同的属性，同时都以法律监督为本质属性。我们不能以个别属性、局部属性、特殊属性等非本质属性代替或者否定本质属性。三是在理论上多元论忽视了检察权的内在统一性，既缺乏对现行检察权结构的解释力，也缺乏对检察权演化的预见力，更无助于推动检察权的优化配置，相反地，可能导致检察权的肢解和不合理配置。

其次，只有具有法律监督性质的权力才适合纳入检察权。检察机关在国家机构中的性质和定位决定了检察权的内容和范围，都应当具有法律监督的性质。对于检察机关来说，并不是拥有的权力越多越大就越好，不具有法律监督性质的权力原则上不应当配置给检察机关。将不具有法律监督性质的权力纳入检察权，至少有两个消极后果：一是导致权力冲突，影响各项权力的正确行使；二是导致权力滥用和误用，影响检察机关的公信力。例如，有人曾经主张把人民法院的再审启动权完全交给人民检察院，即只有抗诉后才能提起再审程序，[①] 以便形成完整的抗诉权和对审判的全面监督。这就把当事人的申诉权以及人民法院启动再审的裁决权都划归检察权了，但是，申诉权和裁决权都不具有法律监督的性质，不应当由人民检察院来行使。当然，对于现行法律赋予检察机关的批准和决定逮捕权，有一些学者认为不具有法律监督的性质，也不适合纳入检察权之中。我们不同意该观点。任何一项权力都具有多重属性，要准确地把握其主要属性，不能仅仅从国外的传统来看，也不能抽象地、孤立地看其某个属性，而应当将其放在特定的历史条件下以及具体的司法体制和诉讼程序中来认识。批准和决定逮捕权，就其渊源来说，是侦查权中强制措施适用权的一部分，是从逮捕权中分离出来的一项权力。在资产阶级革命过程中，为了加强刑事诉讼中的人权保障，将这项权力赋予预审法官或者治安法官，从而在审前程序中形成对侦查权的监督制约。因而，人们通常认为它属于司法权，但是那种预审法官或者治安法官并不是真正意义上的法官，其司法活动也不是审判活动，而是对侦查权的监督和制约。这种对侦查权的监督和制约在我国的司法制度中被纳入了法律监督职能之中。相应地，在我国的刑事诉讼程序中，没有预审程序与审判程序的区分；而且，审判权是由人民法院独立行使而不是由法官独立行使的，如果我们套用西方的传统，将批准和决定逮捕权都赋予人民法院，就可能导致人民法院先入为主，弱化人权保障，甚至妨碍司法公正。因

---

① 越南曾经实行过这种制度，后来废除了。在 2003 年前后研讨检察改革的过程中，我国也有些检察官提出类似的主张。

此，主要由人民检察院来行使批准和决定逮捕权，不仅能够避免上述弊端，而且有利于加强检察机关对侦查活动的法律监督，有助于检察机关及时发现侦查活动中的违法行为。在我国政治体制和司法体制中，批准和决定逮捕权具有鲜明的法律监督性质，与其他检察权是协调统一的，构成法律监督的重要手段。

最后，具有法律监督性质的权力并不都归属于检察权。检察机关的法律监督性质和宪法定位决定了它具有发现、消除和预防违法犯罪行为从而保障法律正确实施的职能，但是，这样广泛的职能，如果全部由检察机关来承担，是不切实际的，必须有适当的分工和限定。换言之，检察机关只能承担最重要的那一部分。对于公共权力运行的法律监督，检察机关只承担两个方面的法律监督职责：一是对诉讼中的执法和司法机关及其工作人员的违法行为和犯罪行为的监督；二是对所有国家机关及其工作人员职务犯罪的追诉。对于公民和法人守法行为的法律监督，检察机关只承担追诉讼犯罪的职能。对诉讼以外的公权力违法的监督主要由行政监察机关和各级人民代表大会以及其他社会组织、公民等实行；公民和法人的违法行为则主要由受侵害的当事人来承担控告、举报、起诉、申诉等责任。检察机关保留职务犯罪侦查权是对严重的公职违法行为进行法律监督的需要，是保障法律统一正确实施的必要措施。从抽象意义上看，职务犯罪侦查权是侦查权的一部分，与普通犯罪侦查权没有什么差别，应当属于行政执法权，由公安机关等侦查机关来行使。但是，在我国的政治体制和司法体制中，职务犯罪侦查权除了具有一般的侦查权特征外，还具有更加突出的法律监督特征，因而由检察机关履行职务犯罪侦查权是合理的制度安排。

符合法律监督性质，是我国检察权配置的首要标准和第一要求，也是我们必须坚持的基本原则。这一原则既是检察权扩张的根本依据，也是限制检察权扩张的重要理由。从总体上说，它是检察权优化配置的理论基础。当然，对一项权力是否具有法律监督性质的考察和确认，必须从我国政治体制和司法体制的结构来判断，而不能孤立地、片面地、抽象地或者根据国外的传统或者理论来判断。

（二）有效履行职责使命

检察权配置的根本目的是保证检察机关履行其国家职能即法律监督职能，以保障法律的统一正确实施即维护国家法制的统一、尊严和权威。换言之，检察权的配置必须保证检察机关具备一定的发现、惩治和预防违法犯罪行为的法律能力。这一法律能力是由两个方面构成的：一是对外部业已发生的违法犯罪行为的发现、惩治和预防能力；二是对内部机构和资源的组织、分配和指挥的能力。

发现违法犯罪，是法律监督的前提条件。不知情、不能进行必要的调查，就不可能启动相应的法律程序，就是无从开展法律监督活动。或者说，没有知情权，法律监督就成了无源之水，无本之木。概括地说，检察机关知情权的实现方式有两种，即被动发现和主动发现。被动发现，即检察机关具有受理一切法律监督范围内的涉嫌违法犯罪的线索和材料的权力。主动发现，则需要法律赋予检察机关一定的信息共享权、参与权、调查权。有些执法和诉讼活动具有一定的内部性，不参与就很难了解，需要法律明确规定检察机关的介入权。例如，现有的介入重大刑事案件侦查、列席审判委员会、参与刑罚执行等权力。对于一些涉嫌违法犯罪的材料，检察机关必须进行调查核实，然后才能确定其性质和启动相应的程序，如对诉讼中违法行为的调查权、对职务犯罪线索的初查权等。另外，《联合国反腐败公约》第50条规定："为有效地打击腐败，各缔约国均应当在其本国法律制度基本原则许可的范围内并根据本国法律规定的条件在其力所能及的情况下采取必要措施，允许其主管机关在其领域内酌情使用控制下交付和在其认为适当时使用诸如电子或者其他监视形式和特工行动等其他特殊侦查手段，并允许法庭采信由这些手段产生的证据。"2012年的刑事诉讼法修正案对此作出了相应的程序性规定。目前看来，有待法律明确规定检察机关实现知情权的方式：一是检察机关与相关部门执法信息共享机制，特别是行政执法与刑事司法衔接机制，获得法律监督范围内的违法犯罪信息和情况；二是对诉讼违法行为进行法律监督调查。

惩治违法犯罪，是法律监督的重要手段。检察机关对违法犯罪行为的惩治方式主要有侦查、批准或者决定逮捕、起诉、抗诉、提出纠正违法意见、检察建议等。这些惩治措施有两个特点：一是它们基本上是程序性的，可以称为"程序制裁"[①]，通常包含或者涉及一定的实体内容。二是这些惩治措施都不是终极性的，有待审判机关或者其他机关裁决，当事人可以抗辩或者申诉。虽然检察机关的惩治方式是程序制裁，但是它们是违法犯罪行为受到实体制裁的前提和条件。另外，程序制裁不仅具有追诉职能，而且具有一定的惩罚功能，这种惩罚包括对实体违法和犯罪的惩罚以及对诉讼中违法行为的惩罚。对实体违法犯罪的惩罚，主要是立案、侦查、起诉和监督裁判执行。这种惩罚相对人民法院的裁判来说，是辅助性的、保障性的措施，不是以惩罚为直接目的，例

---

① 这里的"程序制裁"是对法律制裁的分类，即实体制裁与程序制裁。它不同于诉讼法学上所指的对程序性违法行为的制裁，即程序性制裁，这种制裁所要惩罚的是侦查人员、检察人员和法官在刑事诉讼过程中违反法律程序的行为。参见陈瑞华：《程序性裁制理论》，中国法制出版社2005年版，第188页。

如，对于公安机关应当立案而未立案的，检察机关有权通知公安机关立案；在审查起诉中发现应当对犯罪嫌疑人实行逮捕而未逮捕的，可以决定逮捕；对下级人民检察院应当起诉而不起诉的，上级人民检察院可以决定起诉；等等。对程序违法的惩罚，主要是针对侦查人员、审判人员和刑罚执行人员在诉讼中的违法行为采取的制裁措施，例如，非法证据排除、撤销案件、不批准逮捕、不起诉、解除羁押、中止执行，提出纠正违法意见，等等。

预防违法犯罪，是法律监督的重要目标和社会责任。发现和惩治违法犯罪的目的都是预防违法犯罪。最大限度地降低违法犯罪发生的可能性就等于保障了法律的统一正确实施。从这个意义上说，预防违法犯罪是法律监督的目的。另外，预防违法犯罪特别是预防职务犯罪也是法律监督的一项工作，是检察机关承担的一种社会责任和政治责任。这是因为检察机关是追诉犯罪的职能部门，对违法犯罪特别是职务犯罪发生的现状、原因和规律的认识比较全面和深入，结合办案开展预防工作，具有一定的优势和便利。从现行法律来看，检察机关没有预防违法犯罪的法定职能和法定程序。然而，从这些年来的实践和国外的情况来看，检察机关立足法定职能，开展预防工作，效果特别是社会效果和政治效果是很好的。因此，我们可以把检察机关的预防犯罪工作视为法律监督职能的合理延伸，是法律职责之外的社会责任和政治责任。总之，预防违法犯罪，既是检察机关开展法律监督工作的基本目标，也是检察机关承担的一项社会责任和政治责任。

发现、惩治和预防违法犯罪是检察权运行的三个相互关联和相互依赖的环节，任何一个环节都不可缺少，而且弱化其中任何一个环节都会影响其他环节的职能作用。因此，检察权的配置只有全面地考虑这三个主要环节的权力设置，才能发挥法律监督的整体效能。

职能性检察权的配置固然决定了检察职能的运行机制，要启动并保证检察权的运行，还必须赋予检察系统和检察机关一定的管理权即非职能性检察权。检察管理包括业务管理、队伍管理和检务保障，主要是指检察系统和检察机关两个层面的政策指导、组织指挥和资源分配。这些权力是保证检察机关有序运作的必要条件。法律赋予检察系统和检察机关一定的业务管理、队伍管理和检务保障的权力，这既是检察权有序运行的保障，也是检察工作的专业化和相对独立性的需要。

（三）保证接受监督制约

在法治国家，任何一个机构的权力都是有限的，而且是受到监督制约的。这是防止权力的滥用和腐败，保障人权和公民权利的制度前提，是现代法治国家的基本原则。在西方国家,主要是通过三权分立来实现的,即将国家权力分为立法权、行政权和司法权,分别赋予立法机关、行政机关和司法机关,这三个机关平行设置,相互制衡。在社会主义国家,主要是通过"一元分立"①来保证权力的正确行使,即全国人民代表大会和地方各级人民代表大会都由民主选举产生,对人民负责,受人民监督;国家行政机关、审判机关、检察机关都由人民代表大会产生,对它负责,受它监督。一元分立是由民主集中制、分工制约和专门监督三个方面构成的。民主集中制是社会主义国家机构设置和运行的基本原则,它既是调整各个机关之间关系的原则,也是调整各机关内部关系的原则;分工制约是指国家权力机关、行政机关、审判机关、检察机关、军事机关之间依照宪法规定分别履行一定的国家职能,并形成既相互配合又相互制约的关系。由于国家权力机关是行政机关、审判机关、检察机关、军事机关的上位机关,因而它们之间不存在制衡的关系。专门监督主要是由作为独立国家机构设置的法律监督机关即人民检察院,设于政府之内的审计机关,以及分设于各国家机关的行政监察部门来承担的。行政监察部门负责对违反行政法律和纪律的行为进行监督和处理,检察机关负责对追诉犯罪和审查纠正诉讼中公权力机关的违法行为。

检察机关是专门的法律监督机构。它既要履行法律监督职责,又要接受监督制约。从制度建设的角度来看,要保证检察权的运行切实接受监督制约,必须合理分工,防止权力过分集中;完善权力运行规则,防止权力失范;健全监督制约机制,防止权力失控。

合理分工,保证检察权的有限性和相对性。这里主要是指检察机关与国家权力机关、行政机关、审判机关之间的分工。有关问题将在第三章具体探讨。检察权的法律监督性质决定了它不是一种终极性的裁决权,而主要是一种调查和追诉权。这种权力本身具有一定的程序制裁功能,但主要不是制裁,而是提请制裁,因而往往有后续程序的审查和制约。从这个意义上说,检察权的危险性和滥用的可能性相对较小。检察权中那些具有一定自由裁量权且缺乏后续程序的关键环节的权力可以统称为"消极型检察权",例如,撤案决定权、不移送审查起诉权、不起诉权。这些权力被滥用的可能性较大,应当严加防范。对于这些消极型检察权增设一定的外部监督程序(如人民监督员制度),以防止

---

① 朱孝清把这种政体概括为"一元分立"的权力架构,与西方国家的三权分立形成对照。参见朱孝清:《中国检察若干问题研究》,中国检察出版社2008年版,第4页。笔者认为,"一元分立"不如"一元分工"更准确地概括我国政体的特征,因为在人民代表大会之下设置的行政机关、审判机关、检察机关都没有充分的独立性。

打击犯罪不力。对于立案决定权、职务犯罪侦查权、起诉权、抗诉权等积极型检察权，虽然有后续的程序，但是如果这些权力的行使不当，既可能给当事人权利造成侵害，也可能给国家利益造成损害。从我国现行法律来看，检察机关法律监督的对象、范围、手段、方式、效力都是有限的，其独立性也是相对的。虽然实际的检察权运行中确实存在一定的权力滥用现象，但主要不是因为权力本身的错误，而是运行过程中的控制不当。实际上，人们往往因为这些积极型检察权的运行不当而认为检察权强大。例如，许多人认为职务犯罪的侦查权是检察机关最大、最有影响的一项权力，这是因为：（1）职务犯罪比较多，被立案侦查的只是一部分，似乎由检察机关控制或者选择查办谁；（2）查办的过程和后果对当事人和社会都具有较大的影响。其实，真正需要防范的仍然是滥用"不立案决定权"，禁止"选择性执法"。如果检察机关做到了有案必查，职务犯罪侦查权的威力就不是检察机关的威力，而是法律的威力了。

完善检察权运行规则，保证检察权运行的透明度和可预测性。运行规则包括实体规则和程序规则两个方面，形式上是对已有权力的规范化，但实质上是对权力的二次分配，它涉及谁行使哪项权力、如何行使。检察权运行规则，不仅是检察人员依法履行职责的准绳，而且是内部和外部监督制约的基础。只要把执法规则和检察活动公开，就可以把检察权的运行置于人民群众和社会各界的监督之下，并且受到相关国家机关的制约，检察机关和检察人员的违法犯罪就很难发生，即使发生了，也难以藏匿。我国的法律规定一般比较概括和原则，除了审判机关和检察机关作了大量司法解释之外，检察机关还制定了许多内部规则或者指导意见。这些内部规则内容更加细密、可操作性更强，但往往透明度不高，有些还是保密的，公民和法人难以获知。另外，在检察环节发生的某些诉讼结果透明度也不够，除了当事人获知外，其他人也难以得知。虽然检务公开实行了多年，但是在一些重要环节仍然没有突破。

健全监督制约机制，保证对检察权监督制约的及时性和有效性。监督与制约的共同点在于，它们都是对权力行使的约束、限制和控制，都能起到防止和纠正工作中失误的作用，目的都在于保障执法和司法机关正确地认定事实和运用法律。监督与制约的区别在于：（1）制约与监督的行为走向不同，制约是互相的，而监督是单向的。制约是由相关权力主体（机关、机构或个人）各自承担特定的执法任务所产生的，这种相关性主要有两种情况：一是各权力主体处于权力运行的不同程序和阶段，有前后之分，前后权力行使的结果形成互相制约；二是各权力主体在同一程序或阶段中扮演不同的角色，通过共同参与和相互辩论对最终结果形成制约。（2）制约与监督的影响范围不同，制约的影响在于它对上一个环节中权力行使的结果作出评判以及决定是否启动下一个环节的程序，而监督是对权力行使过程或者结果提出意见或建议。（3）制约与监督的效果或影响方式不同，制约对于受制约方是决定性的、负完全责任的，不要求被制约方作出积极的回应，受制约方要么接受制约方的决定，要么依法选择其他的程序或路径继续推进；而监督对于受监督方的决策和行为是督促性的，要求被监督方作出积极的回应，但不具有决定性，也不一定参与决策，因而不负决策和执行责任。监督制约包括内部的监督制约和外部的监督制约，都是保障权力依法正确行使的重要机制，两者的适用范围不同，效力也不同，各有独特的、不可替代的意义。在配置检察权的过程中，既要考虑到内部监督制约机制，但也不能过于依靠内部监督制约机制，因为按照民主集中制组织起来的检察机关，内部的一元化程度较高，可能使内部监督制约机制失灵。因此，外部的监督制约机制对于保障检察权的正确行使具有重要意义，检察机关没有也不应当有不受监督制约的权力。在我国，检察机关是国家的法律监督机关。检察机关及其职能活动要受党的领导和监督、人大的监督、政协的监督、人民群众的监督以及新闻舆论的监督。在刑事司法程序中，公安机关、检察机关和审判机关分工负责，互相配合，互相制约。

符合法律监督性质是检察权配置的根本要求，有效履行职责使命是检察权配置的直接目的，保证接受监督制约是检察权配置必须考虑的控制措施。这三个方面共同构成了检察权配置的内在要求，是优化检察权配置的基本原则。在这个意义上说，违反这三个原则中的任何一项，都是不合理的权力配置。只有统筹兼顾这三项原则或者三项内在要求，才能实现检察权的优化配置。

四、检察权配置的一般原则

检察权配置的内在要求，从发生学意义上分析了检察权的来源和根据，揭示的是检察权配置的实质要件；而检察权配置的一般原则，则从立法技术和检察权运行需要来研究和分析检察权配置的参考因素，揭示的是检察权配置的形式要件。我们认为，检察权配置的一般原则主要有职责明晰原则、职能协同原则和效力保证原则。

（一）职责明晰原则

职责明晰，是检察机关全面正确履行法律监督职能的重要条件。检察机关作为国家机关，其职能活动必须严格按照法律界定的范围和法律规定的程序进行，如果法定的职责不清晰，检察机关就无法正确履行职责。一般而言，职责的划分或者职责的部门化主要有四种标准或者方法，即功能标准、程序标准、管理对象性质、地域管辖标准。检察机关的性质、地位和职能作用是界定检察权范围的基础。在此基础上，我们可以分别或者综合运用这些标准来界定检察权的范围。

以功能标准来界定检察权范围，是指国家立法根据检察机关的法律监督功能来配置检察权。法律监督是检察机关与其他国家机关在职能定位上的基本区别。只有需要通过法律监督来保障法律统一正确实施的职能，才能设置为检察权。国家将法律监督职能统一配置给检察机关，将同一性质的职权交由检察机关统一行使，有五个方面的好处：一是以功能区分，逻辑清晰，容易明确界限，职能与责任相统一。二是符合专业化分工的要求，容易提高效率。"职有专司，克奏其功。"三是同类事项由同一部门主管，便于协调相关事宜。四是事权划一，职权明确，力量集中，在决策、执行和监督三个环节之间容易形成一致性。五是符合经济原则，便于人、财、物的统一分配和使用。

以程序标准来界定检察权范围，是指国家根据工作流程和诉讼阶段分配检察机关的职权。这对程序性较强的检察工作特别适用。在不同性质的诉讼中和诉讼的不同阶段，检察机关都要根据法律监督这一总的职能定位和相关的诉讼规律，承担不同的角色，行使不同的权力。这不仅有利于保障诉讼活动顺利进行，维护司法公正，而且便于检察工作程序的标准化、规范化和统一，从而加强检察管理，提高检察工作效率。

以管理对象的性质为标准来界定检察权范围，是指根据管理对象的特定种类（如地域、身份或者从事的工作）确定检察机关行使职权的对象。按照现行法律，检察机关的管理对象主要是有职务犯罪嫌疑的公职人员、在诉讼中有违法行为的公职人员、作为犯罪嫌疑人或者被告人的公民和法人。不涉嫌犯罪的公民和法人、诉讼活动以外发生违法行为的公职人员都不属于检察机关管辖的范围。由此，可以看出，检察权的重点在于监督公职行为，即使履行公诉职能，其职责也不限于追诉犯罪，还要对审判活动进行法律监督。

以地域管辖标准来界定检察权范围，主要是指根据不同的地域管辖来划分不同级别的人民检察院的职权范围。最高人民检察院、省级人民检察院、市级人民检察院和县级人民检察院四级人民检察院的共同职能是法律监督，但是履行职能的范围和方式都应当有所区分。上级检察机关除具有下级检察机关的职权外，还具有复议、改变下级院的决定、业务领导等职权，最高人民检察院还具有司法解释权、立法解释提请权、立法案提请权等。

职责明晰原则，既是管理工作的基本准则，也是权力配置的一般原则。任何职能部门的设立和运行都是从职权界定开始的。但是，在实际的权力配置中，职责不清、权责不明的现象还大量存在。这既有认识问题，也有技术问题，还有社会发展、情况变化等方面的原因。检察权的配置及其优化，必须对各项检察职能进行深入而全面的研究，从理论上和实务上作出明确的界定，使检察人员和社会各界都能明确检察机关的职责所在。职责明晰原则主要包括如下六个方面的要求：（1）什么工作？（2）谁负责？（3）目标是什么？（4）对谁负责？（5）工作的时间期限？（6）工作的方法和程序是什么？只有这六个问题都有明确的答案，职责的划分才算是清晰的。作为检察权配置的一般原则的职责明晰原则，要求国家在立法中配置检察权时要做到职权的范围、责任、目标、组织者、期限、运行程序等都有明确的规定。这样才能保证法定的权力转化为实际的权力，才能实现检察权配置的预期目的。

（二）互补协同原则

检察机关具有侦查、批捕、起诉、抗诉、提出纠正违法意见和检察建议等多项职能，这些职能在性质上统一于法律监督，在运行中必须互相结合、互相补充、互相支持从而发挥更大的整体效能，这就是检察权配置的互补协同原则。它包含互补效应和协同效应两个方面的要求。互补效应和协同效应都来自物理化学，互补效应是指影响同一性状的两对非等位基因中的两个显性基因同时存在并决定某一新性状，其中任何一个基因发生突变时，都会导致同一突变性状的产生。协同效应又称增效作用，是指两种或两种以上的成分相加或调配在一起，所产生的作用大于各种成分单独应用时作用的总和。互补效应和协同效应有一个共同特点，即"1＋1＞2"。不过，互补效应是通过一项职能为主而另一项职能为辅来实现的，或者说一项职能发挥直接作用而其他职能发挥潜在作用；而协同效应则主要是通过两项以上的职能共同发挥作用来实现的。例如，职务犯罪侦查权与诉讼监督权之间存在一定的互补效应，在诉讼监督过程中，监督对象不配合甚至抵制时就不得不考虑检察机关可能调查其违法行为背后是否涉嫌职务犯罪。这样，虽然没有直接行使职务犯罪侦查权，但是它已经发挥了间接的作用，保障或者促进了诉讼监督权的实现。公诉权与诉讼监督权之间存在一定的协同效应，在起诉过程中，不仅仅要审查证据是否合法、客观、充分，还要对侦查活动和审判活动是否合法进行审查，既要发挥追诉职能，又要发挥诉讼监督职能，以保证司法公正。

近年来，有些学者主张取消检察机关的职务犯罪侦查权或者诉讼监督权等，设想把检察机关转变为纯粹的公诉机关，除了忽视我国政治体制和司法体制的结构特点外，还忽视了检察权内部各成分之间必要的互补效应和协同效应。正是因为现行检察权内部存在一定的互补效应和协同效应，我国检察机关在检察权范围比较窄的情况下仍然能够比较好地履行法律监督职能。

(三) 效力保证原则

检察机关是国家的法律监督机关，代表国家开展职能活动，维护的是国家利益、社会公共利益和当事人的合法权益，因而必须具有一定的权威性，对被监督者具有一定的影响力。这就是说，法律监督活动即各项检察权的行使都必须具有一定的法律效力，否则，检察机关就难以有效地履行法律监督职责，就难以维护国家利益、社会公共利益和当事人的权益。具体而言，效力保证原则，是指国家配置任何一项检察权，都应当同时明确其效力，规定其法律后果。

现行法律对检察权的配置，从法律上说，存在手段不足、缺乏后续程序和法律后果等问题；从实际工作来说，存在被监督机关消极应付甚至直接抵制的情况，例如，通知公安机关立案后，公安机关立而不侦；提出纠正违法意见或者检察建议后，被监督机关或者工作人员置若罔闻，或者知错不改，法律上没有任何后果，检察机关也没有其他措施。这就可能使某些法律监督职能落空，既有损国家法制的统一、尊严和权威，也未达到法律配置有关检察权的预期目的。

效力保证原则实质上是法律规范完整性的要求和体现。除了部分授权性规范和义务性规范以外，法律规范在逻辑结构上应当由假定、处理和制裁三个要素构成，或者由行为模式和法律后果两个要素构成。效力保证原则强调的是，有关检察权配置的法律规范原则上应当有相应的制裁或者法律后果。相反地，缺乏制裁或者法律后果的法律规范本身是不完整的，是立法的缺陷。

各项检察权力都应当设置与其相匹配的制裁或者法律后果。这包括两个方面的要求：一是各项检察权需要有相应的制裁或者法律后果作为保证；二是给各项检察权设置的制裁或者法律后果应当符合该项检察权的性质和任务。换言之，具体的裁制或者法律后果必须根据特定检察权能在诉讼程序中的分工、目的和强度分别设置。例如，检察机关不批准逮捕后，公安机关仍然不释放犯罪嫌疑人的，检察机关可以追究有关公安机关或者公安人员非法羁押的法律责任。对于强度较弱的检察权，则可以设置报告或者提请被监督单位的上级机关督办的程序。例如，对纠正违法意见（或者通知），被监督单位除有异议可以申请复议外，必须立即执行，否则可以提请其上级机关追究其违法责任；对于检察建议，被监督单位应当及时反馈采纳建议的情况；否则，检察机关可以报告上级机关并通过上级机关向被监督单位的主管部门提出意见或者建议。

第三章　检察权优化配置的指标体系

当我们提出检察权优化配置的时候，实际上就面临着一个预设的理论前提，即"优化"的标准是什么？什么样的职权配置是优化的，什么样的职权配置不够优化，区别的标志在哪里？不能科学地回答这个问题，就难以说清楚现行的检察权配置究竟是一种优化配置，抑或不是。而回答这个问题，既要遵循权力配置的一般原理，也要充分考虑我国国家权力运行的实际包括其运行的历史文化背景和现实环境。我们试图通过下面四组要素的对比来衡量检察权配置的优化程度：

一、权力设置中目的与手段的匹配度

权力是主体按照自己的意志影响或者控制他人行为的力量。①权力的配置②，总是基于一定的目的。"权力就是根据自己的目的去影响他人行为的能力。这就是说，权力是一种力量，依靠这种力量可以造成某种特定的局面或结果，即是使他人的行为符合于自己的目的性。"③目的既是权力配置的出发点，

---

① "权力是指一个人或一群人按照他所愿意的方式去改变其他人或群体的行为以防止他自己的行为按照一种他不愿意的方式被改变的能力。"（[美] 彼得·布劳：《社会生活中的交换与权力》，华夏出版社1988年版，第135页）

② 在社会学中，权力被理解为一种能力或者关系，即 "权力是一种保证集体组织系统中各单位履行有约束力的义务的普遍化能力"（[英] 罗德里克·马丁：《权力社会学》，三联书店1992年版，第86页）；"权力是某些人对他人产生预期效果的能力"（[美] 丹尼斯·朗：《权力论》，中国社会科学出版社2001年版，第3页）；"一个人或许多人的行为使另一个人或许多人的行为发生改变的一种关系"（《不列颠百科全书》）。这种能力或关系是在相互交往中通过其所占据的优越地位形成的。而这种优越地位往往来自财富、势力、能力、威望等能够对他人的利益、思想、社会关系产生影响的因素。而在政治学中，权力往往被理解为一种国家的强制力，"构成这种权力的，不仅有武装的人，而且还有物质的附属物，如监狱和各种强制机关"（《马克思恩格斯选集》（第4卷），人民出版社1972年版，第167页）。作为国家权力，由于它所涉及的范围十分广泛，所以必然要通过一定的组织形式构成一个系统来运行，而在国家权力运行系统中，就必然面临一个构成该系统的各个组织之间如何分配国家权力即权力配置的问题。本文正是在这个意义上讨论权力配置的。

③ 李景鹏：《权力政治学》，北京大学出版社2008年版，第27页。

也是权力行使所希望达到的理想状态。而权力发挥作用，总是与一定的手段①相联系。没有相应的手段，权力主体就不可能对他人的行为产生强制力。权力配置的目的与手段的匹配程度，在很大程度上标志着权力配置的科学性。手段与目的越匹配，实现目的的可能性就越大，就越符合权力配置的目的。如果配置了某种权力，但是没有赋予权力主体相应的手段，或者手段与目的不够匹配，权力配置的目的就很难实现或者很难取得理想的效果。

目的与手段的匹配程度（衡量标准）取决于手段对目的的适应程度。手段越适应实现目的的需要，目的与手段的匹配程度就越高；反之亦然。因为目的决定手段，手段是根据实现目的的需要选择的。有什么样的目的，就应当选择适应的手段（当然，手段本身也有一个正当性的问题）。

（一）检察权设置的目的

法律赋予检察机关的职权，从词源学上讲，一般被称为"检察权"。人们提及检察权的时候，通常都会想到，它是指检察机关的职权。但是，为什么要设置检察机关？为什么要给检察机关赋予检察权？赋予什么样的检察权？不同的国家、不同的理论可能会有不同的回答②。

在我们国家，检察机关是作为国家的法律监督机关来设置的。如同行政机关行使的是行政权、审判机关行使的是审判权一样，法律监督机关行使的职权，也应该是法律监督权。检察机关既然被定位为国家的法律监督机关，检察权自然就应当定性为国家的法律监督权③。

如前所述，把检察权作为法律监督权来设置，是人民代表大会制度的必然

---

① 在权力配置中所谓手段，实际上是指为实现权力配置的目的而设定的具体权能即权力的具体内容。

② 检察制度是政治文明发展到一定阶段的产物。尽管世界各国的检察制度具有许多内在的本质上的一致性，但是由于各国政治制度的不同、历史文化传统的差异，以及社会发展的阶段不同，检察权的设置乃至检察机关的设置都会不尽相同。即使是在同一个国家，由于理论观点的不同，人们对检察机关的认识和对检察权设置的看法，往往也会出现明显的甚至是重大的差异。

③ 检察权与法律监督权的关系，在理论界存在一定的争议。有的学者认为，检察权与法律监督是两种不同性质的权力，不能将其混为一谈。有的学者认为，检察权与法律监督权虽然不完全相同，但是存在一定的交叉关系。有的学者认为，检察权与法律监督权是一个权力的两种不同叫法，是从不同的角度反映同一个事物。之所以会出现理论上的这种争议，我们认为，是有些学者在研究这个问题的时候，自觉不自觉地为自己预设了一个检察权的概念，即按照西方国家检察机关的职能，把检察权视为一种诉讼权力。一旦超出诉讼的范围，就认为那不是检察权了。

产物，检察机关根据宪法和法律的授权，代表人民代表大会监督行政权、审判权的行使，其目的自然是防止行政权和审判权的滥用。之所以要通过"法律监督"来保证行政权和审判权的正确行使，是因为法律是国家权力取信于民的根本保障。如前所述，在我们国家，人民是国家的主人，是国家权力的享有者。人民把自己的权力委托给国家机关及其工作人员行使，是为了让他们代表人民的意志处理国家事务和社会公共事务，为人民谋福祉。但是由于权力本身的扩张性，任何有权的人都可能滥用权力。为了防止权力的滥用，在人民授权的同时，必须设定一些具有普遍约束力的规则来制约它，从而使它的运行合理化、规范化。而这种具有普遍约束力的规则就是法律。法律是执政党领导人民制定的、凝聚着人民意志并代表着人民根本利益的国家意志，是国家权力运行的准绳，因而也是衡量国家权力的行使是否符合人民利益的尺度。保障国家权力的依法行使，就是保证国家权力服从人民的意志、保证国家权力正确行使。权力行使的合法性，"对于政治权力主体以及整个社会的政治生活是至关重要的"，因为政治权力的合法性。第一，有利于政治权力关系的稳定和持续。只有通过各种方式和手段将权力关系合法化，才能形成较为稳定的政治权力关系模式。第二，有利于实现社会动员，使政治权力的效能达到最大化。政治权力的效能是和政治权力的合法性紧密相关的。权力客体的服从越是自觉，服从的范围越是广泛，政治权力的合法性程度越高，政治权力的效能也就越大。第三，有利于社会秩序的稳定。政治权力的合法化是建立社会秩序的客观要求。一方面，调解不同个人和群体之间的矛盾和冲突，需要有公认的权威机构来制定规则并进行仲裁。如果没有解决矛盾和冲突的合法权威和办法，社会必然陷于混乱之中。另一方面，政治权力一旦得到社会多数人的认同，就会产生一种群体压力，强化他们对权力主体的服从意识，并对那些出于个人原因而反对权力主体的人形成一种约束力。因此，"政治权力主体作为执法者，必须遵守法律，这是实现法治的根本要求。如果执法者可以超越于法律之外，那么，法律就丧失了权威性，社会关系的调整就会取决于偶然性和握有权力的人的专断命令，就不存在社会正义和公正。对于法治社会来说，法律作为调整人际关系的行为规则，是十分重要的，而建立法律实施的保障机制甚至更为重要。"①法律监督正是法律实施的保障机制中最重要、最有效的制度设计。因为，法律监督的监督对象不仅是国家机关及其工作人员遵守和执行法律的情况，其目的是保障国家权力运行的合法性，而且是用法律手段来监督行政权、审判权的运行是

---

①　参见周光辉：《论公共权力的合法性》，吉林出版集团有限责任公司2007年版，第154～157页。

否合法。与其他监督措施相比，法律监督更符合法治的要求，更具有规范性和可预见性，因而也是建设社会主义法治国家过程中监督国家权力依法运行的首选方式。

人民行使国家权力的方式，除了通过人民代表大会选举产生国家机关并选举任命和罢免国家机关工作人员、听取并审议监督他们的工作之外，最主要的是凝聚全国人民的意志并使之通过立法的方式上升为法律，成为一切国家机关、一切社会组织和全体公民一体遵行的行为准则，从而实现对社会的控制。特别是随着依法治国方略的全面推进，法律在国家权力运行中的主导作用越来越大，法律对社会活动的控制作用越来越强，人民群众对依法办事的呼声越来越高，把权力关进法律的笼子越来越成为社会的共识。人民通过自己制定的法律来控制国家权力的运行，也就越来越成为国家权力运行的常态。因此，防止行政权、审判权的滥用，说到底，就是防止行政权、审判权的行使脱离法律的轨道，就是维护国家法律的统一正确实施。正是在这个意义上，我们说，检察权作为一种以法律监督为本质特征的国家权力，其设置的根本目的是维护国家法律的统一正确实施。

"维护国家法律的统一正确实施"，是检察权作为国家的法律监督权来设置的根本目的。这其中包括了三个方面的含义：

第一，防止行政机关、审判机关①在行使行政权、审判权过程中发生严重违反法律的情况。由于行政权在社会管理中的广泛性，国家法律的 80% 以上都是由行政机关来实施的。行政权是否依法行使，对于国家法律的统一正确实施具有极为重要的意义。因此，维护国家法律的统一正确实施，在很大程度上，是监督行政机关严格遵守和执行国家法律，防止行政机关违反法律的规定滥用行政权。而审判机关担负着对刑事犯罪、民事纠纷和行政争议进行裁判的职责，是法律适用的主要主体，审判活动被认为是法律实施的最后一道防线，对伸张法律正义、维护社会公平具有十分重要的意义。法律适用的状况直接关系到法律的统一正确实施，更直接关系到社会公平正义的实现。所以，维护国家法律的统一正确实施，就不能不包括对审判机关行使审判权的活动进行监督。监督的目的是保障审判权的依法行使，防止审判权的滥用。

第二，防止国家机关工作人员在履行法定职责过程中发生贪赃枉法、渎职

---

① 在我们国家，立法权由作为国家最高权力机关的全国人民代表大会行使。检察机关是由人民代表大会产生并向人民代表大会负责的国家机关，因而不能对全国人民代表大会的立法活动进行监督。所以检察机关对国家机关的监督只能是对国家行政机关和审判机关的监督。

侵权等行为。作为行使国家权力的国家机关，总是由具体的人员构成的。行使国家权力的活动，也总是通过在国家机关工作的具体人员完成的。国家机关工作人员履行法定职责的活动，直接关系到国家法律的统一正确实施。国家机关工作人员在履行职责、实施法律的过程中，如果贪赃枉法、滥用职权、玩忽职守，甚至侵犯当事人的合法权益，必然会妨害国家法律的统一正确实施。因此，维护国家法律的统一正确实施，就要监督国家机关工作人员履行法定职责的行为，防止滥用职权、执法犯法。这也表现为防止国家权力运行过程中被个人所滥用。

第三，防止社会组织、个人严重违反法律的行为发生。一方面，社会组织和个人①，虽然不是国家权力行使的主体，但是作为国家权力作用的对象，与国家权力行使的主体之间存在互动关系，可能影响国家权力的行使。如有的社会组织与国家机关达成某种协议或默契，共同谋取法律之外的利益，损坏法律的实施；有的个人与国家机关工作人员相互勾结，共同实施犯罪活动。另一方面，法律通常都会赋予社会组织和个人一定的权利或者设定一定的义务。这些权利在行使过程中是否遵守法律设定的条件，是否可能危害到国家或者他人的利益，这些义务是否被遵守，都直接关系到国家法律的实施。因此，维护国家法律的统一正确实施，也要对社会组织和个人遵守法律的情况进行监督，防止社会组织和个人滥用权利，危害国家、他人和社会公共利益。

为了维护国家法律的统一正确实施，检察机关就要对行政机关行使行政权的活动、对审判机关行使审判权的活动、对国家机关工作人员履行法定职责的情况、对社会组织和个人遵守法律的情况实行法律监督。那么，检察机关如何进行监督？这就涉及检察权的配置问题。

（二）检察权设置的目的对手段的内在需求

如前所述，检察权设置的目的是维护国家法律统一正确实施，而实现这个目的的手段是法律监督。也就是说，检察权是通过法律监督来维护国家法律的统一正确实施的，防止国家权力滥用的。所谓法律监督，是指根据法律的授权，运用法律规定的手段，对法律实施的情况进行的具有法律效力的监督。对法律实施的情况进行监督，实际上是对法律实施过程中发生的违反法律的情况进行监督，因为合法的行为、正确实施法律的行为是不需要监督的，监督的目的是发现违反法律的情况，进而加以纠正，以保证法律的正确实施。

---

① 这里的个人是指作为普通公民的个人。国家机关工作人员实施与职务无关的行为，也是作为普通公民行动的，因而也包括在内。

　　1. 发现违法的手段

　　为了实现检察权设置的目的，检察机关首先要有发现违法的手段。

　　及时有效地发现违反法律的情况，是实行法律监督的先决条件。合法的行为、遵守法律的行为是不需要监督的。需要监督的，只是违反法律的行为。违反法律的行为往往是在法律实施过程中已经发生了的。要监督纠正这种违反法律的行为，维护法律的尊严，保障法律的正确实施，首先就要了解违反法律的具体情况，确认违反法律事实的存在，然后才谈得上监督纠正的问题。如果不能及时发现违反法律的事实，监督纠正就是一句空话。

　　及时有效地发现违反法律的情况，也是实行法律监督的重要方面。违反法律的行为，在许多情况下都是隐蔽进行的。及时发现违反法律的情况，将其暴露在领导机关、司法机关或者公众面前，这种违反法律的情况就会丧失存在的土壤，就会原形毕露，再不纠正就可能引起对行为者不利的后果，因而也就比较容易纠正。这本身就是监督作用的表现。

　　当发现违法作为一种职责时，就需要一定的手段。在日常活动中，人们都可能发现违法情况的存在。如行政决策或行政强制中的违法一旦实施，行政相对人就会感知，法院裁判中的违法，被裁判的人自然会及时发现。犯罪行为的实施，犯罪被害人也会发现。即使是与己无关的违法，有些人则可能根据自己的观察或者道听途说而感知。但是通过这种自然感知的方式发现违法毕竟具有很大的局限性和偶然性，难以保证一切严重违反法律的情况都能够被及时发现。法律监督作为检察机关的法定职责，要维护国家法律的统一正确实施，既不能靠道听途说，更不能顺其自然，而必须有发现违法的手段，才能保证及时发现违反法律的情况，进行有效的监督。通过这种手段的运用，及时发现各种公开的或隐蔽的违反法律的情况，才能有针对性地提出监督纠正的意见，也才有可能达到法律监督的目的。不仅如此，法律监督的目的是纠正违法情况，维护法律的正确实施，但是如果没有充分的证据，无论是作出违法决定的机关或者实施违法行为的个人，都不会承认自己违法，更难接受监督。要达到法律监督的目的，就必须有充分的证据来证明违法存在的事实，而这种证据必须通过一定的手段才能获得。

　　发现违法的手段，从理论上讲，应该包括：一是知情权，即从其他有关主体依法定义务提供的情况中了解其执行法律的状况，发现有无违反法律的情况发生。二是调查权，即依照法律授权主动对有关主体执行法律的情况进行调查，从中发现有无违反法律的情况发生。作为行使国家权力的一种方式，为了保证调查手段的有效性，法律规定了一系列专门的调查手段，即侦查手段包括技术侦查的手段，以及使用刑事强制措施的手段。这些手段只能由专门的国家机关使用，并且必须在法律规定的范围内按照法律规定的程序来使用。没有这些专门的调查手段，就难以发现违法情况的存在，难以确认违法情况发生的责任人员，更难以对其加以纠正。

2. 纠正违法的手段

发现违法的目的是纠正违法。为了维护法律的统一正确实施，对于法律实施过程中出现的违法情况，及时提出纠正和改进的意见，是阻止违法行为的继续，防止违法行为再次发生的重要途径，因而也是法律监督的内在要求。如果只有发现权，没有纠正权，发现违法就丧失了动力，也就失去了存在的价值。

纠正违法有多种手段。如行政机关可以通过作出决定的方式直接纠正下级行政机关作出的违反法律规定或精神的行为，也可以通过发布指令的方式，要求下级行政机关自行纠正违法行为，甚至可以通过对实施违法行为的国家机关工作人员给予行政处分的方式直接进行惩戒。审判机关可以通过裁判的方式改变下级审判机关作出的错误判决或裁定。这些都是由行政权本身具有的处置性和审判权本身具有的裁决性决定的。正是因为行政权和审判权具有这种终局性的实体性的处分权，所以才需要对其行使的情况进行监督—救济可能发生的错误。但是检察权不同于行政权和审判权，它没有终局性的处置权和裁判权。检察机关纠正违法的手段一方面受到检察权性质的限制，另一方面受到法律规定的限制。检察机关只能运用法律规定的手段实行法律监督。而这种手段本身不能包括实体性的处置权和裁决权，不能对监督对象的违法行为直接进行纠正或者惩戒。因此，检察机关纠正违法的手段主要是提出请求的权力。这种提出请求的权力实际上有两种类型：

（1）追诉权，即按照诉讼程序提请审判机关追究实施违法行为的主体的法律责任的权力。

法律监督的根本目的是维护法律的统一正确实施，而维护法律统一正确实施的最重要的手段就是追诉违法。追诉违法是发现违法的必然要求。发现违法是法律监督的前提。发现了违反法律的情况之后，只有享有追诉违法的手段，才能维护法律的统一正确实施。如果不能有效地纠正违反法律的情况，仅仅是发现了违法，干瞪两眼，照样什么问题也解决不了。追诉违法也是法律本身的内在要求。任何法律都要求在它权力所及的范围内一切主体都必须遵守它所设定的规范体系，一旦违反，就必须受到应有的追究。违反法律的行为如果不能得到及时有效的追究，法律的尊严和权威就会荡然无存。

追诉违法，在本质上，是一种请求权。它不是由检察机关直接惩罚违法者，而是把违反法律的事实提交给审判机关，请求审判机关依法追究实施违法行为的主体的法律责任。因此，追诉违法的手段，在法律上，表现为提起公诉的权力，即公诉权。公诉权，是检察机关履行法律监督职责必须具有的不可或缺的职权。只有享有公诉权，才能有效地维护法律的权威，保障法律的正确实施。公诉权可以说是世界各国检察机关普遍享有的最具标志性的权力，也是检察机关独享的一种权力。没有公诉权，就不能称其为检察权；没有公诉权的机关也就不能称其为检察机关。当然，如同每一个法律制度一样，在不同国家，检察机关公诉权的范围和行使方式是不完全相同的。

（2）建议权，即根据违反法律的情况向有关机关发出建议的权力。

建议权可以说是追诉权的必要补充。对于实施违法行为比较严重，需要追究法律责任的，可以通过追诉权的行使制裁违法者，从而达到防止此类违法再次发生的效果。但是对于违法程度较轻，不需要追究法律责任的，或者对于行政机关、审判机关在执法、司法活动中发生的违反法律的情况，不宜追究法律责任的，或者对于违反法律的事实中暴露出来的可能导致违法行为再次发生的问题，不能通过惩戒来解决的，就需要通过检察建议的方式来纠正。

针对法律实施过程中出现的问题包括违反法律的情况，提出意见和建议，本来是民主法制国家一切社会主体包括公民个人所享有的一项基本的民主权利。这种民主权利对于维护法律的正确实施具有积极的意义。但是与其他社会主体所享有的提出意见的民主权利不同，检察机关针对违反法律的情况提出纠正意见，是作为一项国家权力来行使的，因而具有明显的强制性的效力，比作为民主权利提出意见的行为，更能引起实施违法行为的个人和单位的重视，更能够产生督促纠正的效果，从而更有利于维护法律的正确实施。

3. 发现违法和纠正违法的手段应当触及法律实施的全过程

为了维护国家法律的统一正确实施，发现违法和纠正违法的手段应当能够触及法律实施的各个环节、各个方面。法律监督的范围如果不能涵盖法律实施的各个环节、各个方面，手段无论如何有效，都难以实现法律监督的目的。对法律实施过程中的某些人、某些部门、某些事，如果不能实行法律监督，那么，这些不受法律监督的主体或领域一旦发生了违反法律的情况，就可能对法治造成严重的破坏。

上述三个方面是检察权设置的目的对手段的内在要求。这种内在要求与检察权的具体配置之间构成需求与供给的关系。供给越充足，就越能实现权力设置的目的，但如果供给不足，目的就难以实现或者难以达到满意的程度。

二、权力行使的有效性与可控性的平衡度

任何权力要发挥作用，就必须具有有效性。权力的有效性，是指权力主体能够按照自己的意志作出决定，并且这种决定能够按照预设的方向进行。权力

首先要有效力，即权力主体能够自主地作出决定，并且能够保证权力客体按照这种决定采取行动。其次要有效率，即权力主体作出的决定能够被及时有效地执行，而不被推脱延误。没有效力和效率的权力，是软弱涣散的橡皮图章，难以发挥权力的功效，更难以实现权力设置的目的。但是，从另一方面看，权力本身又具有自我扩张的倾向。任何权力，一旦失去了控制，就可能被滥用，带来与权力配置的目的相悖的破坏力。因此，既要充分发挥权力的效能，又要防止权力被滥用，就必须在权力配置的时候充分考虑二者之间的平衡程度，尽可能地使权力在可控的范围内充分发挥其功效。权力的有效性与可控性相互平衡的程度，也标志着权力配置的合理程度。

衡量权力的有效性与可控性的平衡程度，既要看权力的行使有没有制度性保障，这些制度性保障是否能够真正保障权力的充分行使，又要看这些制度性保障措施的设置是否妨碍到对权力的监督制约。如果缺乏针对性保障，或者这种保障不够充分，以致影响到权力功能的充分发挥，或者保障措施过于强大，以致无法对其进行有效的控制，都可能打破有效性与可控性之间的平衡。

（一）检察权的有效性

从整体上看，国家权力是以国家强制力为后盾的，因而是最有效力的。但是当国家权力分配到具体的国家机关或者国家机关工作人员行使时，国家强制力并不总是如影随形的。就具体的权力而言，是否具有有效性，则可能由于权力本身的特性和配置的程度不同而有所差异。一些权力可能是非常有效的，一些权力可能需要其他权力来保障其效力，一些权力可能是虚设的。就检察权而言，由于其本质上是一种请求权，即一种比较弱势的权力，因而需要在权力配置时特别予以保障。否则就难以发挥其应有的功能作用。

检察权的有效性需要从三个方面来保障：

1. 独立性

独立性是指能够按照法律的规定在自己的职权范围内独立自主地作出决定，而不受其他主体的干预。

独立性是检察权的内在要求。检察权作为国家权力架构中一项独立的国家权力，本身就应当具有独立性。检察权作为国家的法律监督权，更是特别需要依法独立行使。第一，独立性是有效监督的先决条件。监督主体要对监督对象进行有效的监督，他就必须独立于监督对象。如果彼此处在一个荣辱与共、利益相关的共同体内，那么，一方面，监督主体与监督对象的共同上级就有可能为了共同的利益而干预监督主体对监督对象的监督，而监督主体又必须服从这种干预；另一方面，共同体所具有的亲和力也会支配监督主体的决定，使其对监督对象网开一面。因此，监督主体如果不具有独立性，就不可能对监督对象进行有效的监督。第二，独立性是法律监督依法进行的基本保障。法律监督的目的是维护国家法制的统一正确实施，因此法律监督的活动即检察权的行使，必须严格依法进行。如果维护法律实施的活动本身都不能严格依照法律规定进行，就没有理由要求其他主体遵守法律，也无法保证行使检察权的活动能够有效地维护法律的实施。而严格依法行使检察权就意味着检察权的行使只服从法律而不屈从来自外界的任何压力和干预。这就要求检察权相对于其他国家权力具有独立性。因为检察机关只有能够独立地行使检察权，才有可能严格依法办事。在行使检察权的活动中，检察机关如果没有独立性，就不能要求它、它自己也不可能做到排除任何干预，只服从法律。如果检察权的行使要受其他权力的控制或干预，或者要服从其他主体的意志或要求，那么，法律之外的因素就可能影响检察权的行使，严格依法就可能成为一句空话。第三，独立性是维护公平和正义的根本要求。检察权作为国家的法律监督权，要对违反法律的行为进行追诉。而一种行为是否违反法律，或者监督对象是否具有违反法律的情况，只有根据对证据的分析和对事实情况的判断才能认定，据此作出的决定才可能具有客观性和公正性。但是如果作出这种判断的主体本身不具有独立性，他在作出判断的时候要看别人的脸色、听别人的声音甚至要揣测别人的好恶，那就不可能完全根据事实来作出判断和决定。如是，检察权的行使，就很难保证其客观公正性，对监督对象的处理也就没有公平可言。因此，独立性是检察权作为法律监督权其自身的逻辑规定，是保证检察权依法公正行使的必然要求。第四，独立性也是由中国国情所决定的。一方面，中国几千年来一直是一个权力本位的国家，人治传统深深地扎根于权力运作的过程和国民意识之中。人们把权力看作法律的本源，把法律视为当权者手中的工具。与法律相比，人们更崇尚个人手中的权力及其影响力，特别是有权的人，总希望法律服从自己手中的权力，而不愿意让自己手中的权力受到法律的约束，以致试图用权力干涉法律实施的现象时常发生。检察权要对违反法律的行为特别是运用国家权力违反法律的行为进行监督，就必须独立于其他国家权力，不受其他国家机关中掌握权力的任何个人或组织的干涉。只有这样，检察权的行使才有可能在一个缺乏法治传统而人治观念和势力还比较强的国度里不辱使命。如果检察权的行使要处处受其他权力和势力的干预、支配或制约，那么监督法律权的设置就只能是形同虚设。另一方面，由于国家实行地方财政与中央财政"分灶吃饭"的政策，特别是在市场经济条件下，地方上的利益与国家的整体利益，既有一致性的一面，又有相对独立性的一面。地方利益的独立性决定了它与国家法律的统一要求之间必然会出现矛盾和冲突。而当这种矛盾和冲突出现的时候，难免会有某些地方上的领导人为了地方利益而干涉法律的实施包括干涉对涉及地方利益的违法行为的法律监督。如果检察权不能独立于地方权力，它在对违反法律的行为进行法律监督的时候就无力抗拒地方权力的干涉，就无法保证检察权行使的合法性和公正性，就无法完成法律监督的使命。因此，在实行统一法制的国家，为了维护法制的统一，就必须防止地方权力对检察权的干涉，而检察权独立于地方权力是保证检察权不受干涉的起码要求。不能保证检察权独立于地方权力，就没有理由要求检察机关担负起法律监督的使命。

独立性是指在行使检察权的过程中，检察机关能够按照法律的规定独立自主地作出决定。独立性包括三层含义：一是权力本身的排他性。检察权是检察机关独享的权力，不与其他国家机关分享。按照宪法和法律的规定，属于检察权范围内的事项，只能由检察机关来处理，其他机关、组织和个人不得代行检察权。检察机关也不得把宪法和法律授权自己的权力委托或转让给其他机关、组织或个人去行使。二是行使权力的自主性。对于法律规定由检察机关管辖的事项，检察机关要按照法律的实体性和程序性规定，独立自主地作出决定。在作出这种决定的时候，不受其他机关、组织、个人的意志、指令或要求的干预。三是抵御干扰的能力。检察权在行使过程中难免会遇到各种各样的阻挠、干预、说情、甚至抵制、压制和打击。要想独立自主地行使检察权，就要具有能够排除各种干扰的勇气和自我保护的能力。而这种能力，从主观上讲，是主体的素质问题，但从权力配置上讲，就是一个抗干扰的制度设计问题，即在制度设计上确保检察机关的地位、检察人员的待遇不因依法独立行使检察权的活动而受到任何的损害和责难，不因依法独立行使检察权而给检察机关或检察人员产生不利的后果[1]。

2. 执行力

任何权力要发挥作用，就要有执行力。执行力是指行使权力时作出的决定能够被执行，而不是被束之高阁。按照政治学的理解，构成权力所不可或缺的因素即权力要素包括"权力主体、权力相对人、权力内容"。[2]这就意味着，权力不仅要有主体，而且必不可少的是要有相对人，要有对相对人的作用力。特别是当这种权力的行使旨在要求其他主体作出某种行为或者不得实施某种行为的时候，如果它的相对人可以听从，也可以置之不理，那么，这种权力就失去

---

① 如果行使检察权的活动违反了法律的规定，给其他组织或者个人造成了危害，当然要承担相应的后果，甚至要受到法律的制裁。

② 参见陈振明主编：《政治性：概念、理论和方法》，中国社会科学出版社2004年版，第262页。

了权力的品质，就不再是一种权力了。

执行力对于检察权而言尤为重要。因为检察权是一种法律监督权，不具有实体处分权和终局裁判权。除了在侦查过程中的权力之外，检察权在本质上是一种请求权。检察权的实现有赖于其他主体的行为。无论是提起公诉，还是发出检察建议，都只是请求有关主体采取进一步的行动。如果检察权相对的主体不理睬检察机关的决定，检察权就无法作为法律监督权来发挥作用。

检察权虽然要有执行力，但是这种执行力不同于行政权和审判权的执行力。行政权是一种实体处分权，审判权是一种终局裁判权。行使行政权或者审判权所作出的决定，包含着确定性的内容，相对的主体必须按照这种决定中设定的方式来执行。但检察权所作出的决定，在多数情况下，都不包含这种要求相对主体必须如何行动的内容，而是启动相对主体采取行动的程序。例如，检察机关提起公诉的决定，只是启动法院的审判程序。检察机关请求法院依法追究被告人的刑事责任，法院是否追究、如何追究被告人的刑事责任，则是审判权的范围。检察机关不能强制法院一定要追究被告人的刑事责任，也不能要求法院一定要判被告人什么样的刑罚。但是如果法院判处被告人3年有期徒刑的判决一旦生效，被告人就要按照判决所确定的刑罚服刑。同样地，检察机关认为公安机关的某个决定违法，要求公安机关予以纠正，也只是启动公安机关内部的纠错程序，由公安机关自行来纠正。但是上级公安机关就可以指令下级公安机关如何纠正错误。

检察权的执行力尽管只是启动相应程序的执行力，但是如果没有这种执行力，检察权就难以发挥法律监督的作用。而这种启动程序的执行力，需要通过法律的明确规定来保障。没有法律的明确规定，其他主体是否启动相应的程序，就会处于不确定的状态，检察权也就失去了权力的功能。因此，在权力配置的时候，要考虑不同权力的基本属性，设定其效力，以保障权力的行使能够被执行。

3. 救济性

救济性是指决定没有被执行时通过权力救济来保障执行。

权力要求有执行力。但是依据职权作出的决定不被执行的情况时有发生。当这种情况出现时，应当设定一定的救济措施，保障权力的有效性。这是权力配置科学性的要求。

如前所述，检察权作为一种法律监督权，主要是针对违反法律的情况启动追究或者纠错的程序。如果检察机关依法提起了追究或者纠错的请求或者建议而有关机关不启动追究或纠错的程序，法律就应当设定一定的救济渠道，确保追究或纠错程序的启动。没有一定的救济渠道，检察权的行使就难以发挥作用。

这种救济渠道，主要是通过设定有关机关的法定义务来实现的。当检察机关依法行使检察权，请求或者建议启动某个程序时，法律应当明确规定有关机关启动该程序的义务，而不设定该机关对程序启动的自由选择权（有关机关仍然具有实体裁定的决定权）。对于没有正当理由而又不按照检察机关的请求或者建议启动追究或纠错程序的，检察机关应当有权通报其上级机关或主管部门发布指令或者追究责任。这样才能保证检察权行使的有效性，保证法律监督在依法治国中的作用充分发挥。

（二）检察权的可控性

检察权的行使要发挥其法律监督的作用就必须具有有效性，但如同其他权力一样，检察权也存在被滥用的可能性，尽管它本身是一种比较弱势的权力。为了防止检察权的滥用，也需要对其进行有效的控制。

对检察权的控制，主要是通过权力运行中的各种监督机制、相关机关之间的制约机制来实现的。除此之外，还有两个方面的控制：一是国家最高权力机关的控制。检察机关本身是根据全国人民代表大会的授权来行使检察权的。检察机关在行使检察权过程中一旦违反检察权设置的初衷，滥用某些权力，全国人民代表大会可以通过修改法律的方式废止检察机关的某项权力。全国人民代表大会也可以通过审议工作报告、进行专项检查、罢免最高人民检察院组成人员或者不批准任命省级人民检察院检察长等方式，从总体上控制检察机关行使检察权的活动。当全国人民代表大会把对行政权、审判权实行法律监督的权力授权给检察机关以后，由于检察机关代行了对其他国家机关实行法律监督的权力，全国人民代表大会就可以把权力监督从平分秋色中解脱出来，重点监督检察机关履行职责的情况，保证检察权行使的正确性，而通过检察机关实现对其他国家机关的监督（这种监督因为具有法律性而更加符合依法治国的需要）。二是最高人民检察院的控制。由于检察机关实行上级人民检察院领导下级人民检察院的工作，最高人民检察院领导地方各级人民检察院和专门人民检察院的工作。这种上下级的领导关系，使最高人民检察院可以有效地控制地方各级人民检察院行使检察权的活动。执政党和国家最高权力机关可以通过对最高人民检察院的控制，实现对全国各级检察机关的有效控制，从而保证执政党的路线方针政策和国家最高权力机关的决定在整个检察系统的贯彻执行，防止检察权的滥用。

（三）检察权的有效性与可控性的适当平衡

检察权行使的有效性要求依法独立自主地行使检察权，要求检察机关具有抵御干扰的自我保护能力；可控性要求检察权的行使必须始终保持在国家最高权力机关的控制之下。那么，在国家最高权力机关包括执政党的控制之下，检察机关依法独立行使检察权的空间到底有多大？这就关系到权力配置的合理性问题。如果在国家最高权力机关的控制之下，检察权独立行使的空间很小，就不利于检察权应有的功能作用的充分发挥；如果空间过大，则可能不足以防止其滥用。

检察权行使的空间与对检察权进行控制相互平衡的空间，从权力配置的一般原理上看，应当从以下几个方面来衡量：

第一，权力主体能够独立自主地行使权力。权力主体在依照法律规定行使权力的时候，只需要根据法律的规定和精神来作出决定，而不需要考虑或者猜测其他主体的意愿，更不需要请示其他主体。就检察权而言，每一级检察机关（甚至包括检察机关内部被授权的个人），在法律规定的范围内行使职权、处理案件时，应当能够根据自己对法律的理解和对事实的判断，直接作出决定。上级检察机关或者上级领导可以改变下级检察机关和个人的决定，但不能强迫下级检察机关或者个人按照上级的意见来作决定。其他机关或者个人不得干预检察机关作出决定。

第二，控制主体可以随时了解权力主体行使权力的情况。对权力主体行使权力的情况具有控制权的主体，要有一定的手段随时了解权力行使的情况。只有随时能够了解情况，才能及时发现权力行使过程中可能出现的问题，进而对其采取控制的措施，防止其被滥用。国家最高权力机关包括执政党对检察机关行使检察权的情况，可以通过检察机关的工作报告、情况反映、组织专项检查、受理对检察机关的投诉等渠道，了解检察权行使的情况，及时发现检察工作中存在的问题。

第三，控制主体可以有效地纠正权力主体的错误。当控制主体发现权力主体在行使权力的过程中出现滥用或者误用权力的错误时，能够有效地予以纠正，切实保证权力的正确运行，是权力配置的理想状态。不能有效地纠正权力主体的错误，就难以达到控制权力的目的。对检察权的控制，除了通过选举、任命或者罢免检察机关的组成人员之外，主要是通过及时有效地纠正检察工作中的错误实现的。对于检察权行使过程中出现的方向性、路线性错误，执政党可以通过向最高人民检察院党组发出指示的方式予以纠正；对于检察工作中存在的倾向性、机制性问题，全国人民代表大会可以通过审议最高人民检察院的工作报告、提出质询，或者组织专项检查等方式及时地向最高人民检察院提出，通过最高人民检察院在全国检察系统进行纠正；对于具体案件中适用法律上的错误，上级人民检察院可以通过行使领导权予以纠正；对于检察人员在行使职权过程中出现的问题，可以根据问题的性质，通过党内的纪律处分或者国家的法律程序进行追究。这些渠道都是对检察权进行有效控制的手段。这样一些手段，一方面可以有效地控制检察权的行使过程，防止检察权的滥用；另一方面并不干预检察机关处理具体案件的活动，保证检察机关依法独立行使检察权，从而达到权力行使的有效性与可控性之间的适度平衡。

三、权力运行中相关主体的协调度

任何权力的运行都是通过一定的主体进行的。权力主体能否有效地行使权力，直接关系到权力行使的实际效果与权力配置的最初目的的吻合程度。权力主体能否有效地行使权力，受到多个方面的制约。其中，对于权力功能的发挥至关重要的有两个方面：一是相关主体之间的协调程度；二是权力主体中的整体与个体之间的协调程度。

（一）相关主体之间的协调程度

权力总是表现为一种关系。任何一种权力，在行使的过程中，都会面临与其他主体之间的相互关系。一方面，权力发挥作用总是通过对权力客体的强制（无论这种强制力大小）来实现的，因而必然要与权力客体即另外一个社会活动的主体发生关系。另一方面，权力主体行使权力总是会与其他权力主体的权力相关联，从而与其他的权力主体发生关系。因为，任何权力都是有边界的。一个国家权力的作用范围总是与另一个国家权力的作用范围相衔接，即使是国家最高权力机关的权力也会涉及与其他国家权力的关系问题。作为国家权力中的分权力，更是与其他国家权力之间存在密切的联系。

在我们国家，检察机关的权力是由全国人民代表大会授予的，所以与全国人民代表大会的权力之间存在一定的关系。检察权又是作为法律监督权而存在的，与被其监督的国家权力即行政权和审判权之间也必然要发生关系。我们国家的政治制度是中国共产党领导下的人民代表大会制度，中国共产党作为执政党与各个国家机关的关系其中必然包括党与检察机关的关系。所有这些权力之间的关系，是权力配置中无法回避的问题，而这些关系在制度设计中处理的如何，直接标志着权力配置的优化程度。

在权力配置中处理权力之间的关系，应当遵循以下原理：

第一，每一种权力都应当有明确的边界。无论是国家最高权力，还是在最高权力下分设的权力，都应当有一定的作用范围、作用的条件和对象，都应当遵循一定的规则。任何权力都不应成为无所不能、无所不及的权力。权力作用的边界应当是明确的，而不是模糊不清的。尽管每一种权力都可能存在自由裁量的空间，但是自由裁量必须是自己作用范围内的裁量。超过一定的边界，权力就应当失效。

第二，权力之间的边界应当相互衔接但不能相互交叉或重叠。对国家权力进行分解时，应当充分考虑国家权力的作用范围。在国家权力所及的范围内，分解出来的权力能够涵盖每一个领域、每一个事务，不致出现权力的真空地带，不致让某个领域或者方面的事务处于不受国家权力约束的状态。但是，国家权力分解的结果不应当出现相互交叉或者相互重叠的情况。权力出现交叉或者重叠，很容易导致权力之间的冲突，妨害权力功能的发挥。用几种权力共同来管理一项事务，看起来是加强了对该事务的管理，但实际上，这些权力之间相互冲突、抵制、分歧所产生的内耗，往往大于它们实际发挥的管理作用，不仅造成国家资源的浪费，而且会造成国家管理中的混乱，妨害国家法律的统一正确实施。

第三，当一种权力作用于另一种权力的时候，应当给被作用的权力设定义务。一种权力作用于另一种权力，可能存在两种情况：一是双向产生作用。一种权力作用于另一种权力时，另一种权力也会反作用于前一种权力。在这种情况下，权力之间的关系通常表现为相互制约的关系。例如，检察机关提起公诉的权力，启动法院的审判权，同时限定了审判权行使的范围，但反过来，检察机关提起公诉的案件要接受法院行使审判权的制约，检察机关不仅要遵守法庭审判的秩序，而且必须服从法院裁判的结果。尽管检察机关在认为一审法院的裁判确有错误时可以提出抗诉，但最终还是要服从法院的生效裁判，不能妨碍审判权的行使。在这种相互作用的情况下，不同权力之间实际上存在相互制约的关系，即每一个权力既是权力也有义务，不同权力各行其是，相互发生作用，产生相互制约的效果。二是单向产生作用。有时，一种权力作用于另一种权力并不产生反作用。在这种情况下，一方表现为权力主体，另一方则表现为权力客体。尽管作为权力客体的一方，在其他场合下也是权力主体或权利主体，但是当其遇到单向作用的权力时，它只是被作用的对象。这时就特别需要明确设定权力客体的义务，以防止其用手中的权力来对抗作用于它的权力。例如，审计是审计机关对其他国家机关行使的一种监督权，审计机关可以审计其他国家机关，但是其他国家机关不能反过来审计审计机关。这种单向性的权力要充分发挥作用，就要为它的行使设置必要的条件，即其他国家机关有义务接受审计，而不得利用手中的权力对抗审计机关的审计。同样地，当检察机关行使检察权来监督行政权、审判权的时候，也应当设定有关行政机关、审判机关的义务，防止被监督的行政机关、审判机关运用行政权或审判权来对抗检察权①。这是人民代表大会制度下的分工负责与"三权分立"下的权力制衡的一个根本性的区别。

（二）系统内部的协调程度

每一种国家权力都是由一个系统来行使的。每一个系统都是由若干个单位和个人组成的。系统内部的协调程度，直接影响到权力行使的效果。要保证系统内部的高效运作和权力行使的正确性，就需要通过制度设计在系统内部合理的分配权力，保证协调一致地运作。

系统内部的协调程度主要表现为三个方面：

第一，整体内部的协调。任何系统都是由若干个单元组成的。构成系统的各个单元之间必须保持一致性才能保证该系统的有序运作并成为一个独立的系统。组成系统的各个单元之间只有协调一致地运作，才能保持系统的稳定和功能的最大化。各个组成部分之间的协调一致，是在行使同一职能的基础上，通过一定的组织形式和职能责划分、统一的行为方式和规则体系形成的。只有统一标准、统一规则，才能在系统内部实现协调一致的行动。检察系统是由不同层级、不同地域的检察院组成的。每一个检察院都依法独立行使检察权，但是上级检察院领导下级检察院，最高人民检察院领导地方各级人民检察院。这种上下级之间的领导关系，保证了检察权的统一行使。如何实现上下级检察院之间的这种领导关系，如何既保证上级检察院领导权的实现，又能保证每一级检察院都能依法独立行使检察权，则是检察权内部配置中始终面临的一个重大问题。

第二，单元内部的协调。在每一个单元内部，也都会有不同的组成部分。这些部分之间的关系如何处理就必然会影响到单元乃至系统的协调程度。在检察系统内部，每一个检察院都有若干个部门，分别行使检察权的某一个方面的权能。这些部门如何设立、职权如何划分，以及部门职权之间如何协调，都必然影响到检察权在同一个检察院的运行状况。

---

① 检察权作为国家的法律监督权，本身也是可以分解的。其中一部分权力是通过诉讼的方式进行的，这部分权力要遵循诉讼的规律，受其他机关的诉讼权力的制约；另一部分权力直接表现为监督权，是通过非诉讼的方式进行的，这部分权力是单向性的权力，本身不受它所作用的权力的作用。区分这两种不同类型的检察权，有利于正确处理检察权与其他国家权力之间的关系。

　　第三，整体与个体的协调。无论是构成系统的整体，还是构成单元的整体，都是由一个个个体组成的，离开了个体，就不存在整体。所以在任何一个系统内部，都涉及整体与个体的关系问题。个体与整体、个体与个体之间如何组成一个有机联系的整体，是制度设计中无法回避的问题。就检察系统而言，每一个检察院都是由若干个检察人员组成的。这些检察人员，有的行使检察权，有的并不行使检察权。就行使检察权的检察人员而言，其在行使检察权的过程中发挥什么样的作用，即其履行职责的活动能够在多大范围内影响检察权的行使，既关系到检察权的行使，也关系到个人的积极性、主动性的发挥和责任心的建立。就全体检察人员而言，他们对检察院乃至检察系统的信任和依赖程度，直接关系到检察系统的整体运作。

　　当然，不同的系统内部，由于权力性质和特点的不同，会有不尽相同的协调方式。法院的审判权集中表现为个案中的裁判权，因此法官在个案中的裁判权是法院系统整体与个体相互协调的基础。检察院的检察权，从总体上看，作为一种法律监督权，需要慎重地对待，特别是当它用来对行政权、审判权实行法律监督的时候，更是需要慎之又慎，需要由集体来行使。所以在检察系统，整体与个体相互协调的基础更多的是以集体行使权力为特征。①以集体行使权力为基础，来协调检察系统的内部关系，首先，要求决策的集体性。行使检察权过程中需要对外作出决定的，应当以检察院的名义作出，而不应当以检察人员个人的名义作出。以检察院的名义作出决定，应当经过具体研究或者按照预设的程序经过层级审批来决定。这就涉及检察长负责制与集体决策的关系。其次，要求职责的明确性。在检察系统内部，不同层级的检察院、检察院内不同层级的检察人员的职责权限应当有明确的规定。每一个主体都按照预定的职权履行职责，从而保证检察权的有序行使，不致出现在某些具体事务中职责不分、权限不清乃至责任不明的状况。最后，要求领导的权威性。当集体行使权力的时候，领导权就显得尤其重要。因为集体中的每一个个体都有发言权，如何在个体意见的基础上形成统一意志以便作出代表集体的决策，这离不开领导者的权威。但是领导者的权威又不能以领导者个人的意志代替集体决策，于是就面临着如何处理领导者个人与决策集体中其他成员的关系问题。正确处理这种关系，对于保证检察权运行整体上的有序性和规范性，对于充分发挥检察权

_____

　　① 尽管如此，一方面，检察权中的公诉权，由于与法院系统中的个案裁判权相联系，因而需要更多的个体的独立性。另一方面，即使是在这个以集体行使权力为基本特征的系统内部，也需要充分发挥每一个个体的作用。只有调动起每一个个体的积极性和责任心，整体的功能作用才有可能得以充分地发挥。

的功能作用，实现检察权配置的目的，具有十分重要的意义。

四、权力运行的需求与供给的满足度

任何权力的运行，总是需要消耗一定的物质，需要以一定的物质条件为基础。没有充足的物质保障，权力就可能异化，成为寻租的筹码。权力一旦被用来寻租，就会背离权力设置的初衷，给国家和人民造成危害。因此保证权力的清正廉明，首先必须保证权力运行的需求能够最大限度地得到满足。所谓最大限度地满足，是指在现有条件下，尽可能地满足权力运行的客观需要。权力本身不仅具有扩张的本性，而且通常都具有扩张的能力。如果对权力运行，只给予最低限度的物质保障，权力主体很可能因不满足于最基本的物质条件（特别是在与其他权力主体的相互比较中）而利用权力来寻租。当然，最大限度地满足需求是以现有的物质条件为前提的。脱离现实的物质基础，就谈不上满足。

（一）权力运行的物质需求

权力运行的物质需求包括三个方面：一是人力需求。权力运行总是需要一定数量的人来行使权力。而人必须通过一定的组织形式组织成一个整体，特别是当这个整体成为一个系统的时候。人力资源的供给以及组织机构的设置，就是权力运行最基本的保障。按照权力的内容和权力行使的特点设置一定量的组织机构，并配备足以保证其充分行使权力的人员，是充分发挥该权力的功能作用必不可少的。没有足够的人力资源和科学合理的组织形式，权力设置得无论多么科学，都无法有效运行。二是财力需求。任何一个组织机构的运作都需要一定的经费。作为一个独立的国家机关，它的经费应当由国家来全额供给。如果国家不能保障它的经费供给，它自己就会利用手中的权力寻求经费来源。如果每个国家机关都来自行寻找经费来源，国家财政就会陷入混乱，并且给人民群众带来不堪重负的后果。因此，各个国家机关的经费供给应当纳入国家预算，统一供给。三是物力需求。物资装备是权力运行不可或缺的方面。但是权力的性质和行使方式不同，可能会有不同的物力需求。除了作为国家机关共同的基本的物资装备之外，应当根据不同权力行使的工作需要，为每一个系统配备其必需的物质装备。

（二）权力运行的物质供给

对国家机关的物质供给，应该是由一个国家机关统一负责。但是在我们国家，国家权力的特殊性，就使物质供给的决定权由哪个国家机关行使成为一个需要研究的问题。一方面，因为我们国家的行政机关、审判机关和检察机关都是人民代表大会下分工负责、独立设置的国家机关。如果其中一个国家机关拥有对其他国家机关供给的决定权，实际上它就控制了其他国家机关的生存命脉，其他国家机关的独立性就可能因此而丧失。特别是当检察机关被作为国家的法律监督机关设置的时候，如果检察机关的物质供给控制在行政机关手中，检察机关就可能为了自身的生存而不得不依赖于行政机关，反过来要求检察机关依法行使检察权去铁面无私地监督行政机关，从权力配置的原理上讲，就是违背逻辑的；从权力运行的实际情况看，也是不可能的。另一方面，既然国家行政机关、审判机关、检察机关都是由人民代表大会产生、向人民代表大会负责的国家机关，行政机关、审判机关和检察机关的权力都是从人民代表大会统一行使的国家权力中派生出来的，人民代表大会就应该对它所派生的、代表它行使部分国家权力的机关提供必要的物质保障。因此，检察机关的物质供给，不论是组织保障还是财力物力保障，都应当由人民代表大会来决定，而不应当由行政机关来决定。

对权力运行的物质保障方式和满足程度，是衡量权力配置是否科学、是否合理的重要方面。

权力设置中目的与手段的匹配程度、权力行使的有效性与可控性的平衡程度、权力行使中相关主体之间的协调程度、权力运行的需求与供给之间的满足程度，分别从不同的方面反映了权力配置的原理和要求。对这些方面的综合考察，可以用来衡量某些具体权力的配置是否优化，是否存在需要进一步优化的空间。

第四章　检察权配置现状的理性考察

检察机关的具体职权，主要是《人民检察院组织法》、《刑事诉讼法》、《民事诉讼法》、《行政诉讼法》及其他有关法律规定。1979 年 7 月 1 日第五届全国人民代表大会第二次会议通过的《中华人民共和国人民检察院组织法》（以下简称《人民检察院组织法》）对检察机关的职权作了较为全面的规定。其中，第 5 条规定："各级人民检察院行使下列职权：（一）对于叛国案、分裂国家案以及严重破坏国家的政策、法律、法令、政令统一实施的重大犯罪案件，行使检察权。（二）对于直接受理的刑事案件，进行侦查。（三）对于公安机关侦查的案件，进行审查，决定是否逮捕、起诉或者免予起诉；对于公安机关的侦查活动是否合法，实行监督。（四）对于刑事案件提起公诉，支持公诉；对于人民法院的审判活动是否合法，实行监督。（五）对于刑事案件判决、裁定的执行和监狱、看守所、劳动改造机关的活动是否合法，实行监督。"第 6 条规定："人民检察院依法保障公民对于违法的国家工作人员提出控告的权利，追究侵犯公民的人身权利、民主权利和其他权利的人的法律责任。"1979 年颁布的《刑事诉讼法》，从诉讼程序上落实了检察机关对侦查、审判、执行等刑事诉讼活动实行监督的职权。1996 年、2012 年修改后的《刑事诉讼法》第 8 条进一步明确规定："人民检察院依法对刑事诉讼实行法律监督"，并对检察机关在刑事诉讼中的具体职权作了明确、完善和调整。1989 年通过的《行政诉讼法》第 10 条规定："人民检察院有权对行政诉讼实行法律监督"，从而赋予检察机关对于行政诉讼活动实行法律监督的职权。1991 年通过的《民事诉讼法》第 14 条规定："人民检察院有权对民事审判活动实行法律监督"，2012 年修改后的《民事诉讼法》第 14 条规定："人民检察院有权对民事诉讼实行法律监督"，从而赋予检察机关对民事诉讼活动法律监督的职权。除诉讼法外，其他一些相关的法律和条例，也对检察机关的法律监督职权作了相应的补充和规定。如 1979 年经第五届全国人民代表大会常务委员会第十二次会议批准的《国务院关于劳动教养的补充规定》第 5 条规定："人民检察院对劳动教养机关的活动实行监督。"1990 年颁布的《看守所条例》第 8 条规定："看守所的监管活动受人民检察院的法律监督。"1994 年通过的《监狱法》第 6 条规定："人民检察院对监狱执行刑罚的活动是否合法，依法实行监督。"1995 年通过的《人民警察法》第 42 条规定："人民警察执行职务，依法接受人民检察院和行政监察机关的监督。"这些法律规定，分别赋予检察机关一定的法律监督职权，构成了独具中国特色的检察权的具体内容。

运用上述指标体系考察我们国家检察权配置的实际状况，我们可以发现，从总体上看，检察权的配置适应了我们国家政权组织形式的内在要求，符合我们国家的历史传统和现实需要，可以说是一种植根于中国国情的理性选择。特别是 1982 年宪法对检察机关法律性质的定位，是十分精准的。由此奠定了检察权配置和运行的基本方向和中国特色社会主义检察制度的基本内容。改革开放以来，随着社会主义民主法制建设的不断推进，随着政治体制改革和司法体制改革的不断深化，检察制度不断发展完善，检察机关的法律监督在全面建设社会主义法治国家中的功能作用日益显现。这些都表明，我们国家检察权的配置总体上是合理的、科学的。

当然，在人类历史上，与其他政治制度相比，检察制度毕竟是一种比较年轻的制度，检察权的配置没有现成的模式可以遵循。特别是新中国成立以来，推行法治的历史十分短暂，经验不足，检察权在依法治国中的功能作用还没有被人们普遍认识。检察机关恢复重建以来，虽然恪尽职守，努力维护国家法律的统一正确实施，但是由于种种原因的制约，其职能作用还没有能够充分发挥。这些因素都在一定程度上影响了检察权的科学配置和人们对检察权配置中存在问题的研究和认识。

从宏观上看，我们国家的检察权配置，还需要从以下几个方面进一步优化。

一、检察权的边界问题

我们国家关于检察权的设置，定位是精准的，目的是明确的，但在范围的设定上，还存在与检察权设置的目的不相适应的问题。这些问题突出地表现在两个方面：

（一）法律监督的范围不能满足检察权设置的目的需要

我们国家在根本大法中把检察机关设定为"国家的法律监督机关"，其根本目的是要通过检察权来监督行政权和审判权，以保证国家法律的统一正确实施。为了实现这个目的，人民检察院组织法、三大诉讼法以及其他有关法律明确赋予了检察机关对行政权和审判权实行法律监督的具体职权。从法律赋予检察机关的具体职权的范围来看，检察权对审判权的监督，包括对刑事审判权、民事审判权、行政审判权以及民事判决裁定执行等方面的监督，可以说，基本上覆盖了审判权行使的各个方面。检察权对行政权的监督，主要有两个方面：

一是对与诉讼活动有关的行政权的监督①，如刑事诉讼中公安机关、国家安全机关等行使侦查权的监督，对司法行政机关执行刑罚的活动的监督；二是对国家机关工作人员利用职权实施的职务犯罪的监督。由于国家机关工作人员的主要组成部分是行政机关工作人员，所以通过对国家机关工作人员职务犯罪行为直接进行立案侦查，可以有效地遏制行政权行使过程中发生的最为严重的违反法律的情况发生，从而维护国家法律的统一正确实施。

但仅仅是对国家机关工作人员的职务犯罪行为实行法律监督，对于维护国家法律的统一正确实施的目的而言，是远远不够的。

1. 职务犯罪的范围极为有限

国家机关工作人员的职务犯罪，对于国家法律的实施确实具有严重的危害性，应当作为法律监督的重点。但是职务犯罪涉及的范围毕竟是极为有限的。由于我们国家的刑法对职务犯罪设置的够罪门槛较高，构成犯罪需要追究刑事责任的，在国家机关工作人员职务活动可能发生违法行为中所占比例很小，对职务犯罪的查处，不足以有效地防止国家机关工作人员在履行法定职责中滥用职权，实施违法行为。事实上，行政权行使过程中可能出现的违反法律的情况，绝大多数都不是违反刑法的，即使是行政执法活动中一些十分严重的违法行为②，也未必构成犯罪。而行政权又是国家权力中适用范围最广泛、与人民群众的切身利益关系最密切、可能被滥用的机会最多的一种国家权力。检察权如果不能对行政权构成有效的监督，检察机关作为宪法规定的"国家的法律监督机关"，就难免徒有虚名。

2. 对职务犯罪的监督不能代替对行政权的监督

有学者认为，当我们着眼于一般规律时，就会看到，"不管一个国家的政府权力的设置和相互关系表现得如何复杂，行政权力都是最核心的因而也是在实际上最大的权力。行政权力的膨胀是一个世界性的问题"，"没有较完善的司法权力的设置，是谈不上对政府的监督的"。③"法律监督最主要的目的就是要把行政权纳入法治的轨道"，因为"行政权是最普遍最广泛的国家权力。从

———————

①　对行政权的监督还包括对行政机关实行劳动教养的活动的监督。因为劳动教养制度面临被废除或改造的问题，本文不再论及。

②　行政机关及其工作人员在行政执法活动中实施的违法行为，不同于通常所说的行政违法行为。在广义上，行政违法行为既包括行政机关及其工作人员实施的违反行政法的行为，也包括行政相对人实施的违反行政法的行为。前者应该是对行政权进行监督的对象，后者是行政执法的对象。通常所说的行政违法行为，主要是指行政相对人实施的违反行政法的行为。

③　参见李景鹏：《权力政治学》，北京大学出版社2008年版，第46～47页。

这意义上，行政权是最需要受到监督的国家权力。而防范行政权的滥用成为民主法治国家最主要的政治考虑"。但是，"如果让行政机关来实施监督，就等于是自我监督和内部监督。不能说这种监督完全无效，但把国家法律监督的重大职责交付给最需要监督的权力，显然是不合适的"。① "在我们看来，检察院存在的必要性就是去监督政府"，因为政府掌控国际资源，如果政府滥用资源会危害国家和民族。②

检察机关对职务犯罪的立案侦查权虽然包含了对行政权进行法律监督的内容，但是很不全面。一方面，国家机关工作人员实施的职务犯罪行为，尽管也可能是职务行为，但总是表现为个人行为，因其行为被追究的刑事责任也是由国家机关工作人员自己来承担的，往往不直接影响到行政机关的行为。另一方面，职务犯罪行为在行政违法行为中所占比例毕竟极为有限。无论从理论上讲，还是从实践中看，行政权行使过程中可能发生的违反法律的情况，除了行政机关工作人员违反法律、滥用职权之外，行政机关实施的具体行政行为③，占有很大部分。特别是行政机关的行政执法活动中可能发生的违反法律的情况，对法律实施的危害，是十分严重的。而这些情况是行政机关工作人员个人的职务犯罪行为所无法替代的。对这些行政权行使过程中可能发生的、行政机关实施的违反法律的情况不能实行法律监督，就难以有效地维护国家法律的统一正确实施。而国家法律的 80% 以上都是由行政机关负责实施的，行政权的行使对于保障国家法律的统一正确实施关系极为重大。法律监督如果不能覆盖行政执法活动，就难以成为名副其实的法律监督机关，检察权作为国家的法律监督权来设置的目的，也就难以全面实现。

在实践中，行政执法活动包括行政强制，绝大多数都是由行政机关自己制定标准、自己组织查处，自己进行处罚，甚至自己处理罚没财物的。在这个过程中，行政执法权完全在行政机关内部运作，缺乏必要的外部监督，既不符合权力配置的规律，也容易导致执法不严、不公甚至滥用职权的情况，特别需要引入外部的监督，尤其是法律监督。但是恰恰在这个领域，检察机关没有监督权。这就大大影响了法律监督功能作用的发挥。近年来发生的一些明显司法不

---

① 以上参见蒋德海：《控权型检察制度研究》，人民出版社 2012 年版，第 148 页。

② 参见谢佑平等：《中国检察监督的政治性与司法性研究》，中国检察出版社 2010 年版，第 279 页。

③ 有的认为，对具体行政行为侵犯公民人身权利、财产权利的，可以通过行政诉讼的方式，由法院进行监督。但事实上，这种监督是极为有限的。因为审判权是一种被动性的权力，没有当事人的起诉，法院不能自行启动审判权；当事人去起诉行政机关往往因为成本太高、顾虑太多，往往会望而却步。行政诉讼法实施 20 多年来，行政案件在法院审理的案件总数中每年不到 1% 的比例，足以说明仅仅依靠审判权的监督是远远不够的。

公的涉法涉诉上访案件，因为背后有地方党委政府个别领导人的干预，而使案件在法律程序终结以后问题仍然没有得到解决，在社会上引起很大反响。检察机关对此没有发挥监督作用。因为检察机关法律监督的对象只能是司法机关的诉讼活动，对诉讼活动以外、对诉讼活动具有影响力的权力元素，检察机关因缺乏应有的监督权而束手无策。特别是对因这些因素引起的司法不公，当事人强烈要求检察机关进行法律监督，检察机关有负众望而引起人民群众的误解和不满，以为检察机关没有尽职尽责，实则权力不及。

3. 行政监督不能取代法律监督

有的观点认为，行政机关的执法活动由行政监察机关来监督，所以用不着检察机关来实行法律监督。其实不然，在我们国家，每一个国家机关内部都有纪检监察部门（包括国家权力机关、审判机关和检察机关内部）担负着行政监察的任务。行政监察虽然具有监督行政权依法行使的功能，但是它不同于检察机关的法律监督。首先，从主体上看，行政监督是一种内部的监督，法律监督是外部监督。在人民群众的心目中，外部监督比内部监督更具有公信力，是内部监督无法替代的。因为内部监督毕竟是设在行政机关内部的一个部门，难以对行政机关的领导者进行监督；内部监督是同一个系统内部的人员对其他人员进行监督，由于同处在一个共同体内，对本系统内的某些潜规则容易产生认同感，对某些易发、多发的违反法律的情况容易视而不见，对抬头不见低头见的同事们在处理上容易产生网开一面的同情心。其次，从范围上看，行政监督的重点是违反行政纪律的行为，法律监督的重点是违反法律的行为①。这两种

---

① 虽然从法律规定上看，行政监察也有监督行政机关执法活动的职责，但实际上，行政监察机关没有也无法承担行政执法活动监督的职责。在观念上，行政监察总是和纪委联系在一起，即党纪、政纪监督，而不是法律监督。就连监察部的网站上发表的消息，都是"纪检监察"、"纪检监察机关"、"纪检监察干部"。如监察部网站 2013 年 1 月 9 日发布的消息："中央纪委监察部 1 月 9 日在京召开 2012 年全国纪检监察机关查办案件工作情况新闻发布会"，其中称："中央纪委常委、秘书长、新闻发言人崔少鹏通报 2012 年全国纪检监察机关查办案件工作情况。"在机构设置上，从中央到地方，行政监察机关都是与党的纪律检查部门"合署办公"，即"两块牌子一套人马"，并且通常都是由纪委的领导或者副职兼任行政监察机关的领导，以致行政监察机关名存实亡。在实际工作中，纪检监察部门的工作重点主要是围绕违反党纪政纪的行为展开的。如中国共产党第十八届中央纪律检查委员会第二次全体会议公报指出："各级纪检监察机关要完善监督制约机制，严格执行各项纪律，自觉接受党组织、人民群众和新闻舆论的监督，建设一支忠诚可靠、服务人民、刚正不阿、秉公执纪的纪检监察干部队伍。"（新华社 2013 年 1 月 24 日发布）这也说明，纪检监察干部队伍是一支"秉公执纪"的干部队伍，其主要职责就是执行纪律（包括党纪、政纪）。

行为在行政权行使过程中虽然容易交叉重合，但毕竟是有区别的。对于严重违反法律的行政行为，仍然作为行政违纪，通过内部监督来处理，不利于维护法律的尊严和权威，也很难得到人民群众的支持。因此有必要把严重违反法律的行政行为与一般性的违反行政纪律的行为区别开来，纳入法律监督的范围。最后，从手段上看，内部监督通常使用的手段是行政手段，法律监督通常使用的手段是法律手段。行政手段虽然也要遵循一定的程序和规则，特别是在政府大力推行依法行政的情况下，行政手段也将逐步走向法制化的轨道。尽管如此，行政手段毕竟不同于法律手段。一方面，它没有法律手段那么严格的取证手段和证据标准，没有法律手段那种严肃性和威慑力，难以发挥法律监督的功能作用。另一方面，行政手段具有直接的实体充分的权力，可以直接对被处分的行政机关工作人员作出处罚决定，法律监督则不能直接处分被监督的行政机关工作人员。相比之下，法律监督更能保障人权。因此，能用法律手段处理的，应当避免使用行政手段来处理，而不应当是反其道而行之。

　　出现这种状况的原因，不能不说是对历史经验的误读。新中国成立以来，从 1949 年 9 月的中央人民政府组织法、1951 年 1 月的中央人民政府最高人民检察署暂行组织条例，到 1954 年宪法和人民检察院组织法，都规定了检察机关对行政机关的检察职责。甚至直到 1978 年宪法还规定："最高人民检察院对于国务院所属各部门、地方各级国家机关、国家机关工作人员和公民是否遵守宪法和法律，行使检察权。地方各级人民检察院和专门人民检察院，依照法律规定的范围行使检察权。"①但是，1979 年的人民检察院组织法对次作了修改。按照彭真同志 1979 年 6 月 26 日在第五届全国人民代表大会第二次会议上所作的《关于七个法律草案的说明》中提出的说法，检察院对国家机关和国家工作人员的监督，只限于违反刑法，需要追究刑事责任的案件，至于一般违反党纪、政纪并不触犯刑法的案件，一概由党的纪律检查部门和政府机关去处理。有的观点认为，现行法律的这种规定是对历史经验的总结。新中国成立以后曾经赋予检察机关对行政机关的一般监督权，但事实证明，检察机关没有能够担负着这样一个使命，所以法律才改变了这种规定。但是，用历史唯物主义的观点来看，检察机关没有担负着对行政权实行法律监督的使命，是有历史原因的。我们知道，新中国成立，是在砸碎旧的国家机器、废除旧法统的基础上建立起来的。从 1949 年到 1954 年宪法的颁布，全国检察机关刚刚完成了从无到有的过程。许多地方的检察机关刚刚建立，人员匮乏、机构不健全、缺乏经验等问题的客观存在，在很大程度上影响了检察机关职能作用的发挥。特别是

---

　　①　1978 年《宪法》第 43 条第 1 款。

1956 年以后法律虚无主义的出现，1957 年反右斗争中对法律至上观念的批判，以及"文化大革命"中对检察机关的严重破坏，使检察机关对行政权的监督功能没有机会真正得以发挥。这段历史，并不能说明检察机关不能担负对行政权实行法律监督的使命，更不能说明检察权不应该对行政权实行法律监督。

随着依法治国方略的全面推进，法律监督在维护国家法律的统一正确实施中的功能作用越来越重要，对行政权实行法律监督的必要性也越来越明显。因为国家的法律主要是通过行政机关的职能活动予以实施的。行政权是国家权力中适用范围最广泛、与人民群众的切身利益关系最密切、可能被滥用的机会最多的一种国家权力。检察权如果不能对行政权构成有效的监督，检察机关作为宪法规定的"国家的法律监督机关"，就难免徒有虚名。要更好地实现检察权设置的目的，就不能不重视检察权对行政权实行法律监督的问题，适度扩展检察权对行政权实行法律监督的范围。

（二）检察机关的职权与其他机关的职权界限不够明确

在我们国家的权力架构中，中国共产党作为执政党，除了领导人民行使国家权力之外，对作为共产党员的国家工作人员遵守党的纪律的情况进行监督，对党员领导干部违反党的纪律的行为进行调查和处理。这是保持党的纯洁性和先进性的重要措施。但是，党员领导干部违反党的纪律的行为，有时候与违反国家法律的行为，是交叉的甚至是重合的。如果一个党员领导干部既违反了党的纪律，又触犯了国家的法律，那么，由党的纪律部门进行查处，还是由国家司法机关进行查处，就涉及党内的权力与国家权力的区分问题。

按照党章和法律的规定，共产党员违反党的纪律，由党的纪律部门进行查处；任何人违反国家法律的，由司法机关依法查处，国家工作人员涉嫌贪污贿赂、渎职侵权犯罪的，由检察机关立案侦查。

但是从实践中看，检察机关查办职务犯罪案件的职权与党的纪律检查部门查办党纪案件的职权往往界限不清。同一个人的同一个案件，可能既由党的纪律检查部门查办，又由检察机关查办的状况。这个问题多年来没有得到很好的解决。许多党员领导干部违法犯罪的线索都是由党的纪律部门首先受理，甚至有的地方党委要求有关党员领导干部的违纪包括违法犯罪的案件线索一律移送纪委，先由纪委审查决定是否立案。立案的，也是先由纪委组织调查，而不是直接移送司法机关进行侦查。纪委调查结束以后，是否移送司法机关依法处理，也不是由司法机关决定，而是由党的纪律部门决定。特别是这些年来，随着反腐败斗争形势的严峻和要求严厉查处贪污贿赂犯罪的呼声不断高涨，党的纪律部门承担了大量的查处贪污贿赂犯罪的工作。党员领导干部实施的重大贪污贿赂犯罪案件，许多都是先由党的纪律部门查处，然后决定是否移交司法机关依法处理。当然，也有一些党员领导干部贪污受贿、渎职侵权的犯罪案件，是由检察机关直接受理并立案侦查的。这在客观上就造成了检察机关查办职务犯罪的职权与党的纪律检查部门查办党员领导干部违纪案件的职权界限不清的问题。行为性质相同，甚至连情节都几乎完全相同的案件，由检察机关查办与由党的纪律检查部门查办，有时候可能出现完全不同的结果。比如，一些党员干部贪污受贿数额几十万元的案件，如果由检察机关查办，可以会被法院判处10年以上有期徒刑，但是由纪检监察部门查办，有的就只是给予党纪政纪处分。

对党员领导干部的这种特殊待遇，有的认为是为了比普通公民更严格地惩处党员领导干部，认为党员领导干部违法犯罪，既要接受法律的制裁，也要接受党内的惩罚，是为了从严治党。但是，也有的认为，这样做，是对党员领导干部网开一面。在调查过程中，如果按照法律程序，很可能就会被羁押，从而暂时性地失去人身自由，而由党的纪律部门调查，就可以不羁押；司法机关依照法律程序进行侦查，法律明令禁止使用刑讯逼供等侵犯人身权利的方法获取证据，而党的纪律部门进行调查就没有这样的规定。调查结果，构成犯罪的，如果一律移送司法机关依法处理，可以保证法律适用标准的统一性，但是如果由党的纪律部门决定是否移送，可能更多的是考虑党内因素而不是法律标准，其公平性就难以保证。即使是移送司法机关，也可能因为党的纪律部门调查取证时是按照党纪处分的程序而不是法律程序进行的，其取得的证据如果不能完全满足司法裁判的要求，检察机关重新取证就可能因失去了取证的最佳时机而导致取证困难和证据瑕疵。有的犯罪就可能因此而难以认定。所以，党的纪律部门对违反党纪的行为进行调查与检察机关对构成犯罪的行为进行侦查，这两种职权如何科学地进行界分和衔接，需要运用法律思维和法治方法进行深入研究，在依法治国下作出科学的配置。

这种状况，在司法权配置不足的情况下，无疑不利于反腐败斗争的开展。但是随着国家实行依法治国方略的逐步推进，对反腐败斗争法治化的呼声也越来越高。特别是在《联合国反腐败公约》的框架内进行国际刑事司法合作的过程中，更要求通过法律途径来进行。而法治化的蕴含就是把查办贪污贿赂、渎职侵权犯罪的工作交给司法机关依照法律规定的标准和程序来进行。十八大政治报告再次重申："党领导人民制定宪法和法律，党必须在宪法和法律范围内活动"，"任何组织或者个人都不得有超越宪法和法律的特权"。这本身就意味着，党员领导干部违反法律构成犯罪的，应当由司法机关依法处理，而不能用党纪处分代替法律追究，亦不能由党的纪律部门选择是否把构成犯罪的党员领导干部移交司法机关处理。所以，对党的纪律部门与司法机关的职权范围进行科学的界分，避免用党内的纪律处分权代替司法机关的职权，是贯彻落实十八大精神，进一步理顺党的权力与司法权力关系的一个重大问题。

十八大修改后的《中国共产党章程》为解决这个问题奠定了基础。《中国共产党章程》规定：“党必须在宪法和法律的范围内活动。党必须保证国家的立法、司法、行政机关，经济、文化组织和人民团体积极主动地、独立负责地、协调一致地工作。”①党章第 44 条进一步明确规定：“党的各级纪律检查委员会的主要任务是：维护党的章程和其他党内法规，检查党的路线、方针、政策和决议的执行情况，协助党的委员会加强党风建设和组织协调反腐败工作。各级纪律检查委员会要经常对党员进行遵守纪律的教育，作出关于维护党纪的决定；对党员领导干部行使权力进行监督；检查和处理党的组织和党员违反党的章程和其他党内法规的比较重要或者复杂的案件，决定或者取消对这些案件中的党员的处分；受理党员的控告和申诉；保障党员的权利。”②根据十八大政治报告和党章的规定，中国共产党第十八届中央纪律检查委员会第二次全体会议公报指出：“党的各级纪检机关要把维护党的政治纪律放在首位，加强对政治纪律执行情况的监督检查。”“要按照党的十八大部署和要求，坚持党要管党、从严治党，坚持标本兼治、综合治理、惩防并举、注重预防，着力严明党的纪律特别是政治纪律，切实转变领导机关和领导干部工作作风，认真解决反腐倡廉中的突出问题，明确重点、狠抓落实，改革创新、攻坚克难，推动党风廉政建设和反腐败斗争向纵深发展。”③按照党章和中纪委十八届二次会议的精神，党的纪律检查部门的主要任务和精力应当放在维护党的政治纪律，检查党的路线、方针、政策和决议的执行情况，切实转变领导机关和领导干部工作作风上来，而不应当把工作重点放在查办案件上来。在反腐败斗争中，党的纪律检查部门的主要任务是“协助党的委员会加强党风建设和组织协调反腐败工作”，“认真解决反腐倡廉中的突出问题，明确重点、狠抓落实”。

可见，党的纪律检查部门在反腐败斗争中的职责主要是“协调”和解决宏观性的问题，而不是查办案件；工作的重点主要是加强制度建设，从源头上预防腐败，而不是冲在第一线整天忙于处理具体案件。当然，党的纪律检查部门无疑也要查办案件，但是它们所查办的应当是违反党纪而不构成犯罪的案

---

① 《中国共产党第十八次全国代表大会文件汇编》，人民出版社 2012 年版，第 73 页。
② 《中国共产党第十八次全国代表大会文件汇编》，人民出版社 2012 年版，第 93 页。
③ 《检察日报》2013 年 1 月 24 日第 1 版。

件，一旦发现所办的案件明显构成犯罪的，就应当移送司法机关依照法律程序来办理，这也是党章明确规定的"党必须保证国家的立法、司法、行政机关，经济、文化组织和人民团体积极主动地、独立负责地、协调一致地工作"的表现。如果党的纪律检查部门对于明显构成职务犯罪的案件线索不移送检察机关依法处理，而是由自己首先查处，想移送的就移送，不想移送的就自行处理。在客观上就会让人民群众觉得党纪大于国法，党员领导干部可以凌驾于国家法律之上。这是依法治国之大忌。

二、检察权的手段问题

手段，既是实现权力设置目的的途径，也是权力有效性的保障。缺乏必要的手段，就难以保障权力行使的有效性，因而也就无法实现权力设置的目的。

按照现有法律的规定，检察机关对行政权、审判权实行法律监督，主要有三种手段：一是对国家机关工作人员利用职权实施的职务犯罪案件进行立案侦查；二是对审判机关作出的生效判决裁定，在认为确有错误的情况下提出抗诉；三是对行政机关、审判机关及其工作人员违反法律的情况提出纠正的意见或建议（以下简称"检察建议"）。从检察权作为法律监督权来设置的目的上看，法律监督的手段不能完全满足监督目的的需要。即使是现有的这三种手段，除了抗诉的手段较为有效之外，职务犯罪侦查和提出纠正意见的手段，虽然能在一定程度上对行政权、审判权具有监督作用，但其本身都还存在不够完善的问题，以致影响到其作用的充分发挥。

（一）知情权的渠道欠缺

监督的前提是知情，没有知情权，就难以进行监督。被蒙上眼睛的监督，自然对违法视而不见。法律监督是对违反法律的情况所进行的监督，更需要了解法律实施的过程，以便从中发现违法的事实，证明违法的存在。但是，从现有的法律规定和实际情况看，检察机关发现违法的渠道是十分有限的。尽管法律规定检察机关有直接立案侦查的权力，但是这种权力只适用于职务犯罪案件，受到行为主体和案件范围的严格限制。对于尚未构成职务犯罪的违法行为，无论是否严重，检察机关都不能动用侦查手段，而法律又没有赋予检察机关其他调查核实违法事实的手段，因此往往很难发现违法。

在刑事诉讼中，检察机关因为直接参与诉讼的全过程，还比较容易发现刑事诉讼活动中可能存在的违反法律的情况。除此之外，对于行政权、民事审判权、行政审判权在运行过程中可能存在的违反法律的情况，就很难发现。一方面是因为，除了刑事诉讼之外，检察机关不参与行政权、审判权行使的过程，不可能直接发现可能存在的违反法律的情况，而行政机关、审判机关也没有义务把自己履行职责的情况告知检察机关，检察机关缺乏了解行政权、审判权行使情况的渠道；另一方面是因为，在检察机关依据法律的授权，对违法进行调查的时候，法律没有规定有关国家机关提供情况或者接受调查的义务，如果有关国家机关不同意检察机关进行调查或者不愿意提供有关情况，检察机关就束手无策。在实践中，有的国家机关工作人员面对检察机关的调查，甚至公开说，如果我们的行为构成了犯罪，你们可以立案侦查，没有构成犯罪，我们就没有义务给你们提供情况。

在司法体制和工作机制改革中，为了解决这个问题，中央政法委员会在《关于深化司法体制和工作机制改革若干问题的意见》中明确提出了"依法明确、规范检察机关调查违法、建议更换办案人员等程序，完善法律监督措施"的改革任务。为了落实这个任务，最高人民法院、最高人民检察院、公安部、国家安全部、司法部联合制定了《关于对司法工作人员在诉讼活动中的渎职行为加强法律监督的若干规定（试行）》。其中明确规定：人民检察院依法对诉讼活动实行法律监督，对司法工作人员的渎职行为，可以通过依法审查案卷材料、调查核实违法事实、提出纠正违法意见或者建议更换办案人、立案侦查职务犯罪等措施进行法律监督，并对调查的程序、要求以及调查后的处理等问题作出了明确的规定。这个规定，在一定程度上缓解了检察机关法律监督手段不足的问题，有助于了解和证实违反法律的情况，便于更好地实行法律监督。

但是仅有这样一个规定是远远不够的。首先，这个规定适用的对象只是司法工作人员，适用的范围只是诉讼活动中发生的渎职行为。而检察机关作为国家的法律监督机关来设置，其目的要求对整个行政权、审判权行使过程中可能发生的违反法律的情况实行法律监督。对行政机关、审判机关可能发生的违反法律的情况，对司法工作人员以外的国家机关工作人员实施的渎职行为，检察机关同样没有调查违法的手段。其次，这个文件是由政法系统五个单位联合会签的文件，没有法律效力，其稳定性也不够，难以构成一个常态的、具有法律效力的监督手段。如果有关部门由于人员的更替，不认可检察机关的违法调查，检察机关的知情权就会受阻。

（二）侦查权的供给不能满足职务犯罪侦查的需要

按照刑事诉讼法的规定，贪污贿赂犯罪，国家工作人员的渎职犯罪，国家机关工作人员利用职权实施的非法拘禁、刑讯逼供、报复陷害、非法搜查的侵犯公民人身权利的犯罪以及侵犯公民民主权利的犯罪，由人民检察院立案侦查。对于国家机关工作人员利用职权实施的其他重大的犯罪案件，需要由人民检察院直接受理的时候，经省级以上人民检察院决定，可以由人民检察院立案侦查（第 18 条第 2 款）。人民检察院对直接受理的案件的侦查适用刑事诉讼法中有关侦查的规定（第 162 条）。2012 年修改后的刑事诉讼法进一步规定：人民检察院在立案后，对于重大的贪污、贿赂犯罪案件以及利用职权实施的严重侵犯公民人身权利的重大犯罪案件，根据侦查犯罪的需要，经过严格的批准手续，可以采取技术侦查措施，按照规定交有关机关执行（第 148 条第 2 款）。这些规定，对于检察机关查办职务犯罪案件，依法参与反腐败斗争，维护国家法律的统一正确实施，监督国家行政权、审判权的滥用，提供了极为有力的法律手段。这些法律手段也是支撑检察机关作为国家的法律监督机关而存在的一个重要方面。

　　但是从实践中看，这种手段还不能完全适应查办职务犯罪案件的需要。首先，在手段上，法律赋予检察机关的侦查权，与公安机关的侦查权是一样的。而公安机关查办的是普通刑事犯罪案件，而检察机关查办的是职务犯罪案件。之所以要把职务犯罪案件从普通刑事犯罪案件中分离出来，由检察机关立案侦查，就是因为这类案件具有其特殊性。一方面，这种特殊性，既表现在案件的性质上，也表现在案件所包含的行为方式上。从案件的性质上看，职务犯罪案件是国家工作人员利用职权实施的犯罪，直接妨害了国家权力的正确行使，危害到国家政权建设，因而不同于普通刑事犯罪案件，需要由专门的国家机关来立案侦查。从案件所包含的行为方式上看，职务犯罪是国家工作人员利用职权或者职务上的便利实施的犯罪。这类犯罪，往往是在行使国家权力的过程中发生的，并且往往是利用履行法定职责作掩护，容易披上合法的外衣。另一方面，实施这类犯罪的主体，不仅手中握有一定的公权力，而且往往具有比较厚实的关系网。因此，这类案件侦查的难度，往往会大于普通的刑事犯罪案件。如果没有特殊的侦查手段，有时就难以有效地突破案件。其次，在证据规则上，刑事诉讼法关于职务犯罪案件的规定，与普通刑事犯罪案件的规定，也是完全相同的。但在实践中，普通刑事犯罪案件通常都具有犯罪现场（尽管有时真正的犯罪现场难以找到），都具有作案手段或工具，并且通常都具有犯罪的受害人或者相对人，因而证据容易达到确实、充分的要求。但是，职务犯罪案件往往没有犯罪现场和犯罪工具，犯罪行为往往隐藏在正常的职务活动之中，甚至与常规的职务行为交织在一起，有的职务犯罪在客观上表现为一种不作为，特别是贿赂犯罪案件，往往没有具体的受害人，而我们国家在财务管理制度又存在重大的漏洞，允许大额现金交易。这些就使许多职务犯罪案件，很难像普通刑事犯罪案件那样找到确实充分的客观证据。当然，我们并不是主张职务犯罪案件对证据的要求不应该坚持确实充分的标准，而是认为，鉴于职务犯罪案件的特殊性，对证据确实充分标准以及取证规则的具体要求，应当与普通刑事犯罪案件有所区别，不能完全按照普通刑事犯罪案件中的证据标准和取证规则来要求职务犯罪案件中的取证活动和证据认定。最后，在程序规则上，我们国家的刑事诉讼法规定了独立的立案程序，并且规定先立案后侦查。这样规定的优点是可以防止随意动用侦查手段，有利于保障无罪的人不受刑事追究。普通刑事犯罪案件一般都是"以事立案"，绝大多数都有犯罪现场、报案人、被害人等，容易判断犯罪事实的存在，先立案后侦查符合查办案件的规律。但是职务犯罪案件往往是"以人立案"，绝大多数都没有明显的犯罪现场或者具体的被害人。对于有关国家工作人员职务犯罪行为的举报或者线索，没有必要的调查，很难确定是否存在犯罪事实、要不要立案侦查。所以从查办案件的规律上看，诉讼程序应当顾及职务犯罪案件的特殊情况，在程序上作出特别的规定。此外，职务犯罪案件的查证，对口供的依赖程度远远大于普通刑事犯罪案件，特别是贿赂犯罪案件中，证据时常会出现"一对一"的情况。在举证责任的分担、没有口供情况下的事实推定等方面，也应当有特殊的规定，才能更好地适应查办职务犯罪案件和反腐败斗争的需要。①

（三）公诉权的范围不能满足法律监督的需要

按照现有法律的规定，检察机关只有对刑事案件提起公诉的权力。刑事公诉权是检察机关标志性的权力，对于维护国家法律的统一正确实施，具有十分重要的意义。但是，从法律监督的实际需要看，仅有刑事公诉权是不够的。

第一，在民事诉讼领域，随着市场经济的发展，一些利益主体通过各种手段相互勾结，进行非法交易，以牟取暴利、中饱私囊。例如，一些民事主体以合同形式低价出售或转让土地、房屋等国有资产，恶意串通损害国家或社会公共利益，因没有直接涉及具体个人和单位的利益，所以就没有人提起诉讼。又如，一些经营单位、行政机关为了发展经济，违反环境保护法的规定，造成重大环境污染，严重影响到不特定多数人的人身、财产安全的公害案件，但因单个的个人或组织往往难以与违法行为或者侵害行为的实施者相抗衡，即使受损害的是自身利益，也无力维护。在这种情况下，如果没有直接的利害关系人提起诉讼，或者直接的利害关系人不知情、不起诉的话，就会形成无人起诉的状况。

第二，在行政诉讼领域，由于行政机关的违法行政行为侵犯群体利益或公

---

① 《联合国反腐败公约》正是基于腐败犯罪案件的特殊性，对查办腐败犯罪案件规定了特殊侦查手段和特别程序。

共利益而引发的群体性事件时有发生。例如，一些行政机关或人员为了个人利益或部门利益，利用各种手段侵害国家利益，如在国有企业转型过程中将国有资产低价出售甚至无偿转让，在土地开发中违反有关土地管理法规致使土地闲置和资源浪费，在公共工程的审批、招标、发包过程中滥用行政审批权而侵害国家利益或者造成自然资源的破坏等。又如，有的行政机关在制定政策性价格或进行行业、市场准入审批过程中，滥用行政权，以维护部门（行业）利益作为制定政策的主旨，包揽某类产品的生产权和经营权，以行政手段排挤其他企业参与竞争，或者利用经济优势，实施限制或排除竞争行为，垄断市场，谋取高额垄断利润，不仅侵害合法经营者的利益，损害消费者和国家的利益，而且破坏正常竞争秩序，容易滋生腐败现象，影响甚至威胁国家经济安全。对于这类侵害国家利益和社会公共利益的行政违法行为，法律既没有赋予工商行政管理部门、国有资产管理部门、其他组织或个人以诉权，也没有赋予检察机关提起公诉的权力，因而难以追究有关机关或个人的法律责任，无法有效遏制有关的行政违法行为。

在上述情况下，如果没有适格的主体提起诉讼，不仅国家和社会公共利益难以得到有效的维护，而且国家法律的尊严也会严重受损。检察机关作为国家的法律监督机关，不能对之提起公诉，以维护国家和社会公共利益，不能不说是一个权力配置上的缺憾。

（四）检察建议的法律效力不足

检察机关对行政机关、审判机关及其工作人员违反法律的情况提出纠正的意见或建议，在实践中统称为"检察建议"。检察建议是检察机关对行政权、审判权实行法律监督的重要手段。检察机关对于在办案过程中发现的妨碍法律正确实施但又尚未引起法律责任的情况，以及可能导致违法行为再次发生的因素，通过检察建议的方式，向有关机关或者人员提出纠正违法或者改进工作的意见建议，要求其消除妨碍法律正确实施的情况，或者建议主管机关对有关人员作出处理，以免违法行为再次发生，是维护国家法律的统一正确实施的重要途径，也是"人民检察院通过检察活动，教育公民忠于社会主义祖国，自觉地遵守宪法和法律，积极同违法行为作斗争"（《人民检察院组织法》第4条第2款）的重要手段。

按照现有法律的规定，检察建议这种手段实际上包括了三种不同的监督方式：一是发出纠正违法通知书。检察机关在履行法律监督职责的过程中发现有关机关应当执行法律而没有执行，或者明显错误地执行了法律，或者没有遵守法律规定的程序或要求时，有权按照法律的规定，向有关机关发出纠正违法通知书，要求其予以纠正。如《刑事诉讼法》第265条规定："人民检察院对执行机关执行刑罚的活动是否合法实行监督。如果发现有违法的情况，应当通知执行机关纠正。"二是提出纠正意见。对于有关机关的执法活动或者作出的决定，如果发现或者认为其中可能存在违反法律的情况时，检察机关有权根据法律的授权，提出纠正违法的意见，要求有关机关纠正违反法律的情况。例如《刑事诉讼法》第55条规定："人民检察院接到报案、控告、举报或者发现侦查人员以非法方法收集证据的，应当进行调查核实。对于确有以非法方法收集证据情形的，应当提出纠正意见……"三是发出检察建议。对于有关机关在内部管理或制度建设等方面存在漏洞以致导致职务犯罪发生或者违反法律的情况不断出现的，或者发现有关机关及其工作人员存在违反法律的情况时，有权向有关机关发出检察建议，要求其纠正存在的问题。如《民事诉讼法》第208条第3款规定："各级人民检察院对审判监督程序以外的其他审判程序中审判人员的违法行为，有权向同级人民法院提出检察建议。"

　　这些手段对于履行法律监督职责，维护国家法律的统一正确实施，发挥着重要的作用。但是从权力配置的角度看，这些手段都还存在一定的缺陷，需要进一步完善。

　　1. 范围有限

　　在法律中首次规定检察机关除了职务犯罪侦查、抗诉以外的监督方式的，是1979年颁布的《刑事诉讼法》。该法中规定了三种情况下的监督：一是对公安机关侦查活动的监督，即第52条规定："人民检察院在审查批准逮捕工作中，如果发现公安机关的侦查活动有违法情况，应当通知公安机关予以纠正，公安机关应当将纠正情况通知人民检察院。"二是对法院审判活动的监督，即第112条第2款规定："出庭的检察人员发现审判活动有违法情况，有权向法庭提出纠正意见。"（该规定在1996年修改的刑事诉讼法中被修改为第169条："人民检察院发现人民法院审理案件违反法律规定的诉讼程序，有权向人民法院提出纠正意见。"）三是对刑罚执行和监管活动的监督，即第164条规定："人民检察院对刑事案件的判决、裁定的执行和监狱、看守所、劳动改造机关的活动是否合法，实行监督。如果发现有违法的情况，应当通知执行机关纠正。"1996年修改的刑事诉讼法在此基础上，增加了三个规定：一是第142条第3款中规定："对被不起诉人需要给予行政处罚、行政处分或者需要没收其违法所得的，人民检察院应当提出检察意见，移送有关主管机关处理。"二是第215条规定："批准暂予监外执行的机关应当将批准的决定抄送人民检察院。人民检察院认为暂予监外执行不当的，应当自接到通知之日起一个月以内将书面意见送交批准暂予监外执行的机关，批准暂予监外执行的机关接到人民检察院的书面意见后，应当立即对该决定进行重新核查。"三是第222条规定："人民检察院认为人民法院减刑、假释的裁定不当，应当在收到裁定书副本后二十日以内，向人民法院提出书面纠正意见。人民法院应当在收到纠正意见后一个月以内重新组成合议庭进行审理，作出最终裁定。"2012年修改的刑事诉讼法中有13个条款规定了检察机关的检察建议。其中第47、98、115、265条规定，人民检察院发现有关机关有违法情况的，应当通知有关机关予以纠正；第55、203、263条规定，人民检察院发现有违法情况的，应当或者有权向有关机关提出纠正意见；第93条规定，人民检察院对不需要继续羁押的，应当建议有关机关予以释放或者变更强制措施；第173条规定，人民检察院对需要给予其他处分的被不起诉人，应当提出检察意见，移送有关主管机关处理；第240、255、256、262条规定，人民检察院对刑事诉讼中的有关情况可以提出书面意见。在2012年修改的民事诉讼法中，有3个新的条款规定了检察建议，即第208、209、210条规定，人民检察院在民事诉讼中履行法律监督职责时可以向人民法院提出检察建议。

在现有法律中，明确规定检察机关可以或有权提出检察建议的，仅限于刑事诉讼法和民事诉讼法的上述规定。并且有关这类规定，都是针对特定事项作出的，而不是在总则中作为一般条款规定的。因此从法律规定上看，检察建议的适用范围十分有限。

但是在实践中，检察机关为了履行法律监督职责，创造了多种形式的、内容丰富的检察建议，并且检察建议这种监督方式，对于监督纠正违反法律的情况，维护国家法律的统一正确实施，发挥了很好的作用，逐渐被有关机关所认可和接受，陆续出现在一些联合制定的规范性文件中，从而成为检察机关实行法律监督的一种重要手段。特别是在司法体制和工作机制改革中，检察机关与有关机关会签的规范性文件从不同方面规定了检察建议这种监督方式。如最高人民法院、最高人民检察院、公安部、司法部在联合印发的《关于在全国试行社区矫正工作的意见》和《社区矫正实施办法》中规定：人民检察院发现社区矫正执法活动违反法律和本办法规定的，可以向交付执行机关或执行机关制发纠正违法通知书或者检察建议书。中央社会治安综合治理委员会、最高人民法院、最高人民检察院、公安部、司法部《关于加强和规范监外执行工作的意见》中规定：人民检察院对人民法院、公安机关、监狱、看守所交付监外执行活动和监督管理监外执行罪犯活动实行法律监督，发现违法违规行为的，应当及时提出纠正意见。最高人民法院、最高人民检察院、公安部、国家安全部、司法部《关于对司法工作人员在诉讼活动中的渎职行为加强法律监督的若干规定（试行）》中规定：人民检察院对司法工作人员在诉讼活动中涉嫌渎职行为进行调查，发现确有渎职违法行为但尚未构成犯罪的，应当依法向被调查人所在机关发出纠正违法通知书。国务院法制办、中央纪委、最高人民法院、最高人民检察院、公安部、国家安全部、司法部、人力资源社会保障部《关于加强行政执法与刑事司法衔接工作的意见》中规定：人民检察院发现行政执法机关不移送或者逾期未移送的，应当向行政执法机关提出意见，建议其移送。

在这些规范性文件中，检察建议的范围，既包括对司法活动的监督，也包括对行政执法活动的监督；既包括因有关机关的行为而发出检察建议的情况，也包括因有关人员的行为而发出检察建议的情况。这说明，在实践中，人民群众和有关机关对检察建议这种监督方式的期待较为广泛。法律规定的检察建议仅仅局限在刑事诉讼和民事诉讼法律监督中，并且可以适用的范围也十分有限。这与实践中的需要形成明显反差。

2. 规定方式不统一

如前所述，检察建议作为检察机关实行法律监督的手段，实际上包含了三种不同的监督方式。其中每一种监督方式，在法律和规范性文件中的规定方式都不尽相同。首先，关于监督违法的称谓。有的称"纠正意见"（刑事诉讼法第55条），有的称"检察意见"（刑事诉讼法第173条），有的称"意见"，有的称"书面意见"（刑事诉讼法第255、256、262条），有的称"检察建议"（民事诉讼法第208、210条）。这些不同的称谓，所指的实际上都是检察机关针对有关机关的违法情况提出的监督纠正的建议。称谓上的不一致，一方面说明这样一种监督方式，在立法上还缺乏固定的地位；另一方面也反映了人们对这种监督方式的理解还不完全相同。其次，关于监督违法的程序。检察机关监督纠正违法，应当遵循什么样的程序，在有关法律和规范性文件中有不同的规定。有的明确规定检察机关"应当调查核实"或者"进行审查"，如刑事诉讼法第55、93条；有的规定则没有这样的要求，如刑事诉讼法第255、256条。有的规定了前置程序，即当事人对有关机关及其工作人员违法情况应当先向有关机关提出，对有关机关的处理决定不服，再向检察机关申诉或者控告，如刑事诉讼法第115条；有的则没有这样的前置程序，当事人可以径直向检察机关申诉或者控告，如刑事诉讼法第47条。这种不同的规定，当然是考虑到不同的情况下有不同的要求，但也反映了立法者在这个问题上的随意性。因为从监督的内在要求上讲，没有调查就没有发言权。接到当事人的申诉或者控告，检察机关就进行必要的调查核实，就很难判断申诉或者控告所反映的问题的真实性；没有必要的调查核实，仅仅根据当事人的申诉或者控告，就向有关机关发出纠正违法通知书或者提出检察建议，也是一种不负责任的表现，缺乏法律行为应有的严肃性。最后，关于监督违法的责任。发现违法行为，或者对当事人申诉控告的违法情况查证属实时，检察机关提出纠正违法的意见，是一种责任、义务，还是一项权力，法律规定得并不明确。有的规定，检察机关"通知有关机关予以纠正"，如刑事诉讼法第 47、115 条；有的规定，检察机关"应当提出纠正意见"，或者"应当通知"有关机关予以纠正，如刑事诉讼法第 55、98 条；有的规定，检察机关"可以"或者"有权"向有关机关提出纠正意见，如刑事诉讼法第 203 条规定，人民检察院发现人民法院审理案件违反法律规定的诉讼程序，有权向人民法院提出纠正意见。民事诉讼法第 208 条规定：地方各级人民检察院对同级人民法院已经发生法律效力的判决、裁定，发现有审判组织的组成不合法或者依法应当回避的审判人员没有回避的；违反法律规定，剥夺当事人辩论权利的；审判人员审理该案件时有贪污受贿、徇私舞弊、枉法裁判行为等情形的，或者发现调解书损害国家利益、社会公共利益的，"可以"向同级人民法院提出检察建议，各级人民检察院对审判监督程序以外的其他审判程序中审判人员的违法行为，"有权"向同级人民法院提出检察建议。这种不同的规定方式，既不利于规范检察机关的法律监督，也不利于把这样一种监督方式制度化。

　　3. 效力不足

　　检察建议不是普通意义上的建议，而是检察机关作为国家的法律监督机关，针对已经出现的违法行为及其产生的原因，向有关单位发生的要求纠正违法或者防止再出现违法行为的建议。它是检察机关行使法律监督权的一种形式，因而具有一定的强制力，收到检察建议的单位对检察建议应当作出相应的反应，而不能置之不理。对检察建议的回应，实际上是对国家权力的尊重。作为检察机关实行法律监督的一种方式，在实践中检察建议究竟能产生多大的效力，直接关系到这种监督方式实际作用的发挥。然而，如前所述，检察建议这种监督方式多数是在有关机关联合会签的规范性文件中规定的，出现在法律中只有刑事诉讼法和民事诉讼法。联合会签的规范性文件，虽然对有关机关具有一定的拘束力，但是这种拘束力非常有限。由于它本身不具有法律效力，其实际执行情况往往会因为领导人的更替而发生变化。即使是刑事诉讼法和民事诉讼法中规定的这种监督方式，多数也只是规定检察机关应当提出纠正意见或者通知有关机关予以纠正，而没有规定有关机关应当予以纠正的义务，更没有规定有关机关不予纠正时一定承担什么样的法律后果。这样的规定，在客观上就成了一种"橡皮图章"，有关机关对于检察机关的通知也好，意见建议也罢，想理睬就理睬，不想理睬就不予理睬，检察机关对之毫无办法。这种状况，大大影响了检察机关法律监督的实际效果。鉴于这种情况，2012 年修改刑事诉讼法时，在新增加的条款即第 93 条规定检察机关对不需要继续羁押的应当建议予以释放或者变更强制措施的同时，明确规定"有关机关应当在十日以内将处理情况通知人民检察院"。这样的规定，不仅明确了检察机关的监督责任，同时规定了被监督的机关接受监督的义务，符合权力配置的完整性要求，提高了法律监督的效力。并且，这样的规定，恰当地定位了检察机关法律监督的效力，没有因为检察机关有权实行法律监督而规定有关机关就必须听命于检察机关，而是规定有关机关在规定的时限内"将处理情况通知"检察机关。这就意味着有关机关接到检察机关的建议之后，有义务及时作出处理，至于如何处理则是有关机关自己的事情，并不要求有关机关完全按照检察机关的建议来处理。遗憾的是，这样的规定，在法律和规范性文件中出现的频率太少①，绝大多数有关检察机关法律监督的规定中都没有对被监督的机关规定相应的义务，更没有规定不履行义务时应当承担的法律责任，以致严重影响到法律监督的效果。

（五）手段缺位

法律赋予了检察机关某些职权，但是没有规定必要的手段，就难以在实践中发挥其作用，以致这些权力成为虚设。例如，《人民检察院组织法》规定："人民检察院依法保障公民对于违法的国家工作人员提出控告的权利，追究侵犯公民的人身权利、民主权利和其他权利的人的法律责任。"但是，在现有的法律规定中，检察机关只有对国家机关工作人员实施的侵犯公民人身权利、民主权利和其他权利构成犯罪的行为，依法追究其刑事责任的权力。国家机关工作人员实施的侵犯公民人身权利、民主权利和其他权利的行为，如果没有构成犯罪，检察机关就无法追究其法律责任。而尚未构成犯罪的侵权行为，在实践中远远多于构成犯罪的行为。这就意味着，对国家机关工作人员实施的大量的侵犯公民人身权利、民主权利和其他权利的行为，检察机关是无权监督的。这就使检察机关面对公民的控告申诉，检察机关往往显得无能为力，难以有效地保障公民对于违法的国家工作人员提出控告的权利。这种职权实际上成为一种

---

① 除了刑事诉讼法第 93 条之外，还有一个类似的规定，即刑事诉讼法第 256 条规定：人民检察院对暂予监外执行的决定提出意见的，"决定或者批准暂予监外执行的机关接到人民检察院的书面意见后，应当立即对该决定进行重新审查"。此外还有两个条文规定了有关机关的义务，即刑事诉讼法第 98 条规定：人民检察院发现侦查活动有违法情况通知纠正的，"公安机关应当将纠正情况通知人民检察院"；第 173 条规定：人民检察院就不起诉案件的处理提出意见的，有关机关"应当将处理结果及时通知人民检察院"。后两个条文由于没有时限的规定，执行的效果就没有前两个规定明显。

虚设的职权。再如,《人民警察法》规定:"人民警察执行职务,依法接受人民检察院的监督。"可是,除了对职务犯罪实施侦查和对侦查中的违法行为实施监督之外,法律并没有赋予检察机关其他任何监督手段。检察机关要对警察职务行为实行法律监督,既缺乏必要的手段,也缺乏相应的程序规定,因而难以开展监督。即使有当事人的控告申诉,检察机关进行监督,警察也会提出法律依据不足的问题,而对检察机关的监督置之不理。这样的授权,同样形同虚设。

三、检察权的独立性问题

宪法规定,人民检察院依照法律规定独立行使检察权,不受行政机关、社会团体和个人的干涉。由此形成了人民检察院依法独立行使检察权的宪法原则。之所以要确立这样一条宪法原则,是因为检察权的独立行使对于保障司法公正具有极其重要的意义。只有独立行使检察权,才有可能保障检察机关在具体案件的处理中不受他人的干预和影响,不受他人意志的左右,只尊重事实和法律,才有可能严格依法办事。如果对具体案件的处理,要受他人意志的左右,就不可能做到完全按照事实和法律来秉公办案,就不可能做到对所有的当事人一视同仁、公平对待。只有独立行使检察权,才有可能保证检察机关在发现违反法律的情况时,不受其他机关、团体或个人的干扰,依法履行职责,从而发挥法律监督的功能和作用。如果面对违反法律的情况,要看他人的脸色行事而不敢理直气壮地实行法律监督,检察机关作为国家的法律监督机关来设置的必要性就荡然无存。因此,检察权行使的独立性,是检察机关严格依法履行职责的根本保障。

(一) 检察权独立性的保障

为了保证检察权行使的独立性,宪法规定,最高人民检察院领导地方各级人民检察院和专门人民检察院的工作,上级人民检察院领导下级人民检察院的工作,由此形成了检察一体化的领导体制。检察一体化,可以说是在世界范围内普遍实行的检察机关领导体制。特别是在单一制国家,检察一体化的倾向都十分明显。这是检察权行使的基本规律。因为检察机关要担负起维护国家法治统一的使命,首先就必须实现内部的统一领导。无论是在对法律的理解和执行方面,还是在行使检察权的步调方面,只有保持高度的一致性,才能在惩治犯罪、纠正违法的工作中坚持统一的标准,保证法律监督的统一性。只有坚持上级领导下级的领导体制,才能使检察机关形成一个整体,排除外来的特别是地方势力的干预,保证法律实施的统一性和权威性。尤其是我们国家,要在一个缺乏法治传统的环节下实行依法治国，就需要有极大权威的法律监督机关，督促全国各级国家机关及其工作人员、一切社会组织和全体公民严格遵守宪法和法律。没有权威的法律监督，对谁也发挥不了监督的作用，特别是对手中有权而又不愿受法律约束的人来说，没有权威性的监督，是不可能被重视的。所以，"最高人民检察院领导地方各级人民检察院和专门人民检察院的工作，上级人民检察院领导下级人民检察院的工作"这样一种领导体制的设置，既是保持法律监督的统一性，更是为了防止地方权力对法律监督工作的干预和蔑视。

（二）检察权地方化倾向问题

长期以来，地方各级人民检察院都是在地方权力的领导下行使检察权的。一方面，是因为地方各级人民检察院的检察长都由地方人民代表大会选举产生，检察委员会委员和检察员由地方人民代表大会常务委员会任免。这在客观上就产生两个问题：第一，地方各级人民检察院的检察长、检察委员会委员、检察员的人选要由地方党委考察推荐，他们的政治生命掌握在地方党委手里；第二，由地方人大选举的检察长、任命的检察人员要向地方人大负责。另一方面，由于地方各级人民检察院的经费是由地方人民政府供给的，地方各级人民检察院自然要满足地方政府的要求，为地方经济发展服务。特别是在一些经济发展较慢的地方，检察机关由于财政支出困难，很容易沦为地方权力的附庸。正如一些学者指出的："检察机关与行政机关虽然在法律上是地位平等的国家机关，但是由于检察机关的机构设置、人员编制等权力完全掌握在行政机关手中，检察机关的经费也一直是由行政机关供给的，这就使检察机关行使职权的保障机制在很大程度上不得不依赖于行政机关，客观上形成对行政机关的依附关系。"[1]近年来中央财政不断加大对地方检察机关的转移支付，在一定程度上缓解了经济发展较慢地区检察机关的经费困难，这种状况有所好转。但是这个问题的实质即检察权地方化的问题并没有从根本上解决，以致依法独立行使检察权的宪法原则在行政机关、社会团体、个人的干预面前无法实现。

检察权地方化的倾向，在很大程度上破坏了检察一体化的领导体制，削弱了检察机关法律监督在防止国家权力滥用方面职能作用的充分发挥。特别是近年来全国各地陆续暴露出来的一些司法不公的案件，一些长期得不到解决的信访案件，特别是一些法律程序已经穷尽但是问题仍然没有解决的涉法涉诉上访的案件，不少都是因为地方党委政府或其领导人干预的案件，有的甚至是经过

---

① 朱孝清、张智辉主编：《检察学》，中国检察出版社 2010 年版，第 46 页。

当地政法委协调过的案件。由于案件背后的这些因素，无论当事人上访到哪里，最后处理时，司法机关都会因不敢违背地方领导的意志而难以改变最初的决定，以致司法不公的问题长期得不到解决。

如何从制度上保证检察机关依法独立行使检察权，是党的十五大政治报告就提出来的、却到十八大还没有解决的重大问题，而这个问题的关键就是如何在中央与地方之间配置检察机关的职权特别是检察机关的领导权。是继续加强地方党政机关对检察机关的领导权，还是适当削减地方党政机关对检察机关的领导权而加强上级检察机关对下级检察机关的领导权，以增强检察机关依法独立行使检察权的能力，是我们国家的司法体制改革始终面临的重大抉择，尤其是经过十五年的改革后在进一步深化司法体制改革时不能不面对的问题。

四、检察权内部配置中的问题

法律赋予检察机关的每一项职权，都是通过检察机关的内设机构来行使的。内设机构的设置及其职权划分，直接关系到检察权内部配置的优化，直接影响到检察权应有功能的发挥。但是由于《人民检察院组织法》只规定："最高人民检察院根据需要，设立若干检察厅和其他业务机构。地方各级人民检察院可以分别设立相应的检察处、科和其他业务机构"，并且规定："省一级人民检察院和县一级人民检察院，根据工作需要，提请本级人民代表大会常务委员会批准，可以在工矿区、农垦区、林区等区域设置人民检察院，作为派出机构"，而没有对检察机关的内设机构和派出机构作出明确具体的规定，以致检察机关内设机构和派出机构的设置出现了"各显神通"的局面。

（一）检察机关内设机构的历史沿革及存在的问题

1956 年，根据 1954 年宪法和人民检察院组织法赋予检察机关的职责，最高人民检察院设 8 个内设机构：一般监督厅、侦查厅、侦查监督厅、审判监督厅、劳改监督厅、办公厅、人事厅、研究室①。1978 年检察机关恢复重建②以后，最高人民检察院先后设有办公厅、信访厅、刑事检察厅、经济检察厅、法纪检察厅、监所检察厅、研究室、人事厅 8 个内设机构，到 1982 年 9 月正式

---

① 参见孙谦主编：《人民检察八十年图说历史》，中国检察出版社 2011 年版，第 90 页。
② 1978 年 3 月 1 日在五届全国人大一次会议上，中共中央副主席叶剑英受中共中央委托，向大会作了《关于修改宪法的报告》。叶剑英在报告中指出："鉴于同各种违法乱纪行为作斗争的极大重要性，宪法修改草案规定设置人民检察院。"1978 年 3 月 5 日五届全国人大一次会议表决通过了《中华人民共和国宪法》，规定了恢复设置人民检察院。

调整，确定设一厅、二厅、三厅，及信访厅、研究室、人事厅、办公厅、机关党委办公室 8 个内设机构①。其中直接行使检察权的业务部门主要是一、二、三厅和信访厅，分别负责刑事检察业务（一厅）、法纪和经济检察业务（二厅）、监所检察业务（三厅）和信访接待业务（信访厅）。地方各级人民检察院也按照最高人民检察院的机构设置设立了大致相同的内设机构。

随着我国经济体制改革的不断深入、政治体制改革的推进和社会转型，法律赋予检察机关的职责也在不断增加，相应地，检察机关的内设机构也有所增加。特别是党的十五大政治报告提出"推进司法体制改革"以来，为了更好地服务党和国家的中心工作，最高人民检察院陆续增加了一些内设机构，一些地方检察机关也陆续设立了一些内设机构和派出机构。从目前的状况看，检察机关的内设机构存在"三乱"现象：

一是内部机构设置乱。目前全国各地检察机关的内设机构没有统一的数量限制。同一级别的检察院，有的设有二十多个处级单位，有的却设有三十多个处级单位。基层检察院有的设十多个科，有的却只设几个科，甚至是同一个地区，检察机关的内设机构也不相同。同样是基层检察院，有的设预防科，有的则把预防放在职务犯罪侦查科内；有的设研究室，有的则把研究工作放在办公室内。有的检察院把检委会办公室设在研究室，有的检察院则将其设在办公室，有的检察院独立设置一个检委会办公室。

二是内设机构名称乱。在现有的内设机构中，职能大致相同的内设机构，名称却存在明显的差别。如有的检察院设宣传处，有的检察院设宣教处，有的检察院设组宣处，有的设新闻处。有的省级检察院设公诉一处、二处（和三处），有的省级检察院设公诉处、刑事审判监督处或二审监督处，有的省级检察院设公诉办公室，下属三个处。同样是省级检察院，有的反渎职侵权局按一个处级单位设置，有的内设三个处级单位。就检察业务部门的名称而言，缺乏统一的划分标准，有的按照对象起名，如监所检察厅、民事行政检察厅，有的按照方式起名，如公诉厅、反贪污贿赂局，有的按照职责起名，如侦查监督厅、预防厅，有的按照行业起名，如铁路检察厅。

三是派出机构乱。目前检察机关中有省级检察院派出的机构，有市级检察院派出的机构，还有县级检察院派出的机构。派出机构的级别有厅级的、处级的、科级的，甚至连科级也算不上的。有的地方设置了大量的派出机构，有的地方则很少有派出机构。有的叫派出检察院，有的叫派出检察室，有的叫派驻

---

① 参见孙谦主编：《人民检察制度的历史变迁》，中国检察出版社 2009 年版，第 325 页。

检察室。有的派出机构由检察院直接领导，有的派出机构由检察院的一个内设机构领导。有些地方检察院大量派出检察室，有些地方则很少派出检察室。

检察机关内部机构的设置，与检察职权的内部配置是密切相连的。检察机关内设机构设置的是否科学、是否合理，直接反映了对检察职权的认识和分解，从而影响到检察权的内部配置。例如，承担审判监督职能的部门，叫公诉处还是叫审判监督处，直接反映着对公诉权的认识，即公诉权是否包括对审判活动进行监督的职权。又如，预防机构独立设置还是与职务犯罪侦查部门合为一体，也反映了对职务犯罪预防职能的不同观念，即检察机关进行职务犯罪预防与查办职务犯罪案件是不是各自独立的两个职能。再如，目前一些地方检察院正在大力推行的乡镇检察室，直接涉及检察职能延伸的空间问题，也涉及对检察权性质功能的理解问题。

（二）检察机关内部机构设置存在的问题对检察职能作用的影响

检察机关的内设机构，是检察机关内部的功能单位，是检察权运行的组织载体，也是检察权内部分解和管理的组织保障。目前检察机关内设机构混乱的状况，直接影响着检察权的内部配置和检察职能作用的发挥。

首先，内部机构设置上的混乱必然导致职责划分的不清晰，影响检察职权的有效行使，容易造成内设机构之间的推诿。近年来，检察机关特别重视对诉讼活动的法律监督，为此作出了巨大的努力，颁布了一系列文件包括与有关部门联合下发文件。但是在检察机关内部，究竟由哪个内设机构来履行诉讼监督的职责，则没有明确的规定。似乎侦查监督部门、公诉部门、监所检察部门、控告申诉部门等都可以行使监督诉讼活动的职权，但是实际上，这些部门都有其他专门的职责需要履行，诉讼活动监督的工作难以真正落实。并且，这些部门之间在诉讼监督过程中如何分工，界限如何划分，由于缺乏明确的规定，也形成似乎哪个部门都可以管，哪个部门都不管的状况，影响了诉讼监督职能的充分发挥。又如，检察机关的职务犯罪预防工作，本来是结合查办职务犯罪案件进行的，但是单独设立预防部门，其具体职权与职务犯罪侦查部门的职权如何区分，就是一个问题。特别是在基层检察院，人员十分有限，职务犯罪侦查与职务犯罪预防分别设立部门，其职责权限就更难以界定，在实践中甚至出现基本职能（职务犯罪侦查）萎缩、附属职能（职务犯罪预防）膨胀的现象。由于职责不明，是否充分履行职责，就难以考核评价，不作为的现象就会变为常态，出了问题，互相推诿责任，也就难以避免。

其次，内部机构设置的不科学，影响检察职能的充分发挥，甚至使法律赋予检察机关的某些职权没有机构行使。机构设置是权力行使的组织保障。法律赋予检察机关的职权，只有通过一定的机构设置，落实为具体职能部门的职责，才能保证其行使。例如，修改后的刑事诉讼法进一步强化了检察机关对侦查活动的监督，但是对侦查活动的监督职责到底应当由哪个部门来履行？如果侦查监督部门、公诉部门、监所部门、控告部门都可以的话，对侦查权的监督在检察机关内部就出现了多元化的现象，势必影响到这种权能的统一、有效行使。又如《刑事诉讼法》第265条明确规定："人民检察院对执行机关执行刑罚的活动是否合法实行监督"，即法律赋予检察机关对刑罚执行活动进行监督的职权。但是由于检察机关的内设机构只有"监所检察厅（处、科）"，所以对刑罚执行活动的监督仅限于监狱、看守所，而对于法律规定由人民法院执行的大量的财产刑，由派出所执行的缓刑以及对假释、保外就医的社会服刑人员，就没有机构承担监督的职责（修改后的人民检察院刑事诉讼规则将这些职责交由监所检察部门行使，与其名称很不协调）。再如，人民警察法明确规定，人民警察履行职责的活动受人民检察院的监督，即法律赋予检察机关对人民警察的执法活动进行监督的职权，但是由于检察机关内设机构中只有"侦查监督厅（处、科）"，因而对人民警察在侦查以外的执法活动，就没有机构履行监督的职责。

再次，内部机构设置得不科学，影响检察资源的充分利用，使本来就有限的检察资源更加紧缺。检察机关的资源本身十分有限，但是在一些检察院由于机构设置得不科学、不合理，造成忙闲不均的现象，使有限的资源不能充分发挥作用。例如，检察机关的非业务部门设置过多、权力过大，就会削弱办案部门的力量，把一些业务骨干提拔到非业务部门的领导岗位上，从而脱离业务部门，甚至由于非业务部门要工作、要政绩，就得经常找些事来做，从而给业务部门增加过多的非业务活动，以致把检察机关的大量精力用在检察职能以外的活动上。又如，一些检察院因为机构设置过多，有的职务犯罪侦查部门连续几年没有办过一个最终被判决有罪的案件，有的业务部门甚至长年没有案件办，而同一检察院的其他部门则存在案多人少的矛盾。在一些人员编制较少而机构设置较多的检察院，人员过于分散，很难形成合力，平时没案办，有案办不了，检察职能更难以有效发挥。

最后，内设机构混乱，影响检察管理水平的提高，使执法规范化建设难以实现。近些年来，检察机关努力加强执法规范化建设。这是保障检察机关依法独立公正行使检察权的重大举措。但是，执法规范化的基本前提是组织机构的规范化。如果检察机关内设机构本身就不规范，各地检察机关有自己的机构设置，全国范围内就很难形成统一的执法规范，规范化建设也自然无法实现。因为机构设置与职权划分是分不开的。机构设置不同，职权的划分、制约以及对行使职权的考核就无法相同，执法规范也就难以做到统一。例如，同样是省级人民检察院，设两个公诉处的院与设三个公诉处的院，在公诉权的分解方面必然会有所差别，而这种差别也就必然会带来职权行使上的差异。

规范检察机关内设机构的设置，建立健全科学合理、符合检察权内在要求的组织体系，是检察制度发展过程中面临的一个重大问题。

五、检察权运行机制方面的问题

检察权的运行机制，既是检察权行使的具体表现方式，也涉及行使检察权的主体之间职权配置的问题。人民检察院设有检察长、副检察长、检察委员会、厅（局、处、科）长、检察员（助理检察员）等办案主体，分别在检察权行使过程中担负不同的角色，履行相应的职责，从而形成一个有机联系的检察权运行机制。在这样一个运行机制中，不同主体之间的职权如何分配，既关系到检察权行使的效率，也关系到检察权行使的优劣。

《人民检察院组织法》第3条规定，"检察长统一领导检察院的工作。各级人民检察院设立检察委员会。检察委员会实行民主集中制，在检察长的主持下，讨论决定重大案件和其他重大问题。如果检察长在重大问题上不同意多数人的决定，可以报请本级人民代表大会常务委员会决定"。按照组织法的规定，检察系统在长期的办案实践中逐渐形成了一套办案模式，即"人民检察院办理案件，由检察人员承办，办案部门负责人审核，检察长或者检察委员会决定"。这样一种办案模式，体现了"检察长统一领导检察院的工作"的原则，有利于保障对检察权行使各个环节的控制，有利于防止检察权的滥用。但是，在长期的办案实践中，这样一种运行机制也暴露出一些问题。

（一）办案模式与司法规律的吻合程度不高

检察权的运行机制，一方面要遵循司法规律，另一方面要符合检察一体化的要求。这两个方面应当兼顾协调，如果片面强调或过分偏重其中一个方面，就可能妨碍检察权的正确行使。

在我们国家，宪法把检察机关定位为国家的法律监督机关，这是因为宪法设定了我们国家的政权组织形式，反映了国家权力架构的基本框架。另外，检察机关也是国家的司法机关之一，不仅宪法把检察机关与审判机关作为同一类别的国家机关放在同一节中加以规定，中央有关文件中明确指出人民检察院是国家的司法机关，而且检察机关依法所从事的职能具有鲜明的司法属性。如审查逮捕，在许多国家都是由法官审查决定的，被普遍认为是一种司法审查，但在我们国家，宪法和刑事诉讼法都规定由人民检察院审查批准或决定逮捕。又如，审查起诉，在英美法系国家曾经出现过一些案件必须由大陪审团作出裁决后才能提起公诉的情况，不起诉决定更是一种具有终局裁决性质的决定，也具有明显的司法属性。再如，三大诉讼法赋予检察机关的诉讼监督职能，本身就是一种司法审查行为，与人大监督、社会监督、舆论监督具有明显的区别。特别是修改后的刑事诉讼法赋予检察机关的羁押必要性审查、非法证据排除、对公诉案件刑事和解的审查和处理等，都是司法审查行为。检察权本身所具有的这种司法属性，就要求检察权的行使不能完全按照行政管理的模式来进行，而应当遵循司法规律。所谓司法规律，就是司法活动本身的特殊性所决定的活动规律。司法活动是对已经发生过的案件事实，通过对证据的收集、审查、判断来追溯、还原和认定案件的客观情况。所以司法活动要求其主体亲历亲为，即要求办案人员直接接触案件的犯罪嫌疑人、被告人、被害人和证人，当面听取有关人员对案件事实的表述，以便亲身了解感受案件的事实真相；要求其客观中立，即在审查案件证据过程中超越与案件的利害关系，保持客观公正的立场，力求获得对案件情况的真实认识；要求其公开透明，即将审查判断证据的过程中尽可能地置于诉讼参与人与社会公众的监督之下，以免在审查判断过程中遗漏重要证据导致错误的判断；要求其独立办案，即在听取双方意见的基础上，通过自己对案件事实、证据的了解把握，根据自己的法律知识和实践经验等，对案件作出独立判断并对自己的决定承担责任。

检察权设置的目的是维护国家法律的统一正确实施，这在客观上就要求检察机关内部必须保持高度的一致性，特别是对法律的理解和适用要上下一致。如果检察机关自身都不能达到统一执法，就谈不上维护法律实施的统一。因此检察机关实行"一体化"的工作模式，即在检察机关上下级之间实行"最高人民检察院领导地方人民检察院和专门人民检察院的工作，上级人民检察院领导下级人民检察院的工作"的领导体制，在检察机关内实行"检察长统一领导检察院的工作部"的工作机制。

但是，现行的办案模式，可以说是过分突出了检察一体化，过多地强调上级检察院和检察长的领导，在一定程度上忽视了一线办案主体在检察权行使过程中的主体地位。

第一，承办案件的人员对案件的处理完全没有决定权，影响其严肃认真查办案件的积极性。过去，在检察人员业务水平普遍不高的情况下，实行"由检察人员承办，办案部门负责人审核，检察长或者检察委员会决定"的办案模式，有利于防止错案的发生。但是在这种办案模式下，承办案件的人员无论多么了解案件的事实和证据，都不能对案件作出决定，这在一定程度上就影响了承办案件的人员用心思去挖掘案件事实真相的积极性，特别是在对证据的审查判断方面，往往会想到还有领导把关而不去认真对待。随着检察人员业务水平的普遍提高，有能力独立办案的人员大大增加，有些承办案件的检察人员在业务能力方面甚至不亚于他的直接领导。在这种情况下，仍然沿用原有的办案模式，在一定程度上就可能挫伤承办案件人员的积极性。从 1998 年起，检察机关试行"主诉检察官办案责任制"，从检察人员中挑选一批有能力独立办案的检察人员担任主诉检察官，并授予其独立办理部分案件。这项改革对于调动检察人员办案的积极性，鼓励检察人员钻研检察业务，提高办案水平，起到了很好的作用。遗憾的是由于缺乏配套的改革措施，这些改革也在自生自灭，许多检察院仍然实行传统的办案模式。

第二，层级过多，影响办案的效率。每一个案件在办理过程中都要经过若干个环节。如果每一个环节都要由承办案件的人员承办、部门负责人审核，再报主管的副检察长批准，甚至还要报检察长决定，就势必会增加办案的中间环节，拖延办案的时间。如果一个案件，由下一级的检察院经过承办人员承办、部门负责人审核，主管的副检察长审批，检察长决定，甚至再由检察长提交检察委员会讨论决定之后，还要报上一级检察院批准，而上一级检察院再按照这样的程序走一遍，自然就更加拖延时间。这样做，目的是加强上级的领导，防止检察权的滥用，但实际上大大增加了办案的中间环节，影响了办案的效率。至于能否达到制度设计的初衷，把好案件质量关，则未必见成效。因为案件经过的环节越多，每一个环节上的审查往往会不严格，毕竟还有下一个环节；办案的环节越多，离办案所要求的亲历性越远。并且，在法定的办案期限内，增加的环节越多，每一个环节上可用的办案时间就会减少，以致难以有充分的时间审查证据。

第三，介入案件的人员过多，难以追究错案责任。如果案件在一个环节上只有一个人办理，那么，案件在这个环节上出现问题，追究相关人员的责任就很明确，没有推卸的余地。但是如果一个案件在同一个环节上经过了多人多层级，那么，一旦出现问题，要追究责任，往往很难，谁都有推卸责任的借口。检察机关十多年以前就制定了错案追究责任制，并且一直都在强调追究错案的责任，但是这项规定在很多时候都形同虚设，与这样的办案模式不无关系。

第四，审批程序缺乏透明度。检察机关办理案件应当增加透明度，让诉讼参与人有更多的机会了解案件办理的情况，但是无论是部门负责人审核案件，还是检察长或检察委员会决定案件，都是通过行政化的审批方式进行的，其过程和理由不被诉讼参与人知晓。这在一定程度上影响了检察机关办理案件的公信力。

（二）部门负责人的地位尴尬

承办案件的检察人员在对案件的事实和证据进行审查判断的基础上提出处理意见，要交给部门负责人审核，但是部门负责人并没有决定案件如何处理的权力，他（她）实际上扮演了一个"二传手"的角色。部门负责人审核以后，通常要报请主管的副检察长审批，主管的副检察长往往还要报检察长决定。主管的副检察长是根据检察长的授权代行检察长的职权或者替检察长审查案件，而部门负责人既不是代行哪个主体的职权，也不是替哪个主体把关，而是一个独立的审查程序。如果部门负责人不同意承办人的意见时，应当以自己的意见取代承办人的意见报检察长或者把自己的意见和承办人的意见一并报检察长决定，还是要求承办人改变自己的意见，按照部门负责人的意见重新报请审核，没有任何规则可循。实践中，通常是部门负责人凭借自己的经验和威望说服承办人改变自己的意见，按照部门负责人的意见重新报请审核。但是如果承办人坚持自己的意见，就会使部门负责人处于尴尬的境地。一旦部门负责人的意见与承办人的意见不一致，检察长包括主管的副检察长要作出决定往往也难下决心，因为他们毕竟没有亲自阅卷、没有亲自讯问犯罪嫌疑人或者询问证人，没有直接听取辩护人或其他诉讼参与人的意见。

（三）检察长与检察委员会的关系不明

按照人民检察院组织法的规定，各级人民检察院都设有检察委员会，并且检察委员会的职责是按照民主集中制原则讨论决定重大案件和其他重大问题。但是人民检察院组织法又规定，检察长统一领导检察院的工作。检察长与检察委员会的职责范围如何划分，从权力配置的角度看，实际上是不明确的，也有悖于权力配置的一般原理。

第一，哪些案件由检察委员会讨论决定，哪些案件由检察长决定，没有明确的区分。人民检察院组织法只是规定"重大案件"和其他重大问题要由检察委员会讨论决定。这个规定本来是为了限制检察长的权力。按照这个规定，检察机关办理的"重大案件"不能由检察长个人说了算，而必须提交检察委员会集体讨论决定，并且，检察委员会的职责首先是讨论决定重大案件，其次才是"其他"重大问题。但是哪些案件属于"重大案件"，法律没有明确规定。按照《人民检察院检察委员会组织条例》的规定，检察委员会除了审议决定其他重大问题之外，对案件的审议和决定有四类，即"审议、决定重大、疑难、复杂案件"；"审议、决定下一级人民检察院提请复议的案件"；"决定本级人民检察院检察长、公安机关负责人的回避"；"其他需要提请检察委员会审议的案件"。其中，"重大、疑难、复杂案件"和"其他需要提请检察委员会审议的案件"都具有很大的不确定性。这些案件，如果检察长认为需要提交检察委员会讨论决定，就提交检察委员会讨论决定；检察长认为不需要，就可以自行决定。2009 年颁布施行的《人民检察院检察委员会议事和工作规则》进一步强化了检察长的选择权。按照该规则第 3 条的规定①，检察委员会审议的所有案件，除了"决定本级人民检察院检察长、公安机关负责人的回避"之外，都必须"经检察长决定"。这就意味着，"有重大社会影响或者重大意见分歧的案件，以及根据法律及其他规定应当提请检察委员会决定的案件"；"按照有关规定向上一级人民检察院请示的重大事项、提请抗诉的刑事案件和民事、行政案件，以及应当提请上一级人民检察院复议的事项或者案件"；"下一级人民检察院提请复议的事项或者案件"，只有"经检察长决定"，检察委员会才能审议②。如果检察长不决定提请检察委员会审议，这些案件就可以不经过检察委员会的讨论决定而径直由检察长决定。这样的规定，实际上就意味着检察长可以取代检察委员会对重大案件的决定权。2012 年颁布施行

---

① 《人民检察院检察委员会议事和工作规则》第 3 条规定："检察委员会审议议题的范围包括：（一）审议在检察工作中贯彻执行国家法律、政策的重大问题；（二）审议贯彻执行本级人民代表大会及其常务委员会决议，拟提交本级人民代表大会及其常务委员会的工作报告、专项工作报告和议案；（三）最高人民检察院检察委员会审议检察工作中具体应用法律问题的解释以及有关检察工作的条例、规定、规则、办法等，省级以下人民检察院检察委员会审议本地区检察业务、管理等规范性文件；（四）审议贯彻执行上级人民检察院工作部署、决定的重大问题，总结检察工作经验，研究检察工作中的新情况、新问题；（五）审议重大专项工作和重大业务工作部署；（六）经检察长决定，审议有重大社会影响或者重大意见分歧的案件，以及根据法律及其他规定应当提请检察委员会决定的案件；（七）经检察长决定，审议按照有关规定向上一级人民检察院请示的重大事项、提请抗诉的刑事案件和民事、行政案件，以及应当提请上一级人民检察院复议的事项或者案件；（八）经检察长决定，审议下一级人民检察院提请复议的事项或者案件；（九）决定本级人民检察院检察长、公安机关负责人的回避；（十）审议检察长认为需要提请检察委员会审议的其他议题。"

② 尽管所有检察委员会讨论决定的案件都是由检察长提交检察委员会讨论的，但是，"由检察委员会讨论决定"或者"由检察长提交检察委员会讨论决定"，意味着该案件必须由检察委员会来决定而不能由检察长自行决定。在这样的规定中，检察长负有将案件提交检察委员会讨论决定的义务。如果是"经检察长决定"，检察委员会审议重大案件，则意味着检察长具有是否将案件提交检察委员会审议的权力。案件是否提交检察委员会讨论决定，本身是由检察长决定的，检察长决定不把案件提交检察委员会讨论决定，并不违反规定。

的《人民检察院刑事诉讼规则（试行）》进一步强化了这种做法。该规则除了保留检察长和公安机关负责人的回避仍然由检察委员会讨论决定以外，将所有由检察委员会讨论决定的案件修改为"由检察长或者检察委员会决定"。这样规定，意味着无论是检察长决定还是检察委员会决定都可以，这实际上是把重大案件由谁决定的选择权授权给了检察长。因为提交检察委员会讨论决定的案件，在工作程序上，无论谁提请，都必然要经过检察长。一个案件，只有经检察长提请或者检察长决定，检察委员会才有可能讨论决定。如果检察长不提交检察委员会讨论，检察委员会的议事程序是不可能自行启动的。所以，"由检察长或者检察委员会决定"的前提，是检察长是否愿意将案件提交检察委员会。如果检察长愿意将案件提交检察委员会，检察委员会才能讨论决定；如果检察长不愿意将案件提交检察委员会，检察委员会就不可能讨论决定，案件也就必然是检察长决定。

这样的规定，一是背离了检察委员会制度设计的初衷。人民检察院组织法规定检察委员会制度，根本目的是限制检察长的权力，而不是要为检察长决策配备一个"智囊团"或者咨询机构。因为组织法中明确规定，检察委员会讨论决定重大案件或者其他重大问题时，实行民主集中制原则，而不是由检察长最后决定。检察长不同意多数委员的意见时，检察长自己没有决定权。但是按照现行的规定和做法，人民检察院办理的所有案件，是否提交检察委员会讨论决定，完全由检察长决定。如果检察长不把案件提交检察委员会讨论决定，检察委员会就不可能发挥制约检察长权力的作用。检察委员会在权力制约方面能发挥多大的作用，取决于检察长愿意把多少案件提交检察委员会讨论决定。在这种规定下，检察长如果想要以案谋私，他就可以不把案件提交检察委员会讨论决定，检察委员会也就丧失了制约检察长权力的作用。二是可能成为检察长推卸责任的方式。由于是否提交检察委员会讨论决定的选择权掌握在检察长手里，检察长完全可以按照自己的意愿决定具体案件是否提交检察委员会讨论决定。这在客观上就为检察长提供了一种可能，即检察长认为有风险的、可能要承担责任的案件，就提交检察委员会讨论决定。一旦出现问题，可以说是检察委员会讨论决定的，自己只是按程序提交给检察委员会。检察长想要承办案件的人员按照自己的意愿办理的案件，就直接决定而不再提交检察委员会讨论决定。三是可能导致对案件的处理不公平。对于同一类型的案件或者大致相同的案件，由一个人决定与由一个集体决定，可能会导致不尽相同的处理结果。因为，个人的认识能力、法律知识、审查判断案件事实的经验，总是有差异的。一个人基于自己的知识和经验所作出的判断，与若干个人共同作出的判断，不可能总是完全一致。如果是同一类案件，检察长高兴时，就自己决定；不高兴时，就提交检察委员会讨论决定，就可能导致同类案件的不同处理，给当事人造成不公平的感受，也不利于检察权的规范行使。

第二，在检察委员会讨论决定重大案件时，检察长扮演什么样的角色，缺乏明确的规定。人民检察院组织法规定，检察委员会实行民主集中制，在检察长的主持下，讨论决定重大案件或者其他重大问题。按照这个规定，在检察委员会讨论决定重大案件或者其他重大问题时，检察长只是"主持人"而不是最后作出决定的人。但是由于检察长统一领导人民检察院的工作，检察长的意见往往是最权威、具有决定意义的意见。检察长的角色很难从"一院之长"转换为"普通一员"。为了防止检察长的个人意见影响或左右其他检察委员会委员分别意见，《人民检察院检察委员会议事和工作规则》明确规定了检察委员会议事时的审议程序和发言顺序，即"检察委员会审议议题，按照以下程序进行：（一）承办部门、承办人员汇报；（二）检察委员会委员提问、讨论；（三）会议主持人发表个人意见、总结讨论情况；（四）表决并作出决定"（第16条）；"承办部门汇报后，在主持人的组织下，检察委员会委员应当对议题发表意见。发表意见一般按照以下顺序进行：（一）检察委员会专职委员发表意见；（二）未担任院领导职务的委员发表意见；（三）担任院领导职务的委员发表意见"（第18条）。尽管有这样的规定，在实践中，检察委员会讨论决定重大案件或者其他重大问题，往往都是检察长在发表个人意见时就根据委员们的意见对讨论的事项作出了结论，几乎没有进行过表决程序。通常，委员们如果对所议事项没有大的分歧，检察长就会宣布"原则通过"，并请检察委员会办事机构根据委员们的意见进行修改后报检察长签发。问题在于，在检察委员会讨论案件或其他重大问题时，委员们发表的意见往往是分散的、零碎的，相互之间很少有碰撞或争执，这些意见如何形成检察委员会的集体决定，如果不进行逐一表决，就只能是按照检察长（主持人）的总结为结论，甚至在没有结论的情况下以检察长会后签发的意见为检察委员会的决定。其结果，检察委员会"讨论决定"重大案件或者其他重大问题实际上就变成了检察委员会"讨论"重大案件或者其他重大问题，检察长"决定"重大案件或者其他重大问题。这与检察委员会设置的初衷无疑是相悖的。

第三，检察长的意见与检察委员会多数人的意见不一致时如何处理，相关规定不合理。人民检察院组织法明确规定，检察委员会实行民主集中制。所谓民主集中制，说到底，就是少数服从多数、个人服从组织。检察长在检察委员会讨论决定重大案件或者其他重大问题时，既然只是"主持人"，他就应该按照民主集中制的原则，服从多数委员的意见。但是考虑到检察长统一领导检察院的工作，对检察院办理的案件或者其他重大问题具有领导权，所以，当检察长的意见与多数委员的意见不一致时，不是简单地实行个人服从组织的原则作出决定，而是设置一个救济途径，以保证决策的正确性。为此，《人民检察院组织法》规定："如果检察长在重大问题上不同意多数人的决定，可以报请本级人民代表大会常务委员会决定。"该规定的前一句即"如果"的前提是"检察委员会实行民主集中制，在检察长的主持下，讨论决定重大案件和其他重大问题"，而该规定中只是明确检察长"在重大问题上"不同意多数人的决定时可以报请人大常委会决定。把这两句话结合起来看，这个规定可以理解为：检察委员会在讨论决定重大案件时，检察长即使不同意多数人的意见，也要按照多数人的意见形成决定，并且检察长要执行这个决定；只有在讨论决定其他重大问题时，如果检察长不同意多数人的意见，才可以将问题报请人大常委会决定。这个规定，从权力配置的角度看，并不是一种优化的权力配置。虽然宪法规定人民检察院由人民代表大会产生、向人民代表大会负责，但是人民代表大会及其常务委员会作为国家的权力机关，它与其他国家机关之间具有明确的职权分工。人民代表大会及其常务委员会对检察机关，主要是进行权力监督，即选举、任命和罢免检察机关的组成人员，授予或者废除检察机关的权力并监督检察权的行使，而不是直接过问检察机关的具体活动。检察机关在具体问题的决策上，内部发生意见分歧，就由人大常委会来决定，一方面会降低人大常委会作为国家权力机关的常设机构的地位，使其沦为一个具体的办事机构；另一方面由于人大常委会并不了解有关问题的前因后果和具体情况，很难把握其法律政策界限，要求人大常委会对其作出决定，实际上是难为人大常委会。并且，这个规定也不符合宪法确立的"最高人民检察院领导地方各级人民检察院和专门人民检察院的工作，上级人民检察院领导下级人民检察院的工作"（《宪法》第132条）的原则。这样的规定，在实践中很难行得通。事实上，从人民检察院组织法作出这样的规定以来，全国各级检察机关至今尚未发生一例，也说明这样的规定是行不通的。

此外，《人民检察院检察委员会组织条例》第14条规定："地方各级人民检察院检察长在讨论重大案件时不同意多数检察委员会委员意见的，可以报请上一级人民检察院决定；在讨论重大问题时不同意多数检察委员会委员意见的，可以报请上一级人民检察院或者本级人民代表大会常务委员会决定。在报请本级人民代表大会常务委员会决定的同时，应当抄报上一级人民检察院。"作出这个规定的初衷，是为了弥补人民检察院组织法的缺陷，即人民检察院组织法只规定了检察长"在重大问题上"不同意多数人的决定时报请人大常委会决定，而没有规定检察长"在重大案件上"不同意多数人的决定时如何处理。所以规定，"检察长在讨论重大案件时不同意多数检察委员会委员意见的，可以报请上一级人民检察院决定"。但是实际上这个规定本身存在两个缺憾：一是对人民检察院组织法的规定理解不当。人民检察院组织法明确规定重大案件和其他重大问题要由检察委员会按照民主集中制原则讨论决定。这是一个基本的原则性的规定。"如果"只是对例外情况的规定。没有规定的，并不是立法上的疏漏，而是必须遵循基本原则，即在讨论决定重大案件时，检察长必须服从检察委员会的决定。这本身是在检察长的权力之上设置检察委员会制度的根本目的和价值所在。可以说，组织条例的上述规定，不是弥补了组织法的遗漏，而是误解了组织法的精神。二是不符合组织法的规定。《人民检察院检察委员会组织条例》是《人民检察院组织法》的下位法，下位法可以规定上位法中没有明确规定的内容，但是不得与上位法发生冲突。组织法中已经明确规定"如果检察长在重大问题上不同意多数人的决定，可以报请本级人民代表大会常务委员会决定"，组织条例再规定："在讨论重大问题时不同意多数检察委员会委员意见的，可以报请上一级人民检察院或者本级人民代表大会常务委员会决定"，这就明显地用下位法修改了上位法的明文规定。应该说，这样的规定，超越了立法权限，是一种越权制定规范性文件的做法。

第五章　优化检察权配置的路径选择

研究检察权的优化配置，目的是发现检察权配置中存在的问题，以更好地配置检察权，消除权力配置上的缺陷和不足，从制度上保障检察权配置的科学性、合理性，以便充分发挥检察权的功能作用。

我们认为优化检察权的配置，从根本上讲，是中国特色社会主义检察制度自我完善的过程，因此必须符合人民代表大会制度的政体，准确把握检察机关的宪法定位，在现有的政治框架内，在政治体制改革的整体部署下，随着司法体制改革的深化稳步推进；必须走中国特色社会主义法治建设的道路，以社会主义法治理念为指导，坚持中国特色社会主义法治方向；必须立足于中国国情，充分考虑社会主义初级阶段的实际，围绕人民群众反映最强烈的、影响检察职能作用发挥的突出问题，着力解决职权配置中的制度性缺陷。

优化检察权的配置，坚持和完善中国特色社会主义检察制度，应当重点从以下三个方面来推进：

一、完善立法

优化检察权的配置，首先需要通过完善立法，解决检察职权短缺的问题，提高检察权设置的目的与手段的匹配程度，保障检察权行使的有效性。

如前所述，检察权是一元分设的权力架构中一项不可或缺的国家权力。这种权力不是检察机关自己想要什么权力就有什么权力，而是必须通过国家最高权力机关的授权才能获得。因此，优化检察权的配置，必须通过完善立法的途径，由国家最高权力机关按照法定程序补充修改有关法律来实现。

（一）需要通过立法解决的问题

从优化检察权配置的角度看，在现有检察权配置的基础上，需要通过完善立法来着重解决以下两个方面的问题：

1. 检察权的完整性问题

检察权设置的目的是维护国家法律的统一正确实施。为了保证这个目的的实现，检察权的触角就应该能够延伸到法律实施的每一个领域，使每个领域妨害法律正确实施的行为都能够受到应有的追究。不能有效地监督法律实施的各个领域，就很难担负起法律监督的使命，很难发挥法律监督在维护国家法律的统一正确实施、保障国家权力正确运行中的职能作用。因此，优化检察权的配置，首先要解决检察权短缺的问题，完善法律监督的范围，保持检察权的完整性。

关于检察机关的职权，1979 年颁布的《人民检察院组织法》作了明确的规定。1989 年通过的《行政诉讼法》、1991 年通过的《民事诉讼法》（2012年修改后的民诉法进一步完善了检察机关对民事诉讼实行法律监督的规定）、1996 年修改后的《刑事诉讼法》（2012 年修改的刑事诉讼法对之作了进一步的规定）等，都对检察机关的职权作过规定，授权检察机关对有关事项进行法律监督。这些法律规定，明确了检察机关的职权范围，是检察机关进行法律监督的法律依据。

但是在具体实践中，法律对检察机关的授权性规定也逐渐暴露出法律监督的职权残缺不全的问题。如前所述，这些问题主要是法律授权的范围不能满足维护法律统一正确实施的需要。其一，维护国家法制的统一，首先要求一切地方性法规和行政法规不得与作为国家根本大法的宪法以及全国人民代表大会制定的法律相抵触。但是检察机关作为国家的法律监督机关，却没有对违反宪法和法律的地方法规、行政法规及各种带有强制性的行为规则进行法律监督的职权。其二，全国人民代表大会制定的法律和国务院制定的行政法规，在实践中有权或者有义务执行的机关和人员不执行法律规定或者不履行执行职责的情况非常严重，致使全国人大制定的一些法律和国务院制定的一些行政法规形同虚设。但是法律没有授权检察机关监督这些法律被遵守、被执行的职权。例如，对于假冒伪劣产品负有检查追究职责的机关和人员不认真履行职责，致使假冒伪劣产品长期严重危害人民群众的身体健康和生命安全的行为；对于国家税收负有征稽职责的机关和人员不征或者少征应征税款，妨害国家税收的行为等，除了构成职务犯罪的个人行为由检察机关依法追究刑事责任之外，大量存在的单位行为和尚未构成犯罪的行为，法律没有规定检察机关进行法律监督的权力，检察机关作为国家的法律监督机关，对此难以胜任法律监督的使命。其三，行政执法机关在行政执法活动中的违法行为、渎职行为，严重危害了国家法制的实施，但是法律没有授权检察机关对这类行为进行法律监督的职权，使行政执法活动处于不受法律监督的状态。其四，现行法律把批准逮捕的权力赋予检察机关，但是对于同样具有限制人身自由性质的其他强制措施，以及剥夺公民财产权利的强制措施（包括刑事的和行政的），则仍然交由行政执法机关自己决定自己执行，处于不受法律监督的状态。这些情况，对于保障公民的人身自由和财产权利是极为不利的。其五，检察机关依法有权对危害国家和社会共同利益的犯罪行为提起公诉，但是没有对同样是危害国家和社会共同利益而没有适格主体起诉的民事违法和行政违法行为提起公诉的权力，不利于通过法律监督来保护国家和社会共同利益。法律实际赋予检察机关的职权与法律监督的使命之间存在一定的距离。这就使检察机关在维护法制统一和保障法律正确实施方面，心有余而力不足，以致时常处于一种十分尴尬的境地，难以满足党和人民群众的期望。因此，优化检察权的配置，需要适当增加检察机关的职权，以解决检察权的完整性问题。

2. 检察权的有效性问题

为了实现权力配置的目的，发挥其应有的功能作用，就必须在制度设计上保障其行使的有效性。而要从制度上保障检察权行使的有效性，除了明确规定检察机关的职权范围之外，还必须通过立法的方式，就以下三个方面的问题作出明确的规定。

一是检察机关行使职权的手段、程序。检察权本质上是法律监督权，其监督的对象主要是具有执法权和司法权的国家机关及其工作人员。由于监督的对象本身掌握着一定的公权力，并且这种公权力并不亚于检察机关的法律监督权甚至有的比检察机关的权力还要大，因而具有与检察机关的法律监督进行对抗的能力和条件。如果法律对检察机关行使职权的具体手段和程序规定得不明确，检察机关履行法律监督职责的效果就必然要依赖于监督对象的接受程度。尽管在实践中多数监督对象都能自觉地接受检察机关的监督，但是也还存在不接受监督的情况。一旦有的监督对象以各种借口和理由拒绝检察机关的法律监督，检察机关的法律监督就会形同虚设，处于一种不履行职责就可能渎职、履行职责又没有人理睬的两难境地。如果法律对检察机关行使职权的具体手段和程序规定得不明确，检察机关行使职权的活动也可能不适当地妨碍其他国家机关行使权力的活动，甚至造成检察机关与其他国家机关在行使各自的权力时出现抵触的情况。这种状况，也会妨碍法律的正确实施和国家权力的有效行使。另外，由于中国历来是一个权力本位的国家，人们对自己手中的权力看得非常尊贵，不愿意受到别人哪怕是别的国家机关的些微质疑，更不愿意受到法律监督。如果不是法律明确规定检察机关有权对其监督，许多国家机关及其工作人员是断然不愿意接受与其地位相当甚至还没有自己地位高的检察机关的监督的。例如，1991 年全国人大通过的《民事诉讼法》第 14 条就明确规定："人民检察院有权对民事审判活动实行法律监督。"但是民事诉讼法只规定了抗诉的手段，而没有具体规定其他法律监督的手段。在实践中，检察机关并不直接参与民事诉讼，要对审判活动进行监督，仅仅根据当事人的申诉是不够的，而必须了解人民法院的审判情况特别是认定事实的证据材料，才能判断审判活动中是否存在违反法定程序或者裁判不公的问题。但是当检察机关根据当事人的申诉向有关的人民法院及其工作人员了解审判情况时，有的法院及其工作人员常常拒不向检察机关提供任何情况，甚至不允许检察机关查阅审判案卷。其理由是法律没有明文规定。即使是抗诉，由于民事诉讼法只规定了检察机关可以对人民法院"已经发生法律效力的判决、裁定"提出抗诉，对于实践中法院大量使用的"调解"，尽管其可以发生法律效力，但是最高人民法院也可以在司法解释中明确规定，不受检察机关的法律监督。这种状况，在一定程度上反映了一个无可辩驳的事实，那就是：没有法律明确具体的规定作依据，检察机关对公权力的法律监督就寸步难行。因此，优化检察权的配置，有必要明确规定检察机关行使职权的手段和程序。这是检察权有效性的基本保障。

二是检察权所及对象的义务及其违反义务的救济措施。按照现行的宪法和三大诉讼法的规定，检察机关是国家的法律监督机关，有权对诉讼活动实行法律监督，但是现有的法律一般都没有规定监督对象的义务和不接受监督时的救济措施，以致法律监督的有效性难以保障。例如，1996 年修改后的《刑事诉讼法》第 87 条明确规定："人民检察院认为公安机关对应当立案侦查的案件而不立案侦查的，或者被害人认为公安机关对应当立案侦查的案件而不立案侦查，向人民检察院提出的，人民检察院应当要求公安机关说明不立案的理由。人民检察院认为公安机关不立案理由不能成立的，应当通知公安机关立案，公安机关接到通知后应当立案。"但是在实践中，检察机关就应当立案而公安机关不立案的刑事案件，向公安机关发出立案通知书，公安机关仍然不予立案的情况时有发生；有的公安机关在接到检察机关的立案通知书后，虽然予以立案，但立案后以各种理由不进行侦查，同样使犯罪的人没有受到应有的法律追究。对这种情况，检察机关更是束手无策。因此，优化检察权的配置，有必要对法律监督的对象接受监督的义务及其违反义务时的救济措施作出明确的规定，以保障检察权行使的有效性。

三是检察建议的强制性问题。检察建议是检察机关行使检察权的重要手段。这种手段在维护国家法律的统一正确实施过程中，其预防功能远远大于惩戒功能，因而在实践中被普遍认可。但是这种手段由于在法律上缺乏明确的规定而缺乏权力属性，一些单位和人员认为，检察建议仅仅是一种建议而已，可采可不采。所以有必要像检察机关的抗诉权一样，将其上升为法律监督的一种法定手段，赋予其权力属性。当然，之所以使用"检察建议"这样一种称谓，是因为它的权力属性相当于侦查权、公诉权而言要弱一些，其功能是警示性的，使用的目的主要在于提请有关机关完善制度、改进工作、教育惩戒有关违法者，或者采取防止违法情况发生的措施。它作为国家权力行使的一种方式，应当具有一定的强制性。这种强制性具体表现为：收到检察建议的单位有义务对检察建议所提出的问题进行认真的研究，认为检察建议中提出的问题确实存在的，应当采取有效措施予以纠正；认为检察建议不当的，应当及时向检察机关说明情况。对检察建议置之不理的，应当引起对其不利的后果。

（二）立法的途径

为了解决上述两个方面的问题，需要补充修改相关的法律。其中最需要修改的是《人民检察院组织法》。

现行的《人民检察院组织法》是 1979 年 7 月 1 日第五届全国人民代表大会第二次会议通过、1983 年 9 月 2 日第六届全国人民代表大会常务委员会第二次会议通过《关于修改〈中华人民共和国检察院组织法〉的决定》修改的。该法共 3 章 28 条，第一章"总则"，第二章"人民检察院行使职权的程序"，第三章"人民检察院的机构设置和人员的任免"。其中，第一章第 5 条规定了人民检察院的职权，即"各级人民检察院行使下列职权：（一）对于叛国案、分裂国家案以及严重破坏国家的政策、法律、法令、政令统一实施的重大犯罪案件，行使检察权。（二）对于直接受理的刑事案件，进行侦查。（三）对于公安机关侦查的案件，进行审查，决定是否逮捕、起诉或者免予起诉；对于公安机关的侦查活动是否合法，实行监督。（四）对于刑事案件提起公诉，支持公诉；对于人民法院的审判活动是否合法，实行监督。（五）对于刑事案件判决、裁定的执行和监狱、看守所、劳动改造机关的活动是否合法，实行监督。"此外，该法第 6 条还规定："人民检察院依法保障公民对于违法的国家工作人员提出控告的权利，追究侵犯公民的人身权利、民主权利和其他权利的人的法律责任。"

30 多年来，我国法治建设不断发展，司法体制改革深入推进，现行组织法的规定，在许多方面，尤其是在检察机关职权配置方面的规定，已经远远滞后于现行宪法、相关诉讼法的规定，不能适应检察工作实践和检察制度发展的需要。

第一，现行的组织法未能反映我国法律体系完善过程中有关检察制度包括对检察职权的规定。例如，与《人民检察院组织法》同时通过施行的《刑法》，从 1979 年通过施行到 1997 年，全国人大及其常委会先后通过了 23 个单行刑法，1997 年对刑法进行全面修改以来，全国人大常委会又先后通过了 8 个刑法修正案。同样是 1979 年通过的《刑事诉讼法》，1996 年进行了全面修改，2012 年再次进行了全面修改。这些法律与检察机关的职责具有极为密切的联系，其大量修改必然对检察机关的职权产生重大影响。此外，《人民检察院组织法》颁布施行以后全国人大及其常委会通过的一些法律也与检察机关的职权具有密切的关系，如民事诉讼法、行政诉讼法、人民警察法等，都赋予检察机关新的职权。这些职权，在组织法规定的检察机关职权中也不可能包括。

第二，现行组织法中关于检察职权的规定，有些提法与现行法律的规定不相符合，需要修改。例如，按照现行宪法的规定，检察机关是国家的法律监督机关，有关"政令统一实施"的问题已经超出了法律监督的范围；按照立法法的规定，"法令"已经不再是我们国家的法律渊源的一种形式；按照刑法的规定，"叛国案"已经被"背叛国家案"所代替；按照刑事诉讼法的规定，"免予起诉"制度早在1996年修改时就已经被废除；按照监狱法的规定，"劳动改造机关"早已被"监狱"所取代。为了保持法律规定之间的统一、协调，组织法中有关检察职权的规定，应当根据有关法律的修改，作出相应的修改。

第三，在组织法颁布施行30多年来的检察实践中，检察职权与法治建设不相适应的问题逐渐暴露出来，需要通过修改组织法来补充完善检察机关的职权。例如，在检察工作实践和司法体制和工作机制改革过程中创造出来的检察建议、违法行为调查等方式，对于发挥检察机关法律监督的职能作用，维护国家法律的统一正确实施，具有重要的意义。其中，有些在法律修改过程中得到了肯定，如检察建议被2012年修改的民事诉讼法规定了检察机关对人民法院民事审判活动实行法律监督的一种手段①；有些在司法改革文件中得到了反映，如违法行为调查被司法改革文件规定为检察机关对司法工作人员在诉讼活

---

① 2012年修改后的《民事诉讼法》第208条规定："最高人民检察院对各级人民法院已经发生法律效力的判决、裁定，上级人民检察院对下级人民法院已经发生法律效力的判决、裁定，发现有本法第二百条规定情形之一的，或者发现调解书损害国家利益、社会公共利益的，应当提出抗诉。地方各级人民检察院对同级人民法院已经发生法律效力的判决、裁定，发现有本法第二百条规定情形之一的，或者发现调解书损害国家利益、社会公共利益的，可以向同级人民法院提出检察建议，并报上级人民检察院备案；也可以提请上级人民检察院向同级人民法院提出抗诉。各级人民检察院对审判监督程序以外的其他审判程序中审判人员的违法行为，有权向同级人民法院提出检察建议。"第209条规定："有下列情形之一的，当事人可以向人民检察院申请检察建议或者抗诉：（一）人民法院驳回再审申请的；（二）人民法院逾期未对再审申请作出裁定的；（三）再审判决、裁定有明显错误的。人民检察院对当事人的申请应当在三个月内进行审查，作出提出或者不予提出检察建议或者抗诉的决定。当事人不得再次向人民检察院申请检察建议或者抗诉。"第210条规定："人民检察院因履行法律监督职责提出检察建议或者抗诉的需要，可以向当事人或者案外人调查核实有关情况。"

动中的渎职行为实行法律监督的手段①；有些已经成为检察机关服务大局的措施被中央文件认可甚至赞许，如检察机关结合查办职务犯罪案件开展职务犯罪预防②。这些监督方式，需要通过组织法的修改予以确认。

修改人民检察院组织法，应当重点从以下几个方面入手。

1. 完善关于检察权范围的规定

完善检察权的范围，我们认为，重点应当是以下三个方面：

一是取消关于"对于叛国案、分裂国家案以及严重破坏国家的政策、法律、法令、政令统一实施的重大犯罪案件，行使检察权"的规定。一方面，这项规定的立法理由随着社会转型和法治进步，已经不复存在。据参与《人民检察院组织法》起草工作的王桂五先生介绍，"《人民检察院组织法》第五条第一项规定的检察叛国案、分裂国家案以及严重破坏国家的政策、法律、法令、政令统一实施的重大犯罪案件，是党和国家赋予检察机关的一项重要职权。这是总结了全国人民民主专政的经验，为了从法律上同反革命政治势力和分裂主义势力进行斗争而提出来的"③。我国刑法已经取消了反革命罪，维护国家安全的犯罪，按照国家安全法的规定，由国家安全机关负责立案侦查，检察机关按照刑事诉讼法的规定承担着对这类犯罪提起公诉的职责。另一方面，这项规定也存在不尽科学合理的地方。"检察权"是对检察机关各项职权的统称。本条规定的是检察机关的具体职权，用"行使检察权"来表述具体权能，含义不明确，并且与本条以下各项的表述方式不一致。从实践中看，检察机关对刑事犯罪案件包括"重大犯罪案件"，是根据刑事诉讼法的分工行使职权的，除了对职务犯罪案件有立案侦查的职权之外，对其他犯罪案件包括维护国家安全的犯罪案件，只有提起公诉的职权。而对刑事案件提起公诉的职权已经在该条第四项中包含了。因此，这个条款实际上是一个虚置的、与现行法律相冲突的条款。即使是 30 年前按照该条款的规定，最高人民检察院组成特别检

---

① 最高人民法院、最高人民检察院、公安部、国家安全部、司法部《关于对司法工作人员在诉讼活动中的渎职行为加强法律监督的若干规定（试行）》第 2 条规定："人民检察院依法对诉讼活动实行法律监督。对司法工作人员的渎职行为可以通过依法审查案卷材料、调查核实违法事实、提出纠正违法意见或者建议更换办案人、立案侦查职务犯罪等措施进行法律监督。"

② 如国务院新闻办公室 2010 年发表的《中国的反腐败和廉政建设》白皮书中指出："人民检察院是国家的法律监督机关，担负着依法追究刑事犯罪、侦查国家工作人员贪污贿赂和渎职侵权等职务犯罪、预防职务犯罪、代表国家向人民法院提起公诉等职能。"（参见新华社北京 2010 年 12 月 29 日电）

③ 王桂五：《王桂五论检察》，中国检察出版社 2008 年版，第 50 页。

察厅对林彪、江青反革命集团"行使检察权"，也只是行使了提起公诉的职权。随着法治建设的不断发展，继续保留这项规定，完全没有必要。

二是完善关于诉讼监督的规定。现行组织法规定了检察机关对公安机关的侦查活动和人民法院的审判活动是否合法实行监督的职权。但是按照现行刑事诉讼法的规定，检察机关在刑事诉讼中不仅承担着对公安机关的侦查活动和人民法院的审判活动实行监督的职权，而且对公安机关的立案活动、对司法机关及其工作人员阻碍当事人行使诉讼权利的行为实行监督的职权。此外，按照民事诉讼法的规定，检察机关对民事诉讼活动和民事判决裁定的执行活动，也具有监督的职权，对行政诉讼活动同样有权实行监督。三大诉讼法中有关检察机关对诉讼活动实行法律监督的规定，应当在人民检察院组织法中得到完整的反映。

三是增加对行政违法行为实行法律监督的规定。如前所述，缺乏对行政违法行为实行法律监督的职权，对检察权而言是不完整的。并且，如果行政权不纳入法律监督的范围，将不利于依法治国方略的全面实施，不利于法治政府的建设，不利于树立行政权的公信力。因此，有必要在组织法中增加检察机关对行政违法行为实行法律监督的职权，包括对违反宪法和法律的行政法规提请全国人大及其常委会审查废止、对应当组织实施的法律采取不付诸实施的情况进行督促、对行政执法活动中严重违反法律的情况提出纠正意见、对危害公共利益的行政行为提起公诉等。

2. 完善关于检察机关管理体制的规定

按照现行宪法和人民检察院组织法的规定，最高人民检察院领导地方人民检察院和专门人民检察院的工作，上级人民检察院领导下级人民检察院的工作。人民检察院依照法律规定独立行使检察权，不受其他行政机关、团体和个人的干涉。但在实践中，这些规定难以真正落实。一方面是因为地方各级人民检察院的检察长由同级人民代表大会选举和罢免，副检察长、检察委员会委员、检察员由同级人民检察院检察长提请本级人民代表大会常务委员会任免。而这种选举和任免权缺乏必要的限制，容易成为地方党政领导控制检察机关的一种手段①。另一方面是因为检察机关的财政经费完全由地方政府说了算。为

———————

① 虽然组织法规定，同级人民代表大会选举出的人民检察院检察长，须报上一级人民检察院检察长提请该级人民代表大会常务委员会批准，但这种事后提请的规定很难落实。如果上一级人民检察院检察长不同意下一级人民代表大会的选举结果，检察机关即会处于一种十分尴尬的境地。况且，法律也没有规定这种情况的解决办法，所以这种限制性规定在实践中很难落实。

了从制度上保证宪法原则的贯彻落实，在不改变现有领导体制的情况下，建议在人民检察院组织法中明确规定：人民检察院检察长、副检察长、检察委员会委员、检察员，由上一级人民检察院检察长提名，所在地人民代表大会选举或者任命。这样规定，既没有改变人民代表大会的选举权和任免权，也可以保证上级人民检察院在领导下级人民检察院工作的同时，享有对下级人民检察院人事管理的职权，以保证工作上领导权的实现。同时，关于检察机关的经费预算，应当在组织法中作出明确的规定，即国家保障人民检察院的财政供给；各级人民检察院的经费预算，由同级人民代表大会批准；地方财政困难的，由最高人民检察院提请全国人民代表大会从中央财政中予以补贴。这样规定的理由：一是宪法规定，人民检察院是国家的法律监督机关，检察机关的经费应当由国家保障。而我们国家实行人民代表大会下"一府两院"的政权组织形式，"一府两院"的财政预算就应当分别提请人民代表大会审查批准。二是独立的财政预算有利于从制度上保证检察权行使的独立性。在基本生存问题上受制于人，必然在行使职权方面要看人家的脸色行事。因此，要从制度上保证检察机关依法独立公正地行使检察权，就有必要在法律上明确规定检察机关的独立预算权。

3. 修改完善关于检察机关行使职权的手段与程序的规定

现行组织法专章规定了人民检察院行使职权的程序。由于组织法主要是规定了检察机关在刑事诉讼中的职权，所以这些程序性的规定也主要是有关刑事诉讼的程序。而检察机关在刑事诉讼中的职权如何行使，修改后的刑事诉讼法已经有明确的规定，组织法中有关程序的规定就显得多余，并且与刑事诉讼法的规定不完全吻合，因此有必要删除。但是，首先，组织法中规定了检察机关的监督职权（尽管不够完整），三大诉讼法也都规定了检察机关对诉讼活动实行法律监督的职权，警察法规定了人民警察执行职务的活动受人民检察院的监督。但是如何行使这些职权，在诉讼法或有关法律中并没有明确具体的规定，有必要在组织法中对检察机关行使监督职权的程序作出具体规定。其次，三大诉讼法规定了检察机关"有权"对诉讼活动实行法律监督，但没有规定监督的具体手段。《人民检察院组织法》第6条规定，"人民检察院依法保障公民对于违法的国家工作人员提出控告的权利，追究侵犯公民的人身权利、民主权利和其他权利的人的法律责任"，但也没有规定检察机关通过什么手段来保障公民的这项权利。对构成犯罪的，检察机关可以立案侦查；对不构成犯罪的，检察机关就缺乏保障的手段。检察工作实践和司法改革过程中创造出的一些监督手段，尽管实践检验是行之有效的，并且得到其他机关认可的，应当通过立法的方式在组织法中加以明确规定。如违法调查的手段，应当在组织法中加以确认，并规定违法调查的基本程序。最后，检察建议作为法律监督的一种有效方式，在预防职务犯罪、参与社会治安综合治理、防止违法情况再次发生等方面发挥了很好的作用，但缺乏必要的法律依据。虽然在民事诉讼法已经得到确认，但因民事诉讼只是检察机关行使职权的一个领域，难以推而广之。有必要通过组织法的修改，把检察建议上升为法定的监督方式，并赋予其一定的法律效力。

4. 明确规定检察权所及对象的义务

组织法在规定检察机关的监督职权时，没有明确规定监督对象的义务，以致对检察机关的授权成为一种不完整的授权。由于监督对象没有接受法律监督的法定义务，检察机关实行法律监督的活动，在很大程度上就取决于监督对象是否愿意接受监督。如何监督对象愿意接受检察机关的监督，法律监督才能发挥法律效力；如果监督对象不愿意接受检察机关的监督，法律监督就可能被虚化。因此有必要在规定检察机关法律监督的对象、范围和程序的同时，对监督对象的义务，甚至包括监督对象不接受法律监督的救济措施，在组织法中作出明确的规定。在这个方面，刑事诉讼法通过对实践经验的总结，已经作了一些改进。如 2012 年修改后的刑事诉讼法第 93 条在规定人民检察院对羁押必要性进行审查的职权时，就明确规定"有关机关应当在十日以内将处理情况通知人民检察院"。但是这种情况目前毕竟只是个例，有必要在组织法中对监督对象接受监督的义务作出明确的规定。

在这方面，独联体国家的立法值得我们借鉴。如 1999 年 2 月 10 日修订的《俄罗斯联邦检察院法》在总则第 6 条 "检察员提出的要求必须执行" 中就规定："1. 检察员依据联邦法第 22、27、30、33 条之规定提出的要求，必须在规定的时限内无条件地执行。2. 为实施检察职能，对检察员和侦查员所要求的统计资料、有关信息、查询文件及其副本，必须无代价地提供。3. 不执行检察员和侦查员提出的要求，或逃避其传唤，必须承担法律责任。" 第 24 条在规定 "检察建议" 时，也明确规定："检察长或副检察长提出的消除违法的建议，应向有权消除违法现象的机关或公职人员提出。对检察建议必须紧急进行研究。自提出检察建议之日起，应在一个月之内采取具体措施消除违法现象，查找促成违法的原因和条件，并对采取措施后的效果书面告知检察长。"又如，《白俄罗斯共和国检察官法》在规定检察机关 "对法院的决定进行监督" 时，就使用了七个条文详细规定了监督的对象、职权、手段等。其中包括检察长有权 "在其权限范围内，从法院调取任何一个（一组）已作出生效判决、裁定、裁决或决议的案件的卷宗，提出抗诉意见"。这些法律规定，可以说，既是对检察机关履行监督职能的实践经验的科学总结，也是保障检察机关监督的有效性的法律基础，是发挥监督的作用所必需的。当然，我们并不是要完全照搬他国的做法，而是应当遵循法律监督的一般规律，从中国的实际情况出发，对检察机关法律监督的职权、行使这种职权的方式以及这种职权对监督对象的拘束力，作出明确的法律规定。只有这样，才有可能充分发挥法律监督在维护公平正义、保障法律正确实施中应有的作用。

除了组织法之外，也需要对其他有关法律作出相应的补充修改。如果组织法赋予检察机关对行政违法行为提请公诉的职权，那么，在行政诉讼法中就需要对行政公诉的具体程序作出规定；如果组织法赋予检察机关对行政违法行为实行法律监督的职权，在有关行政法律中就需要对这种职权适用的范围、程序以及有关对象的义务作出具体的规定，以明确检察机关在行政执法活动中行使检察权的具体方式。

二、深化司法体制改革

体制问题，总是涉及不同组织之间以及同一组织内部不同部门之间的权力关系。通过司法体制改革，优化检察机关与其他国家机关之间的权力关系以及检察机关内部不同部门之间的权力关系，是检察权优化配置的重要方面。这是因为，第一，检察权是在国家权力架构的总体框架内配置的。检察权与其他国家权力之间必然存在此长彼短的关系。检察权的范围必然影响到其他国家权力的范围。第二，任何权力总要触及一定的对象。检察权作为国家的法律监督权，要对其他国家机关实施法律的情况实行法律监督，就必然要与其他国家机关的权力发生碰撞，形成监督与被监督的关系。并且，检察机关作为人民代表大会产生并向人民代表大会负责的国家机关，与人民代表大会之间也必然发生授权与被授权的关系。第三，检察权不可能在真空中运行。检察权在运行过程中必然要受到其他国家权力运行的制衡，与之发生一定的关系。科学合理地安排这些权力关系，并不断解决这些权力关系中出现的问题，既是政治体制改革的主题，也是检察权优化配置过程中难以回避的课题。只有正确处理这些权力关系，才能优化检察权的配置，更好地发挥检察权的功能作用。

通过司法体制改革来优化检察权的配置，应当从以下几个方面入手。

（一）从制度上保证依法独立公正行使检察权

从制度上保证检察机关依法独立公正行使检察权，是十五大以来党中央一直强调的司法体制改革的目标，也是始终没有解决的重大问题。十八大进一步强调要通过司法体制改革"确保"检察机关依法独立公正行使检察权。这个问题，既涉及依法独立行使检察权的问题，也涉及依法公正行使检察权的问题。虽然独立并不意味着必然公正，但独立毕竟是公正的先决条件。没有独立就谈不上公正。因此，实现四次党代会确定的司法体制改革的目标，首先是要从制度上保证检察机关依法独立行使检察权，当然同时也要通过内部的工作机制改革解决依法公正行使检察权的问题。

从制度上保证检察机关依法独立公正地行使检察权，需要重点解决三个问题。

1. 加强和改善党对检察机关的领导

我们的国家是共产党执政的国家，党的领导是政治制度的重要特色。检察机关必须接受党的领导，这是不可动摇的政治原则。但是党如何领导检察机关的工作则是可以研究的，也是需要不断改进和完善的。在这方面，我们认为，需要重点解决四个方面的问题。

一是认识问题。长期以来，在观念上，地方党委政府都是把法院、检察院作为自己领导下的一个工作部门，无论哪项工作，都会像要求其他部门一样要求法院、检察院参与，领导方式、考核模式，以及对法官、检察官的考评机制和福利待遇，都按照相同的标准进行，司法的特殊性常常被淹没在"国家机关工作人员"的统一管理之中。要推进依法治国，就必须改变这种观念，学会运用法治思维和法治方式深化改革。要认识到国家法律是党领导人民制定的，是党的主张和人民的意志上升为国家意志的结果。检察机关作为国家的法律监督机关，依法行使检察权是其职责所在。各级地方党委要尊重检察机关依法履行职责，要放权检察机关按照检察工作的规律管理检察队伍。并且，地方党委的领导体现党的领导，检察机关党组的领导，同样体现着党的领导，都是贯彻执行党中央制定的路线方针政策。①

二是党领导司法工作的方式问题。加强和改进党的领导，目的是确保检察机关依法独立公正行使检察权，因此，党的领导应该是方针政策上的领导，而不应当是法律适用上的领导。对具体案件的处理权应当由司法机关依照法律规定和法定程序独立办理，不应当要求检察机关办理的每一个案件都要向地方党委请示报告，都要按照地方党委的具体指示办案。为此，应当改变党的纪律检查部门直接查办职务犯罪案件的做法，凡是涉及触犯国家法律的犯罪案件，不

① 从理论上讲，检察权属于国家事权，特别是在单一制国家，检察机关要维护国家法律的统一正确实施，就必须实现一体化的领导体制和工作机制。但是从我们国家目前的实际情况看，实现检察机关的人财物全部由中央机关管理和供给，无论是在观念上还是在制度上都还有很长的路要走。所以本文采取了具有行使可能性的改良路线，建议在这个问题上先迈出关键性的第一步，然后再进一步完善。

论涉嫌犯罪的主体是否具有党员身份，都应当按照法律规定由检察机关统一受理，依照法定程序进行追究。党的纪律检查部门在查办党员违纪案件中发现其行为构成犯罪的，应当及时移送司法机关，由司法机关依法处理而不应当用违纪代替法律，更不应当由党的纪律检查部门决定是否需要追究法律责任。

三是党委与党组的分工问题。地方党委和检察机关的党组，都是党的组织，党组的领导与党委的领导，都代表着并体现了党对检察工作的领导。因此，地方党委与检察机关的党组在领导检察工作方面应当具有适当的分工。党委领导检察工作的重点，应当是通过同级人大及其常委会任免检察人员，监督检察机关的工作；督促地方政府为检察机关提供经费和良好的执法环境，保障检察工作的开展。检察机关的队伍建设，包括检察人员的录用、管理、选拔任用等应当由上一级检察机关的党组来负责。因为检察机关的党组，与地方党委相比，更了解检察机关的工作需要和工作规律，更了解检察人员的政治素质和业务水平，从而更有条件管理好检察队伍。检察机关的具体工作特别是具体案件，应当在本级检察机关党组的领导下，按照法律规定实现管理。

四是检察机关的干部管理问题。如前所述，现行的管理体制是人民检察院的检察长由同级人民代表大会选举、由上一级人民检察院检察长提起该级人民代表大会任命；副检察长、检察委员会委员、检察员都是由同级人民代表大会常务委员会任免的。为了保证这种任免的正确性，按照"党管干部"的原则，地方各级人民检察院检察长的人选主要是由地方党委考察提名的，其他检察人员的考察任免也都是由地方党委负责的，甚至检察机关的干部职数、人员录用、晋升都由地方党委说了算。有的地方甚至规定，没有地方党委、政法委的同意，地方党委不考虑检察机关的干部问题。这种干部管理制度，使检察人员包括检察长的政治前途完全控制在地方党委手中，检察机关在法律授权的范围内处理具体案件时如果受到地方权力的干预，缺乏与之抗衡的力量，不得不按照地方党委甚至是地方党委个别领导的意志办事。特别是在检察机关查办职务犯罪案件的过程中，地方党委让查，检察机关才敢查，地方党委不让查，检察机关就不敢查的现象普遍存在。而地方党委对案件的管理，在很多情况下实际上只是党委个别领导人的意志。在这种干部管理制度的基础上，形成了检察机关查办职务犯罪案件要向地方党委请示汇报的制度，进一步强化了地方党委对检察机关查办职务犯罪案件的领导权。在实践中，检察机关查办的职务犯罪案件往往都涉及地方党委提拔任命的干部，这些人与地方党委的领导人难免有千丝万缕的联系，这给司法公正公平造成了很大的障碍。因此，不解决这个问题，"上级人民检察院领导下级人民检察院的工作"的宪法原则就难以落实。为了解决这个问题，我们建议，在不改变宪法规定的人民代表大会选举、任免检察人员制度、不改变党管干部原则的前提下，通过加强和改善党管干部的具体方式，解决检察权地方化的问题，保证检察机关依法独立行使检察权。

一个基本的共识是：地方党委的领导是党的领导，检察机关党组的领导也是党的领导。为了落实宪法规定的最高人民检察院领导地方各级人民检察院的工作，上级人民检察院领导下级人民检察院的工作的原则，按照管人与管事相统一的原则，检察机关的干部管理问题应当由以地方党委管理为主改变为以上级人民检察院党组管理为主，即下级人民检察院检察长的人选应当由上级人民检察院党组提名，征得下级检察院的同级党委同意后提请人民代表大会选举，下级人民检察院的副检察长、检察委员会委员、检察员由上级人民检察院党组考察提名，征得下级检察院的同级党委同意后提请人民代表大会常务委员会任命。如果地方党委不同意上级人民检察院党组的提名，应当说明理由，由上级人民检察院党组决定是否重新考察提名。这样一种管理制度，只是一个管理权限的变更，既不需要改变宪法规定的选举任免制度，也不改变党管干部的原则。但是这样改革以后，可以有效地避免检察权的行使受地方个别领导人干预的问题，包括受地方利益影响的问题；可以有效地加强检察机关对地方权力行使过程中的违法情况实行法律监督；可以从制度上解决检察权行使中的公平公正问题。

与之相联系的是，取消检察机关查办职务犯罪案件向地方党委请示汇报的制度，改为向上级人民检察院党组请示汇报制度。职务犯罪要案向地方党委请示汇报制度是为了加强党对检察机关查办的领导干部职务犯罪案件的领导。但是在实践中，其一是存在多头汇报、多重汇报的问题。检察机关对领导干部职务犯罪案件，不仅要向地方党委的主要领导汇报，还要向地方党委纪检监察部门汇报、向地方党委政法委汇报，容易造成执法办案线索的扩散。其二是请示汇报制度的范围、程序不明确。有的地方党委不仅要求检察机关对查办的领导干部职务犯罪案件请示汇报，而且要求对一般党员干部甚至私营企业领导人涉嫌犯罪的案件也要请示汇报。汇报以后地方党委是否答复、什么时间内等没有规定。有的地方党委对于检察机关请示汇报的案件三五年不予答复，检察机关不知道到底让不让查办。其三是有的党政领导干部借请示汇报制度干预检察机关查办职务犯罪案件。对于希望检察机关查办的案件，有关领导人及时、积极地要求检察机关坚决依法查办，对于不希望检察机关查办的案件，即使证据证明有重大犯罪嫌疑，也不同意检察机关立案侦查，或者迟迟不予答复，导致选择性执法。

检察机关查办职务犯罪案件的工作，本身是检察机关的一项重要工作，按照上级人民检察院领导下级人民检察院的工作的宪法原则，下级人民检察院查办的职务犯罪案件，就应当向上级人民检察院汇报，并接受下级人民检察院的领导。向地方党委请示汇报查办职务犯罪案件的工作，在一定程度上削弱了上级人民检察院对检察工作的领导权，不利于检察机关依法独立公正地行使检察权。因此，在推进依法治国的大背景下，有必要改变原有的要案请示汇报制度。为了体现党的领导，减少案件线索的扩散范围，可以考虑向上级人民检察院党组汇报。

2. 检察机关的经费保障问题

经费保障对不具有创收功能的国家机关而言，实际上就是生存保障的问题。检察机关的经费由谁来供给，谁就掌握了检察机关的命脉。检察机关作为国家的法律监督机关，检察机关的经费就应当由国家来供给，而不是由地方政府来供给。但是由于我们国家目前还处在社会主义初级阶段，国家财政实行"分灶吃饭"的政策，检察机关的经费在很大程度上是由地方财政供给的，并且是由地方政府预算的。这在一定程度上就使检察机关不能不看政府特别是政府主要领导人的脸色办事，从而影响检察权的依法独立行使。

这种状况可以考虑从两个方面来改善：一方面，改变经费预算的方式，即把政府预算检察机关的经费改为检察机关根据地方经济发展状况和检察工作的实际需要编制经费预算，直接由人民代表大会审查批准，地方政府按照人民代表大会批准的预算予以保障。这样改革的理由：一是我们国家实行人民代表大会下"一府两院"的政权组织形式，"一府两院"的财政预算就应当分别提请人民代表大会审查批准。这样改革，可以更好地体现检察机关由人民代表大会产生、向人民代表大会负责的政治制度。二是独立的财政预算有利于从制度上保证检察权行使的独立性。在基本生存问题上受制于人，必然在行使职权方面要看人家的脸色行事。经费预算不受地方政府的控制，可以有效地防止地方政府个别领导人利用经费供给权干预检察权的行使，特别是防止个别领导人用经费问题在查办职务犯罪案件中要挟检察机关。另一方面，加大中央财政包括省级财政对基层检察院的经费支持力度，使检察机关不完全依靠地方财政"过日子"。这样做可以有效地防止由于地方财政供给的不平衡影响到检察权行使的公正性和公平，并且可以逐步向国家统一解决检察机关的经费问题过渡。

3. 职务犯罪案件的管辖问题

按照法律规定，职务犯罪案件由检察机关立案侦查。检察机关依法应该享有对职务犯罪案件统一受理和立案侦查的权力。但是在实践中，职务犯罪案件往往由党的纪律检查部门受理、调查，党的纪律检查部门认为需要追究刑事责任的，再移送检察机关立案侦查。这样做，存在用党的纪律代替国家法律之嫌。特别是在国家大力倡导依法治国的背景下，这种做法容易受到外界的诟病。从权力划分的角度看，这种做法混淆了党内纪律与国家法律的界限，不符合权力配置科学性的原理，并且容易导致权力资源的浪费，影响司法效率，甚至影响侦查取证工作的及时性。

为了改变这种状况，有必要按照权力分工的基本原理，凡是触犯法律构成犯罪的职务行为，应当按照法律的规定由检察机关依照法定程序进行受理和查处；共产党员违反党的纪律但是还没有触犯刑事法律的，由党的纪律检查部门负责查处；党的纪律检查部门在查办党员违反党纪的案件中发现构成犯罪的，应当一律交检察机关依法查办；检察机关在查办职务犯罪案件中发现不构成犯罪但有违反党纪行为的，应当移交党的纪律检查部门处理。正确区分党的纪律检查部门与检察机关的权力边界，有利于推进依法治国方略的实施，有利于维护国家法律的权威，有利于保障国家法律的统一正确实施和司法公正。

（二）完善检察机关与其他政法机关的关系

《宪法》第135条规定："人民法院、人民检察院和公安机关办理刑事案件，应当分工负责，互相配合，互相制约，以保证准确有效地执行法律。"这个规定，表明了检察机关与审判机关、公安机关在办理刑事案件中的权力关系。据此，人们一般认为，公、检、法三机关的关系是"分工负责、互相配合、互相制约"的关系。其实，这种关系只是三机关关系的一种，并且按照宪法的规定，只限定在"办理刑事案件"中。就整个刑事诉讼活动而言，检察机关与审判机关、公安机关之间，不仅具有"分工负责、互相配合、互相制约"的关系，而且还具有监督与被监督的关系。因为《刑事诉讼法》第8条明确规定"人民检察院依法对刑事诉讼实行法律监督"，从刑事诉讼法的具体规定看，对刑事诉讼的法律监督主要是对公安机关、审判机关和刑罚执行机关执行法律的活动实行法律监督的，由此就产生了检察机关对其他机关的法律监督问题。除刑事诉讼之外，民事诉讼法、行政诉讼法也都分别规定了检察机关对民事诉讼、行政诉讼的监督职责，产生了检察机关与有关国家机关之间的监督与被监督的关系。如何处理这种监督与被监督的关系，并不是检察机关自己可以解决的问题，而是需要通过司法体制改革，在有关机关达成共识的基础上，共同制定规范性文件来解决。这些规范性文件在实践的基础上如果条件成熟便可以上升为法律规范。

从目前的实际情况看，需要通过司法体制改革重点解决以下几个方面的问题。

1. 配合与制约的问题

在办理刑事案件的过程中，法律对公检法三机关的职责作出明确的区分。

从理论上讲，各机关按照刑事诉讼法的分工，各自履行职责，互相配合，互相制约，是没有问题的。但是在实践中，一方面，由于刑事案件的复杂性，可能导致权力界限不明或交叉的问题。例如，同一个主体实施的犯罪，既有公安机关管辖的案件，也有检察机关管辖的案件；或者同一个案件，既涉及国家工作人员利用职权实施的犯罪，又涉及非国家工作人员与职务无关的犯罪，都面临着一个由哪一个机关来侦查的问题。而如果检察机关与公安机关同时都对该案件进行侦查，又面临着如何处理两个机关关系的问题。另一方面，由于刑事诉讼的任务是共同的，并且都是行使公权力的机关，彼此之间如何有效地配合以便共同完成刑事诉讼的任务，往往因为认识上的分歧甚至部门之间的矛盾而存在不同的态度和做法，有时甚至影响到刑事诉讼的顺利进行。有必要在法律规定的范围内通过彼此之间的协调配合来具体规范各方的活动。例如，检察机关管辖的职务犯罪案件中有时会涉及公安机关管辖的普通刑事犯罪，公安机关管辖的普通刑事案件中有时也会涉及职务犯罪。在一方侦查的案件涉及另一方管辖的案件时，如何移送案件，就需要在共识的基础上相互配合。再如，审判活动必然要对侦查活动和审查起诉活动进行审查，如果发现案件的证据存在瑕疵，是直接宣判被告人无罪还是在开庭前提示检察机关补充证据或者进行必要的补救以保证证据的合法性、有效性，也涉及审判机关与侦查机关、检察机关的配合问题。在这方面，目前遇到的问题，一是互涉案件的管辖权问题，即公安机关办理的案件涉及检察机关管辖的案件，或者检察机关办理的案件涉及公安机关管辖的案件，如何处理？二是互相配合中的问题，即检察机关侦查的案件，需要逮捕犯罪嫌疑人或者需要使用技术侦查措施等，按照法律规定，检察机关作出决定后交由公安机关执行，但是公安机关本身存在案多人少的矛盾，自己办理的案件有时还应接不暇，更难以顾及检察机关办理的案件。如果遇到这种情况，检察机关能否代行公安机关的职权？三是救济措施问题，即在互相制约的环节上，公安机关不服检察机关的决定，或者检察机关不服审判机关的决定（除判决裁定可以抗诉的以外）时，如何处理？这些问题，需要通过司法体制改革来解决。

2. 法律规定的监督措施如何贯彻实施的问题

在三大诉讼法中，特别是在刑事诉讼法中，明确规定了检察机关对诉讼活动实行法律监督的具体职责。检察机关履行这些具体的监督职责，需要有关机关的配合和支持。例如，《刑事诉讼法》第 111 条规定："人民检察院认为公安机关对应当立案侦查的案件而不立案侦查的，或者被害人认为公安机关对应当立案侦查的案件而不立案侦查，向人民检察院提出的，人民检察院应当要求公安机关说明不立案的理由。人民检察院认为公安机关不立案理由不能成立的，应当通知公安机关立案，公安机关接到通知后应当立案。"在实践中，检察机关要求公安机关说明不立案的理由时，如果公安机关不予理睬，或者检察机关通知公安机关立案时，公安机关不予立案或者立案后不积极主动地开展侦查，检察机关如何处理与公安机关的关系，就需要检察机关与公安机关联合作出规定。

3. 法律的原则规定如何具体落实的问题

三大诉讼法都在总则中原则上规定了检察机关对诉讼活动实行法律监督的职责。除了法律中明确规定的以外，检察机关能否有效地履行这些职责，既需要检察机关自身的规范和努力，也离不开公安机关、审判机关的配合。如果检察机关的法律监督得不到有关机关的认可，就很难发挥作用。但是要取得一个国家的认可，没有一个权威性的规则是不行的。而这样的规则就需要有关机关共同来制定。

(三) 规范检察机关内设机构的设置

机构是同职权紧密联系的。法律赋予检察机关的职权必须通过检察机关的内设机构来行使。检察机关内设机构的改革，不仅直接关系到检察职权的行使，而且必然影响到检察机关的人事管理制度和检察权的运行机制，影响到检察机关法律监督整体能力的提升，具有牵一发而动全身的功效。

如前所述，目前检察机关的内设机构既存在职权划分标准不统一的问题，也存在职能交叉重叠的问题，需要通过改革进一步规范。而内设机构的乱象背后涉及三个方面的问题：一是检察机关与地方党委政府的关系。检察机关的内设机构以及人员编制掌握在地方党委政府手里，各个地方的检察机关为了增加机构，就需要寻找能够说服政府编制部门的理由，以致从全国来看，新增设的内设机构名称不一致。二是对检察人员的行政化管理。由于检察人员的职务晋升甚至检察官序列的认定，都要通过行政级别的提高来实现，行政级别达不到一定的级别，无论业务能力多强、资历多老，都不能晋升上一个级别的检察官，所以每个检察院都希望本单位的行政职数越大越好，以便为更多的检察人员解决行政级别问题。于是就会千方百计地申请内设机构，通过增加内设机构来增加领导职数，以致不到50人的检察院，却设置10多个内设机构。三是对检察权分解的不同理解。法律赋予检察机关的职权，有一个内部再分解的问题。而内设机构的设置正是根据检察权的内部分解来进行的。在全国检察机关缺乏对检察权的统一分类的情况下，各地检察机关根据自己的理解来分解检察权，并据以设置内设机构，必然由于认识上的不同而出现不同的分类，设置不同的内设机构。

因此，改革和规范检察机关的内设机构，需要从三个方面入手：

一是改革检察机关内设机构的设置和人员编制由地方党委政府管理的体制。由于检察机关是国家的法律监督机关，在全国范围内自上而下地设立，并且实行"上级人民检察院领导下级人民检察院的工作，最高人民检察院领导全国各级人民检察院和专门人民检察院的领导"的领导体制，因此检察机关的机构设置和人员编制，应当由最高人民检察院制定统一标准，以保证对法律赋予检察机关的职权及其分解作出统一的理解，对检察机关内设机构的数量、规格作出统一的规定①。

二是统一核定和规范检察机关的内设机构。如果说1979年制定《人民检察院组织法》时，对各级检察机关应当分别设立哪些内设机构还缺乏深刻的认识的话，那么，经过30多年的实践，检察机关应当设立哪些内设机构、分别行使什么样的检察职权，应该有了规律性的认识。对各级检察机关的内设机构，应当制定统一的规范和标准，以便把全国各级检察机关内设机构的设置包括人员编制，纳入法治化的轨道，进行规范化的管理，结束"八仙过海，各显神通"的状况。

三是科学分解检察职权，合理设置内设机构。首先，要对法律赋予检察机关的各项职权进行系统梳理，全面认识检察机关依法享有的职权，防止出现法律赋予检察机关的某些职权长期没有机构行使的状况继续存在。其次，要对法律赋予检察机关的职权，按照其性质、特点和要求，进行科学的分类，并按照检察职权的不同类型划分内设机构设置的基本框架。最后，要本着有利于优化检察权的内部配置，确保全面行使检察职权；有利于整合检察资源、提高工作效率；有利于加强内部监督、防止权力滥用的原则，并适当考虑不同级别检察机关的工作需要和人员编制情况，确定检察机关内设机构的设置，包括内设机构的数量、名称、职权范围、编制以及相互关系。

（四）改革检察人员的职业保障制度

检察人员的职业保障问题，虽然本身并不涉及检察权的配置，但是由于检

---

① 这种统一规定当然要考虑到各地的实际情况。对不同地方检察机关的实际情况特别是检察工作的需要，应该是最高人民检察院比地方党委政府更了解。因为最高人民检察院要了解各级人民检察院的工作情况，当然包括对工作中的实际情况的了解，并且容易把握全国地方之间的平衡。而地方党委政府不具体管理检察工作，对检察工作的实际需要的了解，主要是听取检察机关的汇报，并且不可能考虑到其他地方检察机关的情况，难以进行必要的比较权衡。

察权永远是通过检察人员来行使的，因而检察人员的职业保障问题直接影响到检察权的行使。如果检察人员的职业缺乏必要的保障，检察机关就很难要求检察人员敬岗爱业，积极主动地、认真负责地履行职责。特别是对于这种具有一定风险的职业①，如果缺乏必要的职业保障，更难以使检察人员刚直不阿地严格依法行使职权，难以抵御来自各个方面的干预。检察人员的职业如果缺乏必要的保障，就会迫使他们利用检察权寻求庇护，包括寻求政治上的庇护或者经济上的利益，妨害检察权的正确行使。因此，研究检察权的配置，作为配套措施，不能不关注检察人员的职业保障问题。

但是，检察人员的职业保障问题并不是检察机关自身所能够解决的问题。检察人员的职业保障涉及国家对司法人员的管理体制，因而应当成为司法体制改革重点解决的问题之一。

关于检察人员的职业保障，《检察官法》作了明确的规定。这方面的规定包括：检察官依法享有的权利②、检察官的等级、检察官的工资保险福利等。但是从实际情况看，无论是 1995 年制定的检察官法，还是 2001 年修改后的检察官法，对检察官的职业保障问题，都没有被切实贯彻执行。除了检察官之外，其他检察人员的职业保障问题，更是几乎无人问津。

这是因为，长期以来，我们国家在观念形态上，始终把检察人员作为一般的国家机关工作人员对待，没有充分考虑这种职业的特殊要求和风险，以致在制度设计上对检察人员的职业保障问题没有给予应有的重视。与之相联系，在国家公务员法出台以后，检察人员被视为国家公务员的一个类别，按照一般公务员对待，其职业保障也就自然而然地按照一般公务员对待。这种状况，既不适应检察职业的特殊需要，也不利于检察队伍的专业化建设，有必要通过司法体制改革予以改变。

检察人员的职业保障所要解决的主要问题：一是如何保障其职业尊荣。检察官要依法独立公正行使职权，就必须具有高度的职业尊荣，让他们既热爱检

---

① 检察工作是一种高风险的职业。无论是查办职务犯罪案件还是履行审查批准逮捕的工作，无论是对犯罪嫌疑人提起公诉还是对司法机关及其工作人员的违法行为进行监督，都可能遇到各种各样的阻扰和干预。特别是查办职务犯罪案件的工作，在缺乏职业保障的情况下，案件还没有办完，办案的检察官就可能被莫名其妙地调离工作岗位。

② 《检察官法》第 9 条："检察官享有下列权利：（一）履行检察官职责应当具有的职权和工作条件；（二）依法履行检察职责不受行政机关、社会团体和个人的干涉；（三）非因法定事由、非经法定程序，不被免职、降职、辞退或者处分；（四）获得劳动报酬，享受保险、福利待遇；（五）人身、财产和住所安全受法律保护；（六）参加培训；（七）提出申诉或者控告；（八）辞职。"

察职业，又具有较高的职业荣誉感，珍视自己的职业，慎重对待自己手中的权力。检察官如果没有职业尊荣，就会把自己混同于普通的公务员甚至一般群众，就难免利用手中的权力谋取私利，国家和社会都难以要求他刚正不阿、铁面无私、执法如山，法律监督的作用也就难以充分发挥。而保障检察官的职业尊荣，一方面应当给予其高于一般公务员的工资福利待遇，让其感受到与高待遇相联系的高要求，促使其珍惜自己的职业。为此，应当建立不同于一般公务员的发挥检察工作特点的检察官职务和职级序列，实行独立的工资标准和福利，并尽可能地减少在不同地区、不同级别检察机关工作的检察人员工资和福利待遇方面的差别，使其能够安心地在检察岗位上工作，并树立对职业的尊重和社会上其他人对检察官的尊重。另一方面应当给予其在严格依法履行职责的情况下能够晋升的空间，让其认识到只要有能力，工作秉公执法就会有前途，而没有必要去阿谀奉承他人，更不需要利用手中的权力来谋取私利。二是如何保障其不因秉公执法而丢掉职业。虽然检察官法规定，检察官"非因法定事由、非经法定程序，不被免职、降职、辞退或者处分"，但是在实践中，检察官因依法履行职责而被莫名其妙地变动工作岗位的情况时有发生，检察官因秉公执法而采取被压制的情况更不鲜见，甚至有的检察长因为查办职务犯罪案件，在任期内被调离检察机关的情况也有发生。为防止这种情况的继续，真正保障检察官不因秉公执法而给自己带来不利后果，有必要按照检察官法的已有规定，设立检察官考评委员会（检察官法第51条），负责对检察官工作情况的考评，并确立非经检察官考评委员会的决定不得对检察官给予免职、降职、辞退等处分，非经检察官考评委员会认定其不称职不得将检察官调离岗位的制度，任何人不得强迫检察官辞职。三是保障其正常退休以后的生活待遇。如果检察官正常退休以后其福利待遇大幅度降低，他就有可能利用在职时的职权为退休以后谋取私利。因此有必要从制度上保证检察官只要在岗时秉公执法，没有严重失职渎职情况，其退休以后还能够过上衣食无忧的体面生活，以解除其后顾之忧。

当然，解决这些问题，需要进一步提高检察官的任职门槛，需要提高检察官在行使检察权中的主体地位，也需要提高整个社会特别是领导层对检察官职业特殊性的认识。

三、完善检察机关的内部工作机制

完善检察机关内部的工作机制，是优化检察权内部配置的主要途径。通过检察机关内部工作机制的改革，解决检察权在检察机关内部的优化组合，整合检察资源，是保证检察权依法公正行使，防止检察权滥用不可或缺的重要方面。

机制，必然是一个整体①，需要运用整体思维来协调解决各个部分之间的关系。如果检察改革只是一个一个孤立的单项改革，就很难说是机制性的改革。2009 年，最高人民检察院提出了 40 项改革任务并将其分解为 87 个子项目。这些改革项目，从检察工作的实际看，每一项都是必要的。但是如果不能从整体上统筹解决它们之间的关系，每一项改革都很难实现改革的目的。1998年最高人民检察院曾在全国检察系统推行"主诉检察官办案责任制"。这项改革对于调动检察官的办案积极性、提高检察人员的业务素养、改善原有的办案模式，起了很好的作用。但是到后来，最高人民检察院自己都坚持不下去。其根本原因就在于没有相应的配套措施与之同行。因此，完善检察工作机制，必须着眼于检察权运行的整体，综合考虑相关的改革措施。

检察权的运行机制②，从宏观上看主要有两个方面：一是检察权在同一个检察院内部的运行机制；二是检察权在上下级检察院之间的运行机制。检察权在同一检察院内部运行，首先需要由办理案件的基本单元，来承载检察权的行使；其次要有检察权行使的工作流程。检察权行使的具体主体及其相互关系明确了，责任才能明晰，才有利于保证检察权的依法行使。行使检察权的工作流程规范了，才能有效地加强监督制约，防止检察权的滥用，才能提高效率，更好地发挥检察权的功能作用。因此，规范检察权的运行，需要重点解决以下四个方面的问题。

（一）完善检察机关的办案组织

检察权主要是通过办理案件来行使的。因此办案组织在检察权的运行机制中具有十分重要的地位。在西方国家，每一个检察官或者检察官办公室都是一个独立的办案组织，行使法律赋予检察机关的某一方面的职权。在我们国家，由于法律明确规定"人民检察院依法独立行使检察权"，所以普遍认为检察权是人民检察院的职权，由检察院统一行使，以致长期忽视了检察权行使的内部组织。

---

① "运行机制，是指在人类社会有规律的运动中，影响这种运动的各因素的结构、功能、及其相互关系，以及这些因素产生影响、发挥功能的作用过程和作用原理及其运行方式，是引导和制约决策并与人、财、物相关的各项活动的基本准则及相应制度，是决定行为的内外因素及相互关系的总称。"参见 http：//baike. baidu. com/veiw/2068791. htm。

② 检察权，在广义上，不仅包括检察机关在履行职责中行使的案件办理、业务规范等方面的职权，而且包括检察机关在内部管理中行使的人事、财务、行政等方面的职权。本节论述工作机制，所以此处的检察权运行机制主要是对于检察业务工作机制而言的。

在我们国家，人民检察院是依法独立行使检察权的。而按照人民检察院组织法的规定，检察长统一领导人民检察院的工作。这就意味着，人民检察院依法独立行使检察权实际上是检察长在依法独立行使检察权，所有案件都要由检察长来决定，似乎只有检察长是办案组织。但实际上，按照法律规定，人民检察院办理的案件，不仅包括刑事方面的，而且包括民事方面的、行政方面的；不仅包括控告申诉案件、职务犯罪侦查案件、审查决定逮捕案件、公诉案件，而且包括诉讼监督方面的案件，这些案件不仅种类多而且数量大，不可能都由检察长亲自办理。于是，检察长就不得不把自己办理的案件交给其他检察人员来办理，而其他检察人员甚至包括分管的副检察长，似乎成了检察长的助手来协助检察长办理案件。所以在检察实践中长期流行的做法是：检察机关办理的案件，实行由检察人员承办案件、科处长审核案件、检察长包括分管的副检察长审批案件的办案模式。

但是，人民检察院组织法同时还规定：检察委员会实行民主集中制，在检察长的主持下，讨论决定重大案件和其他重大问题。也就是说，人民检察院办理的重大案件不是由检察长决定的，而是由检察委员会讨论决定的。这样看来，检察委员会也是作为一个办案组织存在的，并且是与检察长分享检察机关办理重大案件的决定权和处理其他重大事项的决定权。因而可以说，检察委员会实际上是一个法律规定的办案组织。

在目前流行的检察人员承办、科处长审核、检察长或者检察委员会决定的办案模式中，具体办理案件的检察官没有独立的法律地位，他虽然最了解案件的证据和事实，但是没有作出决定的权力。在这样一种办案模式下，很难充分发挥一线检察官的办案积极性，很难要求他以高度负责的精神对待每一个具体案件。他的敬业精神受到一定程度上的压抑，他的专业化水平也就很难积极主动地去提高。有的人办了一辈子案件，说起来，做了二三十年检察工作，但是永远是在低水平上徘徊，业务能力很难说有多强。其根本原因就是我们的办案模式在很大程度上忽视了一线办案检察官在行使检察权中的主体地位。

因此，改革检察权运行机制，必须着眼于充分发挥办案检察官的主体作用，激励其敬业爱岗，增强其职业的荣誉感和责任心。这除了提高职业保障和福利待遇之外，作为办案模式，应当是从办案组织的独立性入手，确认检察官在办理案件中的主体地位，适当扩大承办案件的检察官对案件处理的发言权。

作为改革的建议，我们认为，建立以承办案件的检察官为基本的办案组织、检察长和检察委员会为特别的办案组织的办案组织体系，更有利于保证检察权的运行，有利于专业化检察队伍建设，有利于提高检察机关的办案水平。

完善办案组织，涉及四方面的内容。

一是基本办案组织。人民检察院最基本的办案组织应当是检察官。按照检察官法的规定，检察官是依法行使国家检察权的检察人员，检察官的职责包括：依法进行法律监督工作；代表国家进行公诉；对法律规定由人民检察院直接受理的犯罪案件进行侦查；法律规定的其他职责。这就意味着，检察官法明确规定检察官是行使检察权的主体，法律规定由检察机关行使的检察权都是通过检察官来行使的，而不仅仅是由作为检察官之一的检察长来行使的。检察官作为行使检察权的主体，对他所承办的案件，应当具有在法律规定的范围内作为决定的权力。尽管这种权力要受到一定的限制和监督管理，但不能因此而否认或者剥夺检察官对所办理案件的处理权。因此，有必要确立检察官作为基本办案组织的法律地位，一般案件应当有检察官独立办理。检察官作为独立办案的组织，需要一定的保障，除了物质方面的保障之外，办案的检察官应当有一定的辅助人员帮助其工作。这些辅助人员包括检察官助理、书记员、检察技术人员等①。

二是不同办案主体之间的关系。除了由承办具体案件的检察官构成的基本办案组织之外，组织法中规定的检察委员会也是一个独立的办案组织。检察长作为检察机关的领导也具有办理案件的权力。因此，但检察长作为办案主体出现的时候，他的职权范围与检察委员会的职权范围，以及与一般检察官的职权范围，应当具有相对明确的分工。我们认为，按照人民检察院组织法的明确规定，重大案件必须由检察委员会讨论决定，也就是说，检察机关办理的重大案件的决定权是属于检察委员会的②。这是人民检察院依法独立行使检察权的组织保障。不论是检察长还是其他检察官，都不能取代检察委员会的职权来决定对重大案件的处理。一般案件应当由基本办案组织办理，即承办案件的检察官有权按照法律的规定对自己办理的具体案件作出处理决定，并按照法律规定履行相关的法律手续。检察长作为普通检察官承办具体案件时，应当与其他检察官享有相同的权力。检察长作为人民检察院的领导者，对检察机关办理的所有案件，都具有领导权。这种领导权，既包括管辖的决定权，如哪一个案件指定哪个检察官办理，也包括案件的协调权，即对需要不同人员或者部门配合的案件出面协调有关方面或者指定某个人或者部门进行协调，还包括对案件办理情

---

① 辅助人员如何配备，应当根据检察官所办案件的类型、案件量等情况确定，可以固定配备，也可以根据情况灵活配备。

② 至于"重大案件"的范围，应当按照刑法的规定，结合司法实践，进行科学的界定，不能由哪个人包括检察长，按照自己的理解随意选择"重大案件"的范围。

况的监督权，即检查督促检察官办理案件的情况，发现问题提出批评或者采取措施进行纠正等。但是检察长不能替代检察委员会对重大案件作出决定，也不能不执行检察委员会的决定。检察长不能剥夺承办案件的检察官对其所办理的具体案件的决定权。如果检察长认为检察官办理案件时存在不当处置或者违法决定的情况，可以更换承办案件的检察官，甚至可以指令检察官如何处置有关情况。检察官在办理一般案件过程中如果认为案情重大，需要提请检察长决定或者检察委员会决定时，应当及时向检察长提出，由检察长决定是否提交检察委员会委员讨论决定。

三是重大案件的办理程序。按照人民检察院组织法的规定，重大案件必须由检察委员会讨论决定。但是检察委员会是一个集体而不是一个具体的个人，并且检察委员会实行的是民主集中制而不是首长负责制。因此检察委员会不可能自己亲自去实施某些具体的行为，只是就重大案件的处理作出决定。对重大案件中每一个证据的审查判断，对案件中每一项具体事实的分析认定，对案件办理中有关事务的处理和法律手续的办理，向检察委员会介绍案件的证据和事实等工作，都需要由具体的检察官来承办。于是就产生了承办重大案件的检察官与检察委员会的衔接和关系问题。我们认为，对重大案件的办理程序应当作出明确的规定，承办案件的检察官在办理重大案件的过程中应当承担哪些工作，在什么情况下就可以把案件提交检察委员会讨论决定，如何向检察委员会提交案件，检察委员会讨论决定重大案件的程序，以及承办案件的检察官、检察长、检察委员会在重大案件中的责任区分等，应当加以明确。承办案件的检察官对重大案件没有决定权，检察官对重大案件要按照法律规定进行审查并提出处理意见，通过检察长提交检察委员会，由检察委员会讨论决定。承办重大案件的检察官必须按照检察委员会的决定，履行相关的法律手续并对案件作出相应的处理。承办重大案件的检察官在执行检察委员会的决定过程中，应当接受检察长的指导和监督，保证检察委员会的决定得到切实执行。

四是基本办案组织与内设机构的关系。检察机关明确设有若干个内设机构。这些内设机构有的是业务部门，有些是非业务部门。如果把检察官作为基本办案组织，就必然出现一个办案组织与现存的内设机构的关系问题。在检察官作为基本办案组织之后，内设业务部门对案件的管理职能就应当弱化甚至退出。承办案件的检察官直接对检察长负责。内设业务部门仅仅承担案件的受理、分案和监督的职责，不应当再对检察官办理的案件进行审核。非业务部门对检察官下达任务或者提出要求，应当通过检察长进行，不能直接给办案检察官分配任务。办理案件的检察官应当接受检察长的行政领导，可以拒绝非业务部门直接分配的工作任务。

（二）规范办理案件的流程

检察权行使的基本载体是案件。检察权中的职务犯罪侦查权、批准和决定逮捕权、公诉权和诉讼监督权都是通过办理具体案件来实现的。检察权在行使中出现问题，也集中表现在对具体案件的处理上。因此，规范检察权在同一检察院内部的运行机制，应当解决的主要问题是规范案件的受理、办理、管理的程序，建立检察权运行各个环节之间相互衔接、相互制约的工作机制。建立健全案件处理的工作机制，是保证检察权正确行使的关键。

建立健全案件处理工作机制，需要重点从以下四个方面入手：

一是要完善案件受理程序。过去，检察机关的案件是分别由不同的部门受理的。如公安机关提请批准逮捕的案件是由公安机关直接移送到侦查监督部门，由侦查监督部门直接受理，公安机关提请审查起诉的案件也是由公安机关直接移送到公诉部门，由公诉部门直接受理；控告、举报、申诉案件则是由控告申诉检察部门受理，由控告申诉检察部门移送有关的内设业务部门处理；职务犯罪侦查部门发现的案件线索由该部门自行处理；监所检察部门发现的案件线索则由监所检察部门自行处理。在这种状况下，检察院所受理的案件分散在各个部门，同一时期检察院到底有多少个案件在办理中，每个案件的进展情况如何，就缺乏完整的了解。如果有的部门或者办案人员私自把案件"消化"了，别的部门甚至其他人未必知晓。这在客观上就给以案谋私、办"关系案"、"人情案"留下了可乘之机。因此，为了保证检察权的正确行使，有必要建立案件统一受理制度，即所有案件交由检察机关一个部门统一接受、登记，按照管辖分工，由案件受理部门分送有关业务部门①办理，各个业务部门办理的案件需要移送下一个办案环节的，由办理案件的业务部门将案件返回到案件受理部门，再由案件受理部门移送到下一个办理案件的业务部门，从而实现案件的受理与办理相分离，形成相互制约的工作机制。在案件的受理方面，还有一个重要的环节，就是职务犯罪案件线索的处理问题。特别是对人民群众举报的案件，如果不能及时作出处理，给举报人一个满意的答复，就会挫伤人民群众举报的积极性，就可能引起人民群众的不满。但是举报的案件线索，除了个别有具体事实和一定证据的之外，多数缺乏具体的事实，有的甚至仅仅是猜测、怀疑或分析。办案部门只有对这些举报线索进行分析评估，认为可能存在犯罪嫌疑的，就进行初查，根据初查的情况决定是否立案侦查。由于这项工

---

① 如果是基本的办案组织普遍建立的话，案件就可以直接交给各个业务部门的办案组织去办理。

作需要严格保密，所以案件线索评估、初查的情况，只有职务犯罪侦查部门的有关人员知晓，其他部门完全不了解情况。这就使职务犯罪案件线索的处理过程处于完全封闭的状况，其中是否存在选择性执法的问题，是否使个别重大职务犯罪线索没有被认真对待而放纵了犯罪分子，处于难以有效监督的状况。为了改变这种状况，有必要加强对职务犯罪案件线索处理情况的监督，建立线索评估、处理情况报告制度。一方面，职务犯罪侦查部门应当就职务犯罪案件线索的评估、处理情况定期向线索受理的部门通报结果。线索受理部门认为，线索的处理可能存在问题时，可以提请职务犯罪侦查部门的上级领导进行审查。另一方面，职务犯罪侦查部门应当就职务犯罪案件线索的评估、处理情况及时向检察长或者上一级人民检察院的职务犯罪侦查部门汇报，接受上一级检察机关职务犯罪侦查部门的监督，尽可能地减少和防止举报线索处理中的选择性执法。

二是实行案件的受理与办理相分离。受理案件的部门不办理案件，办理案件的部门不受理案件，有助于建立起科学合理的监督制约机制。实行案件统一受理之后，检察业务部门不再负责案件的接受，只负责案件的办理。业务部门办理具体案件，要按照法律规定的时限和程序进行。由于业务部门办理的所有案件都来自案件受理部门，案件受理部门就可以全面了解业务部门正在办理的所有案件及其进展情况。对于没有在法律规定的时限内办结的案件，案件受理部门可以及时发出预警，要求业务部门按照法定时限办结案件。由于业务部门在办结时必须将案件返回到案件受理部门，所以案件受理部门可以了解所有案件的办理情况，从而防止业务部门自行"消化"案件，保证每一个案件的办理情况都受到有效的监督。

三是建立案件管理系统。实际上，案件受理部门对案件进行统一受理、移送和回收，本身就具有管理的功能，即案件流程管理。但是在案件流转过程中，既需要加强对案件质量的监测，也需要对案件办理过程中有关超出办案部门权限范围的问题进行协调处理。首先是对案件决定权的审查。办案部门或人员办理的案件，是必须由检察委员会决定的，办案部门或者人员不能自行对案件作出处理决定，而必须通过检察长提交检察委员会讨论决定。一方面，对于应当提交检察委员会讨论决定而没有提交的，应当有一个及时发现的机制，防止办案部门或者人员自行决定对重大案件的处理。另一方面，对于办案部门或者人员提请检察委员会讨论决定的案件，应当由一个独立的部门进行审查，确认属于检察委员会讨论决定范围的，要及时启动检察委员会程序；不属于检察委员会讨论决定范围的，也要及时把案件退回办案部门或者人员自行处理。其次是对案件管辖进行协调。对于虽然本院由管辖权但由其他检察院管辖更合适的案件，应当由案件管理部门负责协调，根据案件性质和情况，或者指定下级检察院管辖，或者提请上级检察院指定其他检察院管辖，并负责案件的移送、协调事宜。对于需要回避的案件，案件管理部门应当根据情况更换办案人员，监督案件的移送。对于重大、有影响而需要督办的案件，案件管理部门应当全程跟踪进行督办，防止案件办理过程中出现处理不当的情况。最后是对案件质量的监测。为了提高检察机关的办案质量，案件管理部门应当经常不断地对办案部门和人员办理的案件进行抽样检查评估，对质量不高或者出现问题的案件进行通报，对办案中出现的倾向性问题进行分析，并提出纠正意见，以保证检察机关办理案件的质量。这是保证检察权正确行使的极为重要的方面。

四是改革检察业务考核制度。对检察业务进行考核，唯一有效的制度是对检察机关办理案件的情况进行考核。这是衡量检察权行使状况的最重要的指标，也是衡量检察人员工作业绩和业务水平的最具实质意义的标准。检察业务考核制度的建立健全，涉及三个方面的问题：首先是考核指标的设定。检察业务考核的主要指标应当是办理案件的情况。要改革检察业务考核中对检察权行使情况不具有实质性意义的内容充斥考核指标的状况，把办理案件的情况作为检察业务考核的基本元素和考核内容。一方面，应当对每一个办理案件的部门或者人员（基本办案组织）办理案件的数量进行统计汇总。另一方面，应当对每一个办理案件的部门或者人员（基本办案组织）所办理的案件进行抽样检查，评估其办案的质量。根据办案的数量和质量，评价业务业绩。其次是错案追究的执行。要在改革检察机关办案模式的基础上明确办案责任，落实错案责任追究制度。对于在检察环节中出现的错案或者在社会上造成不良影响的案件，应当启动错案责任追究机制，实事求是地分析错案发生的原因和责任。对于确实属于办案部门或者有关个人的责任，应当依照相关规定追究责任。最后是考核结果的运用。要改革人际关系、领导印象、自我评价或者其他与检察业务无关的因素决定检察业务人员升迁进退的现状，切实把检察业务考核的结果与检察人员的奖惩、晋升直接挂钩。检察业务考核的成绩应当成为检察人员晋级、晋升的最主要的依据。唯有这样，才能建立健全符合司法规律的、真正体现检察特色的检察管理制度，才能有效地建设高素质专业化的检察队伍，才能保证检察权依法独立公正地行使。

（三）改善检察业务中的上下级关系

上级人民检察院领导下级人检察院的工作，最高人民检察院领导全国各级人民检察院的工作，既是宪法和法律规定的组织原则，也是检察一体化的重要体现。因为上级人民检察院对下级人民检察院的有效领导，是保证检察权正确行使，防止检察权滥用的组织措施。特别是在我们国家，检察机关作为国家的法律监督机关，要维护法律的统一正确实施，首先就必须保持自身的步调一致，保证全国各级人民检察院统一正确适用法律。上级人民检察院领导下级人民检察院的工作，不仅包括对检察业务工作的领导，而且应当包括对检察人事管理工作的领导和对检察机关经费保障等工作的领导。就检察业务而言，上级人民检察院领导下级人民检察院的工作，重点应当解决以下几个方面：

一是领导内容和方式。上级人民检察院对下级人民检察院业务工作的领导，首先最重要的是规则的领导，特别是最高人民检察院，主要是通过制定司法解释和其他规范性文件，把法律中的原则性规定具体化，以此作为指导全国各级人民检察院统一适用法律的标准，保证执法的统一性。其次是对重大案件的协调。下级人民检察院在办理重大案件中遇到困难和阻力时，或者遇到法律适用上的难题时，应当及时向上级人民检察院汇报。上级人民检察院应当帮助下级人民检察院解决案件办理中出现的问题，保证案件的依法办理。对于需要改变管辖的案件，上级人民检察院应当协调有关方面，保证案件的及时移送和办理。对于需要在更大范围内调配力量来办理的案件，上级人民检察院也有责任在自己管辖的范围内，调配和使用检察资源。最后是对下级人民检察院的业务工作进行检查、督导、考核，以保证检察权的正确行使和检察职能作用的充分发挥。

二是领导责任。上级人民检察院对下级人民检察院的领导权，实际上也是一种责任。一方面，上级人民检察院要担负起领导责任，不能懈怠自己的权力。特别是下级人民检察院检察业务工作中遇到困难和问题向上级人民检察院请示汇报时，上级人民检察院要勇于担当，帮助下级人民检察院排除阻力，克服困难，及时作出负责任的指示。另一方面，上级人民检察院对下级人民检察院的领导，也应当包括对自己过问的案件出现错误时勇于承担责任，不能平时对下级人民检察院办理的案件指手画脚，一旦出现问题，就完全推卸责任，指责下级人民检察院办案不力。

三是领导程序。上级人民检察院对下级人民检察院的领导，是院对院的领导，不是个人对个人的领导，因此有必要规范领导的程序。一方面，下级人民检察院向上级人民检察院请示汇报工作，无论是就业务工作中的问题，还是就具体案件，都必须经过本院检察委员会的讨论，并以书面的形式提交上级人民检察院，不能由办案人员或者检察长通过电话口头请示。上级人民检察院对下级人民检察院的请示，应当由相关业务部门进行研究，提出意见，并提交检察委员会讨论决定后，以上级人民检察院的名义，书面答复下级人民检察院。这既是为了保证领导权的正确行使，也是为了避免请示和答复的随意性。

　　四是下级职权的保障。宪法和法律规定的人民检察院依法独立行使检察权，是指每一级人民检察院都是依法独立行使检察权，而不仅仅是人民检察院作为一个整体对外独立行使检察权。因此，上级人民检察院领导下级人民检察院的工作，涉及如何处理上级人民检察院的领导权与下级人民检察院依法独立行使检察权的关系问题。上级人民检察院领导下级人民检察院的工作，从理论上讲，似乎什么都可以进行领导，实际上这种领导权也是有边界的。上级人民检察院不应当、也没有那么多的精力过问下级人民检察院办理的每一个案件，也不应当规定或者干预下级人民检察院办理案件的具体过程。上级人民检察院的领导权，除了制定规则和宏观上的业务指导之外，对下级人民检察院办理的具体案件，只有在下级人民检察院请示汇报时，或者出现问题时，上级人民检察院才应当介入，行使领导权。下级人民检察院正常办理案件，只要是符合法律的规定，上级人民检察院就不应当过问，以保证下级人民检察院依法独立办理案件。

（四）加强对检察权的监督制约

　　同其他权力一样，检察权的行使也必须加强监督制约机制，以防止其被滥用。尽管检察权本身是一种程序性的权力，它的行使要受到公安机关、审判机关的制约，但是加强对检察权行使的监督同样是必要的和必需的。这是因为，一方面检察权本身也具有权力的一般属性，存在自我扩张的倾向，需要对之进行必要的监督制约；另一方面，检察权中也还包含着一些具有终结性的权能，存在一旦滥用就会给其他单位或个人带来不利后果的危险。

　　对检察权的监督制约，除了党的领导、人大监督、其他政法机关的制约之外，还应当通过如下三个方面的改革来加强：

　　一是运行机制中的制约。通过科学设置检察权运行过程中的不同环节，来分解检察权的行使，形成每一个案件在办理过程中都会受到其他部门或者人员的制约，从而防止一个部门或者一个人在案件中独揽检察权的状况。如前所述的案件受理、办理、管理分离措施，就是试图通过分解检察权，达到内部制约、防止权力滥用的目标。

　　二是外部监督。检察机关应当通过进一步扩大检务公开，让人民群众更多地了解检察工作，以便能够更有效地监督检察机关履行职责的情况。一方面，要拓宽人民群众了解检察工作的渠道，除了宣传报道检察工作的有关情况之外，应当建立检察机关的终结性法律文书公开制度和案件程序性信息查询制度，以保障人民群众特别是案件当事人的知情权和监督权。另一方面，要进一步扩大司法民主，吸收人民群众参与某些案件的处理过程，如邀请群众代表参加申诉案件听证会、职务犯罪案件不起诉听证会，建立人民群众监督检察活动的工作机制等。对于人民群众和社会各界广泛关注的案件，检察机关应当在不妨碍案件办理的前提下及时向社会公布案件的有关事实和进展情况，接受社会监督。

三是内部监督。检察机关应当改革内部的监察制度，改变工作模式，把行政化的内部监察改造成符合检察工作特点的检务督察，重点对检察人员在行使检察权过程中遵守和执行法律的情况进行督查，以保证检察权的正确行使，而不是保证检察人员个人遵纪守法。同时，应当改革检察机关的考核评价模式，革除通过"民主测评"或者"群众评议"来考核检察人员并决定其升迁晋级的行政化考核办法，建立健全符合检察工作规律的、客观公正的考核评价体系，加强对检察官所办案件的考核，并把考核的结果与检察人员的晋升晋级联系起来。上级人民检察院对下级人民检察院的考评，也应当突出检察机关的特点，尊重检察工作的规律，注重对检察业务工作的考核，引导检察机关和检察人员在提高检察业务水平、确保办案质量上下功夫，而不是用一些政治口号、非检察业务性的工作来考核检察工作和检察人员。此外，要完善检察人员惩戒机制，严格惩戒的程序和措施，严肃追究违法人员的责任，保证检察权的正确行使。

下　篇
检察权优化配置专题报告

第六章　检察权在国家权力结构中的优化配置

检察权作为国家的法律监督权，在国家权力结构的不同层面和领域都有相应的设置。这些设置是国家在检察权配置一般原理的基础上，结合经济、政治、文化和社会发展的实际需要，作出的理性选择。从政治体制、司法体制、诉讼程序三个层面和领域观察分析我国的检察权配置，不仅有助于全面地理解检察权配置的情况和原理，而且便于把握各项检察权的功能和地位以及检察权的立体结构。

一、政治体制中的检察权配置

政治体制，即党和国家的领导制度，是指国体、政体、国家结构形式、政党制度、决策和执行制度、权力监督制约制度等有关党和国家的机构设置及其权力配置的重大制度的统称。①政权组织形式、国家结构形式和政党制度构成了政治体制的基本框架，因而，从宏观上考察我国的检察权配置，必须首先把检察权配置放在政治体制的基本框架中来分析和研究。

（一）检察权配置与政权组织形式

政体主要是由国体决定的。在我国，国体就是人民民主专政，是指工人阶级领导的、以工农联盟为基础的社会主义国家政权性质。政体即政权组织形式，在我国，就是人民代表大会制度。从形式上说，人民代表大会制度是指关于人民代表大会的产生、组织、职权和行使职权的程序以及人民代表大会与其他国家机关的相互关系的一套规定和制度；从内容上说，人民代表大会制度是指我国的一切权力属于人民，人民在民主普选的基础上选派代表组成全国人民代表大会和地方各级人民代表大会作为行使国家权力的机关，其他国家机关由人民代表大会产生，受它监督，对它负责，人大常委会向本级人民代表大会负责，人民代表大会向人民负责。人民代表大会制度充分反映了人民民主专政的

---

① 从广义上说，政治体制包括政党体制、立法体制、行政体制、司法体制、检察体制、军事体制、自治体制等党和国家的领导体制。

国体，是决定国家制度的结构和功能的根本政治制度，是行政管理制度、司法制度、军事制度等国家制度赖以建立的基础。

　　资本主义国家的政权组织形式有君主立宪制和民主共和制两种，除了二元君主立宪制外，一般都采取立法、行政、司法三权分立的议会制。议会制与人民代表大会制度都是代表制，但是它们之间有两个重要区别：一是阶级本质不同，议会制是资产阶级专政的体现，人民代表大会制度是人民民主专政的体现；二是组织原则不同，议会制是按照分权制衡原则或者三权分立原则组织起来的，人民代表大会制度则是按照民主集中制原则组织起来的。民主集中制作为我国政权组织形式的组织和活动原则，包含如下四个方面的内容：（1）在人民与人大的关系中，人大由人民直接或者间接选举产生，对人民负责，受人民监督；（2）在人大与其他国家机关的关系中，国家行政机关、审判机关和检察机关由人大产生，对它负责，受它监督；（3）在中央机关与地方机关的关系中，中央统一领导，同时充分发挥地方的主动性和积极性；（4）人大实行合议制，即集体领导、少数服从多数。

　　1. 人民代表大会制度中的监督机制

　　在我国，对权力（即国家权力或者公共权力）的监督是多层次、多主体、多形态、全方位的，有权利性监督即公民和法人实施的不具有强制力的监督，也有权力性监督即国家机关实施的具有强制力的监督；有国家监督，也有社会监督；有对决策的监督，也有对执行的监督；有过程监督，也有结果监督；有程序监督，也有实体监督；有直接的权力监督，也有间接的权力监督；有柔性监督，也有刚性监督。按照监督的主体与监督的性质相结合的标准，监督可以分为公民监督、社会团体监督、人大监督、法律监督、行政监察、审计监督六种。为叙述的便利，我们可以进一步把这六种监督简化为普通监督与专门监督两种，前三种监督即公民监督、社会团体监督和人大监督属于普通监督，其监督的主体和范围都比较广泛；后三种即法律监督、行政监察和审计监督属于专门监督，其监督范围和监督方式是有限的，仅限于特定领域和特定方式。①

　　在人民代表大会制度中，从监督主体和监督对象上看，主要有公民和社会

---

　　① 关于监督的分类和概念，目前比较混乱。例如，有学者主张，在我国现行人民代表大会制度下，监督主要有：人民群众监督、人大及其常委会的监督、执政党的监督、民主党派的监督、群众组织的监督、行政监察、新闻舆论监督、领导班子内部的监督等。此外，还有许多具有监督作用的制度，如选举制度、民主生活会制度、民主评议制度、信访举报制度等。参见杜力夫：《权力监督与制约研究》，吉林人民出版社2004年版，第275页。自党的十三大以来，在历届的政治报告中，曾出现过民主监督、党内监督、舆论监督、法律监督、审计监督、行政监察、群众监督等概念。概念也不尽相同，并且不断发展变化。

团体对人大的监督、人大对其他国家机关的监督、国家机关的专门监督。人大是国家权力机关，其权力来源于人民，必须对人民负责、受人民监督。人民监督人大的方式主要有公民选举和罢免人民代表、公民旁听人民代表大会①、执政党对人民代表大会的监督、民主党派对人民代表大会的监督。

　　人大对其他国家机关的监督即人民代表大会的监督，简称人大监督。它"是指各级人民代表大会及其常务委员会为全面保障国家法律的实施和维护人民的根本利益，防止行政、司法机关滥用权力，通过法定的方式和程序，对由它产生的国家机关实施的检查、调查、监督、督促、纠正、处理的强制性权力。"②人大监督主要有：（1）对立法的监督，即人民代表大会及其常务委员会审查法律、法规以及其他有关规范性文件是否违反宪法、法律、人民代表大会决议和决定的监督活动。（2）对法律实施的监督，即对法律、法规、决议、决定的实施情况进行执法检查和视察，发现法律实施中存在的问题，督促有关机关严格执法，要求改进执法工作，对有法不依、破坏法律的情况进行质询、组织调查直至追究执法部门及其领导人的责任。其中，执法检查是近年来大力加强的一种监督方式。（3）对政府行为的监督，即人民代表大会对政府行为合法性进行监督，包括对计划和预算的监督、对政府的重大方针政策及其实施情况的监督。（4）对司法的监督，即对人民法院、人民检察院的司法工作以及司法人员在司法工作中是否有法必依、严格依法办事情况的监督，包括对年度工作报告、重大事项、司法解释的审查，对严重违法造成的冤假错案进行检查了解、督促纠正，受理人民群众对司法机关所办案件的申诉和对司法人员违法行为的控告，等等。（5）对人事的监督，即各级人民代表大会及其常务委员会对国家机关政务类官员行使罢免、撤职、免职等的权力。（6）对军事的监督，主要是决定战争与和平问题、全国总动员或者局部动员、罢免中央军委主席和中央军委其他组成人员等。（7）对外交的监督，即决定驻外全权代表的任免、决定同外国缔结的条约和重要协定的批准和废除，决定外交人员的衔级、听取领导人出访报告和外交情况报告等。近年来，各级人民代表大会及其常务委员会还探索实行了代表评议、述职评议等监督方式。

　　国家机关的专门监督包括法律监督、行政监察和审计监督，是人大监督的专门化，都是由人大监督派生的国家监督职能。法律监督由检察机关承担，主

---

　　①　1989 年制定的《全国人民代表大会议事规则》第 18 条第 2 款规定："大会全体会议设旁听席。旁听办法另行规定。"一些省级人大如黑龙江省等，市级人大如珠海市等，县级人大如深圳市宝安区等，制订了公民旁听地方人民代表大会的办法。

　　②　蔡定剑：《中国人民代表大会制度》，法律出版社 2003 年第 4 版，第 364 页。

要负责对普通犯罪进行公诉、对职务犯罪进行追诉、对诉讼中的执法和司法机关及其工作人员的违法行为进行监督。行政监察，是指监察机关对国家行政机关及其公务员和国家行政机关任命的其他人员的执法、廉政、效能情况实施监察。① 审计监督，是指审计机关依法对国务院各部门和地方各级人民政府及其各部门，国有的金融机构和企业事业组织，以及其他依法应当接受审计的机关和单位的财政收支、财务收支的真实、合法和效益进行审计监督。法律监督处理的主要是严重违法行为，行政监察处理的是公职人员的一般违法和违纪行为，审计监督处理的是机关和单位及其负责人在财政和财务收支中发生的违法和违纪行为。这三种专门监督虽然都局限于特定的领域和和手段，但几乎涉及各个国家机关和有关的事业单位。

由此我们可以看出，人民代表大会制度中的监督机制是一种统分结合的监督模式，人民既可以直接监督国家权力机关及其工作人员，也可以直接监督其他国家机关及其工作人员，这是国家监督的权力源泉，也是最广泛、最根本的监督，但是它本身不属于具有强制力的国家监督。人民代表大会对由它产生的国家机关及其工作人员进行监督，并把对犯罪的监督和诉讼违法的监督、对一般违法和违纪的监督、对财政或者财务违法违纪的监督权分别授予检察机关、监察机关和审计机关，因而形成了三种专门监督。人大监督是国家监督体系中的上位监督，三种专门监督是下位监督，因而人大监督与专门监督是两个不同层次的国家监督。人大监督构成了国家监督权力的源头，专门监督是由人大监督所派生；两个层次的国家监督既有渊源关系，又有明确分工，不能相互替代；各专门监督机关既要互相配合、互相制约，又要统一接受人大的监督。

2. 法律监督在国家权力监督机制中的地位和功能

（1）法律监督是由人大监督派生的专门监督。人民代表大会是国家权力机关，其他国家机关由它产生，对它负责，受它监督；在权力来源上，其他国家机关的权力都来自人民代表大会。从监督权的角度来看，人大监督是最广泛、最有权威的国家监督，其他专门监督权都来源于人大监督，都属于国家监督的组成部分，但是，因监督的分工和专门化，专门监督的范围和手段都有别于人大监督。

法律监督与人大监督的区别主要表现在如下几个方面：第一，监督的范围不同。法律监督的范围比人大监督的范围小。法律监督的范围仅限于对犯罪的

---

① 行政机关以外的国家机关包括人大机关、审判机关、检察机关、军事机关等国家机关都设置了监察部门，对本机关或者本系统的违纪、违法行为进行监督和处理。这些监察部门也属于广义的监察机关。

监督和对诉讼中的公职行为的监督；而人大监督涵盖其他各个国家机关及其公职人员的行为的合法性和合理性。除了依照宪法和法律赋予其他国家机关的法律监督权、行政监察权和审计监督权之外，其他所有的国家监督权都属于人大监督权的范围。第二，监督的手段不同。法律监督的手段主要是诉讼程序，除了职务犯罪侦查、公诉和抗诉等刚性权力之外，只有提出纠正违法意见、检察建议等柔性权力。人大监督则有对由其任命的公职人员的罢免、撤职、免职的权力，对行政机关、审判机关、检察机关的执法情况进行评议、检查、提出质询、进行调查等权力，对行政法规、司法解释、地方法规、自治条例和单行条例进行合宪性、合法性审查的权力，对中国政府与外国或者国际组织签署的条约进行审批的权力，等等。第三，监督的权威不同。人大监督是最高权威的国家权力机关的监督，法律监督是检察机关的专门监督，因检察机关从属于国家权力机关，法律监督的权威也从属于人大监督。

　　法律监督是人大监督的延伸和专门化。人大监督虽然有其广泛性、多样性和权威性等优势，但由于人民代表大会及其常务委员会的组织形式和工作方式决定了它在监督上的局限性，故其难以承担对具体的执法过程、诉讼过程进行经常性的、参与性的监督，也难以承担对非由人大任命的普通公务员的执法活动的监督。例如，它不能通过承担特定的诉讼职能来实现对诉讼的监督，也不能通过承担调查和处理一般违法和违纪行为来对所有公务员进行监督，更难以承担审计职能对各个国家机关和事业单位的财政或者财务收支情况进行监督。这些监督职能适合于专门的机构来承担并在人大的监督下开展专门性的监督工作。法律监督是人大监督的延伸，是对法律实施情况的专门监督，而且主要通过诉讼的方式对执法和司法活动进行监督。法律监督的专门性主要表现在两个方面：一是监督手段的专门性，即诉讼职能是其实现监督职能的主要途径；二是监督对象的专门性，即刑事法律的实施和诉讼中的公权力活动是其监督的主要对象。

　　（2）检察机关是独立行使法律监督权的国家机关。宪法和法律把法律监督权赋予检察机关，并规定人民检察院依法独立行使职权，不受行政机关、社会团体和个人的干涉。我国检察机关的独立性与西方国家检察机关的独立性相比，有四个特点：一是机构设置的独立性，即检察机关不从属于行政机关或者审判机关，单独设置独立的检察系统；二是行使职权的独立性，即检察机关依法独立公正地行使法律监督权，不受行政机关的领导；三是检察机关独立行使职权，但是既要受人民代表大会及其常委会的监督，又要受上级检察机关的领导，因而这种独立性只是相对于行政机关、社会团体和个人的，而不是绝对的独立；四是由人民检察院集体行使检察权，检察官不是独立的官署，不能独立行使检察权。

（3）检察机关的法律监督活动也要受到公民监督、社会团体监督、人大监督和其他专门监督。检察机关是专门的法律监督机关，同时也是受到各方面监督制约的机关，既要依法全面履行法律监督职责，又要依法全面接受公民监督、社会团体监督、人大监督、行政监察、审计监督等监督。不仅要接受党的领导、人大监督、政协民主监督、审计监督，而且要在诉讼程序中受到刑事执法机关、审判机关、刑罚执行机关的制约。除了这些外部监督制约外，检察机关还通过内部分工和业务流程管理等方式形成了有效的内部监督机制。近年来，为了加强对检察权的外部监督，检察机关还探索实行了人民监督员制度，人民监督员对撤案、不服逮捕决定、不起诉等案件和检察人员的违法违纪行为进行监督，发挥了较好的社会监督的作用。

3. 法律监督与其他监督职能的互补与协同

法律监督作为国家监督体系中的一种专门监督，其监督范围和监督手段既有一定的优势，也有一定的局限。检察机关要独立行使职权，但不能孤立地行使职权。我们必须自觉地把法律监督权放在国家监督体系中，主动地配合人大监督和其他专门监督，从而最大限度地发挥法律监督的功能。检察机关的法律监督只能直接处理侦查、起诉、抗诉中的问题，而不能直接处理一般违法和违纪问题，对于一般违法和违纪问题则应当移送审计机关、行政监察机关、党的纪律检查机关等机关或者部门来处理。同样，人大、监察部门、审计机关只能处理公职人员的一般违法和违纪行为，而不能处理公职人员的犯罪问题，涉嫌犯罪的问题，人大、审计机关和监察机关则应当移送检察机关或者公安机关处理。这种职能上的分工，本身具有互相补充的要求。

一个案件在受理之初，可能难以判断其他违法或者违纪的性质和严重程度，经过调查之后，可能发现它不属于本机关管辖，就需要将案件移送到有管辖权的机关处理，而不能搁置不理。既有检察机关向监察机关和审计机关移送案件的情况，也有监察机关和审计机关向检察机关移送案件的情况。这是法律监督与其他监督协同的一种形式；另一种形式是，初步调查一起案件时，检察机关往往需要案发单位的监察部门或者审计机关予以配合，提供条件和便利，甚至协助调查。相对其他专门监督来说，法律监督是一种强制力最强的监督，它可以依法剥夺或者限制人身自由和财产权利，因而对人权构成了一定的威胁。行政监察和审计监督部门无权适用强制措施，如果不涉嫌犯罪，一般不应当要求检察机关配合，也不应当由检察机关参与联合办案组，以免滥用侦查措施和强制措施，侵犯人权。

（二）检察权配置与国家结构形式

国家结构形式，是指一个国家的整体与其组成部分之间、中央和地方之间的相互关系。国家结构形式所要解决的问题是如何划分国家的领土以及如何规范国家整体和组成部分、中央和地方之间的权限问题。国家结构形式一般分为单一制和复合制两种。单一制国家是由若干普通行政单位或自治单位组成的单一主权的国家。复合制国家是由两个或两个以上的成员单位（如邦、州、共和国等）联合组成的联盟国家或国家联盟。根据成员单位独立性的强弱，复合制又可分为联邦制和邦联制等形式。我国采取的是单一制的国家结构形式，同时，也是一种具有高度灵活性和包容性的单一制，在一个宪法和一个中央政府之下，不仅设置有省、直辖市，而且设置有民族自治区、自治州、自治县；不仅设置有经济特区，而且设置享有立法、行政、司法高度自治权的特别行政区。实际上，我们现在研究的检察权配置问题主要是大陆地区的社会主义性质的国家权力的配置，而不包括香港和澳门特别行政区的检察权配置。

国家结构形式对于检察权配置的影响和意义主要有如下几个方面：（1）检察权具有维护国家统一的职能。检察机关维护国家统一的方式主要有两种：一是追诉分裂国家的犯罪；二是维护国家法律的统一正确实施。《人民检察院组织法》（1983 年修订）第 5 条第 1 款规定："对于叛国案、分裂国家案以及严重破坏国家的政策、法律、法令、政令统一实施的重大犯罪案件，行使检察权。"法律把反分裂和维护法制统一作为第一项或者首要的检察权，这绝不是偶然的，而是法律监督职能的必然要求。（2）单一制国家结构形式决定了我国检察系统内人民检察院上下级之间的等级关系，上级人民检察院领导下级人民检察院，最高人民检察院领导地方各级人民检察院，统一领导全国检察机关的工作。在检察权配置上，上级人民检察院除了拥有下级人民检察院的各项权能之外，还有改变下级人民检察院决定的权力，指导下级人民检察院工作的权力；最高人民检察院还享有司法解释权、立法提案权、立法解释建议权等其他检察机关不享有的权力。（3）检察机关的设置和管辖区划与行政区划基本一致，并与审判机关对应。各级人民检察院不仅要受上级人民检察院的领导，而且要由同级人大产生、对同级人大负责，受同级人大监督。一方面，在单一制的社会主义国家，一切权力属于人民。人民是一个整体，把国家权力统一集中授予全国人民代表大会，全国人民代表大会又通过宪法和法律授权地方人民代表大会。另一方面，在地方行政区划内，人民通过选举地方各级人民代表大会行使国家权力，在政权组织形式上，中央与地方是同构的，但地方机关只能在中央机关授权范围内进行活动。在这个意义上，地方人大监督检察机关的执法主要是监督国家法律在当地的执行情况。

（三）检察权配置与政党制度

我国是工人阶级领导的以工农联盟为基础的人民民主专政国家，人民民主专政是共产党领导的政权。我国的政党制度就是中国共产党领导的多党合作和政治协商制度，其主要内容是，共产党领导、多党派合作，共产党执政、多党派参政，中国共产党领导与多党派合作有机结合。

中国共产党的执政地位是在革命、建设和改革的长期历史进程中形成的，也是宪法明确规定的，具有充分的合法性基础。从法律的角度来说，党的执政地位包括两个方面的内容：一是中国共产党是社会主义事业的领导核心；二是党必须在宪法和法律的范围内活动。关于党的领导方式、领导对象、领导内容和领导目标，党章在序言中作了概括性规定："党的领导主要是政治、思想和组织的领导。……党必须按照总揽全局、协调各方的原则，在同级各种组织中发挥领导核心作用。……党必须实行民主的科学的决策，制定和执行正确的路线、方针、政策，做好党的组织工作和宣传教育工作，发挥全体党员的先锋模范作用。党必须在宪法和法律的范围内活动。党必须保证国家的立法、司法、行政机关，经济、文化组织和人民团体积极主动地、独立负责地、协调一致地工作。党必须加强对工会、共产主义青年团、妇女联合会等群众组织的领导，充分发挥它们的作用。……共产党员必须同党外群众亲密合作，共同为建设中国特色社会主义而奋斗。"

中国特色社会主义检察制度本质上是党的领导、人民当家作主、依法治国的有机统一；在检察权的来源上，检察权来自人民，从属于人民代表大会；在检察权的配置上，检察权是党领导人民代表大会通过立法赋予检察机关的；在检察权的运行机制中，党的政策和党的组织都发挥着重要的领导作用。因此，在当代中国，检察权的配置与政党制度有着密切的关系。

首先，党的领导对检察权配置具有决定性的作用。检察机关在国家政权组织形式中的地位和作用是由党的政策决定的。在革命根据地政权中，曾实行审检合署的制度，检察官设于法院内。在建国前起草《中央人民政府组织法》时，关于检察机关的设置曾有两种意见：一种意见是将检察机关隶属于行政机关；另一种意见是独立设置检察机关，直接隶属于国家权力机关。经过讨论，党中央决定采纳第二种意见，使检察权成为与行政权、审判权并列的国家法律监督权。

检察机关与其他国家机关的职能分工和相互关系是人民代表大会在党的领导下通过宪法和法律确定的。按照检察机关与行政机关、审判机关平行设置的构架，检察权对行政权和审判权运行的合法性都具有监督的功能。在 1949 年的《中华人民共和国中央人民政府组织法》和《中央人民政府最高人民检察署试行组织条例》中都规定了检察机关对政府机关、审判机关、公务人员和全体国民是否遵守法律都有监督权。1954 年的《中华人民共和国人民检察院组织法》延续了这一法律监督范围，但是后来随着"左"倾思想抬头和泛滥，法律监督的实际范围大幅度压缩，直到检察机关实际被取消。1979 年的《中华人民共和国人民检察院组织法》对检察机关的职权范围作了较大调整，取消了对行政机关的监督，除了职务犯罪侦查权和刑事公诉权外，仅仅保留了对诉讼中的执法和司法活动的监督。这些法律上的和实际上的检察权调整，都是执行党的政策的结果。另外，检察权在检察系统和人民检察院内部的配置体现了党的领导的需要。各级人民检察院设立党组决定本院重要人事安排和政策执行等重大问题，是政治上的领导机构。江泽民同志指出："各级政权组织，包括人大、政府和司法机关，都必须接受共产党的领导。凡属方针、政策的重大问题，都要经过党委讨论，然后分头执行。这些政权机构中的党组，应对同级党委负责；在这些政权机构中任职的党员，应执行党的决议，接受党的监督。当然，党不是政权本身，不能取代政权机关的职能。"①这说明，检察机关中的党组和党员是实现党对检察工作的政治、思想和组织领导的主要途径。

检察权配置是国家立法的结果，而党不仅领导人民制定法律，而且领导人民实施法律。这就决定了检察权配置实际上是由党主导的，党的政策和决策不仅决定了检察权的结构，而且决定着检察权的运行模式和运行机制。

其次，我国的民主党派作为参政党，对党的决策和国家的立法都有民主监督的功能。这种民主监督对检察权配置的影响主要有三个方面：一是通过调查研究，了解检察权的运行情况，发现国家法律实施和检察权运行中存在的问题，对国家立法提出有关调整检察权的意见和建议；二是对共产党有关检察权配置的司法改革或者立法建议提出监督意见；三是通过政协委员、各民主党派乃至政治协商会议发表有关检察权配置的言论，影响社会舆论，形成社会压力。总体上说，民主党派的监督对检察权配置的影响相对较小，而且是在党的领导下发挥参政议政的作用，但也是一种不可忽视的政治影响力量。

民主党派发挥民主监督作用的主要平台是各级政协。中国人民政治协商会议（以下简称政协）是中国人民爱国统一战线的组织，是中国共产党领导的

①　《为把党建设成更加坚强的工人阶级先锋队而斗争》（1989 年 12 月 29 日），载江泽民：《论党的建设》，人民出版社 2001 年版，第 7 页。

多党合作和政治协商的重要机构，是我国政治生活中发扬社会主义民主的重要形式。政协由中国共产党、各民主党派、无党派人士、人民团体、各少数民族和各界的代表，香港特别行政区同胞、澳门特别行政区同胞、台湾同胞和归国侨胞的代表以及特别邀请的人士组成，主要职能是政治协商、民主监督、参政议政。民主监督是对国家宪法、法律和法规的实施，重大方针政策的贯彻执行、国家机关及其工作人员的工作，通过建议和批评进行监督。参政议政是对政治、经济、文化和社会生活中的重要问题以及人民群众普遍关心的问题，开展调查研究，反映社情民意，进行协商讨论。通过调研报告、提案、建议案或其他形式，向中国共产党和国家机关提出意见和建议。检察机关和检察人员在行使检察权的过程中要自觉接受政协的民主监督，认真听取和研究政协提出的意见、批评和建议。

二、司法体制中的检察权配置

虽然在国家政体中，检察机关与行政机关、审判机关一样，隶属于国家权力机关，是"一府两院"架构的支柱之一，但是，无论是在传统中还是在现实中，检察机关主要是作为司法机关来发挥其职能作用的。因此，司法体制中的检察权配置是决定了检察权的主要内容以及检察权与审判权、侦查权、裁判执行权等司法权力之间的界限和关系。

（一）司法体制的权力结构

在我国，司法体制有狭义、中义和广义之分。狭义的司法体制是指审判机关和检察机关的机构设置和职权配置的制度；中义的司法体制是指有关审判机关、检察机关、侦查机关、裁判执行机关的机构设置和职权配置的制度；广义的司法体制是指有关审判机关、检察机关、侦查机关、裁判执行机关、律师、仲裁机关、公证机关、司法鉴定机关等的机构设置和职能划分的制度。在广义的司法体制中，司法机构有两种类型：一是国家机关，包括审判机关、检察机关、侦查机关、裁判执行机关等；二是非政府组织，包括律师、仲裁机构、公证机构、司法鉴定机构等。作为国家机关的司法机构行使的是国家权力，而作为非政府组织的司法机构行使的社会权利。两者的机构和职能都具有不同的性质。因此，在这里我们主要研究中义的司法体制及其中的检察权配置问题。

初看起来，我国的司法机关是按照工作流程来设置的，即侦查机关、检察机关、审判机关和裁判执行机关分别行使立案和侦查权、审查起诉权、审判权、裁判执行权。但是，这只是一条线索或者一个方面。另一方面，检察机关作为法律监督机关，对立案权和侦查权的行使具有监督的权力，即通过批准逮捕、纠正违法意见或者通知、检察建议等方式发挥着对立案和侦查活动的监督功能；对审判权的行使，则通过抗诉和检察建议等方式发挥着监督功能；对刑罚执行权的行使，还以派驻检察的方式进行全面的、日常性的监督。

在我国，侦查机关不是单一的，而是多元的，分别由检察机关、公安机关、国家安全机关、军事保卫部门、海关警察机关等对特定种类的犯罪行使侦查权，同时这些侦查机关的职能也不是单一的，它们除了承担侦查职能外，还要承担其他一些职能。审判机关的职能以审判为主，同时还承担民事裁判和行政诉讼裁判的强制执行功能。刑罚执行机关有监狱、看守所、社区矫正机构等，这些机构以刑罚执行为主要职能，也兼有提请法院减刑、假释的职权。这种机构和职能的交叉设置，既有防止权力过分集中的意义，也有便于发挥专业优势的作用。

根据宪法和刑事诉讼法的规定，在办理刑事案件过程中，公安机关、检察机关和审判机关的基本关系是：分工负责、互相配合、互相制约。分工负责是基础，公安机关负责对案件的立案、侦查，检察机关负责批捕、起诉，审判机关负责审判，基本职能的划分是比较清楚的。①互相配合是由惩治和预防犯罪的共同目标和使命决定的，是同犯罪作斗争的需要。互相制约是由办案流程决定的，是国家尊重和保障人权的需要，也是保证司法公正的需要。

分工负责、互相配合、互相制约原则表明和规定了我国司法体制的基本结构。首先，这一原则规范和调整的是这三个机关之间在办理刑事案件中的一般关系，它对三个机关之中的任何两个机关之间的关系都是适用的，但又不是任何两个机关之间关系的全部内容。例如，它不涉及检察机关与侦查机关之间和检察机关与审判机关之间的法律监督关系，而且这两种法律监督关系是不完全相同的。其次，这一原则对监狱机关（刑罚执行机关）与公安机关、检察机关和审判机关之间的关系也是适用的。换言之，这一原则适用于办理刑事案件

---

①　当然，这一表述中缺乏对公安机关立案侦查案件范围的限定，公安机关仅限于立案、侦查普通刑事案件，检察机关负责立案侦查职务犯罪案件，国家安全机关负责立案侦查危害国家安全犯罪案件，海关缉私警察机关负责立案侦查走私犯罪案件，军队保卫部门负责立案侦查违反军人职责犯罪案件的立案侦查，监狱侦查在监狱内发生的犯罪案件。如果从立法技术上看，这里的公安机关应当改为"侦查机关"。

中的侦查机关、检察机关、审判机关和刑罚执行机关之间的关系。①最后，这一原则不仅适用于侦查机关、检察机关、审判机关和刑罚执行机关在办理刑事案件过程中的关系，同时对检察机关与审判机关在办理民事案件和行政案件以及司法解释等工作中的相互关系也是适用的。②总之，分工负责、互相配合、互相制约是关于侦查机关、检察机关、审判机关、刑罚执行机关在司法体制中一般关系的规范和原则。

分工负责、互相配合、互相制约原则，可以简称为"分工制约原则"，意味着侦查机关、检察机关、审判机关、刑罚执行机制各自相对独立，各有职责，互不从属，既要互相配合，以有效地惩治犯罪，维护社会秩序，又要互相制约，以尊重和保障人权，维护公平正义。这种司法体制既体现了民主集中制原则的要求和精神，又吸收和借鉴了分权制衡原则和司法独立原则的内容和精髓。侦查机关、刑罚执行机关分别从属于政府的公安机关、国家安全机关、海关机关、司法行政机关以及军事机关的政治部门。政府和军事机关对这些侦查机关和刑罚执行机关有领导权，体现了民主集中制原则，检察机关和审判机关各有上级机关对其行使领导权或者监督权以及内部的领导机制，也体现了民主集中制原则；同时，侦查机关、检察机关、审判机关、刑罚执行机关之间具有互相配合和制约的关系，体现的是分工制约关系。这种分工制约接近于分权制

---

① 对于《宪法》第 135 条的规定："人民法院、人民检察院和公安机关办理刑事案件，应当分工负责，互相配合，互相制约，以保证准确有效地执行法律。"我们应当作广义的理解。当时国家没有设置国家安全机关等其他侦查机关，监狱机关从属于公安机关，因此没有从侦查机关、检察机关、审判机关和刑罚执行机关的角度来规定，不过，其隐含的意义是如此。2003 年司法部关于司法改革的意见和建议中曾要求把监狱、看守所加进宪法条文。但是，当时制定宪法修正案时确定的原则范围是"非改不可的才改"。宪法条款的修改是比较慎重的，不仅程序比较复杂，而且遗漏的这两个机关又分别隶属于司法行政机关和公安机关（当时的意见中主张把看守所划归司法行政机关管辖）。如果按照以前惯例加列司法行政机关，则有司法行政机关与公安机关之间的关系不完全适用这一原则，因为它们是政府的两个部门，它们之间统属于政府首长的领导。另外，具备侦查职能的机关也没有列全，如何列举？按照本书的写法，即列出"侦查机关、检察机关、审判机关、刑罚执行机关"相对合理，但是当时尚未形成这样的共识。其实，推而广之，分工负责、互相配合、互相制约的原则基本上适用于我国"一府两院"架构中的各机关之间的关系。实际上，我国的"一府两院"体制，既体现了民主集中制原则，也体现了分工制约原则，准确地说，是民主集中制原则与分工制约原则的结合，或者是民主集中与分工制约相结合的原则。正是民主集中与分工制约相结合的政体原则使我国政体区分于西方国家的三权分立和分权制衡的政体。这既是我国国家权力配置的基本原则，也我国政体结构的基本特点。

② 当然，这一原则不适用于检察机关对审判机关的单向的法律监督关系。

衡，因为它们互不隶属，各自履行部分司法职责，但不等于分权制衡，因为它们都没有完全的独立地位，而是各有隶属，并接受检察机关的法律监督。在一定意义上可以说，这是一元化国家权力结构在司法体制中的某种妥协或者变通性、特殊性的体现。只有把民主集中制原则与分工制约原则结合起来，才能理解中国特色社会主义司法体制，才能把握其内在的权力配置机制。

（二）检察权与侦查权

在我国，检察权与侦查权的关系比较特殊，检察权包含部分侦查权和对侦查权的法律监督权。一方面，检察机关具有职务犯罪侦查权和补充侦查权，即拥有部分侦查权；另一方面，检察权具有对立案和侦查活动进行监督、对侦查终结的案件进行审查起诉等法律监督功能。

我国的侦查权是分散行使的，即不同类型的刑事案件由不同的侦查主体负责侦查。职务犯罪案件由检察机关立案侦查，危害国家安全犯罪案件由国家安全机关立案侦查，走私犯罪案件由海关缉私警察机关负责立案侦查，军队内发生的犯罪案件由军队保卫部门立案侦查，罪犯在监狱内发生的犯罪案件由监狱立案侦查，其他刑事犯罪案件概由公安机关立案侦查。另外，立案与侦查在刑事诉讼程序上是分开设置的，但在管辖上是统一的，即有立案权便有侦查权。因此，在立案侦查管辖上，检察机关与公安机关、国家安全机关、走私侦查机关、军队保卫部门、监狱是分工负责的，管辖范围是法定的。检察机关与其他侦查机关的侦查权是基本一样的，均适用刑事诉讼法有关公安机关立案侦查的规定。例如，1996 年修订的《刑事诉讼法》第 4 条规定："国家安全机关依照法律规定，办理危害国家安全的刑事案件，行使与公安机关相同的职权。"第131 条规定："人民检察院对直接受理的案件的侦查适用本章规定。"

在侦查阶段，逮捕决定权与执行权是分离的，这种分离的情形有两种：一是逮捕决定权统一由检察机关行使，其他侦查机关负责执行。这是对侦查活动的司法审查机制，即监督制约机制。二是检察机关负责立案侦查的刑事案件，决定逮捕或者拘留后，由公安机关执行。第 132 条规定："人民检察院直接受理的案件中符合本法第六十条、第六十一条第四项、第五项规定情形，需要逮捕、拘留犯罪嫌疑人的，由人民检察院作出决定，由公安机关执行。"这是对检察机关侦查活动的制约机制。

（三）检察权与审判权

检察权与审判权的关系有两个方面：一是分工关系，二是法律监督关系。从分工关系来说，在刑事诉讼中，检察权的功能主要是追诉犯罪，而审判权的主要功能是定罪和量刑。在民事诉讼和行政诉讼中，检察机关目前尚无起诉职能，但是对国有企业和相关主管部门可以督促起诉，对损害国家、集体或者个人民事权益的行为，可以支持受损害的单位或者个人向人民法院起诉。无论是在理论上还是在实务上，检察机关只有刑事公诉权，而没有民事公诉权和行政公诉权，这是立法上的一个缺陷。对于涉及国家利益或者社会公共利益受损而又没有人起诉的案件，检察机关应当代表国家提起公诉。这既是维护法制的统一、权威和尊严的需要，也是保障国家利益和社会公益的需要，而且符合检察权的性质和功能定位。

检察权与审判权之间的法律监督关系，主要是检察机关有权监督审判机关和审判人员的审判活动是否依法进行，可以根据具体情况提出抗诉、纠正违法意见、检察建议，检察长或者副检察长受检察长的委派可以列席审判委员会；同时，审判机关和审判人员有义务接受检察机关的法律监督，提供检察机关进行法律监督所必需的条件，对于抗诉，应当启动相应的程序进行第二审、重审或者再审，对于纠正违法意见或者检察建议，应当将采纳检察机关的意见或建议的情况反馈检察机关。在理论上，检察权是否应当具有对审判权的法律监督功能一直存在争议。有人套用司法独立的理论，反对任何对审判权的监督，主张审判机关和法官有权独立裁判而不受干涉，检察机关以抗诉、纠正违法意见、检察建议等方式对审判权进行法律监督都是对司法独立的侵犯，都不利于司法公正和司法权威。这一主张初看起来有近二百多年西方国家司法实践经验和广泛接受司法理论的支撑，其实，不适合我国司法体制。首先，我国的审判机关虽有依法独立行使审判权而不受行政机关、社会团体和个人的干涉的独立性，但是这种独立性是相对的，并不排除党的领导、人大监督、法律监督等。其次，我国的审判机关与其他国家机关一样都是按照民主集中制原则组织起来并开展职能活动的，都是集体行使权力。最后，我国法官的职业选拔、职业素质和职业保障等方面的制度都不同于西方国家。总之，在我国的审判体制下，审判独立是相对的，检察权等国家权力对审判权进行监督制约是必要的制度安排。

（四）检察权与裁判执行权

裁判执行权，就是执行人民法院已经生效的判决和裁定的权力，包括民事裁判执行权、行政裁判执行权和刑罚执行权。目前，民事裁判执行权和行政裁判执行权均由人民法院行使，而刑罚执行权由多个执法和司法主体来行使。刑罚执行的基本分工是人民法院负责执行死刑、罚金刑、没收财产刑、无罪判决和免除刑罚判决等；公安机关负责执行拘役，被判处有期徒刑的罪犯，在被交付执行刑罚前剩余刑期在 3 个月以下的，也由看守所监管；监狱负责执行有期徒刑、无期徒刑、死缓等；社区矫正机构①（主要由公安机关、司法行政机关和社区自治机构等方面联合组成）负责执行管制、缓刑、假释、监外执行等。

《刑事诉讼法》第 265 条规定："人民检察院对执行机关执行刑罚的活动是否合法实行监督。如果发现有违法的情况，应当通知执行机关纠正。"《人民检察院组织法》第 5 条（检察机关的职权）第 5 项规定："对于刑事案件判决、裁定的执行和监狱、看守所、劳动改造机关的活动是否合法，实行监督。"这些法律规定表明，检察权包含着对刑罚执行权的法律监督权。

关于对民事诉讼裁判执行情况的法律监督，过去民事诉讼法中没有明确规定。但在实践中，确实存在一些执行机关或者执行人员的违法行为，妨碍了执行的合法进行，损害了司法裁判的权威。对其进行法律监督是必要的，也是符合法律精神和我国司法体制的。2012 年 8 月 31 日全国人大常委会通过了《关于修改〈中华人民共和国民事诉讼法〉的决定》。修改后的《民事诉讼法》第 235 条明确规定："人民检察院有权对民事执行活动实行法律监督。"这就从法律上解决了人民检察院对民事诉讼裁判执行情况实行法律监督的依据之争。

对于行政诉讼裁判，如果当事人不履行的，另一方当事人可以申请人民法院强制执行。对于由人民法院强制执行的行政诉讼裁判是否由检察机关进行法律监督，行政诉讼法中没有具体规定。但是《行政诉讼法》第 10 条明确规定："人民检察院有权对行政诉讼实行法律监督。"而执行是行政诉讼法明确规定的一个环节，对行政诉讼裁判执行过程实行法律监督，应当是行政诉讼法第 10 条的其中应有之义。

检察权与裁判执行权的关系就是一种法律监督关系。这种法律监督关系与大陆法系一些国家的检察权与裁判执行权的关系有所不同，它只有检察权对裁判执行权的监督，而没有检察权对裁判执行权的指挥。这是我国司法体制的一个特点，符合检察机关在司法体制中的定位和功能，也体现了我国司法体制中权力划分的原理。近年来，有的地方检察机关与裁判执行机关特别是刑罚执行机关共同探索"同步监督模式"，加强了检察机关了解执行机关的执行活动情况的及时性，有利于加强法律监督，但是，这种探索要把握两个界限：一是不能把法律监督机关变成审批机关。检察机关有权及时了解刑罚执行情况，并进行法律监督，但不是审批机关，不能对执行机关职责内的事项进行审批，否则

---

① 《中华人民共和国刑法修正案（八）》首次以国家基本法的形式规定，对管制、缓刑和假释实行社区矫正。不过，有关社区矫正制度的构建，虽然各地有一定的探索，但还有待国家立法。

就会越位，就可能造成职责混淆。二是检察机关不能代替或者代行执行机关的职能，必须保持旁观和督促者的身份，否则就丧失了法律监督的职能和作用。不管执行机关出于什么原因或者动机，即使主动提出这样的制度安排，检察机关都不应当接受；检察机关和检察人员自己必须保持清醒的头脑，不能因为可以增加监督渠道，就什么都采纳，更不能主动争取和要求。对裁判执行活动的法律监督，必须坚持在合法合理的限度内，坚持法律监督的职能定位。越位与缺位同样是有害的，结果都是弱化了法律监督。

三、诉讼程序中的检察权配置

诉讼程序是司法权运行的规则，是宪法和组织法有关司法权配置的程序化、具体化。在一定意义上说，司法体制决定了机构设置和职能划分，而诉讼程序决定了各项司法权行使的条件、对象、范围、方式和效力；司法体制立足于国家政权组织形式和国家结构形式来设置司法机构和配置司法权力，而诉讼程序立足于各种诉讼的特点和规律来安排各司法机关在特定诉讼环节中的定位和职能。诉讼程序中的检察权配置与司法体制中的检察权配置既有一致性，也有差别。

（一）检察权与诉讼程序

程序性是检察权的一个重要特点。检察权主要在诉讼程序中运行或者主要以诉讼方式发挥其法律监督职能。从这个意义上说，检察权主要是一种诉讼权力。不过，这并不意味着检察权只是一种诉讼权力，也不意味着检察权只在诉讼程序中发挥作用。

我们必须注意到，检察权作为诉讼权力，只是检察权的第三个层面的权力形态。检察权作为国家政体中的专门化的法律监督权是其第一个层面的权力，即检察权作为法律监督权是其第一个层面的权力形态；检察权作为司法体制中的权力划分结果，即检察权作为一种司法权，是其第二个层面的权力形态。有的人把这三个层面的权力形态混为一谈，在谈检察机关的宪法地位时，往往片面强调法律监督权，忽视了检察权作为司法权和诉讼权力及其在这两个层面的特殊性要求；在谈检察机关的组织建设和检察官制度时，往往片面强调检察权是一种司法权及其在独立性和职务保障的特殊性，忽视了它作为法律监督权和诉讼权力的一般性特点；在谈检察机关在诉讼程序中权力配置和功能时，往往片面强调它在诉讼中的某一种功能或者定位而忽视甚至排斥它作为法律监督权和司法权的功能和定位。我们既要看到检察权分别作为法律监督权、司法权和诉讼权力这三种权力形态的差别，遵循这三个层面的权力配置规律来研究检察权的配置，也要看到这三种权力形态的统一性即法律监督这一本质，在各个层面的检察权配置都要适当地贯彻法律监督这一根本要求。总之，我们研究各个层面的检察权配置都应当综合考虑法律监督本质及其所在领域的特点。换言之，检察权的合理配置是法律监督性质与各个层面或者领域的权力运行规律的结合。

我国的诉讼程序主要有刑事诉讼程序、行政诉讼程序和民事诉讼程序，俗称"三大诉讼程序"。在这三大诉讼程序中，当事人的成分和诉讼原则是有所不同的，国家权力的介入程度和影响力也是有较大差别的，而检察权是以国家权力运行为监督重点的，因而检察权在这三大诉讼程序中的地位和功能是各不相同的。刑事诉讼法和行政诉讼法规定的检察机关的监督对象是"诉讼活动"，而民事诉讼法规定的检察机关的监督对象是"审判活动"①。这种对法律监督范围的限定，实质上反映了检察权作为法律监督权在诉讼中的地位和作用。刑事诉讼法关于逮捕批准权和决定权的配置则反映了检察权作为司法权的性质和地位。刑事诉讼法关于职务犯罪侦查权、公诉权、抗诉权的配置则反映了检察权作为诉讼权力的性质和功能。从这里我们也可以看出，在行政诉讼法和民事诉讼法中未设置公诉权，实际上是忽视了检察权作为诉讼权力的地位和作用，只考虑到了检察权作为法律监督权的地位和作用。

（二）检察权在刑事诉讼程序中的配置

刑事诉讼是国家同犯罪作斗争的重要领域，也是参与主体和国家权力介入较多的领域。从参与的权力类型来看，有侦查权、逮捕权、公诉权、审判权、刑罚执行权等；从参与的权力主体来看，有公安机关、国家安全机关、海关缉私警察机关、军队保卫部门、检察机关、审判机关、监狱、社区矫正机构等。

检察机关在刑事诉讼程序中具有四种不同的权力，即侦查权、批捕权、公诉权、诉讼监督权。其中，侦查权和公诉权是检察权作为诉讼权力而配置的，批捕权是检察权作为司法权而配置的，诉讼监督权是检察权作为法律监督权而配置的，因而综合体现了检察权作为法律监督权、司法权和诉讼权力三个层面的权力形态，而且统一于法律监督性质。有的人看不到这三种权力形态的统一性，片面强调三种权力的差异性，主张检察权只能作为诉讼权力存在于刑事诉

---

①　关于民事裁判的执行是否属于审判活动，一直存在争议。在裁判执行中，人民法院的强制执行活动主要是国家公权力的强制力的运用，也可能包含作为审判活动的裁定权的运用。从检察权的监督职能来说，人民法院的审判活动和强制执行活动都应当纳入法律监督的范围。从这个意义上说，目前的民事诉讼法在立法技术上存在一定的缺陷。

讼程序中。这种观点既不符合在刑事诉讼中加强人权保障和维护司法公正的客观需要，也不符合检察机关在国家政体和司法体制中的定位。实际上，在诉讼领域检察机关无论承担的诉讼权力如职务犯罪侦查权和公诉权，还是承担的司法权如批捕权，都是检察机关法律监督职能的具体体现和延伸，不能仅仅把诉讼监督权视为法律监督权在诉讼领域的体现或者延伸。

如何看待和化解检察机关承担的四种权力之间的冲突？这确实是一个值得研究的问题。虽然从理论上说，检察机关在刑事诉讼中具有的诉讼权、司法权和诉讼监督权这三种权力统一于法律监督，是法律监督的不同表现和存在形态，但是刑事诉讼程序中的权力配置有其自身的特点和要求。例如，通过侦查、起诉、审判、执行等流程的权力划分形成互相制约的机制，而检察机关的职权基本上贯穿整个诉讼过程。对于其他机关行使立案和侦查权，检察机关通过批捕权和起诉权加以监督制约，而检察机关自身在行使侦查权的过程中就缺乏外部的批捕权和起诉权的监督制约。基于此，有些主张把检察机关的职务犯罪侦查权或者批捕权剥离出来，分配给其他机关来行使。这种主张是有道理的，问题是我们有没有更合理的替代方案。美国行政法学家斯蒂芬·布雷耶（Stephen Breyer）曾提出了一项判断改革可行性的原则：首先要确定规制目标，然后全面考察实现规制目标的所有替代性方案，最后决定实现规制目标的最优方案。①

关于职务犯罪侦查权的配置问题。把侦查权从检察权中剥离出来，就可以避免侦查权与批捕权同由检察机关行使而削弱监督制约的问题。但是，检察机关作为国家的法律监督机关，对国家公权力的依法运行负有法律监督的责任，本来检察机关应当具有对国家机关及其工作人员在公务中的违法和犯罪行为都具有法律监督权，这是人民代表大会制度的内在要求，但考虑到有党的纪检机关和国家的监察机关行使对公务中的违纪和违法行为的监督和处理，就仅仅保留了检察机关对公务犯罪的监督。如果再取消检察机关的职务犯罪侦查权，就等于取消了检察机关对其他国家机关及其工作人员公务活动的法律监督，检察机关的法律监督性质和地位就会极大地削弱甚至基本改变，而这种改变涉及我国的政体调整，这就是一个重大的政治体制改革。且不说改革政体的政治风险和可行性，仅就职务犯罪侦查权重新配置来说，也很难找到一个最优的方案。假如把职务犯罪侦查权配置给公安机关或行政监察机关，这固然可以不再设置新的机构，但是它会带来许多难以解决的新问题。一方面，行政机关是国家最

---

① See Stephen Breyer, Regulation and its Reform, Cambridge, Massachusetts: Harvard University Press, 1982, p. 5.

庞大的机构，发生职务犯罪的数量和概率最大，把这项权力配置给一个行政机关，很难做到依法独立行使职权而不受干扰；另一方面，由行政机关对所有国家机关及其工作人员的公务活动进行法律监督，就会使行政权过于强大，其他国家机关，特别是审判机关和检察机关处于极端的弱势，从而难以依法行使职权。由此看来，虽然把职务犯罪侦查权分配给其他机关来行使可以解决侦查权与批捕权的冲突，但是可能引起更严重的不合理性，甚至破坏我国政体内在的合理性。因此，由检察机关行使职务犯罪侦查权是一种相对合理的权力配置方案。化解这种权力冲突的途径是可以找到的。例如，2008 年以来，全国检察机关的职务犯罪案件的批捕权上提一级，即下级检察机关办理的职务犯罪案件由上级检察机关行使批捕权。实践证明，这一改革可以建立起来一种新的有效的对职务犯罪侦查权的监督制约机制。

关于批捕权的配置问题。学术界有人主张由人民法院来行使批捕权，这是国际惯例。我们清楚地知道，由检察机关行使批捕权的不合理性主要有两个方面，一是检察机关作为追诉方，容易因为追诉的倾向而忽视人权保障，降低批捕标准；二是检察机关既有职务犯罪侦查权，又有批捕权，容易放松对自身侦查活动的监督标准。由其他机关（在国外通常是由法院）来行使批捕权就可以避免上述两个方面的问题。那么，在我国由哪个机关来行使比较合适呢？首先，如果由人民法院来行使批捕权，可能导致更为严重的问题：一是法院在侦查阶段介入可能形成先入为主，甚至为了规避国家赔偿，批捕了可能就等于定罪了，检察机关的过滤机制因而丧失功能，对于司法公正的危害更大。二是在我国现行的司法体制中难以设置独立的预审法院，也不可能确立和保障法官独立，而且从欧洲的经验来看，预审法院发展的趋势是被取消。如果不能设置独立的预审法院或者与普通法院分离的治安法院，把批捕权配置给人民法院与把它配置给检察机关相比，前者的危险更大，而且难以克服。相反地，检察机关行使批捕权可能存在的两个方面的不合理性相对较小，也是可以控制的。对于因追诉倾向而可能降低批捕标准问题，可以通过起诉率、有罪判决率的考评来反逼批捕标准的从严掌握；对于职务犯罪案件的批捕质量，可以通过批捕权上提一级行使来避免本院侦查案件由本院批捕的情况发生。另外，由检察机关行使批捕权还一些益处。例如，对于普通刑事立案和侦查的法律监督，通常缺乏介入的途径，容易使监督权落空，正是批捕权使检察机关获得了介入侦查的机会，通过审查批捕，可以发现侦查活动中的违法行为，保障立案和侦查活动的合法性。利弊相权，至少目前看来，由检察机关行使批捕权是利大于弊。

（三）检察权在行政诉讼程序中的配置

行政诉讼法规定了检察机关对行政诉讼实行法律监督的原则，即第 10 条规定："人民检察院有权对行政诉讼实行法律监督。"但是，关于检察机关对行政诉讼活动实现法律监督的途径和程序只有一种，即第 64 条规定："人民检察院对人民法院已经发生法律效力的判决、裁定，发现违反法律、法规规定的，有权按照审判监督程序提出抗诉。"这就是说，原则上检察机关具有对行政诉讼活动进行法律监督的广泛权力，但实际上只有对审判活动进行法律监督的抗诉权。从诉讼监督意义上说，行政诉讼法在总则中规定的法律监督原则，在分则中尚未得到充分的贯彻落实。

2011 年，最高人民法院和最高人民检察院联合颁布的《关于民事审判活动与行政诉讼实行法律监督的若干意见》，确认了这些年来行政诉讼法律监督改革探索的成果，扩大了监督范围（由判决、裁定扩展到调解、审判机关和行政机关的诉讼违法行为），增加了监督手段（调查核实、再审检察建议、纠正诉讼违法检察建议），完善了抗诉条件（明确将不予受理、驳回起诉、管辖权异议等行政裁定纳入抗诉范围），在现行法律下初步解决了目前比较突出的问题。同时，这个意见受到现行行政诉讼法的局限，行政公诉制度没有涉及，抗诉条件仍然不够明晰。

行政诉讼法的修改工作正在酝酿之中，我们可以预期，"两高"关于完善行政诉讼法律监督制度的意见基本上会得到立法的确认，行政诉讼法律监督制度的缺陷或者不足会得到一定程度的解决。一是扩大行政诉讼法律监督的对象，除了生效判决和裁定外，应当把调解和审判人员的诉讼活动纳入监督范围；除了行政机关的诉讼活动外，应当把行政机关损害国家利益和社会公共利益的具体行政行为纳入监督范围，即建立行政公诉制度。这次修改，行政公益诉讼制度势必要建立，但是行政公诉制度能否确立仍然存在较多的变数。二是完善行政诉讼法律监督的手段，在现有抗诉的基础上，还需要建立：（1）对行政诉讼案件的调查核实制度；（2）再审检察建议制度，确认各级人民检察院对同级人民法院生效裁判提出再审检察建议权；（3）对诉讼违法行为的检察建议，确认检察机关对审判人员和行政机关的诉讼违法行为提出检察建议的权力；（4）对诉讼违法行为的纠正意见，确认检察机关对审判人员和行政机关在诉讼中发生的严重影响司法公正的行为提出纠正意见的权力。这一点在"两高"意见中没有规定。三是完善行政诉讼法律监督的程序，包括规定检察机关提起行政公诉的条件和程序；检察机关参与行政诉讼的条件和程序，如出席社会关注案件的法庭审理，参与和支持行政公益诉讼；检察机关提出检察建议的条件和程序；检察机关提出纠正违法意见的条件和程序。

从检察权在行政诉讼中的优化配置来看，当前理论上需要研究解决三个问题：

1. 行政公诉问题

行政公诉制度的建立是这次行政诉讼法修改的重点，也是难点。在诉权理论上，检察机关是否能够作为行政利益相关人而具备起诉资格，需要深化认识。现行行政诉讼法只确认了行政相对人具有起诉资格。只有确认利益相关人具有起诉资格，检察机关和其他社会组织和个人才能提起公益诉讼。在政治体制上，行政公诉制度的建立意味着检察机关对行政权的法律监督范围的重大突破，也是检察权与行政权关系的重要调整。虽然近年来关于行政执法与刑事司法衔接机制的建设为此提供了一些条件，但是，行政公诉制度的影响更大、更广，将改变现行的检察权与行政权关系的基本格局，使检察机关真正成为国家的法律监督机关。在行政公诉的案件范围上，有几个方案可供选择，即限于侵犯国家利益和社会公共利益而无人起诉的案件，或者限于抽象行政行为，或者限定在行政渎职行为方面，使其与渎职犯罪侦查工作相衔接。

2. 非诉行政案件的法律监督问题

非诉行政案件，即对于具有执行内容的行政行为，具有起诉主体资格的公民、法人或其他组织在法定期限内既不向人民法院提起行政诉讼，又不履行行政机关作出的具体行政行为，行政机关向人民法院提出执行申请，由人民法院采取强制执行措施，对该具体行政行为进行执行的制度。根据《行政诉讼法》第66条的规定，我国现行的行政执行是以人民法院非诉执行为原则、以行政执行机关依法执行为例外的行政强制执行模式。而非诉讼行政执行案件作为人民法院支持和监督行政机关依法行政的一种重要手段，在市场经济日趋完善的今天，起着越来越重要的作用。应当纳入检察机关的法律监督范围，以保障公民权利，防止行政强制执行权的滥用，以维护社会稳定。

3. 调查核实的范围问题

按照"两高"的意见，调查核实的范围问题仅限于两种：一种是行政诉讼原告、第三人书面申请人民法院调查收集证据，应当收集而未收集的。另一种是行政诉讼活动违反法定程序且可能影响司法公正的。但是，对于行政机关涉案的具体行政行为没有纳入，这就使行政诉讼中的调查核实权受到了很大的局限。

现在看来，行政诉讼法学界对优化检察权在行政诉讼中的配置问题认识存在较大分歧。一种观点认为，行政诉讼是私权救济程序，重在保障公民、法人的合法权益；检察权在行政诉讼中的功能主要是监督制约审判权，以保障司法公正和当事人的合法权益。如果检察权在行政诉讼中影响过大，可能构成对当事人合法权益的威胁。另一种观点认为，行政诉讼是一种司法审查制度，重在通过司法权制约行政权，引入行政公诉可以加大司法权制约行政权的力度，促进依法行政。我们持后一种观点，由于在行政诉讼中被告是国家行政机关，被告具有相对的优势，被告的诉讼活动也是一种公权力运行活动，因而不同于民事诉讼中的当事人之间的私权关系，也不适用当事人意思自治原则。检察机关作为国家的法律监督机关，不仅应当对审判活动进行监督，而且应当对行政机关的执法活动进行监督。通过行政公诉对行政权实行法律监督，既可以增强司法权制约行政权的效果，改变长期以来行政诉讼案件少（每年十万余件）、撤案多的现象，进一步发挥行政诉讼的司法审查效应，也可以调整检察权与行政权的关系，并把检察机关的法律监督局限于诉讼活动领域，使之受制于审判权，防止检察权的膨胀和滥用。这是符合全面落实依法治国基本方略的要求和趋势的。

（四）检察权在民事诉讼程序中的配置

我国民事诉讼法是 1991 年制定的，经过了 2007 年和 2012 年两次修订。根据 1991 年民事诉讼法规定，人民检察院在民事诉讼中的法律监督职能，原则上是对审判活动实行法律监督，但是法律监督的方式只有一种，即对已经发生法律效力的判决、裁定依法提出抗诉。还有一种间接权力或者隐含权力，即支持起诉权。第 15 条规定："机关、社会团体、企业事业单位对损害国家、集体或者个人民事权益的行为，可以支持受损害的单位或者个人向人民法院起诉。"对检察机关来说，这既不是明示的权力，也不是专有的权力。实际上，也确有基层检察院实行过支持起诉制度。

2007 年修订的民事诉讼法没有改变检察权在民事诉讼中的基本格局。只是针对实际工作中的突出问题，作了两点修改：一是将原来的抗诉事由与当事人申请再审事由基本统一，初步解决了抗诉事由过少或不明确的问题；二是明确规定了接受抗诉的人民法院作出再审裁定的期限和交下一级人民法院再审的条件，初步解决了无限期拖延再审和过多地交由下级再审的问题。

2012 年修订的民事诉讼法对民事诉讼中的检察权作了较大的调整。一是拓展了法律监督的范围，由对审判活动的监督扩展到整个诉讼活动的监督，由对判决、裁定的监督扩展到对调解、执行和审判人员违法行为的监督，由对诉讼案件的监督扩展到非讼案件如宣告失踪等的监督。二是丰富了法律监督的方式，除了完善民事抗诉制度外，还增加了检察建议这一监督形式，地方各级人民检察院对同级人民法院已经发生法律效力的判决、裁定，发现有规定情形的或者发现调解书损害国家利益、社会公共利益的，可以向同级人民法院提出检察建议；各级人民检察院对审判监督程序以外的其他审判程序中审判人员的违法行为，有权向同级人民法院提出检察建议；人民检察院因履行法律监督职责提出检察建议或者抗诉的需要，可以向当事人或者案外人调查核实有关情况。虽然建立了民事公益诉讼制度，但是没有赋予检察机关提起民事公诉的权力。

从民事检察制度来看，检察权的结构在这两次修改中得到了优化。一是增设了检察机关的调查核实权，强化了知情权，为筑牢诉讼监督的事实基础和健全违法行为发现机制提供了条件，增强了诉讼监督的说服力和效力；二是增设了检察机关受理诉讼参与人的申诉和控告的程序，完善了诉讼违法行为的发现机制和救济机制，把公权监督与私权救济结合起来，增强了诉讼监督的正当性和人权保障功能；三是增设了检察机关介入其他诉讼活动的机制，如民事执行的介入等，拓展了诉讼监督的深度和广度。

检察权在民事诉讼中的强化，其原则和思路是清晰的：检察机关是国家的法律监督机关，法律监督的着力点在于公权力而不在于私权利，不介入纯粹的私权利冲突和纠纷的解决。这一原则和思路，对于保证检察权的正确运行，防止其滥用，是必要的和有效的。但是，对于检察机关法律监督职能的充分发挥，是不够的，因为在国家利益和公共利益受损而无人起诉的情况下，检察机关仍然难以有所作为。这也是检察权在民事诉讼中的一个结构性缺失，即我国检察机关没有世界许多国家共有的民事公诉权。

关于民事公诉问题。近年来，从理论上探索民事公诉制度的必要性、可行性已经比较充分，而且一些地方检察机关已经探索实行了民事公诉。对于侵犯国家利益或者社会公共利益而无人起诉的案件，例如，国有资产流失、环境破坏或者食品不卫生等造成不特定多数人的损害等案件，国有企业或者主管部门不履行监管职责和起诉职责，由检察机关提起公诉或者督促起诉。民事公诉制度不仅有利于维护国家利益、社会公益和弱势群体利益，而且对行政机关或者代行国家资产管理职责的企业的违法行为形成了监督，有利于保障国家法律的统一正确实施。也有反对者认为，民事公诉存在主体角色的冲突，检察机关以原告身份介入民事诉讼会给案件的审理及裁判带来一些实际的困难。例如，检察机关提起民事诉讼后，如果被告针对本诉提出反诉，作为原告的检察机关就可能被置于反诉被告的地位，那么法院是否可以判决检察机关承担通常由反诉被告承担的民事责任？如果可以的话，检察机关将以何种形式、以何财产来负担为民事裁判所确认的民事义务？又如，由于检察机关并非纠纷所涉及的实体权利的所有者，因此也就无法享有或行使诸如请求调解、撤诉之类的程序权利，这显然不利于实体权利的保护。支持民事公诉的专家学者也不乏其人，如原中国政法大学教授陈桂明认为，没有法律条文规定什么人可以或不可以成为原告。从起诉条件上看，原告须与案件有利害关系。检察院肯定不会涉及当事人之间的权益，但从维护国家利益、公共利益来讲，符合起诉条件。国有资产流失、环境污染、垄断，有时侵害的是不特定的对象，没有明确的受害人或适格的原告，又不能形成集团诉讼，但是侵权事实确实存在。在找不到适格的主体或适格主体不提起，应该允许检察院介入。在这些案件中，真正受害人是国家，是一个抽象主体，如果检察院不出面，事情很可能会被置之不理。民事公诉制度的构建基本上不存在程序理论和实际操作上的障碍，主要的障碍在于对民事公诉制度的必要性和重要性认识不足以及对公权力介入民事诉讼的担忧和警惕。当然，尽管民事公诉制度没有被纳入民事公益诉讼之中，但是民事公益诉讼制度的建立已经是一个了不起的进步。将来人们在反思民事公益诉讼制度的得失过程中，也许会逐步认识到民事公诉的必要性和重要性。

四、检察体制中的检察权配置

检察体制是关于各级人民检察院和专门人民检察院以及人民检察院内部机构设置和职权配置的制度。检察体制是人民检察院组织法的主要内容，是我国政治体制和司法体制的一个组成部分。检察体制既要体现人民检察院政治体制和司法体制中的定位和功能，也要反映检察权运行的特点和规律。

（一）各级人民检察院和专门人民检察院的职权配置

我国政治制度和司法制度的特殊性决定了我国检察机关的机构设置和职权配置具有鲜明的中国特色。从人民检察院组织法来看，机构设置和职权配置主要遵循三项原则：一是依法设置原则；二是按行政区划或者专门领域与审判机关对应设置原则；三是符合检察工作需要原则。按照这些原则，我国的检察机关分别为最高人民检察院、地方各级人民检察院和专门人民检察院。各级人民检察院在其管辖的区域内行使检察权。根据人民检察院组织法的规定，检察机关的具体设置是：（1）最高人民检察院；（2）省、自治区、直辖市人民检察院；（3）省、自治区、直辖市人民检察院分院，自治州和省辖市人民检察院；（4）县、市、自治县和市辖区人民检察院。此外，省级人民检察院、市级人民检察院和县级人民检察院，根据工作需要，提请本级人民代表大会常务委员会批准，可以在工矿区、农垦区、林区、经济开发区、铁路区段等区域设置人民检察院，作为派出机构。军事检察院是国家设立的专门人民检察院。

1. 最高人民检察院

最高人民检察院是中华人民共和国最高检察机关，由最高国家权力机关全国人民代表大会产生，受它监督，对它负责并报告工作。最高人民检察院由检察长一人、副检察长和检察员若干人组成，设立检察委员会、若干检察厅和其他业务机构。最高人民检察院依法行使下列职权：

（1）业务领导权。最高人民检察院领导地方各级人民检察院和专门人民检察院工作，有权指导、部署和检查地方各级人民检察院的工作，有权制定检察工作条例、规则和规范性文件。

（2）普通检察权。最高人民检察院可以直接行使也可以指定某一人民检察院行使法律规定的各项检察权包括地方各级人民检察院的职权和专门人民检察院的职权，包括按照管辖范围和管辖级别，侦查直接受理的刑事案件；对国家公安机关、安全机关的侦查活动是否合法实行监督；对有关全国性的或具有重大影响的重大刑事案件，向最高人民法院提起公诉并支持公诉；对法院审判活动是否合法实行监督；对各级人民法院已经发生法律效力的判决和裁定，如发现确有错误，有权按审判监督程序提出抗诉；对人民法院的判决和裁定的执行实行监督，对看守所和劳动教养机关的活动是否合法实行监督。

（3）司法解释权。根据法律授权，最高人民检察院对检察工作中如何具体应用法律有权作出司法解释。这种解释对各级人民检察院具有普遍的约束力。

（4）检察人事管理权。最高人民检察院按照法律规定的权限管理检察机关人员，既有对有关检察人员有提请任免的权限，也有对各级人民检察院检察人员作出处分决定的权力，还有协同国家编制委员会确定全国检察机关的人员编制，制定和执行检察官等级评定规则等。

2. 地方各级人民检察院

地方各级人民检察院是指：（1）省级人民检察院，包括省、自治区、直辖市人民检察院；（2）市级人民检察院，包括省、自治区、直辖市人民检察院分院，自治州、省辖市人民检察院，省一级人民检察院按法定程序设置的派出机构；（3）县级人民检察院，包括县、市、自治县和市辖区人民检察院，市一级人民检察院按法定程序设置的派出机构。地方各级人民检察院设检察长一人、副检察长和检察员若干人，设立检察委员会，并设若干工作部门。

地方各级人民检察院由其同级人民代表大会产生，对同级人民代表大会及其常务委员会负责并报告工作。地方各级人民检察院接受最高人民检察院领导，下级人民检察院接受上级人民检察院领导。地方各级人民检察院与地方各级审判机关的设置相对应。

地方各级人民检察院按照法律规定的管辖范围和权限，行使下列各项检察权：侦查直接受理的刑事案件；对侦查机关的侦查活动是否合法实行监督；对受理的刑事案件向同级人民法院提起公诉并支持公诉；对人民法院的审判活动是否合法实行监督；对同级人民法院第一审案件的判决、裁定认为确有错误时，按照上诉程序提出抗诉；上级人民检察院对下级人民法院已经发生法律效力的判决、裁定，如发现确有错误，按审判监督程序提出抗诉；监督执行人民法院的判决、裁定，对监狱、看守所和劳动教养机关的活动是否合法实行监督。此外，上级人民检察院对下级人民检察院还具有领导权。

3. 专门人民检察院和派出检察机构

（1）专门人民检察院

专门人民检察院是在特定的组织系统内设置的检察机关，以其专属的管辖权和所调整的特定社会关系而有别于其他检察机关。我国目前设置的专门人民检察院只有军事检察院。

军事检察院是国家设置在人民解放军系统的法律监督机构，属于军队建制，是我国检察机关的组成部分，在最高人民检察院和解放军总政治部领导下工作。军事检察院的职权是对军职人员的犯罪案件行使检察权，按照专属管辖权的原则，受理现役军人、军队文职人员和在编职工的犯罪案件，按照刑事诉讼法和军委有关文件的规定，对上述人员的贪污、贿赂犯罪、侵权、渎职犯罪以及利用职务实施的违反军人职责的犯罪实施侦查，对军队保卫部门侦查的刑事案件审查批捕和审查起诉，依法对军队保卫部门、军事审判机关实施侦查监督、审判监督以及刑罚执行监督。

按照地区设置和系统设置相结合的原则，军事检察院设置分为三级，即中国人民解放军军事检察院；大军区、空军、海军军事检察院；地区军事检察院、空军一级军事检察院和海军舰队军事检察院。各级军事检察院的检察委员会由同级政治部批准组成。

（2）派出检察机构

派出检察机构包括派出人民检察院、派驻检察室，是省、市、县三级人民检察院根据人民检察院组织法和检察工作需要，在特殊区域或场所设置的派出机构，如在监狱、劳教场所、林区和工矿区、经济开发区、铁路段区、乡镇设置的人民检察院或者检察室。设置派出或者派驻检察机构，需由有关的省、市或县级人民检察院提请本级人民代表大会常务委员会批准。人民检察院对其派出机构实行领导，并按法定程序任免检察人员。

第九届全国人大常委会第六次会议于1998年12月29日通过了《全国人大常委会关于新疆维吾尔自治区生产建设兵团设置人民法院和人民检察院的决定》，规定新疆维吾尔自治区人民检察院在生产建设兵团设置新疆维吾尔自治区生产建设兵团人民检察院、新疆维吾尔自治区生产建设兵团人民检察院分院、农牧团场比较集中的垦区的基层人民检察院，作为自治区人民检察院的派出机构。新疆维吾尔自治区生产建设兵团人民检察院领导生产建设兵团人民检察院分院以及基层人民检察院的工作。

铁路运输检察院是国家设置在铁路运输系统的检察机构，是我国检察机关的组成部分。铁路运输检察院由铁路运输检察分院、基层铁路运输检察院组成，由所在的省、自治区、直辖市人民检察院领导。其基本任务是按照法律规定行使检察权，打击和防范在铁路运输系统所辖区域中（包括铁路沿线、列车、车站、铁路企业事业单位等）发生的各种违法犯罪活动和铁路工作人员危害交通运输的违法犯罪活动，维护国家的法律、法令在铁路运输系统统一实施，维护铁路运输秩序、生产秩序和工作秩序，保护铁路财产和铁路运输物资不受非法侵害，保护旅客和铁路职工的人身权利、民主权利和其他权益不受侵害。

（二）检察一体制与人民检察院依法独立行使职权

虽然检察系统的组织体系与法院系统的组织体系是对应的，而且都是由各级院依法独立行使职权，但是检察系统上下级院之间的关系和人民检察院内部的工作关系与法院系统是有很大差别的。这个差别主要是检察系统实行检察一体制，同时也坚持人民检察院依法独立行使职权。检察一体制与人民检察院依法独立行使职权相结合构成了检察体制中职权配置的主要特点。

1. 检察一体制

检察一体制，又称"检察一体"、"检察一体化"、"检察官一体"、"检察一体主义"或者"检察一体原则"，是指检察系统作为一个整体统一有效地行使检察权。检察系统是由人民检察院和检察官组成的一个统一的组织，在这个组织中，上级对下级享有指挥监督权、事务调取权、转移权、代理权。根据我国现行宪法和法律的规定，检察一体制的基本内容包括：（1）在上下级检察机关和检察官之间存在上命下从的领导关系。在检察系统，它是指上级人民检察院对下级人民检察院的领导、上级检察官对下级检察官的领导、最高人民检察院对地方各级人民检察院和专门人民检察院的领导。最高人民检察院的决定，地方各级人民检察院和专门人民检察院必须执行；上级人民检察院的决定，下级人民检察院必须执行。最高人民检察院可以撤销或者变更地方各级人民检察院和专门人民检察院的决定；上级人民检察院可以撤销或者变更下级人民检察院的决定。在人民检察院内部，它是指检察长对其他检察官的领导、上级检察官对下级检察官的领导以及检察委员会对本院检察官的集体领导。（2）各地和各级检察机关之间具有职能协助的义务。全国各级检察机关是执行检察职能的统一整体，虽然各地人民检察院、各级人民检察院以及专门人民检察院都具有明确的管辖范围，但是在执行检察职能的过程中，如果确实需要其他检察机关的协助，例如调查取证、扣押等侦查措施和强制措施的适用，相应的检察机关有进行职能协助的义务。这种协助有两种方式：一是代为执行有关职能；二是协助其他检察机关的检察官在本辖区执行有关职能。（3）检察官之间和人民检察院之间在职务上可以发生相互承继、移转和代理的关系。从检察官的角度来说，某检察官在执行职务的过程中因故不能继续执行职务或者检察长认为其不适宜继续执行某项职能，检察长或上级检察官有权指派其他检察官承继或者代理其职务，有关诉讼程序可以继续进行，不必重新开始。这是检察官职务与法官职务的重要区别之一。从检察机关的角度来说，上级人民检察院在必要的时候，可以处理下级人民检察院管辖的案件，也可以将自己管辖的案件交由下级人民检察院办理；上级人民检察院可以指定下级人民检察院将案件移送其他下级人民检察院办理。

　　检察一体制的核心是上命下从的领导关系和一体化的业务协作关系，涉及检察机关的领导体制和工作机制。我国检察机关的领导体制，新中国成立以来经历了多次变化。1949年12月《中央人民政府最高人民检察署试行组织条例》第2条明确规定："全国各级检察署均独立行使职权，不受地方机关干涉，只服从最高人民检察署之指挥。"这表明我国检察机关在建立之初实行的是垂直领导体制。1951年9月公布的《各级人民检察署组织通则》将检察机关的领导体制由垂直领导型改为双重领导型，即各级地方人民检察署受上级人民检察署的领导，同时，各级地方人民检察署（包括最高人民检察署）为同级人民政府的组成部分，受同级人民政府委员会的领导。1954年9月通过的《中华人民共和国宪法》和《中华人民共和国人民检察院组织法》恢复了检察机关垂直领导体制，规定地方各级人民检察院独立行使职权，不受地方国家机关的干涉；地方各级人民检察院和专门人民检察院在上级人民检察院的领导下，并且一律在最高人民检察院的统一领导下进行工作。1966年5月开始的"文化大革命"，使国家及其法制遭受严重破坏。在这场动乱中，检察制度的发展被中断，机构被撤销，人员被遣散。1975年1月17日，第四届全国人民代表大会第一次会议修正并通过了第二部《中华人民共和国宪法》。这次修正的《宪法》第25条规定："检察机关的职权由各级公安机关行使。"使检察机关被非法撤销的事实被国家根本法确认。1976年10月，"文化大革命"结束，中国历史发生重大转折，国家开始步入民主与法制建设的轨道，人民检察制度因而获得新生。1978年3月，第五届全国人民代表大会第一次会议通过了修改后的《中华人民共和国宪法》。在该法第43条中，对检察机关的职权和领导关系作了原则规定。它肯定了1954年宪法所确定的审检并立体制以及检察机关对国家机关、国家机关工作人员和公民是否遵守宪法和法律行使检察权的职能，但在领导体制上未沿用1954年宪法的垂直领导的规定，而采取了上级检察院监督与地方领导结合的体制。1979年7月制定的《中华人民共和国人民检察院组织法》将检察机关上下级之间的监督关系改为领导关系。该法第10条规定："最高人民检察院对全国人民代表大会和全国人民代表大会常务委员会负责并报告工作。地方各级人民检察院对本级人民代表大会和本级人民代表大会常务委员会负责并报告工作。最高人民检察院领导地方各级人民检察院和专门人民检察院的工作，上级人民检察院领导下级人民检察院的工作。"检察机关实行这样的领导体制，有利于"保证检察院对全国实行统一的法律监督"。1982年宪法确认了这种领导体制，也就是我国现行的检察机关领导体制。

我国宪法规定的检察机关现行的领导体制，是在总结历史经验和教训的基础上形成的，符合我国国情，是中国特色社会主义检察制度的重要组成部分，基本适应了检察工作的特点和现实需要。同时，我们也要看到，这种领导体制在实践中也存在一些问题。既有立法本身的缺陷，也有实际执行中产生的问题。主要表现在以下几个方面：一是以"块块"领导为主的体制，容易导致检察权的地方化，不利于检察机关对全国实行统一的法律监督。二是宪法和人民检察院组织法对检察机关领导体制的规定过于原则，导致检察机关领导上的软弱无力。三是以"块块"为主的干部管理体制，管人与治事相脱节，使上级检察机关对下级检察机关的领导失去足够有力的组织保障。四是以同级财政为主的经费保障体制，使检察机关依赖同级政府的财政支持，可能影响公正执法。造成上述现象的根本原因是由于相关的具体制度安排不够配套，宪法确立的检察领导体制在实践中落实不到位。问题主要集中在干部管理和经费保障上。因此，中国检察机关领导体制的完善必须解决干部管理体制问题和经费管理体制问题。

2. 人民检察院依法独立行使职权

人民检察院依法独立行使检察权是检察权运行的首要原则，也是现代检察制度建立和发展的基础性原则。根据我国宪法第131条和人民检察院组织法第9条的规定，依法独立行使检察权原则，是指人民检察院依照法律规定独立行使检察权，不受行政机关、社会团体和个人的干涉。这一基本原则实质上是合法性原则、独立性原则和排除干涉性原则的结合，包含三项基本内容：一是履职的合法性，即检察机关必须按照法律规定的程序在法律规定的职权范围内行使检察权。首先，检察机关必须在法律规定的范围之内行使检察权。对于法律没有赋予检察机关的权力，检察机关不能行使，否则越权；同时，对于法律规定的检察权，检察机关必须忠实地履行职责，否则失职。其次，检察机关必须按照法定程序行使检察权，高度重视和切实执行法定程序，防止检察权的滥用。最后，政党、人民群众和其他国家机关以及上级检察机关也可以对行使检察权的过程进行监督、制约甚至领导，只要依照法律规定的途径和方式，检察机关和检察人员都应当接受或服从。换句话说，独立行使检察权并不是简单地反对一切干涉，而是反对非法干涉。二是主体的独立性，即检察机关即各级人民检察院是行使检察权的主体，并依法独立地行使检察权。首先，法律规定的检察权是专门化的国家权力，只能由检察机关代表国家来行使，对于检察权的行使过程和结果，检察机关必须承担全部责任。其他机关、团体和个人非经法律授权不得替代行使或参与行使检察权，对于检察权行使的过程和结果也不承担责任。其次，各级人民检察院分别依法行使检察权，而不能纵向或者横向的若干人民检察院联合行使检察权。上级人民检察院可以自身的名义行使下级人民检察院的职权，可以纠正下级人民检察院的决定，但是不能联合作出决定或者联合执法。这种独立性既是职能充分发挥和责任明确落实的保证，也是维护法治秩序和保障人权的需要。要加强检察机关的责任，就必须加强各级人民检察院的独立性。三是排除干涉性，即检察机关依法独立行使检察权，不受行政机关、社会团体和个人对执法的干涉，也不受地方保护主义和部门保护主义的干涉，以维护国家法制的统一和尊严。排除干涉性是独立性的必然要求，也是合法性的必要保障。在当前和今后一个时期内，我们要特别注意防止地方保护主义和部门保护主义对检察权行使过程的干涉。在上述三项基本内涵中，合法性是前提和条件，独立性是核心和内容，排除干涉性是补充和延伸。这三个方面结合起来，反映了当代中国的依法独立行使检察权原则的基本内容和特点。一定范围的监督和领导关系的合法化是对检察权行使的必要限制，也是国外检察制度的通例。在这个意义上，人们把依法独立行使检察权原则称为检察相对独立原则。

检察机关依法独立行使检察权原则在新中国的立法史上经历了曲折的发展过程。1949年12月颁布的《中央人民政府最高人民检察署试行组织条例》第2条规定："……全国各级检察署均独立行使职权，不受地方机关干涉，只服从最高人民检察署之指挥。"在该条例中，独立行使检察权原则既是检察机关活动的首要原则，也是唯一明确规定的原则。1951年9月3日颁布的《中央人民政府最高人民检察署暂行组织条例》和《各级地方人民检察署组织通则》都没有规定检察机关活动的原则。1954年宪法确立了独立行使检察权原则，第83条规定："地方各级人民检察院独立行使职权，不受地方国家机关的干涉。"同年颁布的《人民检察院组织法》第6条重申了宪法有关独立行使职权原则。在"文化大革命"期间，检察机关的职权由公安机关行使，1975 年宪法确认了这一事实，没有任何关于检察机关活动原则的条款。在 1978 年修订宪法的时候，由于粉碎"四人帮"不久，各方面的拨乱反正尚在进行之中，虽然重新确立了检察机关的地位，但是没有规定行使检察权的基本原则。1979年 7 月通过的《人民检察院组织法》第 9 条规定："人民检察院依照法律规定独立行使检察权，不受其他行政机关、团体和个人的干涉。"1982 年宪法第131 条重申了这一规定，再次使依法独立行使检察权原则上升为宪法原则。

依法独立行使检察权原则，根源于我国政体、检察机关的宪法地位和法律监督职能的特殊需要，是中国特色社会主义检察制度的必然要求，也是司法工作的普遍需要。首先，在人民代表大会制度下，检察机关与行政机关和审判机关一样，由人民代表大会产生，对它负责，受它监督，因而是独立于行政机关和审判机关的专门国家机关；同时，检察机关作为国家的法律监督机关，对一定范围的行政行为和审判行为依法享有监督的权力。如果行政机关和审判机关具有干涉检察职能的权力，检察机关就不可能履行好法律监督的职能。其次，检察机关的法律监督职能包括职务犯罪的侦查、公诉和诉讼监督等，这是专门同违法行为和犯罪行为作斗争的执法工作。检察机关在执法的过程中，必然要介入一定的社会关系和权力关系之中，涉及一些个人、团体和机关的利益，利害关系人可能对检察机关施加影响，甚至对检察机关的执法活动进行干涉，因而检察机关必须保持必要的独立性，否则难以公正办案，严格执法。特别是在我国这样一个经历了长期的封建社会，缺乏民主和法治传统的国家里，各种特权思想、以言代法、以权抗法和滥用权力等现象还在一定范围内存在，从制度上保障检察机关依法独立行使检察权，对于确保一切违法犯罪行为受到应有的追究，具有特别重要的现实意义。最后，检察机关的法律监督职能是维护国家法制统一、保障人权和维护公平正义的重要力量。检察机关必须同一切分裂国家、破坏法制的违法犯罪行为进行斗争，同侵犯人权的职务违法和职务犯罪进行斗争，同权力腐败和权力滥用的现象特别是司法腐败和司法不公进行斗争。要履行好这些职责，就必须保证检察机关具有必要的独立性。从根本上说，检察机关依法独立行使检察权是为了保障检察机关准确有效地执行法律，充分履行法律监督职能，在国家生活中发挥权力制约作用和在社会生活中发挥权力救济作用。

3. 人民检察院独立行使检察权的相对性

在我国现行法律制度下，坚持人民检察院依法独立行使检察权原则，既要正确理解和处理好上下级人民检察院之间的关系以及人民检察院与检察官的关系，明确检察权的主体和检察机关内部的分工，也要正确理解和处理好人民检察院与执政党和权力机关的关系，明确检察机关在政治体制和司法体制中的法律地位和职能特点，把握依法独立行使检察权的限度，防止在观念上和适用中把依法独立行使检察权原则绝对化和片面化。

依法独立行使检察权的主体是人民检察院，而不是检察官个人。在一些西方国家，检察官具有较大的独立性，是独立行使检察权的主体。例如在日本，检察官既是一个拥有检察权而只服从法律的独立的官职，又是一个独立的政府机关，隶属于某个检察厅，在该检察厅管辖范围内行使检察权。虽然检察官受检察厅长官和法务大臣的指挥和监督，并受检察官一体原则的影响，但是这些制度安排都是为了保障检察官统一执行国家意志，而不是限制检察官独立。然而，我国检察机关实行民主集中制原则和检察一体制原则，检察官是人民检察院内部执行一定检察职能的人员，从属于人民检察院，在检察长的统一领导下开展工作，在法律上不具有独立地位。在我国，依法独立行使检察权原则强调的是检察机关的外部独立性，而没有确立检察官在人民检察院内部的独立性。因此，我国的检察官虽然是依法行使国家检察权的检察人员（检察官法第2条），但是不具有独立行使检察权和对外承担责任的主体资格。近年来，我国推行主诉检察官制等改革措施，反映了加强检察官责任的客观需要，促进了检察官的执法主体地位的形成和发展。但是，检察官能够在多大程度上享有执法主体的地位，有待于检察改革的探索和检察实践的检验，最终将取决于我国有关立法的发展。

人民检察院依法独立行使检察权要与检察一体制结合起来，地方各级人民检察院和专门人民检察院既要接受上级人民检察院和最高人民检察院的领导，又要依法独立负责地行使检察权。这是保障国家检察职能统一行使的需要，也是检察一体制原则的要求。另外，人民检察院依法独立行使检察权要接受党的领导，要对人民代表大会负责，接受其监督，还要接受其他国家机关的制约以及民主党派、公民和法人的监督。

人民检察院依法独立行使检察权原则的内容是由国家政体和执法环境决定的。一方面，它将随着社会主义政治文明建设和依法治国进程的推进而不断发展；另一方面，它将因执法环境的变化而在不同时期有不同的侧重点。例如，随着中央放权的制度化，如实行分税制、地方立法权的扩大等，地方保护主义和部门保护主义成为干扰检察机关公正执法的重要因素。依法独立行使检察权原则就不仅要求检察机关努力排除行政机关、社会团体和个人的干涉，而且要求检察机关努力排除地方保护主义和部门保护主义的干扰。有关立法必将反映时代发展的客观需要，丰富和发展依法独立行使检察权原则的内容和形式。

（三）人民检察院内部的职权配置

人民检察院内部的机构设置和职权配置，即人民检察院内部的职能分工，包括内部机构的构成和名称以及权能的配置。具体而言，它是指各级人民检察院内部的领导机构、业务机构和综合管理机构的设立以及相应的职权、保障和责任的配置。检察机关内部机构的设置既是人民检察院依法行使检察权的组织形式，也是检察人员的岗位设置和职责划分的基本框架，也属于检察体制的范畴。

1. 人民检察院内部机构设置和职权配置的历史变迁

人民检察院内部机构设置和职权配置的变迁与检察机关的性质、地位、职能和检察管理的理念以及社会政治环境具有不同程度的联系，往往是多种因素综合作用的结果。1949 年《中央人民政府最高人民检察署试行组织条例》第 4 条至第 10 条对最高人民检察署的领导机构、业务机构和综合管理机构作了规定。领导机构设有检察长、副检察长、秘书长、检察署委员会议；综合管理机构设有办公厅；业务机构设有三个处，第一处负责监督法律政策的实施、审判监督和对地方各级检察署的督导，第二处负责刑事案件的侦查、检举、公诉和监所监督，第三处负责民事、行政案件的诉讼参与，各处内设秘书、检察员和科。1951 年《最高人民检察署暂行组织条例》保持了原来的领导机构和业务机构的设置，对内部机构仅作了两个方面的调整：一是综合管理机构中增设了人事处、研究室；二是各职能部门即各处、厅、室设处长或主任一人、副处长或副主任二人，增设检察专员、助理检察员和书记员。1951 年《各级地方人民检察署组织通则》第 3 条对地方各级人民检察署的内部机构分别作了规定：（1）最高人民检察署分署的领导机构设有检察长、副检察长、秘书长，综合管理机构设有办公厅，业务机构设有三个处。（2）省（行署）及中央或大行政区直辖市人民检察署的领导机构设有检察长、副检察长，综合管理机构设有办公室，业务机构设有两个处，各处设有检察员、助理检察员、书记员。（3）省人民检察署分署的领导机构设有检察长、副检察长，综合管理机构设办公室，业务机构不分处或科，只设检察员、助理检察员和书记员。（4）县一级人民检察署的领导机构设检察长、副检察长，业务机构不设处或科，只设检察员、助理检察员、秘书、书记员等，并且，只在较大的市人民检察署设办公室。1954 年《人民检察院组织法》只规定各级人民检察院设检察长一人、副检察长若干人和检察员若干人，原来的"人民检察署委员会议"改为"检察委员会"，对检察机关的领导机构、业务机构和综合管理机构未作具体规定。1955 年，各级人民检察院按照 1954 年组织法第 4 条规定的六项检察权，相应地设置了一般监督厅、侦查厅、侦查监督厅、审判监督厅、劳改监督厅等业务机构，设立了办公厅、人事厅和研究室等综合管理机构。1978 年人民检察院重建以来，检察机关内部机构的设置，特别是业务机构和综合管理机构的设置，一直处于不稳定状态，比较大的变迁有三次。目前，地方各级人民检察院以及专门人民检察院内部机构的设置及名称都存在一定的差别。1978 年 8 月，最高人民检察院正式分设刑事检察厅、信访厅、研究室等业务机构。1979 年人民检察院组织法第 20 条对内部机构作出了规定，最高人民检察院设刑事、法纪、监所、经济等检察厅，地方各级人民检察院和专门人民检察院可以设置相应的业务机构。

随着政治经济形势和检察实践的发展，这一规定显得比较僵化。1983 年修订的人民检察院组织法对检察机关内部机构的设置只作了原则性规定，即"最高人民检察院根据需要，设立若干检察厅和其他业务机构。地方各级人民检察院可以分别设立相应的检察处、科和其他业务机构。"这一规定把内部机构设置的灵活性置于规范性之上，方便了执行，却损失了必要的统一性，导致了后来各级人民检察院内部的机构设置和职权配置的不稳定和不规范。

2000 年，最高人民检察院完成了内部机构改革，业务机构设有侦查监督厅、公诉厅、反贪污贿赂总局、渎职侵权检察厅、控告检察厅、刑事申诉检察厅、监所检察厅、民事行政检察厅、铁路运输检察厅、法律政策研究室、职务犯罪预防厅 11 个厅、局和室；综合管理机构设有办公厅、政治部、纪检监察局、外事局、计划财务装备局、机关党委、离退休干部局 7 个厅、局（机关服务中心已经改制为事业单位）；共计 18 个职能部门。2001 年至 2002 年，省一级人民检察院先后进行了机构改革，其职能部门大体上同最高人民检察院的职能部门对应，大部分省一级人民检察院的职能部门为 15 个（如江苏省、重庆市）至 18 个（如江西省、青海省）。按照 2001 年中央批准的《地方各级人民检察院机构改革意见》，地县两级人民检察院的内部机构数量要结合当地经济发展水平、近年案件受理数量等情况，分类确定，不搞一刀切。地县两级人民检察院的机构改革于 2002 年上半年全面展开。从目前地县两级机构改革的情况来看，内部机构有 5 至 15 个不等。地县两级人民检察院的内部机构如何分类和确定称谓的问题尚有待于调查研究，并由人民检察院组织法加以规范。

2. 内设机构及其职权配置的原则和标准

最高人民检察院制定的《检察改革三年实施意见》（2000 年）第 8 项规定："根据中央关于机构改革的总体部署，按照权责一致的原则，从有利于保障公正执法和充分履行法律监督职能的要求出发，科学调整检察机关内部机构，充实加强业务部门，精简、调整非业务机构，根据业务归口的原则，进一步调整检察机关业务部门的职责范围。精简基层检察院的内部机构。2000年，最高人民检察院与有关部门协商，对各级检察院内部机构的设置、名称、规格和职责范围作出明确规定。最高人民检察院内部机构的改革于2000年完成，地方各级人民检察院内部机构的改革在2002年前完成。"

2001年中央批准的《地方各级人民检察院机构改革意见》对人民检察院机构改革的原则作了具体规定，明确提出了四项原则：一是依法独立行使检察权的原则；二是精简、统一、效能的原则；三是优化队伍结构、提高人员素质的原则；四是实事求是、因地制宜的原则。综合《检察改革三年实施意见》和《地方各级人民检察院机构改革意见》以及有关学术观点，人民检察院内部的机构设置和职权配置的指导思想和原则应当包括如下六项：（1）全面履行法律监督职能原则。宪法和法律规定的各项检察权都应当由相应的内部机构来行使，不能使任何一项检察权在内部机制上落空。（2）检察一体原则。检察长是所在检察院的首脑，拥有并行使全部检察权，统一领导检察院的工作，其指示和决定就是该检察院的指示和决定，各内部机构和检察人员都必须服从。各内部机构和检察人员只享有局部的、授权范围内的权力。（3）检察官相对独立原则。检察机关的内部机构应当反映检察工作的专业性特点，通过权责利相统一的工作机制，引导和调动检察官发挥和发展专业特长。这是提高检察官素质、保证办案质量和办案效率的根本途径。（4）内部制约原则。在实行检察一体原则和保证必要的效率的前提下，通过检察机关内部权能的划分，尽可能地形成内部机构之间相互制约的机制，以防止检察权的滥用。（5）加强业务部门、精简非业务机构的原则。在检察机关内部，要加强和充实业务机构，遏制非业务机构包括领导机构和综合管理机构的扩张，尽可能地精简非业务机构，逐步优化检察人员的结构。（6）地县两级人民检察院内部机构设置因地制宜原则。各地的经济文化发展水平不同，检察院管辖范围内的案件数量和难度存在很大的差异。在县一级检察院中，有的办案数量相当于别的检察院的办案数量的十倍，因而在内部机构上不应强调统一，而应按照需要设置。

检察机关内部机构的设置大致有三种标准：（1）以诉讼环节为标准。按此标准，检察机关内部机构可以分为控告部门、侦查部门、侦查监督部门、公诉部门、抗诉部门、裁判执行监督部门。（2）以专业分工为标准。按此标准，检察机关内部机构可以分为刑事检察部门、民事检察部门、行政检察部门。（3）以职能划分为标准。按此标准，检察机关内部机构可以分为业务部门、综合部门、管理部门。目前，从最高人民检察院和省级人民检察院内部机构的设置标准来看，基本上是以诉讼环节为主，以专业分工为辅，兼顾其他法律监督职能。地县两级人民检察院内部机构的设置则可以根据实际需要按照不同的标准进行，如以专业分工为主，以诉讼环节为辅；或者以诉讼环节为主，以专业分工为辅；或者只以诉讼环节为标准。总体上看，我国检察机关内部的机构设置尚处于探索阶段，究竟哪一种标准或设置方式（若干标准的结合）最为合理，可以发展成为全国检察机关统一采用的标准，有待于实践的检验和理论的升华。

检察机关内部机构的构成同检察权的结构、检察管理的理念具有直接的联系，同时，也要适应特定时期党和国家的工作重点的需要，通过检察职能来服务于党和国家的工作大局。由于检察权的范围和结构尚处于调整阶段，各级检察机关的职能也有所不同，党和国家的工作大局以及检察管理的理念都是发展的。因此，长期以来有关检察机关内部机构的构成一直存在不同的认识。在机构改革的实践中，增设内部机构往往比较容易，而现有机构的撤并往往比较困难，因为它牵涉许多干部的职级待遇和工作安排。上述各种因素说明，我们取得有关机构改革的正确的、一致的认识需要一种过程，将其付诸实践更需要一个过程，很难一蹴而就。

对于领导机构和综合管理机构而言，按照行政管理的模式即内部再分设处、科、股等来规范其内部运作，是容易被理解和接受的。然而，对业务机构而言，是否应当按照行政管理的模式来规范其内部运作，则颇有争议，特别是实行主诉（办）检察官制以来，这方面的争议更为激烈。一种观点认为，在业务机构内可以再分处、科或股等管理单位，既便于管理，也有利于明确检察人员的职级待遇。目前，最高人民检察院、部分省一级人民检察院和地一级人民检察院的业务机构设有相应的处、科。另一种观点认为，在业务机构内不应再分处、科或股等，应实行检察官制或主诉检察官制，以加强检察官的独立性，形成符合检察工作规律的管理机制和办案机制。

近来，在检察人员和学术界，关于主诉检察官制的看法不尽一致，有人批评说，主诉检察官制存在在体制上不顺、操作上效果不佳以及本身具有过渡性等问题，不宜作为替代业务机构内部的处、科或股的管理形式。这些问题都可以通过人民检察院组织法的修订来解决。主办检察官责任制的试点工作早在1993年就开始进行。1996年刑事诉讼法修订以后，特别是1997年以来，江苏、河南等省的一些检察院开始探索主诉检察官责任制。1999年年初的全国检察长工作会议和4月的深化检察改革座谈会对检察官办案责任制试点工作进行了部署。最高人民检察院确定北京、天津、上海等十个城市为试点单位。2000年年初在全国各级人民检察院的起诉部门推行主诉检察官办案责任制。从近两年的实践来看，总体效果是好的，符合检察工作的特点，但需要进一步从法律上和制度上加以完善。

3. 检察官的相对独立性

长期以来，在我国社会主义检察制度中一直存在检察一体制不健全和检察官独立地位不明确两个方面的问题。这既有政治体制方面的原因，也有对检察工作的性质和规律认识不足等方面的原因。随着依法治国进程的推进和检察事业的发展，健全检察一体制和明确检察官独立地位已经成为检察改革的焦点。这也是有中国特色社会主义检察制度走向成熟的重要标志。

从理论上说，检察官独立即检察官依法独立行使检察权，是现代司法的一般原则，符合司法规律，有利于保证司法公正。检察一体制不是排斥或否定检察官独立的单纯的一体化机制，而是要既有利于发挥检察官独立办案的作用，保证高效和公正地行使检察权，又有利于检察职能的统一有效履行的检察一体制。因此，在确立检察长、上级检察官对下级检察官享有指令权和监督权的同时，必须确立检察官不仅是一种职务或官名，而且是一种机关，有权代表所属检察院履行检察职能，并对超越法定职责范围的指令有权拒绝执行。检察机关包括检察院和检察官，而不仅仅是检察院。检察机关依法独立行使检察权本身就包括检察官依法独立行使检察权，这是国际上的通例。

近几年来，我国探索和实行的主诉（办）检察官办案责任制就是一种检察官依法独立办案机制，是检察官独立机制的初级形式或过渡阶段，体现了检察官独立的一般规律和检察改革的发展方向。现行《检察官法》（2001 年修订）第 4 条规定："检察官依法履行职责，受法律保护。"第 6 条规定了检察官代表国家进行公诉和依法进行法律监督等职责。这些法律规范，虽然从严格意义上说，并没有确立检察官独立，但是为检察官独立提供了一定的发展空间。检察官作为一种机构设置和一项工作制度，应当主要通过检察院组织法来规定。我们应当把握组织法的修订这一时机，在我国建立检察一体制框架下的检察官独立制，明确检察官的独立地位、职权范围、保障机制和监督制约机制。

关于检察官的独立地位，要明确检察官是一种机关，而不仅仅是一种官职和身份。一个检察院主要是由若干独立的检察官构成的，而不是由若干公务员性质的"检察干警"或"检察人员"构成的。检察长、上级检察官的指令权和监督权都是以检察官独立为前提的。

关于检察官的职权范围。检察官的职权原则上应当包括各项具体检察权能和与其等级相适应的指令权和监督权。除了无权制定一般性规则或政策外，检察官能够代表所属检察院进行各项职能活动。目前这种由检察长统一领导检察院的工作、副检察长分管若干内设机构的工作、各内设机构负责人领导部门工作的体制具有过于强烈的行政性质而缺乏司法体制所必需的制度安排,应当通过改革,弱化副检察长的分管职能和部门负责人的领导职能,形成以检察官(检察长、副检察长、部门负责人首先都是各自独立检察官)为主体、按检察官等级实现领导和监督职能的管理体制。

关于检察官的职务保障。按照最低国际标准,应当从法律上提供如下几项保障:(1)确保检察官得以在没有任何恐吓、阻碍、侵扰,不正当干预或不合理地承担民事、刑事或其他责任的情况下履行其专业职责。(2)在检察官及其家属的安全因履行其检察职能而受到威胁时,有关机关应向他们提供人身安全保护。(3)检察官的服务条件、充足的报酬以及其任期、退休金、退休年龄均应由法律或者法规加以规定。(4)检察官的晋升应以各种客观因素,特别是专业资历、能力、品行和经验为根据,并按照公平和公正的程序加以决定。

关于检察官的监督制约机制。除检察长和上级检察官享有必要的指令权、代理权和监督权外,对检察官的管理和监督应当主要通过纪律处分而不是日常的或行政性的请示汇报和批示以及内设机构之间的牵制来实现。(1)对检察官违纪行为的处理应以法律或法规为依据。对检察官涉嫌已超乎专业标准幅度的方式行事的控告应按照适当的程序迅速而公平地加以处理。(2)对检察官的处分决定应由独立的专业性机构(检察委员会经过改革后可以发展成为这种机构)按照既定的程序作出。检察官有权利获得公正申诉的机会。(3)针对检察官的纪律处分程序应保证客观评价和决定。纪律处分程序均应根据法律规定,职业行为准则和其他已确立的标准以及专业道德规范拟定。(4)检察长、上级检察官、同级检察官以及任何公民、机关和社会团体均有权提起针对具体案件或检察官的纪律处分程序,还可以考虑专业机构通过定期审查、抽查等方式发现检察官的违纪行为,提起违纪处分程序。

没有检察官独立的检察一体制是一种纯粹的行政体制,没有检察一体制的检察官独立是一种纯粹的司法体制,都不符合检察工作的特点和要求。但是,在制度安排上如何协调检察一体制与检察官独立之间的关系,在两个极端之间确定适当的平衡点,则是由政治、社会和文化等因素所综合决定的。在当代中国,实行检察一体制与检察官独立相结合并略侧重于检察一体制可能是一种比较现实的选择。

检察官独立之所以是相对的,这是由检察机关和检察官的性质所决定的。无论是在中国学术界,还是在国外学术界,关于检察机关的性质一直存在激烈的争议。在德国,对于这个问题就有三种观点。第一种观点认为,检察机关属于司法机关,同审判机关一样,属于三权中的第三权即司法权。因为德国基本法并未将检察官排斥在司法机关之外，而且在刑事案件的审理过程中，检察官和法官一起出现在被告人面前，并且在诉讼过程中维护法律和正义。如果把这种配合解释为行政机关之间的配合显然不当，只能理解为司法机关之间的配合。第二种观点认为，检察机关是行政机关，因为德国基本法把审判权交给法官了，检察机关只负责起诉而不负责审判，检察机关的上级是司法部即司法行政机关，而且，检察机关在职能活动中是作为被告人对立的一方出现在法庭上，而不是作为中立的裁判者进行审判。第三种观点认为，检察机关具有双重性质，是行政权与司法权的交叉或结合，因为检察职能介于审判与行政之间或者法官与警察之间，当其进行侦查时，是一种行政职能，当其决定起诉与否时，是一种司法职能。因此，检察机关是行政机关与司法机关之间的桥梁。实际上，第三种观点被许多国家所认同。既然检察机关有行政性，就必须在一定程度上体现"上命下从"；既然检察机关有司法性，就必须在一定程度上体现司法独立。这就是检察一体与检察官独立辩证统一的理论基础。

从体制上看，尽管大多数联邦制国家存在联邦检察系统与邦检察系统之分，但是在任何一个检察系统都存在一定的统一性。这种统一性就是所谓的检察一体。据笔者所知，检察一体这个术语是日本人的发明。他们把检察一体作为一项原则贯穿于日本检察制度。在日本，检察一体是指检察权的行使必须保持整体的统一，由每个作为独立机关的检察官组成一个统一的组织，在这个组织中，上级对下级享有指挥监督权、事务调取权、转移权、代理权。在大多数国家，检察一体是一种体制安排，而非明确的原则。在作为近代检察制度发源地的法国，检察院和检察官分为若干鲜明的等级，上级检察院和检察官对下级检察院和检察官可以下达命令和指示，整个检察系统受司法部部长领导。在作为最晚（1985 年）设立检察机关的英国，检察系统由以总检察长为首脑的中央法律事务部、皇家检察署以及区检察署构成，检察机关实行分级管理，上下级之间有明确的监管关系。在作为检察一体极端化的俄罗斯，《俄罗斯联邦检察院法》（1995 年修订）明确规定："俄罗斯联邦检察机关实行下级检察长服从上级检察长并服从于俄罗斯联邦总检察长的统一集中的体制。"而且，检察机关工作人员包括检察官和侦查员必须经检察长授权并按检察长的指示和决定进行检察职能活动。综观各国检察制度，检察一体制是指检察系统内上下级检察院之间的领导关系，检察院内检察长与检察官之间的领导关系，以及检察机构作为统一的整体执行检察职能。

从最强的检察一体化模式（如俄罗斯的集中统一检察体制）到最弱的检察一体化模式（如美国曾经设立，韩国于 2000 年设立的独立检察官制），各国在制度安排上都有自己的特色，但是，有一个共同的目标，那就是协调检察一体与检察官独立之间的关系。虽然我们难以概括出协调两者关系的一般方法或原则，但是，从以下几个方面可以看出某些比较接近的倾向。在宪政结构上，除了检察机关单设并独立于立法、行政和司法之外，一般将检察机关隶属于行政机关，同时将各检察院附设于法院系统内，甚至各级检察院的名称也是与不同级别法院的名称连在一起的，如法国的最高法院检察院、上诉法院检察院、大审法庭检察院、军事法庭检察院等。在法国，检察官被称为"站着的法官"。在日本，检察官被称为"准司法官"或者"特别的行政机关"。在检察系统内部的权力分配上，地方各级检察院都有一定的独立性，但是都要在一定程度上向上级检察院和最高检察院负责；各级检察院内的检察官都有一定的独立性，但是都要在一定程度上向本院检察长负责。在上级监管下级的方式上，除了少数实行高度集中统一体制的国家外，一般主要是通过审查、劝告、指导等方法行使监管权力，检察官保留一定的拒绝指令的权力。

第七章　检察侦查权的优化配置

一、检察侦查权配置原理

根据刑事诉讼法的规定，侦查是进行刑事诉讼的三大主要程序之一，也是刑事追诉开始的标志。侦查权毋庸置疑地成为刑事诉讼中的一项法定性权力。在我国，对刑事案件的侦查权，分别由不同的侦查机关行使。所谓检察侦查权，是指检察机关依照法律的规定，为完成刑事诉讼任务，对特定的刑事案件进行的专门调查工作和采取有关强制措施的权力。

（一）检察侦查权的概念和属性

从权力配置的角度看，检察侦查权是一个复合概念，是检察职能与侦查权的结合。"侦查权"是刑事诉讼中具有普遍意义的一种调查职能，在当代各国刑事追诉过程中都无一例外地存在。而"检察"则是从特定范围上对侦查职能的限制，是在行使主体上的一种限定，即由特定的机关——检察机关来行使的侦查权。刑事诉讼的发展历史表明，不同类型国家的法治发展过程可能产生由不同的主体来行使侦查职能，行使侦查权的范围和内容也可能各有所别。这样，就可能从类型上将侦查权划分为不同的侦查模式。在这个意义上，检察侦查权不可能概括全人类整齐划一的侦查模式，它顶多只能反映当代部分国家或地区侦查权与检察权相结合而配置的特定形式。

现代刑事诉讼中，由于侦查权在刑事追诉中存在的必然性，无论各国的法律规定由什么样的机关来行使这项职能，也无论这项程序是否列入正式的刑事诉讼程序，刑事侦查仍然是进行刑事诉讼所必经的程序，它对于刑事诉讼的存在是不以任何行使主体的变化为转移的，反映了侦查权，或者说刑事调查权存在的必然性和独立性。"我们讨论警察权力的模式与我们讨论国家的模式一模一样，它们都是由法律所'创造'出来的。事实上，它们就是法律的虚构。"①

---

① ［意］登格列夫：《自然法——法律哲学导论》，李日章等译，法律出版社2008年版，第239页。

　　由于将检察机关享有的侦查职能简称为检察侦查权，只能从某种意义上表达了一部分刑事侦查模式，而可能将其他类型的刑事侦查模式排除在外。例如，在英国刑事诉讼中，检察侦查权这一概念是不存在的。英国的刑事诉讼尽管实行所谓多元化模式，在很长的一段历史中，国家警察和私人侦探同样享有对刑事犯罪的侦查权，而这一权力恰恰就没有赋予检察官。英国的检察官不具有对任何刑事犯罪案件的侦查权，直至今日。与英国不同的是大陆法系典型代表的法国、德国，那里的检察官不仅依法享有对任何刑事犯罪案件的侦查权，并且在大多数情况下，检察机关还是刑事侦查的法定主体。例如德国，尽管警察在刑事侦查中事实上做了大量的具体侦查工作，但在共同完成侦查任务过程中，他们只是检察官的助手。这种侦查模式在刑事诉讼法学中被称为"检警一体化"。

　　以前述两种类型的侦查模式来研究"检察侦查权"似乎意义都不大。因为我们现在研究的目的，是要从检察机关侦查权的独立性意义上进行考察，为我国的职务犯罪侦查理论提供支撑。如果在检察机关完全不享有侦查权的英国去讨论检察侦查权，等于无的放矢。而在完全享有侦查权的大多数大陆法系国家来侈谈检察侦查权，又显得多此一举。那么，只有当一个国家的检察机关在特定形式下才享有侦查权，或者说在特定范围内才享有侦查权时，探讨"检察侦查权"才具有实质性的意义。鉴于这些因素，这里我们所讨论的"检察侦查权"，主要面对的是我国检察机关所享有的职务犯罪侦查权，以及在追诉过程中对部分事实不清、证据不足的案件的补充侦查权。从总体观念上看，在我国，检察侦查权与职务犯罪侦查权具有内容上的基本一致性。

　　如果单从警察在刑事诉讼的分工方面看，侦查职能的性质归于行政权在理论上是没有异议的，也反映了大多数情况下的普遍现象。政府在社会管理中的基本职能之一，就是维护社会秩序稳定和公民安全。与犯罪行为作斗争是任何一个国家的政府所不容懈怠的职责，是政府进行社会管理的基本手段之一。所以，把打击刑事犯罪的侦查权界定为一种行政权是恰当的。但是，社会制度发展的多元化和法制的不断成熟，侦查与公诉、审判之间的联系与合作在不断地加强。更为突出的是，侦查权一旦由警察机构以外的机关来行使，其行政权的性质就可能随着权力行使主体的属性和权力应用的目的而发生变化。例如，大陆法系的德国、法国等国家的预审法官在一定的条件下也享有对刑事犯罪的调查权。如果把这些调查权也界定为行政权，是不合适的。所以，侦查权配置于不同的主体行使，导致侦查权属性发生变化成为可能，由此产生了各国法律关于检察侦查权配置的多种形式以及理论上关于检察侦查权属性问题的各种纷争。例如，学术界就有关于检察侦查权属性的各种主张：有的人认为是行政权；有的人认为是司法权；也有的人认为具有行政权和司法权的双重属性；还有人认为是法律监督权。① 我们认为，检察侦查权的属性定位必须结合一个国家的具体情况来确定。

综合各国检察机关行使侦查权的类型和学术上关于检察侦查权的分类，我们可以大致将现存各国的检察侦查权的属性分为以下几种主要类型：

1. 属于行政权

在英美法系的一些国家中，检察机关也享有一定程度的侦查权。例如美国，检察机关、警察机关和大陪审团都享有法定的侦查权。只是相比警察而言，检察官所具有的侦查范围要少得多，大陪审团仅仅是起一些案件的侦查辅助作用。② 由于检察机关需要运用证据来追诉犯罪，无论是检察官自行侦查的案件还是警察侦查终结移交检察官起诉的案件，对于侦查活动的操控，检察官的作用都是至关重要的。"在美国，侦查主要由警察实施……检察机关除侦查法律规定由其侦查的案件和履行公诉职能外，在大陪审团审查起诉的案件中，还负责向大陪审团提供起诉书草案和有罪证据……"③ 尽管美国检察体系具有分散性和多样性特征，但检察机关的行政化倾向是十分明显的。地方检察官像地方行政长官一样通过选举产生，属于行政序列；联邦政府的检察机构与司法行政机构合而为一。在美国，检察机关既是公诉机构，又是政府的法律顾问或律师机构。在行使侦查权方面，检察机关的职能和作用与警察机构并没有本质上的区别。美国检察侦查权区别于法院司法权所具有的明显行政特征，是由美国严格奉行立法、行政、司法"三权分立"原则所决定的。所以，将这一类型检察侦查权与警察机关的侦查权一道认定为行政权是没有什么问题的。

2. 具有行政权和司法权的双重属性

在西方的一些国家或地区，"三权分立"原则并非概莫能外地加以贯彻，立法、行政和司法三权之间的划分并非都像美国那样泾渭分明。权力分离的不彻底和历史沿袭下来的各自法制传统，使一些国家的检察权在行政权和司法权之间游离不定。既不能将其完全归入行政权范围，也与专掌司法的法院审判权有区别。"无论从欧陆检察官制之创设目的或台湾现行的相关规定以观，检察官既不可能被定位为'一般的行政官'，也不可能被解释为'独立的法官'，

---

① 参见庄建南等：《论职务犯罪侦查权的配置》，载《法学评论》2008 年第 5 期，第 125 页。

② 参见朱孝清等：《我国职务犯罪侦查体制改革研究》，中国人民公安大学出版社 2008 年版，第 29 页。

③ 宋英辉：《刑事诉讼原理导读》，法律出版社 2003 年版，第 307 页。

而是自成一格，居于两者之间中介的'司法官署'（Justizbehörde），或称'自主之司法机关'（selbständiges Organ Rechtspflege）。……检察官向来亦居于法官与警察、行政权与司法权之间的中介枢纽。"① 从典型的大陆法系国家法国和德国的检察制度中就可以看出，检察机关所享有的权属和地位既不像警察机关那样属于完全的行政机构，也不能划归于法院的司法权。例如法国，检察机关属于政府司法行政部门领导，检察官由司法部长提名、总统任命，由此决定了检察权，包括检察侦查权具有行政性特点。然而，检察官与法官之间的联系又是非常紧密的，他们要在国家司法官学院接受同样的教育，都受同一法律《法官章程》所调整，检察官与法官之间的相互调动也是常见的事情。这些又明显地区别于其他行政官员。② 在德国以及其他一些大陆法系国家，包括亚洲一些混合型法制国家，如日本、韩国等，也都有大致类似的情况。对于这些国家的检察侦查权，我们既无法说它是单纯的行政权，也不能简单地归属于司法权，只能是介于二者之间。

　　3. 属于法律监督权

　　这一提法是伴随法律监督理论在新中国的崛起而出现的。如果追溯检察机关法律监督权的历史起源，还得从苏联检察制度说起。一种新型检察制度和检察权的诞生，如果再用西方已经成形的检察制度模式来加以概括显然是不科学的。所以，理论上将具有法律监督职能的检察权，包括检察侦查权理解为法律监督权是没有错的。由于苏联检察制度是在列宁强调法制统一思想指导下，并受到俄国法制传统影响形成的，因此，在执法活动中以监督为导向是检察权的基本价值选择。苏联解体后，俄罗斯检察权虽然经过多次改革，但法律监督的基本模式仍然没有改变，并且越来越与我国的检察权接近。将一个占世界人口近四分之一的我国的新型检察制度概括为一个独立的检察权模式，对于研究世界法制理论来说是十分必要的。所以，我们没有理由以西方"三权分立"理论来怀疑对中国当代检察制度和检察权的充分研究。

　　同时，把中国的检察侦查权定位为法律监督权是由中国特色社会主义检察制度所决定的。在我国，人民代表大会制度把国家的权力通过宪法划分为五个部分，即立法权、行政权、司法权、法律监督权和军事权。法律监督权由检察机关行使，法律监督权中又分别囊括了公诉权、职务犯罪侦查权、诉讼监督权以及特别检察权等。在这样一种权力结构下，无论把检察权之一的职务犯罪侦

----

　　① 林钰雄：《刑事诉讼法》（上册·总论编），中国人民大学出版社 2005 年版，第114 页。

　　② 参见魏武：《法德检察制度》，中国检察出版社 2008 年版，第 12～17 页。

查权归结为行政权或者司法权都是不妥当的。所以，对中国的检察侦查权以及与中国类似的一些国家的检察侦查权，最合适的解释是法律监督权。更有学者认为，侦查权既然具有工具和手段的特征，如果把职务犯罪侦查权与普通刑事犯罪侦查权区别开来，那么它就成了一种具有监督权性质的检察权的核心组成部分。①

（二）检察侦查权配置的根据

任何权力的诞生都具有特定的社会背景和文化背景，权力也是随着社会的变化和发展而逐步健全的。要合理地配置、运用和控制某一权力，就必须首先懂得权力的起源和来由。无论是权力的行使者和接受权力管束的人，都应当是这样。洛克在《政府论》中说了这么一句话："一个人除非充分了解谁是有权对他行使支配权力的人，否则，他在良心上绝不会感到有服从任何一种权力的约束力量。"② 检察侦查权作为具有国家强制力的权力，它首先是建立在集中反映统治阶级意志的法律制度基础之上的。但法律制度的形成是人类社会长期文化传统的结晶，是社会实践和法学理论的结晶。所以，检察侦查权的形成和发展，与法律制度、法律文化和法治实践密不可分。

1. 法律根据

所谓法律根据，是指支持某一行为符合法律要求的出处或来源，或者说是某一事物赖以存在的法律本原。法律的根据，一般包括宪法、基本法律，以及行政执法过程中由国家颁布的行政法规、规章命令等。但作为司法机关所遵循的法律根据，主要是宪法、基本法律，以及由立法机关制定的其他法律、法律解释，由有权解释法律的机关所作出的司法解释。当然，刑事执法和司法过程中也可能参酌行政类法律、法规，但一般是在刑事法律出现空白的情况下才运用。

法律根据是执法、司法活动正当、合法运行的前提，没有任何根据的执法、司法行为，不仅实体上构成违法，而且程序上也不合法。中国刑事司法的特点是重实体、轻程序，执法、司法理念深受"程序虚无"思想的影响。反映在刑事诉讼过程中，是公、检、法三机关都把目光聚集到犯罪构成的焦点上。司法工作人员无论是在进行侦查、起诉或者审判，首先是从实体法——刑法上寻找根据，并进而把整个追诉过程都建立在实体根据之上，忽略了诉讼法

---

① 庄建南等：《职务犯罪侦查与发法律监督》，载张智辉主编：《中国检察》（第18卷）2009年版，第96~105页。

② ［英］洛克：《政府论》（上篇），瞿菊农、叶启芳译，商务印书馆2005年版，第71页。

律对程序的规范和控制作用。例如，侦查过程把侦查对象当作犯罪嫌疑人对待，认为犯罪嫌疑人的行为已经构成了刑法上的某一犯罪，便轻率地认为无论对犯罪嫌疑人采用孰轻孰重的强制都不是重要的，重要的是如何保证收集的证据能够将犯罪嫌疑人送上法庭。犯罪嫌疑人的人权保障问题就往往在这种思想支配下被忽略。

在我国，检察权属于宪法明文规定的国家权力之一，是一种宪法性权力。与此不同的是，在西方大多数国家，检察机关和检察权并没有明确载入宪法，而是与其他行政机构的职能一起被归入政府权力之列。即使这样，检察权所具有的国家强制力属性，也依然能够说明这一权力的本质最初是来源于宪法和法律的授权。检察侦查权是检察权的组成部分，因而，检察侦查权的运行也应当包含合宪因素在内。依法保障公民的人身自由权利不受非法侵犯，是刑事犯罪侦查实践中所面临的大是大非问题。它既是刑事诉讼的基本原则，也是宪法的基本原则，其反映出来的侦查权是否合宪性特征是十分明显的。但是，宪法是国家的根本大法，是总章程，它对刑事诉讼关系的调整并不是直接的，而是通过规定法律方面的总的原则和纲领来实现的。所以，我们说侦查活动的合宪性，是需要通过刑事程序性法律的联结作用来具体体现的。

从侦查权的主要特点看，它更多地表现出来的是与刑事程序法律的关系问题。在任何一部刑事诉讼法中，都或多或少地用一个章节来具体规定侦查程序，并且其他程序的很多相关内容也可能直接或者间接与侦查活动相关。我国《刑事诉讼法》第二编第二章的全部内容都是规定侦查程序的。而与侦查直接相关的，还有《刑事诉讼法》第一编第五章"证据"、第六章"强制措施"、第八章"期间、送达"、第九章"其他规定"，第二编第一章"立案"等。此外，其他各编、章中的内容也都间接与侦查程序相关联。可以这样说，刑事诉讼法的绝大部分内容都是侦查权行使的根据，其中相当多的条款是侦查权行使的唯一根据。离开了刑事诉讼法规定的具体条款，侦查活动便无枝可依了。所以，侦查权的更多法律根据是刑事程序性法律。

法律必须由享有立法权的机关依照法定程序制定并颁布实施，这是对法律所作的狭义理解。法律的另一层含义是它的广义性，即用以维系社会正常运行的国家整体性法律，它除了由专门立法机关制定的法律外，还包括有法律效力的解释及行政机关为执行法律而制定的规范性文件（如规章、命令）。检察权配置的法律根据既包括狭义上的法律，也包括广义上的法律。如立法机关对检察职能进行规范所作出的解释，理当成为检察权配置和运行的根据；作为具有司法解释权的最高人民检察院作出的与检察权运行相关的解释内容，在不违背被解释法律的前提下与法律具有相同效力。

但是，作为检察权配置根据的广义上的法律，在具体适用过程中不应当作出扩张性解释或者适用。也就是说，检察权的配置不能超越法律规定的基本内容和范围。由于成文法的机械性难以应对社会实践中不断涌现的新问题，法律往往被进行扩张性的解释。并且在解释的时候常常会使人们的判断处于模棱两可的地步，即难以肯定性地认为这样的解释是否超越了法定原则。所以，我们认为，作为检察权某一具体权力的配置，必须具有法律上的明文规定，需要法律明确地授予某项具体权力。而解释，无论是法律解释还是司法解释，都只能围绕法律明确给出的这项权力进行。解释不能根据法律规定的概括性规定来类推解释得出某一项含糊不清的具体权力，也不能超越法律规定对某项权力作出扩张性规定。否则，就是违法。

2. 理论根据

法学是在社会不断进化和改善的过程中慢慢形成的，漫长的人类发展史中所记录的法学进化过程是用学术研究的形式一代一代地传下来的。梅因这样说："一些最早的观念，与现在如此充分发达的法律的和生活规则中的概念有着关联，它们就包含在荷马史诗中的'忒米斯'（希腊万神庙中的'司法女神'，即 Gooddess of Justice）和'忒米斯特'（Themis 的复数，意指审判本身，是神授予法官的）这些词语中。"① 如果不是专门研究法学，人们可能更多的是关注荷马史诗的文学和史学价值，而只要对法学发生兴趣的人才会去潜心地考察它的法学价值。而法学与社会生活的密切关系也从理论上得到了很好的验证。其实那些仅仅把法学当作一门应用性理论来对待的观点是错误的。至少我们不相信像"排除合理怀疑"、"自由心证原则"这些概念原本都是实践中就存在的，绝对不会是法学家们像鹦鹉学舌一样仅仅把它们重复一遍。

如果我们从这些角度去思考，我们同样会发现刑事侦查过程中的很多规则和制度都是由与此相关的理论原理来支撑的。例如，侦查犯罪的过程中离不开采取强制措施，而强制措施是暴力和权力合作的产物，国家机器一旦被滥用就会成为无辜者遭受折磨的工具。由民主取代专制把人权保障问题推到了社会必须加以解决的层面。这样，如何调节国家必要的强制权力与需要得到保障的犯罪嫌疑人权利之间的关系，促使人们去思考和探索，形成了刑事诉讼中许多理论原则和规则。在侦查活动中，侦查人员的功利思想可能把他们引向仅仅关注获取证据的渠道和方法，为了取得有效证据他们不惜采用各种手段，很容易从思维中将人权保障问题予以搁置。在惩罚犯罪和保障人权之间的矛盾处于难以

---

① ［英］亨利·萨姆奈·梅因：《古代法》，高敏、瞿慧虹译，中国社会科学出版社2009 年版，第 3 页。

调和的时候，有人提出了"非法证据排除规则"，像因米兰达诉亚利桑那州一案而产生的"米兰达忠告"就是这样。这些规则的形成丝毫也不能离开理论的归纳与综合作用。

为了进一步说明侦查体制的建立对于理论原理的依赖性，我们用以下一段模拟的话来加以辨识：侦查员甲说，有证据证明有犯罪事实，需要排除其他可能性。侦查员乙说，有证据证明有犯罪事实，需要合理地排除其他可能性。这两个侦查员说的话虽然只有三字之差，但在理论的概括上却差距非常大。后者明显地运用了"合理排除理论"，把侦查权的运用恰当地解释在人能够认识的限度内，而不是无限度地、盲目地扩大认识的范围和程度。假如侦查人员认为那些能够证明犯罪的事实，非得不具有其他任何可能性，他不仅没有充分的时间、没有足够的能力去调查，而且还存在不能查清的可能性。因为一个消失得无影无踪的"事实"，他只能凭自己的想象去创造出来。

理论根据不仅仅是那些在法律条文中无法寻觅的问题需要解决时才会想到它，就是成文法明确规定的条款中，也可以看到它们在暗中努力的影子。"犯罪"这个连小孩都明白的概念，当《刑法》第13条用颇长一段文字将它解释出来后，法官在判定时仍然要到处去寻找资料来论证他的判定与刑法的规定是否相符合。当理论上的解释观点正好契合法律的规定时，法官作出裁判的决心也就坚定了。一个侦查员要对某一文件进行鉴定，确认它是否属于犯罪嫌疑人所伪造。但如果这位侦查员不懂得或者不更多地懂得证据所需要达到的证明原理和证明标准，他不仅在鉴定过程中会显得一筹莫展，而且鉴定材料到法庭上所证明的结果会令他大失所望。而这些证据需要达到的证明原理和证明程度，法律是不可能一字不差地给他写出来的。

3. 实践根据

"把任何一个属于我的意志选择的外在对象作为我的（财产）是不可能的。换言之，这个准则，如果要变成一项法则，便要达到下面的效果，即意志所能选择的对象，其本身在客观上必须是没有一位主人的（作为无主物），那么，这个准则和权利是矛盾的。"① 现在我们再用康德的意志论观点来解读法律由统治阶级对实践选择的属性问题。如果我们用康德的观点来推论统治者从实践中选择某种制度具有其合理性，是不容被置疑和否认的，那么，把社会实践作为一种诉讼制度建立的根据并确认这种制度具有其合规范性也是不容否认的。应当说，人类社会对某一制度的选择，在很大程度上是与康德这种意志论的观点相契合的。

---

① ［德］康德：《法的形而上学原理》，沈叔平译，商务印书馆1991年版，第55页。

　　既然实践具有主观要素同时又具有客观物质要素，那么，它对于人类的认识来说，到底是靠得住的还是靠不住的？应当说，对于纯粹的理论来说，实践是最可靠的，因为没有社会实践，任何一种美妙的理论都无法判断出它到底是好还是不好。只有把一种自称是科学的理论纳入社会实践之后，由社会实践来对其进行评价，得出的结果就可以作为证明该理论是否成立的依据。中国特色检察制度就是把一种新型的法制理论放到社会实践中去检验，几十年的中国建设实践表明，这种制度符合中国社会实际，可以得出中国当代检察制度理论是好的、科学理论的结论。完善中国检察侦查权所创立的人民监督员制度，也是根据法治的需要所创设的一种监督理论。但这种理论目前正在接受实践检验，如果符合实践需要而且可行，它就会成为一项法律所认可的制度而固定下来。否则，它也可能被实践所抛弃。没有经过实践检验的理论就认为是完美无缺的理论，那只能是一种幼稚而又盲目的设想。无论我们是要引进国外法制理论还是自己创设某种理论，都需要首先经过社会实践的检验。能够保存下来继续发挥作用的东西就是好的，不符合社会发展需要甚至与社会需求背道而驰的东西就是不好的。具体的社会实践中更多地追求实用价值，比像诗人那样去寻找想象的空间要好得多。中国把职务犯罪侦查权单独地赋予人民检察院，这种侦查体制与中国检察权的法律监督性质相一致，能够很好地解决中国的现实问题。所以，这种制度正在得到发展和完善。

　　实践虽然是由人来操控的过程，但时间并不完全受到人的意志左右。从这个意义上看，对于人的意志来说，实践又往往是不可靠的。简单地说，就是实践不一定完全按照人的意志所规划的线路图去行驶，实践中产生的很多问题常常会与人们事先的设想计划背离、矛盾。我国 1996 年《刑事诉讼法》颁行以后，侦查实践中就出现了不少新问题，由于法律制定时没有设想到从而导致司法实践操作中无据可依，这就是实践过程与立法者意志出现分离的表现。例如，刑事侦查活动中，传统的侦查工作都是把重点集中在惩罚和打击方面，忽略对犯罪嫌疑人个人合法权利的保护，导致司法实践中刑讯逼供、非法取证、非法搜查现象十分突出。而保证公民人身自由权本来是我国宪法、刑事诉讼法所一贯强调的基本原则，也是立法者意志的体现。

　　把司法实践作为侦查权配置的根据，是要求用实践中不断暴露出来的问题去促使人们研究、探讨，运用立法工具和理论工具找出解决问题的办法，实践又可能在这个时候把那些立法者和法学家的目光引向一个焦点。立法的目的虽然主要是针对司法实践中的问题寻找解决的方法，但这些方法是带有全局性、概括性或者归纳性的，需要通过大量的理论论证来加以推导，在确信其可靠程度之后才能将其上升为法律。在这个过程中，理论上的论证不为立法者所采纳，或者立法者的意图得不到理论家的支持的现象都是会发生的。而在二者争论不休的关键时刻，实践可能再次跳了出来，作为解决他们之间纷争的"裁决者"。我国刑事诉讼法的渐变过程就可以证实这一点。客观地说，在刑事诉讼法的价值取向上，立法者更多的是站在维护社会整体利益的角度，重点关注的是打击和惩罚犯罪问题。而理论家们面对立法严厉苛刻的条款，再没有兴趣去关心如何更加有力地惩罚犯罪了，而是把目光转向了人权保障。他们所关注得最多的应当是如何协调刑事诉讼中对公民个人权利和自由的保障，去更多地讲述如何通过限制国家强制性权力来保护犯罪嫌疑人的合法权利问题。

法律、理论和实践就是在相互碰撞中不断得到平衡与协调。例如，那些本来应当严厉规定处罚措施的条款，由于社会矛盾的凸显而不得不加以妥协。不严格惩治，社会文明环境会越来越糟糕；打击过于严厉，又可能引起社会动荡。或许，一个各方面都可以接受的平衡点，是这个处于两难境地时候的最好选择。

（三）检察侦查权配置的模式

在这里，我们通过对各主要国家检察侦查权的大概描述，以检察机关在刑事犯罪侦查领域中所处的位置，以及刑事诉讼中对侦查权的分配问题等为基点，将世界上现有检察侦查权配置的模式大致分为主导型模式、混合型模式和并列型模式三种。但是这种划分只是相对的，不是绝对的，并且仅仅是从研究的角度提出一些参考性见解。

1. 主导型模式

所谓主导型检察侦查权配置模式，是指作为侦查主体之一的检察机关，在整个侦查过程中起着引领和推动作用的一种侦查体制。从"主导型"这个词义上我们可以看出，检察侦查权在这种配置模式中不是唯一行使侦查权的主体，甚至不是承担主要侦查任务的主体，而是起着一种导向性、指挥性的作用。这种导向性、指挥性的职能是由法律作出明确规定的，因此，检察侦查权也是法定的侦查权。检察侦查主体虽然与其他侦查主体彼此分离，但他们在侦查权的行使方面却又不谋而合地结为了一个共同主体。

以德国为代表的侦查体制是典型的主导型检察侦查权模式。"在许多方面，公诉检察官（Staatsanwalt）是德国刑事诉讼程序的主要人物。德国刑事诉讼法赋予其在从开始侦查的最初阶段到执行刑罚的最后阶段的主导地位。"[①]"检察机关需接受人民之告发（Strafanzeige，或译检举）及告诉（刑诉法第

---

① ［德］托马斯·魏根特：《德国刑事诉讼程序》，岳礼玲、温小洁译，中国政法大学出版社 2004 年版，第 37 页。

158 条），其亦需执行或主持侦查程序（刑诉法第 160 条以下），命为暂时之逮捕、扣押、搜索、设置管制站、保全措施、确认人别身份及其他的缉捕措施……"① 根据德国刑事诉讼法第 160 条规定，只要检察官了解到具有犯罪嫌疑的行为时，就应当依职权展开调查，并且应当将调查过程"延伸到对确定法律对行为的处分具有重要的情节"②。可以看出，德国检察机关不仅是法定的侦查机关，而且在侦查过程中处于享有领导权的地位。但是，德国检察官并不是职业的侦查能手，他们通过什么样的手段来完成需要相当技术手段才能侦破的侦查任务呢？答案只有一个，就是必须依靠警察的力量来实施。德国学者克劳斯·罗科信对此作了这样的描述："在进行调查程序时，检察机关由警察人员协助之。因为检察机关本身并无这类的执行机关；也可以说其为'有头无手'。不过警察人员也非隶属检察机关之下，而是隶属各邦的内政部；但就其功能而言，法律则将之列于检察机关之下。"③所以说，在德国，检察机关虽然是法定的侦查机关，而且左右着整个侦查权的行使过程，但具体侦查任务的完成却不能完全归功于他。就像一栋高楼大厦的耸立，如果把建筑成就归于工程师一人，恐怕是太不公平了。他的作用是关键的，但他的能量也是十分有限的。

主导型检察侦查权模式也可以被称作控告型检察侦查权模式。所谓控告型，也可以解释为追诉型，简单地说，就是一切努力都是为把犯罪嫌疑人送上审判席。如果再明确一点地说，就是认为犯罪嫌疑人触犯了国家法律，要代表国家作为原告人的身份来追究他的刑事责任。在西方国家的刑事诉讼法典中，你希望像我国刑事诉讼法规定的那样找到侦查程序从什么时候开始是很困难的，而且大多数法典都没有明确规定侦查程序的具体范畴。例如，德国刑事诉讼法是将侦查视为审前程序，也就是检察官向法庭正式起诉之前的程序。然而，这个程序用中国刑事诉讼法规定的程序是无法加以判断的，因为在审前程序中当然地也包括有像知情人告发、举报、控告、犯罪信息的接受、调查、取证、搜查、扣押、羁押等不同类型的行为，谁能分清哪些是具有国家机关的程序性内容，哪些只是一般的个人行为。"审前程序没有正式的起点。在大多数案件中，侦查的启动及其理由记录在警察局的日志或案卷中。""审前程序有双重目的，将不需要进行审判的案件筛选出来，同时为那些需要审判的案件收

---

① ［德］克劳斯·罗科信：《刑事诉讼法》（第 21 版），吴丽琪译，法律出版社 2003 年版，第 65 页。

② 《德国刑事诉讼法典》，李昌珂译，中国政法大学出版社 1995 年版，第 78 页。

③ ［德］克劳斯·罗科信：《刑事诉讼法》（第 21 版），吴丽琪译，法律出版社 2003 年版，第 69 页。

集证据。"① 从上述后面一句话中我们可以清楚地看出，所谓"审前程序"，其实是把我国刑事诉讼法中所规定的审判前的所有程序融为一体，控告、立案、调查、采取强制措施、起诉等，都是围绕对被告人提起诉讼要求法庭追究其刑事责任这一中心点来进行的。像我国这样检察权与侦查权、刑事司法警察与检察官职能的明显分野，在那里似乎是不存在的。警察也没有资格与检察官平起平坐，在共同的侦查活动中他们只是检察官的侦查助手，只能由检察官来指挥他们，而他们除了服从指挥外无任何指使检察官的权力。

西欧主导型检察侦查权模式的形成，大致来源于两个方面原因：其一，是囿于检察官的独特地位和身份。我们知道，欧洲大陆国家的检察官最早是由"国王的代表人"所演变而来，开始是代表国王维护王室财产和其他利益，之后又参与到处理刑事犯罪案件。在由"王室"向政府的过渡中，"国王的代表人"逐步转变为国家的检察官，成为国家追究犯罪的主要力量，并成为国家掌控追诉权的唯一主体。所以，由检察官来主导对刑事犯罪的侦查是理所应当的。其二，是出于控制警察、保障人权的需要。近代以后，伴随西方犯罪率的不断上升，社会秩序的日趋混乱，警察组织也不得不进行扩张。而警察权是自由权的天敌，如果警察权的行使不能受到必要的监督和制约，将会给人权保障造成很大伤害。这样，国家为了在打击犯罪和保障人权之间寻求一个平衡点，就运用检察权来控制警权，通过检察机关的监督与制约作用，把警察机关的权力控制在恰当的范围内，防止警察滥用职权。因此，对于刑事侦查这样容易侵犯人权的程序中，就当然地引入了"法律保护神"的检察监督体制。

主导型检察侦查权模式反映了刑事诉讼中职权主义诉讼方式的特点。职权主义诉讼方式是由纠问式诉讼方式演变而来的，虽然它不是纠问式诉讼方式的直接结果，但在诉讼形式和诉权内容方面却与纠问式诉讼具有不可分离的历史亲缘关系。职权主义诉讼把纠问式诉讼方式引入诉讼程序的特点，就是把原来由法官来掌控调查犯罪事实和证据的任务，转交给了由政府设立的专门侦查机构。这相对于由法官集侦、控、审于一体的诉讼制度来说，确实是刑事诉讼上的一个历史性进步，至少它可以防止司法专横。但它也带来了消极方面，就是这项权力不是由具有中立地位的裁判者来享有，而是握有国家行政权的侦查机关来享有。国家持有这项权力，也就是统治者持有这项权力，在统治者观点与被统治者的观点发生分歧、国家利益与公民个人利益发生冲突时，侦查权的行使者是站在哪一边？很明显，肯定首先考虑的是国家和社会整体利益。为了避

---

① ［德］托马斯·魏根特：《德国刑事诉讼程序》，岳礼玲、温小洁译，中国政法大学出版社 2004 年版，第 90 页。

免过于偏向的行为发生，国家必须设计出能够制约强势者的机制，把某种强权克制在可控范围内。所以，主导型检察侦查权模式产生的内在原因之一，是为了从权力内部寻找监督和制约办法，主要体现了权力的内部修正问题。

2. 混合型模式

混合型检察侦查权配置模式，是指在刑事诉讼制度的发展变化过程中，人们根据社会实践的需要，将刑事侦查权由集中统一向分散、均匀的方向发展，检察机关成为侦查权的主体之一，与其他两个以上的侦查主体共同享有侦查权的一种模式。这里的所谓"混合型"，是指其构成模式难以用一种明显而又具体的形态固定下来，故而称其为混合型。所以，这里所指混合型检察侦查权模式，不包括那些界限分明的介入式和分离式的检察侦查权模式，主要是指那些在侦查权行使方面，检察职能与其他法律职能之间出现交叉现象，难以明确划分侦查权属的形式。

作为混合型检察侦查权模式的代表，主要是美国的检察侦查体制。本来美国的司法制度在很大程度上沿袭了英国传统的司法体制，在诉讼制度方面也同样具有很大的亲和性。但美国在接受英国诉讼制度时也并没有完全照搬，而是加以改造，糅合了其他西欧国家的一些法制内容，使其形成了既隶属于英美法律体系，又有别于英国传统司法制度的新型的英美司法体系。表现在检察制度方面，最明显的就是美国并没有贯彻英国那样实行检警完全分离的原则。在英国，检察机关与警察机关完全属于两个不同系统。警察机关属于英国内政部领导，检察机关则自下而上形成一体，在中央设立了总检察长，统一领导全国检察官。而美国在中央司法体制方面并没有把二者完全分离开，一个最明显的表现就是总检察长就是联邦司法部长，作为美国最高警察机构的联邦警察局则属于司法部长领导。所以，在美国的中央权力结构中，检察机关与警察机关的领导体制是同一的。这种权力体制设计的结果，是把本来完全分离的侦查权与公诉权在一定的程度上结合起来，使这两种权力的上层管辖划分出现了混合的现象。尽管公诉职能是大多数英美法系国家的基本职能甚至唯一职能（如英国），但在两大法系开始走向融合的当代，这种起诉权与调查权完全分离的局面已经在美国被局部性地打破。

一般学者认为，美国的检察机关对某些犯罪，如官员犯罪享有侦查权。[①]由于美国实行联邦制，检察机关在联邦、州、地方三级之间不像我国这样具有上下隶属关系，各级检察官在法律地位上都是平等的。这种松散型司法体制也导致了美国不同州检察机关在是否享有侦查权方面的区别：有的州检察官像英

---

① 程味秋主编：《外国刑事诉讼法概论》，中国政法大学出版社1994年版，第41页。

国检察官那样，只负责起诉任务，不负责侦查；有的州则更加倾向于大陆法系国家的做法，检察官可以与警察一道对案件实施侦查；还有的州介入前两者之间，只针对一些特殊案件进行侦查，如贪污、行贿受贿、警察腐败、白领犯罪等与职务行为有关的犯罪。

检察侦查权的混合型还表现在公众参与侦查的方式上。如果说警察和检察官都是代表政府追诉犯罪的话，那么，大陪审团却不应当具有代表政府的资格。而在美国，负责审查起诉的大陪审团在犯罪事实、证据需要进一步调查才能确定是否构成犯罪、同意起诉时，也可以行使侦查（调查）权。在英美法系中，侦查权的概念一般都被解释为调查权。人们这样解释的用意，主要在于英美法系的刑事诉讼在传统形成过程中充满了大众化特色，而与欧洲大陆那样森严的政府行为相比较似乎有更大的随意性，所以觉得用侦查来解释不合适，就用一个各方都能接受的"调查"一词来解释。事实也是如此，翻开英国历史，侦查活动并不是像东方国家这样严格地规定由政府的警察官员实施，私人侦探也是侦查中不可或缺的一股重要力量，并且在侦查技术和能力方面完全可以与政府的警察相媲美。

混合型检察侦查权的形成，与英美法系国家习惯法的传统以及法律体系的分散性密切相关。判例法是在英国中世纪时期开始形成的，其基本原则是"遵循先例"，即法院先前作出的判决当然地作为其后审理和裁决类似案件的法律依据。目前美国是典型的实行判例法的国家之一。但在当代美国，法院如果认为先例不适合眼下的案例，法院在有合理理由的情况下也可以拒绝适用先例，或者另行确立一个新的法律原则来推翻原来的判例。判例法得以运用的指导思想，在于要人们承认立法本身具有不可完备性，法官有权根据实际情况和法律条款的实质性内容作出具体解释。判例法的长期运用将制定法引向分散化是毫无疑问的。而且不仅仅是法律体系上会导致分散，在与法律运用直接相关的那些司法体制领域也是如此。我们可以看到，在英国，法院的名目之多往往弄得那些起诉者不知该投诉何门；检察官、法官、律师、警察之间的区分，也仅仅是当他们手中处理某一特定案件时，你才能确定他的身份，当案件处理完之后，他的身份可能就发生了转换。

混合型检察侦查权模式与主导型检察侦查权模式的一个显著区别，是它更加倾向于当事人主义而疏远于国家权力的运用。英国普通法的传统是私诉，私诉曾长期是英国诉讼制度中的基本起诉形式。在这种诉讼形式中，刑事诉讼被认为与民事诉讼一样是公民个人的事情，是否追究犯罪者刑事责任主要取决于被害方，国家不应当去主动干预。这种"诉讼责任个人化"的倾向，导致了弹劾式诉讼方式的本质性特征在英国长期保持下来。同时，在国家集权化和诉讼民主化双向矛盾运动的同时，英美法系那种注重对个人权利和自由保护的原则也与大陆法系形成了明显差异。在这种原则支配下，由其他社会主体来参与对犯罪的调查并没有什么不妥之处，或者说他们本来就应当是与政府的侦查行为分庭抗礼的。所以，当事人在诉讼中的对抗作用一直保持到法庭作出裁决之前。这是由习惯法体系所引申出来的混合型检察侦查权所固有的特性。

3. 并列型模式

并列型检察侦查权配置模式，是指检察侦查权配置按照一定的规定和要求，使各权力行使主体及其权力运动方式彼此相互联结，实施同步运行的侦查权操作模式。在我国，刑事诉讼法设计了两种法定的侦查权：一种是公安机关（也包括其他与公安机关类似享有侦查权的行政机关）的侦查权，也就是国外由警察负责侦查的形式。但在我国，警察的侦查权并非像大陆法系国家那样依附于检察官的决定和指挥权，而是自身所具有的独立性权力。从侦查的管辖到侦查的终结，公安机关自始至终都享有独立的侦查权力。当然，采取逮捕措施除外。即使是那些在西方国家只能由法官才有权决定的、除逮捕以外的其他限制或暂时剥夺人身自由和财产权利的措施，公安机关也可以自行决定并自行执行。另一种就是检察机关的侦查权，主要是对官员职务犯罪进行侦查的权力，也包括其他少量一般案件的补充侦查权和特殊案件侦查权。检察机关所享有的侦查权比公安机关的侦查权从某种意义上讲更加具有超脱性。如果说公安机关侦查权行使过程中还受到检察机关审查批准逮捕和审查起诉制约的话，那么，检察机关自侦案件的侦查并不受来自系统外其他法定机关的制约。这是一种适应中国特定环境下的特殊侦查体制，而且形成由来已久，并且已经发展成为制度化、规模化和法制化的一种新型侦查模式。

上述这两种侦查权的并列性，可以主要通过以下几个方面来加以说明。其一，侦查权行使主体彼此独立，这是并列型检察侦查权形成的基本前提。如果没有独立性，就可能归入像大陆法系那样的主导型检察侦查权模式之中。独立地行使各自依法享有的侦查管辖范围，把二者在刑事侦查中的权利义务（此处仅指行使侦查权，不包括监督和制约等因素）完全割裂开来。其二，这两种侦查权在刑事诉讼本质上具有共性特征，即无论是公安机关行使的对一般刑事犯罪的侦查权，还是检察机关行使的职务犯罪侦查权，在诉讼本质上都具有同一刑事诉讼法本质含义的共通性，在侦查权的性质上都体现了国家的追诉性。如果没有这一特点的联结，就难以成立侦查权运行的并列型。其三，具有刑事诉讼理论上的共通性。即这两种侦查权尽管各自独立进行，但都是由同一部刑事诉讼法来调整，而且在运行格局方面都完全契合刑事诉讼原理，在侦查程序方面也基本上共同扼守刑事诉讼法的有关规定。所以，把这两种侦查权比喻为齐头并进是比较合适的。

　　与中国检察侦查权比较接近的还有原东欧国家及现在的俄罗斯检察侦查制度。在俄罗斯刑事诉讼法中，对刑事犯罪的审前处理程序分为调查程序和侦查程序两种。前者主要是由一般性行政机关就犯罪行为所进行的初步调查工作，主要包括一般民警、国家安全机关、劳动改造机关、部队、消防部门、税务部门等。这个程序是不计入正规的刑事诉讼程序的。而作为刑事诉讼程序之一的侦查程序，则是由检察机关、内务机关和国家安全机关来行使。在侦查权的管辖方面，俄罗斯刑事诉讼法也对检察机关、内务机关和国家安全机关三部门所享有的管辖范围作了大致的划分，即根据《俄罗斯联邦刑事诉讼法典》第126条的规定具体承担对犯罪案件的侦查范围。①

　　这种并列型检察侦查权模式的形成与国家权力体制密切相关，同时也承续了社会的历史文化传统。无论是在中国还是在俄罗斯，历史上都习惯于建立统一巩固的中央集权制度。这种政权结构形式的主要特点之一，是需要自上而下地建立维护权力正确运行的监督体制。因此，作为具有政治控制和法律调节双向功能的检察权登上监督权的位置是一种较好的选择。检察机关进行监督的主要对象当然是掌握行政权力的官员，这样，把对官员犯罪纳入检察机关的监督范围而对其行使调查、侦查权是顺理成章的事情。同时，警察的职能特征决定了他们具有滥用权力的可能，设置检察权来对他们进行监督也是必要的。但监督机关与被监督机关之间必须保持一定的距离，不能像西方大陆法系国家那样警察与检察官合为一体，否则监督的作用就会在协助中被消磨掉。所以，实施并列型的检察侦查模式是这种政治体制下的最好选择。

　　并列型检察侦查权模式的一个突出优点，就在于它把对官员犯罪的侦查从普通刑事犯罪的侦查中剥离出来，由具有司法性质的机关来实施侦查。采取这样的设计方法，可以充分避免由行政机关执行侦查可能产生的不公正性。因为大部分官员都集中在行政部门，行政机关内部处置违法犯罪往往难以得到有效推行。又由于这种侦查权从权力来源上产生于国家代议机关的授权，在一定的程度上代表了全体社会成员来行使对政府的监督权利，是国家最高权力机关的常设性法律监督机构。还有就是，这种具有司法属性的侦查职能能够保障像调查职务犯罪这样涉及权力体制的惩罚功能得到依法运用，可以有效保证政治权力在法制的轨道上正确运行。所以，这种检察侦查权模式的设计具有其存在的合理性。

---

　　①　参见《俄罗斯联邦刑事诉讼法典》，苏方道等译，中国政法大学出版社1999年版，第76~80页。

二、现行检察侦查权的配置

在刑事诉讼过程中，侦查权行使的目的在于收集和保存犯罪证据，实现揭露和证实犯罪，同时又肩负着维护犯罪嫌疑人的合法权益、促进人权保障的责任。由于各国法制传统的区别和法律规定的不同，不同国家检察机关享有侦查权的程度、类别和范围，甚至包括是否享有侦查权等问题，都表现出明显的差异。我国学者在论述检察侦查权的配置现状时也存在不同的划分方式。如有的学者根据各国侦查权所具有的共性，将现行检察侦查权分为四种类别，即特定案件侦查权、补充侦查权、指挥侦查权及豁免权。① 也有的学者只对检察侦查权作了大致划分，将我国检察侦查权分为专门调查权和采取强制措施权两个部分。本书按照检察侦查权的行使内容和方式来划分。根据刑事诉讼法的规定，我国检察侦查权的配置大致可以划分为启动侦查权、一般侦查权（专门调查权）、采取强制措施权、技术侦查权和补充侦查权五个部分。

（一）启动侦查权

由于侦查在刑事诉讼程序中处于刑事案件的发生和公诉程序开始的中间环节，侦查过程与案件的发生和公诉程序开始之间必然存在一个时间标点。就后者而言，侦查过程的结束以移交审查起诉为标志是没有什么争议的。但侦查程序的开始与刑事案件的发生之间却存在一些立法规定不明确和理论上有争议的问题。从法律的规定看，我国刑事诉讼法是将立案和侦查作为刑事诉讼的不同程序进行规定的。立案程序被规定为刑事诉讼法第二编的第一章，侦查程序被规定为刑事诉讼法第二编的第二章。立法旨在阐明刑事案件的立案和侦查是刑事诉讼中的两个独立程序的含义是十分明确的。否则，法律完全可以把立案作为"侦查"一章中的一节进行规定。

事实上，刑事案件的立案与侦查之间存在千丝万缕的联系，甚至很多案件中，二者之间是在没有时间间隔的瞬间同时产生的。一方面，立案过程所要作出的结论是以是否展开侦查为价值取向的，立案所追求的目的就是实施侦查；另一方面，侦查活动的开始以立案为前提，侦查程序紧随着立案而开始，中间没有任何其他环节，两者没有诉讼上的本质区分。于是，从司法实践看，大多数刑事案件的立案就意味着侦查的开始。如果按照直观的感觉，许多刑事案件的启动简直无法将立案程序与侦查程序区别开来。但因为法律关于这两种程序的明确规定，刑事案件的启动也只能依照两个独立的程序进行，侦查机关也相

① 邓思清：《检察权研究》，北京大学出版社 2007 年版，第 172～215 页。

应地设立了刑事案件受理的举报部门和侦查部门。先由举报部门负责接收案件并进行必要审查，然后再将案件线索移送侦查部门立案侦查。这种程序上的独立和诉讼过程中事实上的联结为一体，导致了学术上产生不同看法。有的学者以我国刑事诉讼立法为依据，认为侦查机关"必须首先经过法定的立案程序，才能开始侦查"①。但多数学者认为，"犯罪案件的侦查，从立案开始"②。还有学者对我国刑事诉讼立法中将立案与侦查设置为两个相互独立程序的做法持批评的态度，认为"我国将立案与侦查分为两个独立的诉讼阶段，并且只有经过立案才能启动侦查程序，这是不现实的，也是有违诉讼规律的"。③

从刑事诉讼法对立案程序的具体规定中我们可以看出，法律之所以将立案程序与侦查程序分开单独加以规定，主要在于立案程序中包括了对案件的接受、审查和决定立案等过程，而这些过程往往会对侦查程序的正确进行产生影响。仅就后一过程，即决定立案过程而言，对于侦查活动的及时开始并不会产生什么实质性的影响。而前两者，即接受案件和审查案件的过程，特别是审查案件的过程，对侦查活动开始的时间以及最终是否展开侦查确实会产生实质性的影响。例如，有很多不具备犯罪构成条件的案件如果没有进行必要的审查，一旦进入侦查程序，不仅侵犯了他人的合法权益，而且浪费了不必要的司法资源。法律将立案作为对刑事犯罪案件进行筛选的程序，防止非犯罪案件进入侦查程序的初衷是好的。我国刑事诉讼法之所以这样规定，主要目的在于将一些立案前的调查活动排除在正式的侦查程序之外，而司法实践中又确实需要这些非正式的程序来保证对刑事案件的正确处理，这一点在最高人民检察院制定的刑事诉讼规则中得到了见证。

为了调节和解释我国刑事诉讼法关于立案程序的规定，最高人民检察院《人民检察院刑事诉讼规则（试行）》第七章、第八章中，以检察机关直接受理的案件为前提，将刑事诉讼法规定的立案程序一分为三，即用三节分别规定了受案、初查和立案三个过程。与刑事诉讼法关于"立案"一章中规定明显不同的是，《人民检察院刑事诉讼规则（试行）》增设了关于检察机关直接受理案件的"初查"程序。事实上，不只是检察机关直接受理的刑事案件采取所谓"初查"程序，在其他一些刑事犯罪案件的立案审查过程中，侦查机关也可能进行一些立案前的调查，只不过是这种调查没有纳入正式的调查程序而已，是一种非程序化的调查，不是正规的侦查。有的学者称我国检察机关的侦

---

① 邹明理主编：《侦查学》，法律出版社 1996 年版，第 153 页。

② 周应德主编：《犯罪侦查学》，法律出版社 1987 年版，第 267 页。

③ 陈卫东主编：《刑事诉讼法实施问题对策研究》，中国方正出版社 2002 年版，第 62 页。

查权为检察调查权，如果这样定义我国检察机关对职务犯罪的侦查，可以调节现行法律将审查、初查、立案等内容排除于侦查程序之外，而司法实践中审查、初查、立案等内容又事实上与侦查程序密切相关所产生的一些矛盾。不失为对我国职务犯罪侦查权的科学解释。① 英美法系国家刑事诉讼中通常都将刑事犯罪的侦查权理解为调查权，如美国联邦调查局，实质上就相当于大陆法系国家中的侦查机构。但调查权与侦查权从诉讼的角度来理解却有很大区别：调查权可以被排除在诉讼程序之外，英美法系国家亦是如此；而侦查权则一般都是纳入诉讼程序之列，大陆法系国家亦是如此。

按照我国司法解释和诉讼理论的探讨，可以将检察机关的立案环节，或者说检察侦查权的启动环节，从法律意义上分为以下三个步骤：

1. 受案

受案是指检察机关对属于管辖范围的案件作出予以接收处理的步骤。刑事诉讼中受案有广义和狭义两种。广义的受案是指对于一切犯罪线索的接收，其中包括由接受机关受理的案件和应当转交其他机关办理的案件，如我国《刑事诉讼法》第 108 条第 3 款规定："公安机关、人民检察院或者人民法院对于报案、控告、举报，都应当接受。……"这就是广义的受案。狭义的受案，是指对属于管辖范围案件的接受。例如《人民检察院刑事诉讼规则（试行）》第 163 条规定：人民检察院对于直接受理的要案线索实行分级备案的管理制度。这里的"直接受理"，就属于狭义的受案。根据《人民检察院刑事诉讼规则（试行）》的有关规定，人民检察院控告检察部门或者举报中心负责统一管理犯罪案件线索，并对所接受案件逐件进行登记。对于接受的县、处级以上的要案线索，实行分级备案管理制度，根据案情大小分别层报上级检察机关备案。

2. 初查

根据《人民检察院刑事诉讼规则（试行）》第八章第一节的规定，初查是指检察机关在正式立案侦查之前，由侦查部门负责对具有明确犯罪线索和管辖范围清晰，但案情尚不明朗，犯罪证据不足、不能判定被查对象是否构成犯罪的案件，采取的必要调查措施。由于初查是在立案之前所进行的一项调查活动，它与需要通过正式立案后才能开始的侦查程序具有明确的界限。在我国刑事诉讼中，立案是实施侦查的必要环节，只有首先决定立案然后才开始采取侦查行动，立案是侦查的前提。立案需要对案件来源和事实进行必要的审查，这种审查的简单和复杂程度是根据案件的情况来决定的，一般的案件可以进行书面审理或者询问就可以解决，但重大复杂的案件，特别是缺乏证据材料的贪污

① 参见张智辉：《检察权研究》，中国检察出版社 2007 年版，第 123～147 页。

贿赂犯罪案件，进行审查的复杂程度会相对较大。面对反贪污贿赂犯罪任务的日益艰巨和复杂化，检察机关便立足于从案件受理的审查环节来把好立案关。通过检察实践的不断积累，立案前的审查由询问、调查逐步演变为初查，直至最终形成司法解释。

检察机关进行案件初查的根据是《人民检察院刑事诉讼规则（试行）》的有关规定，现行刑事诉讼诉讼法没有对此作出明确规定。可以视为最高人民检察院规定初查的法律根据的，是《刑事诉讼法》第 110 条所规定的"人民法院、人民检察院或者公安机关对于报案、控告、举报和自首的材料，应当按照管辖范围，迅速进行审查……"所以，初查从法律意义上讲就是审查。但审查的含义应当从词义上作如何的解释，审查的范围和手段应当包括哪些内容，理论和实践中对此的解释也是各持一端，由此也引起了学术上对检察机关职务犯罪案件实行初查的质疑。过去，初查分为两种情况：归口明确、属于检察机关直接受理的案件，由侦查部门负责初查；归口不明确或有其他特殊情况的案件，则由举报中心负责初查。根据现行《人民检察院刑事诉讼规则（试行）》的规定，初查由检察机关侦查部门负责，刑罚执行和监管活动中发生案件的由监所检察部门负责初查。初查需要经过严格的审查批准程序，在一般情况下都是秘密进行的，并且不得采用涉及被查对象人身、财产的强制措施。

3. 立案

前面我们已经提到，立案是否属于独立的诉讼程序是存在较大争议的，我们的观点也是主张将立案归入侦查程序，这样可以理顺侦查程序在整个刑事诉讼链条中的关系，同时也可以避免由于侦立分离而对立案过程所产生的诸多不确定因素。由于现行刑事诉讼法和有关司法解释的明文规定，又不得不将其作为一个专门的内容加以论述。这里我们并没有像很多其他有关立案问题的论述那样，将立案作为侦查前的独立程序，并且在这个独立程序中来论述对案件的受理和初查。我们认为，案件的受理、初查与立案是具有明显先后顺序的不同过程。把对案件的受理和初查作为立案的内容在语义和理解上都会显得矛盾。所以，我们将立案过程与对案件的接受、初查（包括审查）并列地作为检察侦查权的启动程序。这样关于检察机关立案的概念，我们就可以将其概括为：是指检察机关对于具有管辖权的犯罪线索，在对案件的审查、初查的基础上，认为确有犯罪事实存在，并且有证据加以证实，予以决定纳入诉讼程序进行侦查的一个基本步骤。

检察机关对于经过审查或者初查后的案件，认为存在犯罪事实需要追究刑事责任，在制作立案报告经检察长批准后予以立案，并在规定的期限内履行立案备案审查程序。控告人对检察机关不予立案决定不服的可以要求复议。检察机关对不符合犯罪成立条件未予立案的案件，但认为需要追究党纪、政纪责任的，应当移送有关主管机关处理。

（二）一般侦查权

所谓一般侦查权，又称为专门调查权，是指检察机关依照刑事诉讼法的规定，在侦查过程中对其管辖的刑事案件所进行的专门性调查权力。这里所称专门性调查权力，是相对刑事诉讼程序之外的调查权而言。由于它通过刑事立法作出明确而具体的规定，并且被局限在刑事诉讼的范围之内，所以，刑事诉讼法学理论上习惯地将它称为专门性调查权力。同时本书将此称为一般侦查权，意在将一般侦查手段与特殊的技术侦查手段相区别。就刑事诉讼本身来说，其实就是侦查机关依法所应当具有的一般调查权力。日本学者在解释这类侦查权的时候，就将其称谓为任意调查权，以示与强制侦查（措施）权相区别。① 本书所指的专门调查权，包括讯问权，询问权，勘验、检查权，搜查权，查封、扣押权，鉴定决定权等。

1. 讯问权

讯问作为侦查权的一项内容，是展开犯罪调查的必要方式和必经程序。尽管我们在刑事诉讼中强调要重证据不轻信口供，但在无法有效获取物证、书证的职务犯罪侦查中，讯问的作用却显得格外重要。这里的所谓讯问权，是指检察机关为了收集证据和核实犯罪事实，在侦查过程中依法享有讯问犯罪嫌疑人的权力。讯问权在检察侦查过程中的重要作用，可谓是功系一发。依靠对犯罪嫌疑人的讯问作为案件的突破口，是职务犯罪侦查工作历来所因袭的传统做法。

作为刑事追诉活动中的一项重要内容，我国《刑事诉讼法》第 116 条明确地将讯问犯罪嫌疑人的权力赋予公安机关和检察机关。刑事诉讼法设专节对讯问做了较为详细的规定。新颁布的《刑事诉讼法》在 1996 年《刑事诉讼法》的基础上又作了修改。例如，明确规定侦查人员询问已经被羁押的犯罪嫌疑人应当在看守所内进行；侦查人员在讯问犯罪嫌疑人的时候，可以进行录音录像；将检察机关直接受理的案件在 12 小时内讯问犯罪嫌疑人的时间，修改为对于符合法律规定情形的案件可以在 24 小时内进行讯问；讯问时对犯罪嫌疑人进行传唤、拘传，应当保证犯罪嫌疑人的饮食和必要的休息时间。讯问时间的延长在一定程度上缓解了职务犯罪侦查的压力，而实行全程同步录音录像和强调人权保障，又对讯问工作提出了更高的要求。

---

① ［日］田口守一：《刑事诉讼法学》，刘迪等译，法律出版社 2000 年版，第 29 页。

讯问是大陆法系国家检察官普遍享有的一项权力。如德国刑事诉讼法第163a条、法国刑事诉讼法第70条、日本刑事诉讼法第198条等，都对此作了明确规定。英美法系国家严格贯彻"沉默权"规则，被告人的自白在特定条件下不能作为证据采用，因而侦查官员的讯问权事实上受到较大限制。这样允许犯罪嫌疑人保持沉默的讯问方式，看上去是比我国职务犯罪侦查中对犯罪嫌疑人讯问更为难办的一件事情。其实我们可能没有看到该规则有利的一面。大多数法制国家在侦破这类案件时，都可以采用更为有效的秘密侦查办法，比如卧底侦查、电子监控等。而且他们所处的社会法治环境也大大有利于对这类犯罪案件的侦查。在那里，相对公正的社会舆论和犯罪被查处的必然性，对那些实施了犯罪行为的人已经构成了极大的心理强制。相比这些能够有效获取更有力证据的侦查手段来说，犯罪嫌疑人是否必须自己开口讲话，已经显得不是很重要了。

2. 询问权

询问与讯问不同的是，讯问是获取来自犯罪嫌疑人、被告人的供述，而询问是为了查明和了解能够证明犯罪事实的情况。所谓询问权，是指为了收集证据或者核实有关证据，检察机关在侦查过程中，依法享有询问证人、被害人及其他相关人员的权力。无论是大陆法系国家还是英美法系国家的检察官，都有权对享有管辖权案件中的相关证人、被害人进行询问，如《意大利刑事诉讼法典》第362条规定："公诉人从能够为侦查工作介绍有用消息的人员那里了解情况。上述人员有义务接受公诉人的询问、遵守公诉人根据侦查工作的需要而作出的规定……"① 根据英国1964年修订的《法官规则》第1条规定，为了调查的需要，警察可以询问任何人。这里所指英国法律规定的"询问权"，事实上包括了对犯罪嫌疑人、被告人的讯问和对证人的询问两个方面。② 按照我国刑事诉讼法第122条规定以及司法实践中的做法，检察侦查人员询问证人、被害人，可以在现场进行，也可以到证人、被害人所在单位、住所或者证人、被害人提出的地点进行，在必要的时候，还可以通知证人、被害人到检察机关或者公安机关提供证言。询问时，侦查人员不得少于2人；询问证人、被害人应当个别进行；询问未满18周岁的未成年证人、被害人，应当通知其法定代理人到场；法定代理人不能到场或者法定代理人是共犯的，也可以通知未成年犯罪嫌疑人、被告人的其他成年亲属、所在学校、单位、居住地基层组织或者未成年人保护组织的代表到场，并将有关情况记录在案。到场的法定代理

---

① 《意大利刑事诉讼法典》，黄风译，中国政法大学出版社1994年版，第129页。

② 程味秋主编：《外国刑事诉讼法概论》，中国政法大学出版社1994年版，第22页。

人可以代为行使未成年犯罪嫌疑人、被告人的诉讼权利。

在我国刑事诉讼中，询问是专指对于需要证实犯罪行为成立的那些知情人的询问，而不包括对犯罪嫌疑人和被告人的询问。过去，询问权的运用往往使侦查人员处于获取证据与放弃证据收集的尴尬境地，原因是在证人不愿意提供证言的时候，侦查人员无权对他采用任何强制性手段。如果一旦实施威胁、引诱或者暴力，就可能构成违法取证，而这又是法律所禁止的。在正当调查取证和故意不提供犯罪证明之间，必须寻找一个平衡点，这样才能保证侦查活动既是依法进行，又为收集必要证据提供保障。大多数国家刑事诉讼法都是规定在实行非法证据排除规则的同时，也对那些知道犯罪事实而故意不提供犯罪证明的人作出了必须证明的强制性规定，如根据英国《1996 年刑事诉讼法和侦查法》（根据英国 The Stationery Office Limited 1996 年第一版出版、1997 年重印版的版本翻译）第 67 条规定："高等法院法官可以签发令状逮捕由证人传唤令所传唤的证人。"① 这次刑事诉讼的修改借鉴了国外的一些立法，既规定了非法证据排除原则，同时也赋予了审判机关强制证人到庭作证的制度。知情证人在必须到庭作证和不能作伪证的双重压力下，选择证明犯罪这条道路才是他们的明智选择。这相比过去那种对证人毫无强制性拘束的状况，应当有所好转。

3. 勘验、检查权

勘验、检查权是指检察机关在侦查活动中，为了收集和甄别与案件事实相关的证据，依法对与犯罪发生密切相关的场所、物品、人身、尸体等进行勘验或者检查的权力。勘验、检查是刑事犯罪侦查过程中的一项重要工作，对那些具有作案现场和作案工具的犯罪案件来说，勘验、检查是刑事侦查过程中必不可少的程序，也是获取证据的主要手段之一。多数大陆法系国家检察机关都有权执行这项权力。例如，《法国刑事诉讼法典》第 74 条规定："在发现尸体的情况下，无论是否属于暴死，如死因不明或死因可疑，得到情况报告的司法警察警官应立即通知共和国检察官立即前往现场，进行初步勘验。"② 《德国刑事诉讼法典》第 87 条规定："尸体由检察院在医师协助下勘验，依检察院申请也可由法官在医师协助下勘验。"③ 我国《刑事诉讼法》第 126 条规定："侦查人员对于与犯罪有关的场所、物品、人身、尸体应当进行勘验或者检查……"第 128 条规定："侦查人员执行勘验、检查，必须持有人民检察院或者公安机

---

① 《英国刑事诉讼法》（选编），程味秋等译校，中国政法大学出版社 2001 年版，第679 页。

② 《法国刑事诉讼法典》，罗结珍译，中国法制出版社 2006 年版，第 66 页。

③ 《德国刑事诉讼法典》，李昌珂译，中国政法大学出版社 1995 年版，第 25 页。

关的证明文件。"《刑事诉讼法》第 130 条第 1 款还规定:"为了确定被害人、犯罪嫌疑人的某些特征、伤害情况或者生理状态,可以对人身进行检查,可以提取指纹信息,采集血液、尿样等生物样本。"最后一条规定是修改后的刑事诉讼法在原法律规定基础上新增加的内容。

尽管勘验、检查在破获案件过程中所起的作用举足轻重、不可小觑,但它特有功能的发挥都集中在那些具有明确作案现场的刑事犯罪案件方面,在诸如杀人、伤害、抢劫、爆炸、投毒等案件中,可能件件都离不开勘验、检查。职务犯罪侦查的特点则有所区别。在涉及贿赂的职务犯罪案件中,能够发挥实质性证明作用的场合可以说是鲜闻寡见。因为贿赂犯罪案件能够给侦查人员留下的勘验场所几乎是没有的。职务犯罪中的渎职犯罪,倒是有很多情况下值得勘验、检查,但这类案件大都属于关联性案件中的后续部分,前期大部分工作多由公安机关完成了,留给检察机关来勘验的并不多。而且勘验、检查的及时性和当场性,也决定了姗姗来迟的检察机关职务犯罪调查所收集的证据并不具有决定性证明作用。所以,勘验、检查对于检察机关的侦查工作来说,其发挥的作用明显不如前述两种侦查手段那么显著。

4. 搜查权

所谓搜查权,是指检察机关为了收集有关实物证据或者查获犯罪嫌疑人,依法享有对有关人员的住所、身体或其他相关场所进行搜查的权力。我国《刑事诉讼法》第 134 条规定:"为了收集犯罪证据、查获犯罪人,侦查人员可以对犯罪嫌疑人以及可能隐藏罪犯或者犯罪证据的人的身体、物品、住处和其他有关的地方进行搜查。"在诉讼过程中实施搜查是大多数国家检察官所具有的一项侦查权能。例如,根据德国刑事诉讼法第 102 条规定,检察官可以"对具有犯罪行为主犯、共犯嫌疑,或者具有庇护、藏匿犯人或者赃物罪嫌疑的人员,为了破获他,或者在推测进行搜查可能收集到证据材料的时候,可以搜查他的住房与其他房间以及他的人身和属于他的物品"①。在日本,根据刑事诉讼法的相关规定,检察官、检察事务官、司法警察职员在执行逮捕时,可以对逮捕现场实施无令状的搜查和扣押活动。②

搜查是侦查过程中普遍采用的措施,它既是一种侦查方式,也是侦查中的强制措施之一。由于搜查权的行使一般涉及公民的人身自由和财产的安全问题,国外多数国家刑事诉讼法都是把它视为一种比较严厉的强制侦查措施来对待,并且一般规定进行正式的搜查要通过司法官员审查批准。例如在美国,有

---

① 《德国刑事诉讼法典》,李昌珂译,中国政法大学出版社 1995 年版,第 35 页。

② 参见彭勃:《日本刑事诉讼法通论》,中国政法大学出版社 2002 年版,第 109 页。

证搜查必须事先获得批准；无证搜查是作为逮捕的一部分，即逮捕时附带地进行搜查。① 在英国，搜查（Search）也分为有证搜查和无证搜查，无证搜查只能在情况紧急下实施，有证搜查需要由治安法官签发搜查证后才能进行。② 在日本，也须依据法官签发的搜查证执行搜查。③ 根据《德国刑事诉讼法典》第105条规定，除紧急情况外，搜查一般都要由法官批准决定。④ 按照我国《刑事诉讼法》第136条第2款规定，在执行逮捕、拘留的时候，遇有紧急情况，不另用搜查证也可以进行搜查。这是不是无证搜查呢？我们认为，我国刑事诉讼中并没有规定所谓的无证搜查。《刑事诉讼法》第136条第2款规定只能视为执行逮捕、拘留时的附带性搜查，不应当看作独立的无证搜查行为。

在我国刑事诉讼法中，搜查是作为一种侦查措施规定在"侦查"一章，而与"强制措施"一章相分离。这种分类规定是否科学还值得研究。其实，搜查对于公民人身自由和财产安全来说也是十分重要的。美国为保障人权而建立的非法证据排除规则的起因，在很大程度上就是从限制非正当性搜查开始的。美国宪法第四修正案规定：任何人的人身、住宅、文件和财产不受无理搜查和查封，没有合理事实依据，不得签发搜查令和逮捕令，搜查令必须具体描述清楚要搜查的地点、需要搜查和查封的具体文件和物品，逮捕令必须具体描述清楚要逮捕的人。我国刑事诉讼法将搜查规定在一般侦查措施中而与主要针对犯罪嫌疑人人身自由的强制措施分开，借此来说明搜查仅仅是一般的侦查措施，其划分的根据也不是很充分。而我国刑事诉讼中严厉的强制措施批准权是由检察官来行使，一般强制措施由侦查机关或部门自己决定，法官对一般侦查程序和强制措施没有干预和监督的权利。这些都是我国刑事诉讼搜查程序中需要改革和完善的。

5. 查封、扣押权

查封、扣押权是指检察机关在侦查活动中，为了收集和保存有关证据，依法享有对与犯罪有关的物品、文件等实物予以封存或扣押的权力。查封、扣押可能涉及对他人财产权利和人身自由权利的侵犯，因而是侦查过程中一项相对比较谨慎的侦查手段，而且在法律上也作了相对严格的限制。例如在日本，根

---

① 参见程味秋主编：《外国刑事诉讼法概论》，中国政法大学出版社1994年版，第64页。

② 参见程味秋主编：《外国刑事诉讼法概论》，中国政法大学出版社1994年版，第23页。

③ 参见程味秋主编：《外国刑事诉讼法概论》，中国政法大学出版社1994年版，第186页。

④ 参见《德国刑事诉讼法典》，李昌珂译，中国政法大学出版社1995年版，第36页。

据日本刑事诉讼法第 218 条第 2 款规定，在一般情况下，由检察官、检察事务官、司法警察职员负责执行法官签发的司法令状实施扣押。① 德国检察官在侦查活动中虽然具有一定的扣押权，但根据《德国刑事诉讼法典》第 98 条第 3 款规定："提起公诉后，检察院或者它的一位辅助官员实施了扣押时，应当在三日之内向法官报告扣押之事；对扣押物品，要交法官处置。"② 根据我国《刑事诉讼法》第 139 条规定，检察机关在侦查过程中，对于与证明犯罪事实有关的物品、文件等，可以依法采取查封、扣押措施。修改后的《刑事诉讼法》在原法律规定的基础上，还增加规定了侦查机关可以根据办理案件的需要，对犯罪嫌疑人的债券、股票、基金份额等财产有权进行冻结。最高人民检察院制定的《人民检察院刑事诉讼规则（试行）》第九章第六节还对查封、扣押、冻结措施的相关问题作了具体规定。

6. 鉴定决定权

鉴定决定权是指检察机关在侦查过程中，为了确定某些具有证据作用的物品、资料的真实性和证明力，依法享有对这些物品、资料进行科学鉴定的权力。鉴定意见或者鉴定结论是具有科学价值的资料，它的证明作用相对于其他书证来说具有较强的证明力。由于它的来源具有科学性和专业性，其证据的价值在刑事案件的证据链条中往往起到确定性的作用。我国《刑事诉讼法》第 144 条规定，在侦查过程中，人民检察院"为了查明案情，需要解决案件中某些专门性问题的时候，应当指派、聘请有专门知识的人进行鉴定"。但由于我国鉴定机构长期以来处于不确定和相对紊乱的状态，重复鉴定和任意性鉴定使鉴定的证明作用大打折扣。类似问题在国外也是同样存在的。例如，日本的侦查机关在对刑事犯罪进行侦查过程中，也可以委托具有专门知识的人进行鉴定。但这一阶段的鉴定活动不适用刑事诉讼法总则中的有关鉴定的规定，对是否接受鉴定没有强制性规定，也没有鉴定前的宣誓程序。③ 在国外大多数国家，能够纳入刑事诉讼并作为定案证据的鉴定结论，大多是由法官来决定，而不是由侦查人员来决定。例如，《法国刑事诉讼法典》第 156 条至第 169 条就是这样规定的。④《德国刑事诉讼法典》第 72 条至第 93 条中也对鉴定问题作

---

① 参见彭勃：《日本刑事诉讼法通论》，中国政法大学出版社 2002 年版，第 106 页。

② 《德国刑事诉讼法典》，李昌珂译，中国政法大学出版社 1995 年版，第 29 页。

③ 参见彭勃：《日本刑事诉讼法通论》，中国政法大学出版社 2002 年版，第 118 页。

④ 参见《法国刑事诉讼法典》，罗结珍译，中国法制出版社 2006 年版，第 162 ~ 169 页。

了类似规定。①

在西方大多数法治国家，整个刑事诉讼过程都是围绕以审判为中心来展开，审判权在刑事诉讼中居于核心地位，任何证据和犯罪事实的确认都以法院核实并认可为最终定论。所以，法院作出的鉴定结论才是最权威的，其他鉴定结论必须得到法院的认可才具有司法上的效力。与国外大多数国家不同的是，我国诉讼程序中公、检、法三机关所作出的鉴定结论并不存在孰轻孰重的区别。侦查机关具有刑事诉讼程序中的鉴定决定权，并且作出的鉴定结论往往成为法院定案的依据。然而，如果在审判阶段当事人提出要求重新鉴定被法院所采纳，侦查阶段所作出的鉴定结论就面临被否决的危险。所以，侦查阶段的鉴定结论虽然具有一定的权威性，但在某些情况下也仍然处于不确定状态。

（三）采取强制措施权

在我国刑事诉讼法中，强制措施是侦查权的构成内容之一，与其他侦查措施一道组成了侦查权的整体。刑事诉讼法之所以将强制措施与其他侦查程序分别进行规定，意在强调强制措施在侦查活动中的重要地位和性质。因为我国刑事诉讼中的强制措施都是涉及短期剥夺或者限制人身自由的严厉的手段，法律设专章规定的目的之一，是从立法上作出更为严格和谨慎的限定，防止强制措施的滥用，加强对犯罪嫌疑人、被告人合法权利的保障。

检察机关侦查中适用强制措施权，主要是为了防范犯罪嫌疑人逃跑、自杀、毁灭罪证、串供和其他妨碍侦查行为继续发生，从而对部分侦查对象的人身自由权利作出必要的限制或者短期剥夺，保证侦查活动的顺利进行。事实上，我国刑事诉讼中强制措施的采用，与其他侦查手段也往往是交错使用，并没有在程序运用上作出分离性的限制，如逮捕犯罪嫌疑人时，就可能附随进行搜查、扣押或者勘验、检查。根据我国现行刑事诉讼法的规定，检察侦查过程中的强制措施权主要包括拘传权、适用取保候审权、监视居住权、拘留决定权和决定逮捕权五种。

1. 拘传权

拘传权是指检察机关在侦查活动中，为了通过直面言辞的作用来收集证据、查明案件事实，依法享有强制没有被羁押的犯罪嫌疑人到案接受讯问的权力。我国《刑事诉讼法》第64条规定："人民法院、人民检察院和公安机关根据案件情况，对犯罪嫌疑人、被告人可以拘传、取保候审或者监视居住。"

---

① 参见《德国刑事诉讼法典》，李昌珂译，中国政法大学出版社1995年版，第21～26页。

针对刑事诉讼法的概括性规定，最高人民检察院制定的《人民检察院刑事诉讼规则（试行）》对检察机关实施拘传措施的相关问题作了具体规定，主要内容是：拘传应当经检察长批准，签发拘传证；执行拘传的人员不得少于 2 人；一次拘传的持续时间不得超过 12 小时，符合法律特别规定条件的案件的拘传最长不得超过 24 小时；不得以连续拘传的方式变相拘禁犯罪嫌疑人；拘传犯罪嫌疑人，应当保证犯罪嫌疑人的饮食和必要的休息时间；拘传应当在犯罪嫌疑人所在的市、县内的地点进行。根据刑事诉讼法和有关司法解释的上述规定，我国检察机关享有决定并执行拘传的权力。但在国外则情况有所不同。国外大多数国家法律对涉及公民人身的强制措施的决定权都是赋予法官，如《韩国刑事诉讼法》第 68 条至第 105 条规定，对被告人的传唤和羁押均由法官决定，其中羁押包括拘传和拘禁。① 《德国刑事诉讼法典》在第 161 条 a 中规定了检察机关的强制传唤权，但所指的传唤是针对鉴定人和证人在无正当理由拒绝或者缺席的情况下采用的，而不是针对犯罪嫌疑人、被告人采用的。② 如果认为大陆法系检察官享有侦查权（包括侦查指挥权），就当然享有侦查过程中的强制措施决定权是错误的。

　　2. 适用取保候审权

　　适用取保候审权是指检察机关在侦查活动中，根据案件情况或者经被羁押的犯罪嫌疑人及其法定代理人、近亲属和委托的律师申请，认为符合取保候审的条件，依法享有责令犯罪嫌疑人提供担保，保证不逃避或妨碍侦查、起诉和审判活动并随传随到，暂不予羁押的权力。我国《刑事诉讼法》第 64 条规定："人民法院、人民检察院和公安机关根据案件情况，对犯罪嫌疑人、被告人可以拘传、取保候审或者监视居住。"并在第 77 条第 1 款规定"取保候审最长不得超过十二个月"。《人民检察院刑事诉讼规则（试行）》在第六章中设专节规定了取保候审问题，对检察机关在刑事诉讼过程中如何具体适用取保候审作了详尽规定。

　　发源于英国并在英美法系国家普遍采用的保释制度，在实质意义上与我国的取保候审制度相同。根据《朗文法律词典》的介绍，保释是指在被逮捕的人提供担保或者接受特定条件的情况下将其释放的制度。但从保释与取保候审二者语意的表达看还是存在一定区别。取保候审的旨意在于"候审"，被取保人不可能脱离侦查机关或者审判机关的监控；而保释的结果意在有条件地

---

　　① 参见《韩国刑事诉讼法》，马相哲译，中国政法大学出版社 2004 年版，第 25～34 页。

　　② 参见《德国刑事诉讼法典》，李昌珂译，中国政法大学出版社 1995 年版，第 79 页。

"释放"，其受到司法机关制约的因素相对较少。

3. 监视居住权

监视居住权是指检察机关在侦查过程中，对于没有被羁押的犯罪嫌疑人，为防止其逃避、妨碍侦查活动，依法享有限定其活动范围并予以监视的权力。对于犯罪嫌疑人来说，监视居住处于人身的完全自由与完全不自由之间。与取保候审相比，被监视居住犯罪嫌疑人的活动会受到较多控制；而与拘留和逮捕相比较，监视居住仅仅是被控制在正当的活动范围，在这个范围内被监视居住人的人身是完全自由的。我国《刑事诉讼法》和《人民检察院刑事诉讼规则（试行）》对检察机关采用监视居住的条件、时间、方式和具体程序作了明确规定。根据《刑事诉讼法》和《人民检察院刑事诉讼规则（试行）》的相关规定，检察机关可以对需要采用监视居住的案件作出决定，然后交公安机关执行，必要时也可以协助公安机关执行；对犯罪嫌疑人进行监视居住的时间，最长不得超过 6 个月；在进行监视居住期间，不得中断对其案件的侦查；监视居住期届满或发现不应当追究刑事责任的情况，应当解除或者撤销监视居住。作为一项诉讼措施，国外刑事诉讼中很少采用这种形式，但也不排除对犯罪嫌疑人或被告人活动的限制。如《意大利刑事诉讼法典》第 283 条第 2 款规定："在规定居住义务的决定中，法官要求被告人不得未经主管法官批准离开常住地市镇，或者为了确保更有效地控制或在常住地市镇不是司法警察驻地的情况下，要求被告人不得离开上述市镇中的某一村镇、附近的市镇或该市镇中的某一村镇。"①

4. 拘留决定权

拘留决定权是指检察机关在侦查过程中，为了防止犯罪嫌疑人逃跑、毁灭证据或者实施其他严重妨碍侦查活动的行为，所享有的决定暂时剥夺其人身自由的权力。我国《刑事诉讼法》第 163 条规定："人民检察院直接受理的案件中符合本法第七十九条、第八十条第四项、第五项规定情形，需要逮捕、拘留犯罪嫌疑人的，由人民检察院作出决定，由公安机关执行。"《人民检察院刑事诉讼规则（试行）》第六章第四节对检察机关拘留犯罪嫌疑人的程序作了具体规定。可以看出，检察机关享有的拘留决定权仅限于直接受理的职务犯罪案件，对于其他刑事犯罪案件，检察机关在批准逮捕和审查起诉过程中不具有拘留决定权。国外一些国家检察机关也享有类似的权力，但在称谓上有所不同。有的国家称为先行拘押，如法国。根据《法国刑事诉讼法典》第 41 条规定，共和国检察官享有实施和监督对犯罪嫌疑人拘押的权力。② 有的国家称为羁

---

① 《意大利刑事诉讼法典》，黄风译，中国政法大学出版社 1994 年版，第 95 页。

② 《法国刑事诉讼法典》，罗结珍译，中国法制出版社 2006 年版，第 37 页。

押，与逮捕后的关押称谓相同，如日本。根据《日本刑事诉讼法》第 60 条规定，作为享有一般侦查权的检察官具有实施羁押的权力。① 还有的国家称为暂时逮捕，如德国。② 由于羁押是一种暂时剥夺人身自由的严厉措施，各国决定羁押的机关也有所不同。在英国，羁押的决定权与批准逮捕权一样属于治安法官；在法国，共和国检察官有权决定先行羁押；而按照《韩国刑事诉讼法》第 70 条规定，只有在法院有足够理由认为被告人构成犯罪并符合一定条件时，才可以实施羁押。

5. 决定逮捕权

决定逮捕权是指检察机关在职务犯罪侦查过程中，为防止犯罪嫌疑人逃跑、毁灭证据或者实施其他妨碍刑事诉讼的行为，享有依法剥夺其人身自由并予以羁押的权力。由于逮捕是剥夺人身自由最严厉的强制措施，各国法律在规定权力的行使方面都采取了谨慎的态度。世界上大多数国家法律规定，逮捕都必须经司法官员批准或者决定。例如，在法国，由预审法官负责审查批准逮捕；在英国由治安法官批准逮捕；德国由侦查法官负责；日本是由普通法官负责；韩国也由法院负责。我国是由检察机关审查批准逮捕。我国《刑事诉讼法》第 163 条赋予了检察机关对直接受理案件的决定逮捕权。《人民检察院刑事诉讼规则（试行）》第六章第五节对检察机关决定逮捕的程序进行了细化。作为检察机关直接行使逮捕权的对象，主要是其直接受理的职务犯罪案件中的犯罪嫌疑人。决定逮捕权必须建立在有逮捕必要的基础之上，即指那些有证据证明有犯罪事实，可能判处徒刑以上刑罚，采取取保候审、监视居住尚不足以防止发生社会危害性，而有法律规定的特定情形的案件。

（四）技术侦查权

技术侦查权，是指检察机关在侦查过程中，运用现代科技手段和科技设备，秘密地或者非秘密地收集犯罪证据、查明犯罪嫌疑人的权力。技术侦查在国外刑事诉讼活动中则较为普遍地使用，其中最为常见的是秘密监听。由于秘密监听是在监听人不能察觉的情况下进行，并且采用科学仪器设备，所以必须依靠科学技术手段才能实现。秘密监听与人权保障问题往往存在难以分清纠葛的矛盾，使用秘密监听手段必然造成对他人隐私权的侵犯。美国最早采用秘密监听技术时也引起了很多争论，早在 1928 年 Olmstead v. U. S.　[277U. S. 438

---

① 参见彭勃：《日本刑事诉讼法通论》，中国政法大学出版社 2002 年版，第 85～93 页。

② 《德国刑事诉讼法典》，李昌珂译，中国政法大学出版社 1995 年版，第 48～60 页。

（1928）〕案中，美国联邦最高法院对警察的秘密监听行为的合法性进行了激烈的讨论。最后以 5∶4 通过判决，认为警察的窃听行为不受宪法第四条修正案关于搜查和扣押的程序要求的约束。1968 年，美国国会又通过了《综合犯罪控制与街道安全法》，对窃听的条件、程序、方式及被告人的权利保护等问题作出了详细规定。① 大陆法系国家中也多采用技术侦查手段，如《德国刑事诉讼法典》第 100 条 c 规定了较为详尽的技术侦查程序。② 日本 1999 年施行的《犯罪侦查监听法》肯定了将监听作为侦查手段的合法性，规定对集团杀人、毒品犯罪、枪支犯罪等严重危害社会安全的犯罪，如果有充分的侦查理由并且没有其他替代手段的情况下，可以向法院申请实施监听。《法国刑事诉讼法典》第 100 条也规定："重罪案件与轻罪案件，如当处之刑罚为 2 年或 2 年以上监禁刑，在侦查有此需要时，预审法官可以命令截留、录制与抄录经电讯渠道发送的通信。"③ 不过，法国检方开展这类行动应得到预审法官的批准。

　　技术侦查相对于一般侦查来说，它具有技术性、秘密性和直接性等特点。所谓技术性，就是该项侦查活动需要利用现代高科技手段和技术来完成，运用形式和使用方法都具有较高的科技含量。所谓秘密性，就是在某些技术侦查措施使用过程中，不能像一般侦查措施那样采用完全公开化的程序进行。例如，利用电信工具进行监听，就需要秘密进行。所谓直接性，是指技术侦查手段的采用会直接导致侦查结果的出现，其间不需要经过其他中介媒体的作用来完成。由于大多数技术侦查活动都可能带有秘密性质，所以，学术研究中有人总是把它与秘密侦查联系在一起。其实，技术侦查并不等于秘密侦查，技术侦查与秘密侦查可以说是一种交叉关系。在侦查活动中，由于侦查活动本身具有秘密性的特点，加上技术工作所需要的保密作用，使技术侦查在大多数情况下都是秘密进行的。但技术侦查并不完全属于秘密侦查的范畴，如邮件检查、外线侦查，并非在完全保密的情况下进行。同时，秘密侦查也不等于技术侦查，有的秘密侦查并不需要采用什么高科技手段，如卧底侦查、跟踪侦查等。说技术侦查具有秘密性是相对的，不是绝对的；而秘密侦查的秘密性则是绝对的。

　　1996 年《刑事诉讼法》没有赋予检察机关技术侦查的权力。但随着现代社会科学技术的发展，犯罪分子利用现代科技、现代信息化技术进行犯罪的现象越来越普遍。如果对付日益猖獗和智能化、隐蔽性的职务犯罪，检察机关仍

---

① 参见陈光中主编：《刑事诉讼法实施问题研究》，中国法律出版社 2000 年版，第 123 ~ 124 页。

② 《德国刑事诉讼法典》，李昌珂译，中国政法大学出版社 1995 年版，第 34 页。

③ 《法国刑事诉讼法典》，罗结珍译，中国法制出版社 2006 年版，第 104 页。

然停留在传统的侦查方式上，显然难以有效实现重大、复杂案件的突破。很多学者认为，使用技术侦查手段是适应职务犯罪特点的需要，认为通过立法赋予检察机关技术侦查权是十分必要的。①

修改后的《刑事诉讼法》在第二编第二章中设专节规定了技术侦查问题。《刑事诉讼法》第 148 条第 2 款、第 3 款规定："人民检察院在立案后，对于重大的贪污、贿赂犯罪案件以及利用职权实施的严重侵犯公民人身权利的重大犯罪案件，根据侦查犯罪的需要，经过严格的批准手续，可以采取技术侦查措施。按照规定交有关机关执行。追捕被通缉或者批准、决定逮捕的在逃的犯罪嫌疑人、被告人，经过批准，可以采取追捕所必需的技术侦查措施。"从《刑事诉讼法》的这一规定可以看出，法律明确地赋予了检察机关享有技术侦查的决定权。但同时又规定技术侦查所需要采取的具体措施，由检察机关交有关机关执行。这就是说，检察机关只有技术侦查的决定权，而没有具体实施过程中的执行权。是技术侦查决定权与执行权的分离。同时，《刑事诉讼法》在规定技术侦查权的同时并没有明确规定技术侦查的具体类别。这可能会引发其后的一些司法解释或者办案规则对这一问题作出明确规定。我们认为，技术侦查应当包括秘密监听、电子监控、秘密拍照、录音录像、测谎仪测试、邮件检查等侦查手段在内。

（五）补充侦查权

补充侦查权，是指检察机关对于公安机关侦查终结移送审查起诉的案件，或者自侦部门移送审查批捕的职务犯罪案件，或者在提起诉讼后法庭要求补充侦查的案件，就案件事实不清、证据不足，或者遗漏罪行、遗漏犯罪嫌疑人等问题，对该案进行补充侦查的权力。补充侦查是从案件的立案开始的，是对原先业已开始的侦查工作的继续，是在审查侦查结论的时候发现还需要补充说明犯罪事实和收集必要证据，将侦查工作继续下去的侦查行为。所以，补充侦查不是每个案件的必经程序，需要进行补充侦查的案件在全部侦查终结的案件中仍然是占少数，但需要进行补充侦查的犯罪事实或者需要收集的证据在认定犯罪行为中却起着重要作用乃至决定性作用。

根据刑事诉讼法的有关规定，我国检察机关在刑事诉讼中享有的补充侦查权包括三种情况：一是审查批捕过程中的补充侦查。检察机关侦查监督部门在批准逮捕过程中，认为自侦部门在侦查工作中获取的证据尚不足以证明犯罪成

---

① 朱孝清：《试论技术侦查在职务犯罪侦查中的适用》，载《国家检察官学院学报》2004 年第 1 期。

立，或者虽然达到犯罪成立的条件但不符合逮捕条件，可以要求自侦部门予以补充侦查。二是审查起诉阶段的补充侦查。检察机关对公安机关侦查终结移送审查起诉的案件，或者公诉部门对自侦部门侦查终结的案件进行审查，认为案件事实仍然没有查清，证据没有达到确实、充分的标准，可以退回侦查机关或侦查部门补充侦查，也可以自行侦查。三是法庭审理阶段的补充侦查。根据《刑事诉讼法》第 198 条规定，检察机关向法院提起公诉后，发现案件仍然事实不清、证据不足，需要进行补充侦查，可以要求进行补充侦查。但法院在审理过程中不得主动作出将案件退回检察机关补充侦查的决定。在 1996 年刑事诉讼法作出规定之前，法院也享有对案件的补充侦查权，1996 年刑事诉讼法取消了法院原有的补充侦查权。所以，检察机关是唯一有权决定对案件进行补充侦查的主体。

补充侦查与初次侦查一样要受到法律规定的严格规范，在程序方面必须严格依照法律规定进行。在补充侦查的形式方面，刑事诉讼法规定检察机关可以采用退回补充侦查，也可以采用自行侦查的方式。补充侦查也要受到侦查期限的限制。我国《刑事诉讼法》第 171 条第 3 款还规定，对于补充侦查的案件，应当在一个月以内补充侦查完毕。补充侦查以二次为限。补充侦查完毕移送人民检察院后，人民检察院重新计算审查起诉期限。

在国外，立法对检察机关是否享有补充侦查权以及在什么样的情况下享有补充侦查权，并没有像一般侦查权那样作出明确、具体的规定。在英美法系国家，由于实行检警分离模式，刑事侦查工作又主要由警察机关完成，在一般情况下检察机关都不具有补充侦查权。例如在英国，检察机关基本上扼守于公诉，自始至终不参与刑事犯罪案件的侦查，也谈不上补充侦查权问题。但在美国的一些州，检察机关享有一定的侦查指导权，而且也参与对一些刑事犯罪案件的侦查（调查），如关于官员犯罪的调查，在必要的情况也需要行使一定程度的补充侦查权。而在大陆法系国家，检察机关享有全部侦查权，有指挥和调控警察侦查活动的责任，如果案件确实需要进行补充调查和取证，检察官是义不容辞地应当承担补充侦查任务。所以，大多数大陆法系国家检察机关都应当是名正言顺地享有补充侦查权，尽管法律上没有对此作出更多的明文规定。但是，由于西方法治国家特别注重强调程序的公正与正义，每个诉讼阶段都受到法律程序的严格限制，他们关注的是诉讼程序的正当性，实体正义往往让位于程序正义。一旦发现案件事实不清、证据不足，首先需要采取的方式可能是驳回起诉或者宣告无罪，而不会选择补充侦查形式。所以，在西方国家，刑事诉讼程序中适用补充侦查的情况是少见的。①

三、检察侦查权配置中存在的问题

(一) 补充管辖权问题

法律的修改有时候照顾到了一个方面，又可能忽视另一个方面。1979 年刑事诉讼法第 13 条曾规定，检察机关在必要的情况下可以自行决定对某些刑事犯罪案件进行立案管辖，主要是指法律规定由检察机关侦查的案件以及其他检察机关认为应当立案侦查的案件。"其他应当由检察机关立案侦查的案件"，主要是指那些因管辖不明而无人受理的刑事犯罪案件以及公安机关应当立案而不予立案的案件，这种情况在刑事诉讼法上也被称为补充管辖。其实这种规定是合理的，国外大多数国家检察机关在刑事诉讼中也享有这项权力，如大陆法系的法国、德国、日本、韩国、荷兰以及英美法系的一些国家。在我国其也具有存在的合理性，因为检察机关作为法律监督机关，在诉讼监督过程中需要行使监督权来促使公安机关依法履行职责。特别是在对犯罪行为是否依法进行追诉的问题上，检察机关与公安机关经常因意见不一致而发生冲突。当检察机关认为应当依法立案追究某一犯罪嫌疑人刑事责任，而公安机关又拒不立案时，检察机关可以依职权自行立案侦查。这对于解决刑事追诉过程中那些有案不立、以罚代刑，或者贪赃枉法放纵犯罪分子的突出问题，无疑是十分有效的。至少，它能够使存在的问题得到实实在在的解决，能够避免那些可能逃避法律制裁的犯罪分子受到应有的惩罚。同时，也显示了作为"护法者"的检察官所应尽的职责。

但在 1996 年修改刑事诉讼法时，检察机关可以对一般刑事犯罪案件根据情况自行决定立案的权力被取消。当然，立法者也有自己的合理解释，他们这样做，是为了使刑事诉讼管辖泾渭分明，各司其责，互不干预。不过，刑事诉讼法也给予了检察机关一定的补充管辖权，这就是刑事诉讼法第 18 条第 2 款中规定的内容，对于国家机关工作人员利用职权实施的其他重大犯罪案件，需要由人民检察院直接受理的时候，经省级以上人民检察院决定，可以由人民检察院立案侦查。这虽然属于补充管辖的方式，而与 1979 年刑事诉讼法比较，检察机关补充管辖的范围已经缩小到了原本由检察机关管辖的那部分案件的范围内，管辖案件的调查对象受"职权"和"身份"的限制。

---

① 参见陈卫东主编：《刑事诉讼法实施问题对策研究》，中国方正出版社 2002 年版，第 626 ~ 628 页。

这样规定虽然管辖界限分明，但从现代社会法制的角度来看却未必科学。至少有三点是不利于法律的贯彻实施的。其一，不利于发挥检察机关的法律监督职能。我国宪法和法律虽然规定检察机关是国家的法律监督机关，但在具体运用过程中，特别是在对诉讼程序进行监督中，法律却并没有赋予检察机关多少实质性的权力，这就使检察机关的法律监督权长期停留在皮毛式的监督层面，不能真正触动被监督者的神经。检察机关的法律监督职能始终处于软弱无力状态。如果赋予检察机关对一般刑事犯罪案件的补充管辖权，检察机关就完全可以把立案管辖方面的监督落到实处。其二，可能放纵一些刑事犯罪。现在社会上反映比较强烈的执法不严的问题之一，就是刑事犯罪案件的有案不立、有罪不罚。尽管公安机关竭尽全力打击犯罪活动，但在对具体案件的处理过程中不免存在疏忽大意的过错行为，有的是因为事实和法律认识方面存在的问题，也有的可能是因为工作中调查取证方面存在的问题。而公安机关在既定认识的基础上要改变自己的看法相对较难，如果换一个人来思考可能就会明显不同。由检察机关通过对案件作进一步的审查，就可能发现问题，从而避免那些错误决定或处理结果的发生。其三，难以避免司法腐败的扩张。很多应当立案处理的犯罪没有得到依法处理的原因，并不是单纯地为了贯彻宽严相济刑事政策，其中很多案件都隐含着司法腐败的成分。一些犯罪分子以付出一定数量的金钱为代价来换取侦查人员的不追究，这种现象在侦查机关的刑事追诉过程中是客观存在的。假如法律规定这类案件可以由检察机关补充管辖，那么这种腐败行为就会失去了存在的依托而大大减少。

（二）关联案件的侦查权属问题

这里的所谓关联案件，是指犯罪的事实、证据、发生或发展进程，与职务犯罪具有不可分割、密切相连的案件。根据我国现行刑事诉讼法规定的管辖体制，公安机关和检察机关必须严格按照管辖权限受理案件，不能因为案件具有牵连关系而同案侦查。1998 年 1 月 19 日最高人民法院、最高人民检察院、公安部、国家安全部、司法部、全国人大常委会法制工作委员会联合发布的《关于刑事诉讼法实施中若干问题的规定》第 6 条规定：公安机关侦查刑事案件涉及人民检察院管辖的贪污贿赂案件时，应当将贪污贿赂案件移送人民检察院；人民检察院侦查贪污贿赂案件涉及公安机关管辖的刑事案件，应当将属于公安机关管辖的刑事案件移送公安机关。在上述情况中，如果涉嫌主罪属于公安机关管辖，由公安机关为主侦查，人民检察院予以配合；如果涉嫌主罪属于人民检察院管辖，由人民检察院为主侦查，公安机关予以配合。该司法解释虽然允许检察机关与公安机关对相互关联的案件可以参与侦查，但仍然没有打破各自受理案件的管辖原则。最高人民检察院 1997 年 1 月 15 日通过《人民检察院实施〈中华人民共和国刑事诉讼法〉规则（试行）》第 11 条曾规定"人民检察院在侦查直接受理的案件过程中，发现犯罪嫌疑人的其他犯罪，可以并案侦查"。后来新的《人民检察院刑事诉讼规则》删去了该条。即使按照原最高人民检察院的有关规定，也只局限于人民检察院已经受理并开始侦查后才发现的其他犯罪，而对于立案环节就存在的管辖问题，检察机关依然是不享有并案侦查权力。

　　由于职务犯罪侦查的管辖规定，把与职务犯罪密切相关的案件割裂开来，在不同程度上影响到检察机关对职务犯罪的破案。在国外享有检察侦查权的国家，如大陆法系国家，检察机关对所有案件都享有侦查权，在侦查过程中，凡是与受理案件相关的刑事犯罪案件，检察机关都可以并案或同时进行侦查，因此就不存在相互关联案件的剥离问题。由于我国对职务犯罪和普通刑事犯罪实行由公安机关和检察机关各自依职权进行侦查的双轨制，于是便出现了相互牵连刑事案件的管辖冲突问题。对于这类案件的妥善处理是会产生许多困难的。如果并案侦查，又违背了刑事诉讼法所确立的案件管辖原则；而如果过分强调案件侦查的管辖原则，相互牵连的犯罪，特别是共同犯罪、集团犯罪中掺杂着职务犯罪和普通刑事犯罪的案件，在侦查、取证、采取强制措施以及起诉、审判等环节，都会产生一系列的难题，既增加了办案成本，浪费了司法资源，又可能导致案件不能得到及时侦破，影响刑事诉讼的顺利进行。

　　检察机关在办理与职务犯罪密切相关案件中涉及不同案件管辖问题时，常常处于两难的境地。例如，在贪污贿赂案件的侦查破案中，常常遇到同一案件中具有不同的犯罪行为和犯罪事实，如因受贿犯罪线索而引申出的公司人员贪污、挪用公款、走私、贩卖毒品等犯罪，即一案多罪的情况。这些犯罪事实以及能够证明这些犯罪行为的证据之间都有一个彼此相互连接的关系。如果将这些案件割裂开来由不同机关负责侦查，将会打破案件的整个证据链条，从而给定罪量刑带来不利的影响。还有一种情况就是同一国家工作人员既实施了利用职务进行犯罪的行为，同时又实施了其他刑事犯罪。例如，在犯受贿罪的同时又实施了杀人、强奸、赌博、伪造证据、违法发放贷款等犯罪行为。这种由同一犯罪主体实施的多个犯罪，其罪与罪之间的联系程度比前述的数罪同案更为不可分割。如果按照管辖原则将这些罪名分别开来由不同的侦查机关来负责侦查，显然是有很多难以破解的难题。即使公安机关和检察机关相互配合进行侦查，也可能因认识上的差异而出现扯皮和分歧，难以达到同一机关侦查的效果。

　　在办理渎职侵权犯罪案件中也同样会遇到类似问题。官员渎职犯罪往往是由一些特定的事件所引发出来的，如《刑法》第 397 条第 1 款规定的玩忽职守罪，是因为有关负责人对自己的职责严重不负责任，给国家利益或者人民利益造成了严重损失。还有如《刑法》第 408 条环境监管失职罪、第 408 条之一食品监管渎职罪、第 409 条传染病防治失职罪等，也都是因为官员在履行职责过程中失职造成了严重后果需要依法承担刑事责任。但渎职犯罪中并不是孤立的渎职犯罪行为，很多渎职犯罪的前前后后都牵连发生其他刑事犯罪行为，如食品监管渎职罪，是因为具有食品安全事故的发生或者食品安全事故严重危险的发生，才可能产生具有官员渎职的食品监管渎职罪。在大多数情况下，渎职犯罪都具有与渎职行为涉及的事物相联系的其他犯罪行为的产生，没有引起渎职犯罪的其他犯罪行为，渎职行为一般不会立即暴露。这种引起渎职犯罪发生的他罪，有的学者将其称为"渎职犯罪'前案'"，而将该渎职犯罪称为"本案"。"前案"的意思是"指某些渎职罪的侦查与认定必然涉及事前发生的与本案密切相关的刑事案件"[①]。

在大多数渎职犯罪案件的处理认定中，都需要以所谓"前案"的构成作为定性条件。例如，徇私舞弊不移交刑事案件罪，需要以该刑事犯罪案件中的行为构成犯罪，如果"前案"不构成刑事犯罪，后案也不应当以犯罪论处。再如放纵走私罪，需要以某犯罪行为是否构成走私犯罪为前提条件，如果该行为不构成走私犯罪，依照《刑法》第 411 条规定，就不构成放纵走私罪。这种由前罪构成来决定后罪成立的案件之间无论犯罪事实、证据和犯罪行为人之间，都具有不可分割的联系。但由于这两类案件分别属于不同的侦查机关管辖，在立案、侦查等环节都难以做到同步进行。如果检察机关和公安机关各自为阵，各自收集证据来证明犯罪，不仅浪费了调查过程中的司法资源，而且常常会出现对同一事实由不同侦查机关调查得出不同的结论或意见。在延误侦查工作的同时，也给司法审判增添了许多难题。

（三）影响侦查权行使的突出问题

在司法实践中，影响检察侦查权行使的突出问题，具体表现在以下几个方面：

1. 职务犯罪侦查优先权没有得到确认

所谓职务犯罪侦查优先权，是指享有对职务犯罪进行侦查的法定机关，在行使侦查权的过程中，具有排除其他任何机关行使或者变相行使，以及自然享

---

① 朱孝清等：《我国职务犯罪侦查体制改革研究》，中国人民公安大学出版社 2008 年版，第 91 页。

有与侦查对象相关的其他非职务犯罪案件侦查的权力。职务犯罪由检察机关负责查处，职务犯罪侦查优先权就应当赋予检察机关。客观地说，在我国，侦查优先权是查处各种刑事犯罪都具有的一种权力特性。当某一案件由一般事件进入刑事诉讼程序后，侦查优先权的性质便自然地表现出来。例如，对于一般的经济纠纷，任何一方当事人都无法进入金融、保险、投资部门进行查询，因为他们在这些纠纷的处理过程中都不具有优先权。而作为刑事诉讼中行使侦查权的公安机关或检察机关，就可以依法进行查询。侦查优先权是国家针对刑事案件的特殊性和重要性而通过法律或规定赋予侦查机关的，这种权力体现了国家法律倾向于重点保证刑事执法权和司法权的特点。

　　侦查权虽然属于调查权，但侦查权是一种特殊调查权，所以侦查权享有比一般调查权更多的优惠条件，这就是侦查优先权的基础所在。职务犯罪侦查优先权是在一般侦查优先权基础上的进一步深化。为什么要强调职务犯罪侦查在一般侦查基础上的优化呢？这是由职务犯罪的特殊性所决定的。众所周知，职务犯罪侦查的对象是官员，官员比普通老百姓具有更高的社会地位、更复杂的人员关系。违法犯罪官员可以利用自己的优势地位和严密的社会关系来有效地对抗侦查，其反侦查能力远比一般公民强。在这种情况下，如果侦查机关采取一般调查措施就很难达到突破案件的目的。更重要的是，职务犯罪侦查在刑事犯罪侦查中的特殊性不仅仅表现在犯罪主体和犯罪方式的特殊性上，还包括侦查主体的特殊性上。在我国，宪法和法律都明确规定职务犯罪侦查由人民检察院承担，这一规定把职务犯罪侦查明显地与一般刑事犯罪侦查区分开来，区分的目的就在于强调检察机关通过查处职务犯罪来强化法律监督。在世间的一切事物中，对待特殊的事物必须采取不同于对待一般事物的策略，解决特殊问题必须具有高于或者先于解决一般问题的方法和措施，这就是职务犯罪侦查权应当优先于一般刑事犯罪侦查权的基本理由。

　　我国目前法律并没有赋予检察机关职务犯罪侦查与一般刑事犯罪侦查相比的优先权。事实上，职务犯罪侦查权在某种程度上还不及一般刑事犯罪侦查权优化。例如，很多公安机关享有的一般刑事犯罪侦查权，如秘密侦查权，检察机关就不享有。这与职务犯罪侦查的实际需要是相背离的。在职务犯罪的立案与调查方面，检察机关不仅不享有优先权，甚至连应有的调查权也可能被分割。即使修改后的刑事诉讼法赋予了检察机关技术侦查权，不仅其使用范围会受到严格控制，而且不具有执行权，也可以说是不具有实际上的运用权。同时，司法实践中相当多的职务犯罪案件的侦查，都是由纪检监察机关负责，检察机关本来应当完全享有的侦查权事实上被移植。很多地方在调整检察机关与纪检监察机关查处职务犯罪案件的关系时，不是讲由纪检监察机关的调查活动来辅助或依附检察机关的侦查活动，而是检察机关的侦查权服从于纪检监察机关的调查活动。在与公安机关的配合方面，检察机关也没有什么优先权可言。例如，对于一般刑事犯罪与职务犯罪相互交织的刑事案件，也要根据案件的具体情况，要么由公安机关为主进行侦查，要么以检察机关为主进行侦查。职务犯罪侦查与一般刑事犯罪侦查并没有特殊与一般的区分。这些现象是目前检察机关自侦案件侦查中所面临的主要问题之一。而造成检察机关职务犯罪侦查优先权难以得到确认的关键问题，是权力在各机关或部门之间的分配问题。各机关都希望自己能够在权力分配中占有的权力更多，都利用自己在国家权力结构中的优势地位去力求占有更多的权力，而不是首先考虑到社会需要和法制建设问题。检察侦查权在这样的格局中难以实现优先也是在所难免。所以，很多学者提出，要求法律赋予检察机关职务犯罪侦查优先权，以适应我国当前反腐败斗争和职务犯罪查处工作的现实需要。①

2. 地方权力对侦查活动的不当干预

虽然检察机关的执法权主要来自宪法和法律的授予，但权力的具体行使却必须受到权力结构中上级机关的领导和制约，特别是地方党政机关和权力机关的领导与制约。长期以来，我国检察机关实行双重领导的体制，检察机关在接受上级检察机关领导的同时，还要接受同级党委和国家权力机关的领导。在两种领导关系中，以后者占主导地位，这是由我国国家权力高度统一和一元化体制的特点所决定的。地方检察机关是地方权力的组成部分，理应接受地方党委和权力机关的领导。上级检察机关对下级检察机关的领导则主要体现为业务上的指导和系统内的组织领导，由于没有人事权、财政权的控制，这种系统内的领导权便显得苍白无力。按照我国宪政理论，检察机关是与政府部门分离且平行的国家机关，但事实上，由于检察机关的人、财、物都掌握在地方政府手中，因此，地方政府对检察机关握有实际上的控制权。所以说，检察机关事实上要更多地接受地方党委、政府和人大的领导和监督。

在正当的情况下，这种由地方权力领导部门制约检察权行使的形式具有其优越性的地方，因为他可以有效地将检察权掌控在权力统一行使的范围内，可以防止和杜绝检察权的绝对独立化，也能充分发挥检察机关在巩固和维护地方权力方面的作用。同时，检察机关如果能够很好地配合地方权力部门工作，在检察工作中也能够得到地方权力部门的大力支持，从而有效地完成各项检察业务工作。其中，最为突出的是表现在人力、财力的支持和保障方面。地方权力部门可以最大限度地满足检察业务工作的需要，给予足够的财政经费开支，配

---

① 张利兆、王志胜：《职务犯罪侦查优先权问题探析》，载《人民检察》2009 年第 4 期。

备优秀的检察业务骨干，为检察业务工作的进行提供优良的装备，还可以为检察机关和检察干警的办公和住宿提供良好的工作和生活环境。但这只是在正常状况下才会出现的情况。而从司法实践中反映出来的一些情况表明，检察权的地方化倾向也在朝着不健康的方向发展，检察权在某些地方已经完全沦为地方权力结构中的办事机构；检察机关的执法活动所遵循的主要根据不是国家法律和政策，而是地方党政部门的需要。在这种情况下，检察侦查权就难免被地方权力左右成为执政机构，而不是执法机构。

在权力腐败不断向党政领导部门渗透过程中，检察机关的侦查权被用来为个别领导者和地方政府谋取小团体利益和不正当利益的可能性也在增大。查办职务犯罪本来是检察机关独立行使职权的内容之一，宪法和法律都明确规定其他机关、团体和个人都不得干预。但是，近年来很多地方党委和政府都各自出台规定或措施来制约职务犯罪侦查权的行使，其中最为典型的是请示汇报制度。并且，作为职务犯罪侦查的全国首脑机关最高人民检察院也明确规定："坚持查办要案的党内请示汇报报告制度。要案初查，需要接触被查对象或者进行必要调查前，要向党委主要同志报告，立案要向党委请示。"以此为契机，一些地方权力部门也作出规定，对于检察机关查处地方重要部门负责人，甚至包括副科级以上干部，都要向地方党委汇报。而这些地方党政工作部门人员都是地方党委、政府任命的国家工作人员，都不同程度地与党委、政府中的领导有着千丝万缕的联系。一旦检察机关进入查处程序，就可能出现来自多方面的干预。有的地方党政主要负责人以检察工作要"服务大局"为由，为检察机关查处职务犯罪设置工作上的障碍，检察机关在查处过程中也自然被这些障碍绑住了手脚，不敢放手查处。有的地方政府领导对检察机关查处其部属不满，就从人事、财政经费开支等方面设置关卡。检察机关受制于政府部门的控制，也不敢贸然查处。而检察侦查权的行使主要表现为对职务犯罪的侦查，在遇到上述难以逾越的阻挠时，侦查权就无法得到正常运行，侦查结果也难以达到预期的效果。从而给检察侦查权的运用带来极大的妨害。正如有很多学者所认为的那样，这些类似的规定与检察机关独立行使职权的宪法原则是相违背的。①

　　3. 社会意识对检察侦查权的影响

有人说，在当前的中国，执法过程中的说情之风遍布于诉讼的各个阶段，无论大案小案的侦查过程中都无处不有。这种说法虽然有些夸张，但多数职务

---

① 参见宋英辉：《职务犯罪侦查中强制措施的立法完善》，载《中国法学》2007 年第 5 期。

犯罪案件的侦查中，都或多或少地存在说情现象。曾经有一个侦查员感叹道：我办了这么多年职务犯罪案件，居然没有碰上一个案件没有遇到说情的情况。认真观察社会的人都会发现，只要某一官员被检察机关立案侦查，就会有人去打听由谁在办这个案件，挖空心思地去寻找说情的突破口。

严格地说，中国是一个以"人治"为主的社会，无论是在政治理念和社会管理方面，注重的都是如何有效发挥人的主观能动性。这对于一个占世界人口近四分之一的大国来说，更多地注重发挥人在进行社会建设和社会治理中的积极作用，坚持以人为本的基本选择方向是科学的。但人的能动作用应当正确地发挥，人的行为应当遵循法治化的轨道，人的个人行为准则必须建立在社会公共道德规范的基础之上，这样才能保证个人行为的正当性、合法性。

中国"人治"社会的基础在很大程度上来自传统文化观念的影响。从汉武帝实施"罢黜百家，独尊儒术"政策开始，中国的法制就退居于历史的下位，主宰中国社会政治和文化的主流思想是以孔孟理论为核心的儒家思想，并且统治中国长达两千多年。受这种传统思想影响的现代中国社会多一点人治少一点法治是不足为奇的。但执法或司法活动与一般社会管理活动具有原则上的区别。社会管理活动中更多地关注人的主动性和积极作用，可以促使社会管理活动更加富有人性化并且充满活力，能够实现社会各方面的要求和需要，能够把社会连接成为一个有机结合的科学整体。而执法和司法是将法律的规定付诸实践，以法律为准绳来规范人们的行为，须臾也不能偏离法制的轨道，首先应当遵循的是法治化原则。所以，在执法或者司法活动中，当人治与法治发生冲突和矛盾时，首先选择的应当是坚持法治原则。

在我国社会，刑事案件侦查过程中所面临的最大问题之一是将人情味融于执法活动中，产生的直接后果是导致法律在人性的冲击下失去刚性和原则性。法律在这种复杂的社会关系中变得扭曲，使法律失去了应有的公正和公平。侦查活动虽然不像刑罚适用那样具有终局性，但侦查结论的正确与否会直接导致法律适用是否准确。司法实践中已经暴露出来许多侦查过程中的问题，如有案不立、有罪不究、以罚代刑，以及立而不侦、侦而不结、久拖不决等严重违法现象，大多与所谓"人情"有关。其中多数情况由普通的"人情"关系演变为行贿受贿、贪赃枉法行为。在基层的很多地方，由于每个单位的干部流动性较差，各部门之间日久天长便产生严密的人事关系网络，官员与官员之间逐步形成"保护层"，彼此之间互相祖护，一旦出事便有人出面说情。所以，"人情"关系、说情之风对于侦查活动的恶劣和消极影响作用是不可小觑的。

（四）侦查指挥权配置中存在的问题

说到职务犯罪侦查的指挥权问题，就自然使我们想到了检察一体化体制。本来，职务犯罪侦查的指挥与配合是检察机关内部如何具体实施侦查的操作问题，体现的是具体侦查工作中的组织与协调问题。侦查的指挥和配合是侦查机关工作中长期就存在的，无论是职务犯罪侦查还是普通刑事犯罪的侦查，都包含具体工作中的协调与配合问题。特别是在侦查那些大案、要案、有组织犯罪、集团犯罪案件中，侦查的组织和配合就显得尤为重要，而检察一体化则是讲的整个检察系统的组织形式和工作机制问题。这还不够，检察一体化事实上还涉及检察机关在国家权力结构中的地位以及与其他国家机关之间的相互关系问题。检察一体化不是一个单纯的工作机制问题，而是一个制度化的工作体制问题，它相对于侦查工作的指挥与配合来说，是一个上位的、抽象的概念。在检察一体化的内容中，自然要涉及职务犯罪侦查的指挥与配合问题。实行检察一体化能够有效促进侦查过程的配合与协调，能够保证侦查工作的高度统一和紧密配合，这些都是不可否认的。

"检察一体化"又称"检察一体"、"检察官一体"，是指检察机关和检察权具有统一的、不可分割的、金字塔式的权力结构及运行模式。它主要包含三点内容：其一，在上下级检察机关和检察官之间存在上命下从的领导关系；其二，各地和各级检察机关之间具有职能协助的义务；其三，检察官之间和人民检察院之间在职务上可以发生相互承继、移转和代理的关系。其中，上命下从的领导关系是检察一体的核心，职能协助以及职务的移转、承继和代理是检察一体原则的必然要求，也是检察职能和检察官职务的重要特点。

有人认为："检察一体化是大陆法系检察机关实行的一个重要原则。"[①] 其实这种提法是不完全准确的。英美法系国家检察制度并非与"检察一体化"无关。例如，在典型的海洋法系国家的英国，皇家检察署是全国最高检察机关，统一领导着从中央到地方的各级检察系统。这样就与英国那种五花八门、各设门庭、各自独立的法院系统形成了鲜明的对照。这就是"一体化"的最显著表现。当然，英国、美国的检察官相比大陆法系法国、德国的检察官有更大的个人裁量权，而且检察体系和检察权的运行也远不如法、德国家检察系统那样紧凑和划一，这些现象也是不可否认的。

现在检察理论研究中习惯用"检察一体化"来推进职务犯罪侦查指挥和配合问题的研究。如有学者认为，职务犯罪侦查"一体化"主要是出于侦查

---

① 张智辉、谢鹏程主编：《中国检察》，中国检察出版社 2004 年版，第 303 页。

职务犯罪有效性的需要，在有效配置检察机关侦查上的各种职权和资源的基础上，形成职务犯罪侦查机关在侦查上的合力。① 这种从一体化的角度来如何加强职务犯罪侦查工作的观点是正确的。但是我们认为，如果把检察机关侦查工作的指挥与配合完全等同于"检察一体"工作原则，希望通过实现"检察一体化"工作机制来解决这些本来不完全属于一体性的具体工作问题，也是不现实的。因为职务犯罪侦查指挥权的配置与"检察一体化"原则并不存在必然联系。以下我们列举司法实践中的两个问题来简单说明这个理由。

1. 侦查指挥中心的职能与权力定位存在问题

根据最高人民检察院的有关规定，侦查指挥中心是上级检察机关侦查部门领导和指挥下级检察机关侦查部门开展职务犯罪侦查的全国性机构。它与检察系统一体化形式基本相同的是，最高人民检察院侦查指挥中心可以领导和指挥地方各级检察机关的侦查工作；上级检察机关可以领导和指挥下级检察机关的侦查工作。工作的重点是本辖区内重大复杂或者跨区域的大要案的侦查工作。仅就职务犯罪侦查，或者仅就职务犯罪大要案件的侦查来说，侦查指挥中心对同级和下级检察机关的侦查活动具有绝对的组织、领导和指挥权，但这种指挥权力在检察实践中并没有完全落实。按照检察系统的有关职能分工，检察院内同时设立侦查指挥中心和反贪局，这两个机构单纯从机构上是独立的。但在具体设置上，侦查指挥中心一般都设在反贪局内，而且很多地方检察院都是由反贪局副局长兼侦查指挥中心主任。在编制方面，侦查指挥中心只是得到检察机关内部认可，党的组织部门和政府编制部门并没有认可这个机构；在工作关系上，侦查指挥中心与反贪局虽然是一种决策与执行的关系，但具体工作中往往不分彼此。所以，这种事实上的"空壳机构"完全缺乏实际运作的可行性，有的地方检察机关已经把这名义上的两个机构和两种职能混合起来。

2. 内设侦查机构过多，不利于统一指挥与协调

检察机关设立侦查指挥中心的目的是加强对职务犯罪侦查的统一指挥和协调，以利于有效突破大案要案、提高侦查效率。但是，与这种顺向而行相反的是赋予了更多内设机构的侦查权的逆向思维方式，即把本应更加统一的侦查权分散到多个部门进行侦查。目前，检察机关内部有三个机构分别享有侦查权，它们是反贪污贿赂部门、反渎职侵权部门、监所检察部门。这种采用多头侦查和实行统一指挥之间肯定是一种人为的矛盾关系。当然，对这样机构设置也有支持者和反对者。支持者认为，检察机关作为法律监督机关，由熟悉情况的监督机构来行使职务犯罪侦查权更为合适，可以提高办案效率，符合司法经济原

① 陈卫东：《完善职务犯罪侦查体制的两个维度》，载《法学论坛》2008年第4期。

则。反对者认为，过度分散侦查力量难以适应职务犯罪侦查工作的客观需要，并且与检察侦查权一体化的原则相矛盾。主张建立统一的职务犯罪侦查机构。① 应当说，检察机关分别赋予这四个部门侦查权的初衷仍然是好的，是认为由这些部门对与自己工作重点相关的职务犯罪进行侦查容易掌握情况，便于侦查活动的开展和取证破案。但是，这样做也不利于侦查权的统一组织和指挥。客观存在的一个问题是，这些机构的主要负责人的级别一般都比侦查指挥中心主任的职位高，而这些部门的侦查工作都是由该部门的主要负责人拍板定调，侦查指挥中心能指挥得动他们吗？另外，负责具体侦查工作的部门的检察人员也是具有所属部门专门业务能力的骨干，他们对本行业工作的了解肯定比侦查指挥中心这样一个笼统的部门强。外行难以领导内行，用一个对情况了解不够的人去指挥一个更加了解情况的人，工作中会产生许多矛盾和冲突，指挥与配合上会出现不断的摩擦和纠葛就在所难免了。同时，在一些人员很少的基层检察机关，设置重叠的机构分散了办案力量，难以有效形成破案合力。所以，我们认为，如果要强调职务犯罪侦查工作的一体化原则，必须面对机构和职能配置中的这些实际问题。

（五）强制措施权配置与适用中的问题

采取强制措施是职务犯罪侦查工作中的一项基本内容，是检察机关实施职务犯罪侦查过程中，针对那些犯罪性质严重或者可能干扰侦查活动顺利进行的侦查对象，有针对性地采用的强制侦查手段。根据我国《刑事诉讼法》第一编第六章规定，检察机关在侦查中可以采取的强制措施有五种，即拘传、取保候审权、监视居住、拘留、逮捕。这些强制措施都无一例外地可以在职务犯罪侦查过程中使用。强制措施的适用意味着被侦查人的人身自由受到限制或者暂时被剥夺。所以，强制措施的合法性往往与人权保护问题相联系。正当合法的强制措施不存在对人权的侵犯问题，但违法的强制措施却难以洗清侵犯人权之嫌。无论是哪个国家的刑事诉讼法律，都对强制措施的具体适用作出了明确的限制性规定，侦查机关只能严格依法执行，不可随便越雷池半步。否则，不仅要追究办案人员的工作责任或法律责任，还可能招致刑事赔偿。由于强制措施本身所具有的风险性，一般来说，侦查人员在运用过程中相对比较谨慎。即使这样，司法实践中仍然纰漏常出，由此也不断引起社会上众多人的诟病，同时也影响了执法、司法机关在执法、司法过程中的文明、公正形象。

近些年我国在立法、司法领域都取得了很大进展，刑事诉讼制度也在法制

---

① 参见刘继国：《职务犯罪侦查权的合理配置》，载《人民检察》2008 年第 1 期。

不断健全的过程中逐步得以完善。与改革开放初期相比较，我国的刑事诉讼制度无论在公平公正、程序正义以及文明执法等各方面都取得了可喜的成就。社会的继续向前发展在不间断地对刑事诉讼制度建设提出更高的要求，物质文明推动精神文明发展也必然要求司法活动更加文明。立法虽然对职务犯罪侦查中强制措施的适用作了概括性规定，最高人民检察院制定的有关规定也进行了细化，但司法实践中仍然存在许多问题：

1. 强制措施的决定权与执行权脱节

强制措施是侦查权的组成部分，理应由侦查权行使主体来执行。但根据《刑事诉讼法》第163条规定，人民检察院需要逮捕、拘留犯罪嫌疑人的，由人民检察院作出决定，由公安机关执行。在实际执行过程中，检察机关除了可以采用拘传和特殊情况下的拘留以外，其他强制措施都是由公安机关负责执行。这种将强制措施的决定权与执行权分开的做法，会导致一些本来不应该产生的问题。一是决定权与执行权分离后，是由不了解案件情况的公安人员来执行强制措施，执行人员只是依照检察机关委托执行的文书办事，对于为什么执行以及执行中遇到情况后应当如何处理，还得与决定执行的检察机关商议，由此使执行环节变得更加复杂，大大增加了强制执行的工作量。二是在有的案件执行中，公安机关执行人员由于不了解案情，可能导致执行中出现纰漏。一旦被执行人员脱逃，检察机关还得亲自去追逃、抓捕，由自己去努力弥补工作中的漏洞，并且在两机关之间容易产生矛盾。三是由于强制措施决定环节与执行环节的脱节，两机关在衔接过程中也可能产生分歧和摩擦，突增了案件处理的复杂性，往往造成职务犯罪侦查中的强制措施不能得到充分运用。四是在决定权与执行权之间插入一个转换环节，必然延长适用时间，而强制措施常常是应对突然情况的，在紧急情况下延缓执行时间就容易错过侦查良机。五是将案件由决定机关转到执行机关，从检察机关的案件承办人转到公安机关的执行人，无形之中增加了案件的保密难度。所以，我们认为，既然检察机关享有侦查权，又为什么不能执行强制措施呢？把本来属于侦查权整体的强制措施执行权分离出去，增加了程序的复杂性，影响了办案效率，浪费了司法资源，不利于侦查活动的有效进行。

2. 决定逮捕权的程序控制问题

众所周知，逮捕是一种最严厉的强制措施，侦查过程中在采取其他强制措施无法保障刑事诉讼顺利进行时，迫不得已采取逮捕措施。国外法治国家在立法中，都无一例外地设置了比其他任何强制措施都严格的程序和条件。以逮捕审批决定权为例，世界上绝大多数国家的立法都规定在未经法官正式审批决定的情况，不得对犯罪嫌疑人实施逮捕。只有极少数国家法律规定可以由其他机关行使审批权，如美国，行使逮捕审批决定权不统一，也有的州法律规定可以由其他行政官员行使；我国法律规定由检察机关行使逮捕审批权。逮捕条件的苛刻性也体现了立法对这一强制措施要求的严格性、限制性。例如，根据《德国刑事诉讼法典》第112条规定，逮捕理由须具备必要的构成事实，其中包括：（1）可以确定被指控人逃跑或者隐藏；（2）认为被指控人存在逃亡之虞；（3）被指控人的行为具有阻碍事实真相调查之虞。① 这里的所谓"之虞"，应理解为具有充分的可能性。在英国刑事诉讼中，实施逮捕的前提条件是具有"合理怀疑的理由"。② 这里的"合理"性，可以理解为既具有合法性，也具有正当性，而且还必须具有必要性。

　　在我国职务犯罪侦查中，一个比较明显的现象是采用强制措施首要选择的是严厉限制人身自由或者暂时剥夺人身自由的强制措施，其他相对轻缓的强制措施则相对采用较少。实践中出现这种局面的原因是什么呢？根据对检察实践中的侦查员调查，主要是因为职务犯罪在证据的收集和固定方面比其他一般刑事犯罪案件要困难。其中最主要的是贿赂犯罪案件，如果不严厉限制或者暂时剥夺犯罪嫌疑人的人身自由，就可能发生串供、毁灭证据和转移赃款的问题，而这对于侦破贿赂犯罪主要依靠口供来破案的侦查方式，无疑是关键性的因素。特别是在过去的侦查活动中，立法机关没有赋予检察机关技术侦查的权力，检察机关仅仅依靠普通的侦查手段很难以侦查破案，于是唯一的办法就是先将犯罪嫌疑人关起来，然后再慢慢突破。所以，职务犯罪侦查中凡是涉及较重要的贪污贿赂犯罪案件，绝大部分都采用的是羁押的形式，要么拘留，要么逮捕，很少让犯罪嫌疑人逍遥法外的。如果严格依照刑事诉讼法的精神执行，有的案件是不需要采取逮捕或者拘留措施的。有很多犯罪嫌疑人最终获得法院判决的刑期都在3年以下、缓刑甚至免予刑事处罚，但在侦查阶段都被采取了逮捕措施。这样做对突破案件确实是有益无害，但对于犯罪嫌疑人人权保障方面确实是很不利的。社会上也有很多人对这个问题提出异议，认为检察机关拥有批准逮捕决定权便滥用逮捕权。很多学者甚至主张取消检察机关的批准和决定逮捕权。有的建议像西方国家那样由法官行使，有的主张设立独立的预审法

---

① 参见《德国刑事诉讼法典》，李昌珂译，中国政法大学出版社1996年版，第48页。

② 参见陈卫东主编：《刑事诉讼法实施问题对策研究》，中国方正出版社2002年版，第22页。

官来行使这一权力。① 总之，这种现象如果长期持续下去，社会对检察机关职务犯罪侦查中强制措施权采用问题的反映会继续升温，最终将影响到检察机关现有批准和决定逮捕的权属问题。

3. 强制措施权的适用问题

法律不可能穷尽所有实践中发生的问题，即使法律对实践中出现的问题作了具体的规定，但也只可能是针对已经出现的情况进行规范。随着社会的发展和事物的变化，法律的针对性也可能发生变化。所以，无论是刑事法律还是民事法律，在立法的时候都给司法机关针对可能出现的情况留有一定的处理空间。在刑事诉讼强制措施的规定方面，法律除规定对一般情况下的处理原则之外，也规定了一些应对变化情况的例外。例如，修改后的《刑事诉讼法》第165 条规定："人民检察院对直接受理的案件中被拘留的人，认为需要逮捕的，应当在十四日以内作出决定。在特殊情况下，决定逮捕的时间可以延长一日至三日……"这里的"十四日以内"就是一般的原则性规定。应当说，在大多数情况下，一般性规定代表了司法实践中绝大多数情况，例外规定只是少数个别现象。但从实际执行情况看并非如此。很多地方在职务犯罪侦查中，总是爱使用"例外"规定。因为例外规定确实能够给侦查工作带来很多方便，而且一般性规定相对例外规定都比较严格，使用例外规定在多数情况下比使用一般规定要宽松得多。特别是在拘留期限的适用方面，只要案件的侦查工作稍有难处，审查中遇到一点麻烦，就必然延长审查期限。本来法律规定的一般情况只能在 14 天以内，只是特殊情况下才延长 1 日至 3 日。很多案件多把这个规定颠倒过来使用，成了一般情况下是 17 日以内，特殊情况才会出现 14 日以内。并且，按照《人民检察院刑事诉讼规则》的规定，重大、复杂的案件还可以延长到 20 日以内，许多并非重大、复杂的案件也同样在使用这一期限。于是，一般被当作例外来使用，例外逐步演变成了一般。这种适用法律规定随意性的情况在职务犯罪侦查强制措施适用过程中比较常见。究其根本原因，就在于执法理念上存在不正确观念和执法过程中的不严谨性。

4. 参与纪检监察机关办案中采取强制措施缺乏法律根据

目前司法实践中普遍存在的一个现象是，当纪检监察机关立案查处涉嫌职务违法违纪案件时，就邀请检察、公安派员参加。这种类似于历史上曾经风行过的"联合办案"方式，主要是因为纪检监察机关在查处职务犯罪过程所创新的"双规"、"双指"措施的需求引起的，并且很多来自实务部门的同志还

---

① 参见陈卫东主编：《刑事诉讼法实施问题对策研究》，中国方正出版社 2002 年版，第 31 页。

这么认为，这种措施很有实际功效，能够解决检察机关依法不能解决的很多疑难问题，比如如何让犯罪嫌疑人开口认罪的问题。

所谓"双规"，就是纪检监察机关责令被调查对象在规定的时间、规定的地点接受讯问；所谓"双指"，其基本形式与"双规"相同，唯一区别是"双规"针对党员领导干部，而"双指"是针对非党员国家工作人员。如果把"双规"、"双指"措施局限在党组织和行政机关处理的范围内，则无论采取怎么样的措施，都与检察机关的职务犯罪侦查毫不相关。问题是如果把检察机关请了进去，法律关系就变得复杂了。众所周知，检察机关是办理刑事犯罪案件的，纪检监察机关是处理一般违法违纪案件的，职能不同、权力范围不同、权力性质不同、处理根据不同，其具体方法和措施也当然不同。一旦检察机关参与到"双规"、"双指"措施中去，到底是侦查程序的开始，还是诉讼外调查？如果仅仅是诉讼外调查，是没有强制措施权可言的。而纪检监察机关要求检察机关参加的目的，就是看中了检察机关的强制措施权。如果检察机关手中没有强制措施权，纪检监察机关把侦查人员请进去还有什么意义？

当然，如果纪检监察机关调查过程中只是要求检察机关提前介入了解情况还是可以的。或者在案件无法一时定性时要求检察机关派员参加讯问，以便案情清楚后作出是否及时移交处理。但前提是在案件询问清楚后，如果需要检察机关立案处理或者采取强制措施，必须及时将案件移交检察机关处理。但严格照此办理的情况是不多的。很多案件都是在由纪检监察机关调查过程中，检察人员全程介入，直至把案件调查清楚，再移交检察机关确认后起诉。在这个过程中，检察机关是名义上的侦查机关，而纪检监察机关是实质上的"侦查机关"。这两种程序的混合与交叉不仅产生许多变相拘禁犯罪嫌疑人、非法采取强制措施问题，而且也对刑事诉讼制度造成了很大冲击。

四、检察侦查权配置的完善

（一）切实解决"互涉案件"的侦查权

所谓"互涉案件"，是指职务犯罪与普通刑事犯罪相互交织，在案件管辖权出现竞合的情况下，公安机关和检察机关都享有管辖权的案件。所谓"并案侦查"，是指对相互交织的不同犯罪适用同一侦查程序，由同一侦查机关负责侦查的体制。

由于我国实行普通刑事犯罪和职务犯罪分别由公安机关和检察机关管辖的制度，而且检警工作体制实行完全分离，彼此独立，不像西方大陆法系国家那样实行检警一体，因此，当普通刑事犯罪和职务犯罪相互交织出现时，由谁来负责实施侦查就成了一个问题。出现这种犯罪交织主要是那些主体同一而行为交织的犯罪案件，即同一犯罪主体既涉嫌普通刑事犯罪又涉嫌职务犯罪。如某官员为了收受贿赂而杀人灭口；某行贿人既对官员行贿，同时又对公司、企业人员行贿。司法实践中对类似案件的管辖原则，是依照有关规定实行主要工作方负责，次要工作方协助。

这种由主要管辖方负责案件侦查的办法显然是一种妥协式的管辖方式，在实践中出现了许多问题。为了解决这个问题，理论和实践中也进行了许多探讨。有的学者提出应当重构职务犯罪与普通犯罪互涉案件侦查协助机制。认为应当从案件的启动程序以及协查权、协查义务和责任方面入手，建立明确的互涉案件侦查协助制度。同时也认为应当确立职务犯罪侦查权的优先原则。① 还有的学者提出将类似案件纳入检察机关管辖。理由主要有以下三点：一是作为特别形式的职务犯罪侦查应当优先于普通刑事案件的侦查；二是符合职务犯罪侦查规律，有利于更好办案；三是符合刑事诉讼中互相配合的原则。②

我们认为上述观点对于解决与检察侦查权行使相关的职务犯罪案件的侦查确实具有一定道理。但是，如果完全将涉嫌职务犯罪的所有互涉案件统统纳入检察机关侦查管辖范围也未必可取。例如，对于一个跨境内外的重大集团贩毒案件涉嫌少数利用公职的犯罪，其中大部分犯罪分子和犯罪事实都属于公安机关管辖范围，如果全部由检察机关来负责侦查明显是不妥的。解决这个问题的最好出路是像大陆法系国家那样实行检警一体化，才能从根本上解决问题。在实现检警侦查权完全分离的前提下，无论采取哪种方式侦查，实践中都会产生很多问题。如果将全案纳入检察机关负责侦查，或者由公安机关并案侦查，都会造成管辖权划分的混乱。现在采取的检警混合侦查形式实际上是对类似案件实行联合办案，但这不是解决问题的长久之计。所以，应当加快对我国侦查体制和检警关系进行现代化改革。

（二）确立职务犯罪侦查中"关联案"的处理原则

"关联案"与"互涉案"的主要区别是，"互涉案"的犯罪事实、证据对于罪名的成立具有相对独立性，导致它出现的主要原因在于犯罪主体的同一性与犯罪行为的分离之间的矛盾。而"关联案"是指在犯罪事实、证据方面具

---

① 参见罗亚华等：《职务犯罪与普通犯罪互涉案件侦查的协助机制的重构》，载《人民检察》2006 年第 17 期。

② 朱孝清等：《我国职务犯罪侦查体制改革研究》，中国人民公安大学出版社 2008 年版，第 156 ~ 158 页。

有前因后果的相互牵连关系的案件。与"互涉案"相比较，其在犯罪构成方面具有更加紧密的依赖关系，而且犯罪事实、情节更加复杂，在划分管辖权方面也更加容易混淆。理论上也存在将二者混淆进行论述的情况。如有的学者认为"查办职务犯罪案件中，发现有证据证明涉嫌职务犯罪者还实施了妨害作证罪……"属于"关联案"的范畴。① 我们认为，这里的"关联案"与"互涉案"的区分应当坚持主体区分原则，即以行为主体为前提条件进行区分，因为职务犯罪与普通犯罪的区分标志在于公务人员的职务标志。同一主体实施不同犯罪涉及不同机关管辖的案件是"互涉案"；其他情况下则可能是"关联案"，但也可能出现"关联案"与"互涉案"混合的情况。在这两类案件混合的情况下，应以相对较为复杂的"关联案"类型认可。实践中产生"关联案"主要有两种情况：一是先由检察机关立案侦查的案件中，涉及由公安机关管辖的案件，如检察机关立案侦查的徇私枉法罪、徇私舞弊不移交刑事案件罪，原犯罪是一般刑事犯罪，属于公安机关管辖。二是先由公安机关立案侦查，然后涉及国家工作人员职务犯罪的案件，如合同诈骗罪、走私罪、生产销售伪劣产品罪中涉及国家机关工作人员签订、履行合同失职被骗罪、放纵走私罪或放纵制售伪劣商品犯罪行为罪等犯罪行为，就应当由检察机关管辖。

在关联犯罪案件中，有的职务犯罪案件的成立要以关联罪成立为前提条件，如《刑法》第402条规定的徇私舞弊不移交刑事案件罪，如果要认定行为人是否构成渎职犯罪，首先必须对不移交的刑事犯罪案件作出认定，如果不移交的案件性质不构成犯罪，渎职罪也不能成立。也有的职务犯罪虽然不以关联行为是否构成犯罪为前提，但只有先查清与其相关联的事实才能认定是否构成职务犯罪，而相关联的事实是否构成犯罪属于公安机关管辖，如《刑法》第416条规定的不解救被拐卖、绑架妇女、儿童罪。还有的职务犯罪嫌疑人与普通刑事犯罪嫌疑人相互勾结，在共同犯罪活动中形成相互交织的犯罪行为。

与"互涉案"一样，刑事诉讼法并没有对类似情况由哪个侦查机关管辖作出明文规定。司法实践中仍是采用办理"互涉案"一样的方法进行侦查。这确实也给司法实践带来很多麻烦。有学者建议由检察机关对渎职犯罪中的关联案件实行并案侦查，但同时又认为，并案侦查的案件只存在关联关系，而且被并入的案件管辖权不属于检察机关。② 看来这是司法实践中采取的一种暂时性的折中处理办法。还有学者提出与职务犯罪相关的三类关联案件应当由检察

---

① 朱孝清等：《我国职务犯罪侦查体制改革研究》，中国人民公安大学出版社2008年版，第159页。

② 王永金：《渎职犯罪关联案件并案侦查制度思考》，载《人民检察》2009年第20期。

机关并案侦查：一是渎职犯罪案件中的相关前罪，如引起放纵制售伪劣商品犯罪行为罪的制售伪劣产品罪；二是相关联的妨害司法的犯罪，如职务犯罪人同时又涉嫌伪造证据犯罪的；三是相关联的涉税案件。①

我们认为，"关联案"中确实有许多案件难以完全分开。它与"互涉案"不同的是："互涉案"中各罪在事实和证据方面是基本分离的，只是犯罪主体的同一；而"关联案"在各罪的基本事实和证据之间都有着很多联系。如果将其分离确实不利于案件的侦查，但如果一概将所有案件都并入职务犯罪中由检察机关负责侦查也是不妥的。我们原则上赞成上述后一种观点，对与职务犯罪联系紧密以及犯罪事实、证据不能分割的"关联案"，可以考虑由检察机关并案侦查。

（三）赋予检察机关必要的机动侦查权

1996 年刑事诉讼法修改时，检察机关依照 1979 年刑事诉讼法而享有的机动侦查权几乎被完全取消。仅仅是在职务犯罪方面，法律保留了国家工作人员在刑事诉讼法第 18 条第 2 款前段规定的内容之外利用职务实施的犯罪的检察侦查权。这种范围十分狭窄的机动侦查权对于检察机关履行法律职责来说是很不利的，同时也难以保证检察机关把追诉职责落到实处。鉴于依法治国和加强检察机关法律监督工作的需要，我们认为，法律应当适度扩大检察机关的补充管辖权范围，把检察机关的补充管辖范围扩大到刑事诉讼中因管辖权不明和经检察机关建议立案，而有关侦查机关或者人民法院仍不予立案的案件上去。

我们主张更多地赋予检察机关机动侦查权，主要是基于以下几个方面考虑：

其一，是适应检察机关法律监督职能得以充分运用的需要。尽管宪法和法律赋予了检察机关实施法律监督的职能，但在如何有效进行监督的具体措施和方法方面，法律并没有作出更多的规定。目前检察机关的法律监督工作更多地集中在诉讼监督方面，这与检察机关主要承担的责任是追诉刑事犯罪密切相关，也与检察机关力量的局限性而无法全面覆盖其他行政执法领域有关。即使是在检察机关长期开展的诉讼监督方面，诉讼法也没有赋予检察机关较多的监督手段和措施。一个最明显的例子，是检察机关在诉讼监督中提出的"检察建议"常常不能得到落实，表现在侦查过程中，是当检察机关认为应当立案进行追诉的案件而侦查机关没有立案，经检察建议后，侦查机关仍拒不立案

---

① 朱孝清等：《我国职务犯罪侦查体制改革研究》，中国人民公安大学出版社 2008 年版，第 158～161 页。

的，检察机关再没有什么办法。而作为法律监督机关，在被监督对象确有错误执法行为或司法行为，又拒不接受纠正意见时，却只能停留在劝说的层面，其监督权就显得十分苍白无力。

其二，是维护公正执法、司法，解决执法、司法程序中存在的滥用职权、疏于追诉、有案不立、有罪不罚现象的客观需要。由于我国目前尚处于社会发展的初级阶段，各类社会矛盾都比较突出，执法、司法公正在复杂多变的社会状况下会凸显出自身的重要性，往往成为引导社会健康发展的关键性因素。执法、司法机关的工作与人民群众的利益密切相关，无论是因为工作中的疏漏还是主观上故意违法，对应当追究犯罪责任的人予以放纵或者疏漏，给执法、司法形象和公民心理造成的影响都是恶劣的。如果通过赋予检察机关的机动侦查权，在审判开始之前，采取补充管辖的措施来弥补其他侦查机关追诉中的工作漏洞，不失为一个比较好的选择方案，而且从国外大多数国家的司法体制看，检察机关也应当享有这种权力。这些有利于刑事犯罪追诉的科学制度设计，应当为我国刑事诉讼制度所借鉴。

其三，是完善我国侦查制度的必要选择。我国目前实行的是双轨制，或者说并行式的侦查模式，即公安等侦查机关和检察机关分别享有对刑事犯罪的侦查权。普通刑事犯罪由公安等机关统一行使侦查权，职务犯罪侦查权则由检察机关单独行使。这种侦查体制的好处是管辖界限分明，侦查工作中各负其责，具有明确的分工和责任界限。它的不利因素也是显而易见的，就是国家对刑事追诉的垄断权只掌握在一个机关手中，没有任何其他力量来进行弥补。比如在英美法系国家，侦查权在相当长的时间中并不完全掌握在唯一的警察局手中，社会和私人也可以进行追诉。在大陆法系国家，警察的侦查权被控制在检察官或者预审法官手中，对于那些警察不予追诉的案件，检察官或者预审法官可以决定进行追诉，从而也在一定程度上弥补了警察侦查的不足。上述两种情况下都可以解决侦查机关工作中疏于追诉所产生的问题，而我国的侦查体制的设计在这方面还存在一定的漏洞，应当努力加以完善。

在以上几个方面考虑的基础上，我们建议今后的诉讼立法更多地赋予检察机关必要的机动侦查权。检察机关在这方面享有必要的机动侦查权，并不会给侦查管辖制度造成混乱，因为检察机关享有的机动侦查权主要是一种补充性侦查管辖，是在侦查机关没有履行正常职能的情况，作为侦查职能缺失的一种补充。这种补充只是针对那些应当立案或者应当处罚的犯罪实施，并不允许扩大到所有案件。对检察机关的机动侦查权，法律也肯定会作出必要限制。其限制性主要表现在：只是在侦查机关不予追诉，而检察机关又依职权采取了监督措施的情况下才有效；或者为了公共利益的需要，对于那些管辖不明而社会危害性又十分严重的刑事犯罪，才最终由检察机关来立案侦查。

（四）建立横向的侦查协作机制

信息化、技术化时代的到来，已经为职务犯罪侦查打开广泛的区域协作渠道，为建立全方位的横向配合机制提供了十分优越的条件。检察侦查权实现工作上的横向配合，是基于检察体制一体化的要求决定的。陈卫东教授认为："职务犯罪侦查的一体化主要是出于侦查职务犯罪有效性的需要，在有效配置检察机关侦查上的各种职权和资源的基础上，形成职务犯罪侦查机关在侦查上的合力。所以职务犯罪侦查一体化包括两个方面：其一是横向上的一体化；其二是纵向上的一体化。横向上的一体化就是要打破现在各级检察院内部职务犯罪侦查权的分散局面，构建统一的职务犯罪侦查机构。"① 一个人或者小群体的力量是有限的。一支筷子容易折断，但折断一束筷子却很难。人多力量大是力学上永恒不变的道理。物理上"力"的增大需要来自共同体的作用，技术、效能同样需要来自集合体的作用。与工作中的纵向配合相比较，横向上的配合更为重要，对侦查工作的开展更为实际。从检察机关开展侦查活动所涉及的工作范围看，横向协作、配合工作分为两个方面：一个是检察系统内部的协作与配合；另一个是与其他国家机关的协作与配合。这两个方面对于加强和改善检察机关的侦查工作都具有同等重要的作用。但从重视的角度看，检察机关更加偏向于系统内部的配合与协作。

为了加强检察机关侦查过程中的协作与配合，2000 年 10 月 12 日最高人民检察院就制定并下发了《关于人民检察院侦查协作的暂行规定》，对各级检察机关之间开展侦查协作工作进行了较为具体的规范。规范的内容包括侦查协作的条件和方式、协作的程序、协作的纪律及争议的解决、协作的机构及经费问题等。重视检察机关系统内部的协作、配合工作，与职务犯罪侦查中大量案件需要得到来自横向单位的配合有关，几乎每一个地区的检察机关都涉及去外地办案的问题。去一个陌生的地区处理案件远比在当地处理案件遇到的困难多得多，人员关系的生疏、当地的社会管理状况以及地理环境、民生情况等，都可能影响到侦查活动的开展。能否得到当地检察机关或者其他机关的配合，对于顺利完成侦查任务具有重要的作用。在一般情况下，系统内的协作、配合与系统外的协作、配合相比的一个优势，是主办方与配合方之间因工作性质相同，比较熟悉对方的工作特点，而且有一定的亲近感，请求方容易得到配合方的支持和帮助。

---

① 陈卫东：《完善职务犯罪侦查体制的两个维度》，载《法学论坛》2008 年第 4 期。

　　跨区域横向协作、配合最大的拦路虎是地方保护主义。尽管很多当地检察机关对来到本地执行侦查任务的外地检察机关工作表示支持而且很热忱，但地方保护主义的干扰却往往使他们不得不慎重考虑。因为检察机关的人、财、物都控制在当地政府手中，如果案件涉及当地利益或者某些有实权的党政官员，是否给予积极配合就成了当地检察机关不得不考虑的因素。特别是那些涉及当地经济发展和金融业务方面的案件，地方保护主义常常成为案件得以顺利解决问题的最大障碍。所以，应当从中央到地方各级检察机关建立一个完整的、配套的办案配合、协作制度，要把配合协作的范围扩大到当地党政部门。这就需要由最高人民检察院牵头与中央有关部门沟通，联合下发相关文件来规范。

　　系统外配合、协作在查办职务犯罪工作中也十分重要。这里所讲到的系统外配合、协作，主要是指与当地检察机关之外的其他相关机关或部门的配合。其中最主要的是与纪检监察机关和行政执法机关的协作、配合。在现有查办职务犯罪体制下，纪检监察机关与检察机关之间既具有相互配合、协作关系，同时也是检察机关的领导和监督部门。要处理好这种关系是很不容易的，而不处理好这种关系又是不现实的。所以，必须坚持与纪检监察机关保持正常的工作关系，做到既不越位也不失职，既分工负责又密切配合，既严格依法办事又要互相通融，力求保证职务犯罪侦查工作的正常开展。

　　与其他行政执法机关的配合、协作，重点是要强调相互尊重、依法办事。特别是在与公安机关的工作配合上，要以保证刑事诉讼顺利进行为出发点。在涉及有关强制措施执行、通缉、追逃、边控以及即将开始实施的技术侦查方面，要努力取得公安机关的支持和帮助。充分利用公安机关在侦查方面的力量优势和技术优势，来弥补检察机关侦查方面的空白和不足。同时还要注意协调好与金融、财政、税收、工商、审计、土管、法院等部门的配合与协作。

　　（五）　强化侦查组织、指挥机制

　　有人说，公安机关具有半军事化性质，这句话也可以用在检察机关侦查部门，其实他们的工作性质都是相同的。我们强调检察机关实行一体化工作体制，在很大程度上就体现在检察侦查权的运行机制方面。"职务犯罪侦查要有效地发挥其发现和揭露、证实、控制犯罪的职能，必须做到组织严密，纪律严明，上下一致，左右联动，快速反应，形成检察工作一体化制度。"① 这无疑是对加强检察侦查工作体制建设的最好表述。按照人民检察院组织法的有关规

---

　　① 朱孝清等：《我国职务犯罪侦查体制改革研究》，中国人民公安大学出版社 2008 年版，第 183 页。

定，检察机关在领导体制上具有明显的行政性管理模式，即上命下从，上下一体，统一指挥，统一管理。从法律上讲，完全有别于法院的那种上下级之间的监督关系，当然，我国法院那种极强的行政化管理模式除外。

2000 年 2 月 15 日最高人民检察院颁布的《检察改革三年实施意见》，就明确提出要在全国检察系统内建立侦查指挥中心，而且在其后的检察工作中逐步得到了落实。侦查指挥中心的任务，是专门负责对大案要案的统一侦查指挥和协调。继后，最高人民检察院又于 2002 年制定了《人民检察院职务犯罪大案要案侦查指挥中心工作暂行规定》，对侦查指挥中心的性质定位、机构设置、工作职能、工作程序及配套措施等都作出了具体规定。应当说，这样一个由中央检察机关一直贯穿到基层检察机关的统一指挥中心应该是强有力的，而且也正是针对职务犯罪侦查中可能面临的各种困难和阻力所采用的非常性措施。但十多年的工作实践表明，侦查指挥中心实际所发挥的作用可能与预期的设想还存在相当大的距离。当然，并不是这种体制在设计上不科学，也不是检察机关自己去人为地不执行指挥中心的决策和协调。造成其功能没有得到充分发挥的因素是多方面的，其中最主要的是由于我国行政管理体制的"条条块块"分割结构和管理方式对检察工作的影响所造成。一个没握有任何兵权的文官到战场上去指挥他的下级武官，遇到不服从命令的情况也是正常的。上级检察机关由于没有掌握任何可以帮助下级检察机关解决实际问题的人、财、物的权力，而又希望像战场上指挥作战那样，让别人不折不扣地执行，是很难办到的，更不用说作为检察机关一个内设机构的指挥中心。事实上，直至今日，检察机关的侦查指挥中心还没有获得国家认可的正式名分，没有独立的编制和可供支配的人力，没有自己的经费和设备保障，所需要的一切都还是挂靠在反贪局内。

我们认为，要真正发挥职务犯罪侦查指挥中心的职能作用，从而推动全系统对侦查工作的组织和指挥，至少应当从以下几个方面去努力：一是要确保侦查指挥中心的独立性，既然是独立的机构，就应当有单独的领导和工作团体，不应当像目前这样由反贪局的人来兼任。二是要树立一定的权威性，这个权威主要来自各级检察机关对法律和最高人民检察院规章解释的遵守，对于不执行指挥中心命令的情况应当作出什么样的处理，这里更应当参酌的是军队的命令形式。三是要给予必要的财力支持和人力保障，最好是各级财政对指挥中心单列经费开支，确保侦查工作中的实际需要。如果连上述三个最基本的问题都解决不了，恐怕检察机关侦查指挥中心的工作将会变得越来越不尽如人意，甚至不断萎缩直至消失。

（六）完善强制措施的适用程序

强制措施问题是检察侦查活动中最引人注目，也是最复杂的问题之一。在职务犯罪侦查出现的问题中，强制措施使用不当所占比重最大，改革并完善强制措施的运行方法和制度也一直是检察机关不断努力的方向。但直至今日，我国职务犯罪侦查活动中所暴露出来的关于强制措施配置和运行方面存在的问题仍然不少，意味着对它的改革和完善工作仍然任重而道远。

我们认为，逮捕措施的完善，要坚持立足逐步削弱其强制性和实现可操作性的原则。具体办法：一是应当在侦查活动中树立以保释为主、逮捕为辅的指导原则，不能动不动就把人关起来。要时刻牢记逮捕是对犯罪嫌疑人人身权利的最大限制，是在不得已的情况下，即其他强制措施无法应对的情况下才采用的。二是要严格执行逮捕适用的具体条件。修改后的《刑事诉讼法》对逮捕条件进一步作了细化，司法实践中应当严格依法执行，对法律列举情况之外的一律不得采用逮捕措施，不能对法律规定的条件作扩张性的解释。三是要进一步完善逮捕措施的救济机制，防止错误逮捕和不当逮捕事件的发生，如有的学者认为，刑事诉讼法没有规定对羁押提出异议的申告权和申告程序，就是其中的问题之一。[①] 四是要赋予检察机关必要的逮捕执行权，以应付紧急情况下采取逮捕措施的需要。

拘留措施的完善，要从有利于处理突发事故的特点出发进行改革。我们认为，应当赋予检察机关职务犯罪侦查中的拘留执行权。虽然现行刑事诉讼法规定拘留应由公安机关执行，但实践操作中，对职务犯罪嫌疑人进行拘留多数是由检察机关自己派人去执行。拘留与逮捕不同的是，拘留是为了应对突发情况，如果检察机关在决定拘留后再去与公安机关协商似乎就有错过拘留适用时机的可能。既然公民对正在实施犯罪的人都可以扭送，那么检察机关直接进行拘留又有何不可。

取保候审和监视居住措施是本次刑事诉讼法修订中涉及内容最多，当然也是司法实践中遇到的问题最多、社会讨论意见最集中的强制措施。即使这样，笔者认为仍然有很多问题没有得到解决。这里仅列举一点：取保候审和监视居住的适用对象仍然处于不具体的状态。修改后的刑事诉讼法对取保候审和监视居住措施适用对象分别规定的几种情况，都是由侦查机关来掌握，既可以适用，也可以不适用，适不适用的决定权在侦查机关。其实法律完全可以采取排

---

① 陈晓东：《检察机关职务犯罪查办工作的困境和出路》，载《中国刑事法杂志》2009 年第 8 期。

除的方式加以规定，即除开不能采用取保候审和监视居住的情况外，其他情形下被侦查方都应当适用这种强制措施。

修改后的《刑事诉讼法》将拘传的时间做了调整，由过去规定的 12 小时为限延长到 24 小时为限，这是拘传措施完善的一个较大举措。不过拘传措施中也还存在一些需要明确的问题。例如，《刑事诉讼法》仍然没有对拘传的间隔时间作出明确规定，这对于那些一直认为拘传具有变相羁押之嫌的质疑，仍然没有给予一个确切的交代。另外，用"需要采取拘留、逮捕措施"作为延长拘传时间，可能也不符合司法实践中的实际情况。应当说，需要延长拘传时间的案件并非完全是重大、突发等案件，而是案情复杂或者案件事实一时无法掌握的案件。

（七）明确技术侦查的手段和措施

这次刑事诉讼法的修改赋予了检察机关的技术侦查权，这是检察侦查权完善的一个重要步骤。尽管检察机关的技术侦查手段已经在我国刑事诉讼中正式落户，但这仅仅是技术侦查立法拉开的一个序幕，一条简单明了的法律规定是无法概括实践中所面临的各种各样问题的。至少以下几个问题还需要我们继续研究并进行完善。

一是技术侦查手段的界定问题。修改后的《刑事诉讼法》在规定公安机关和检察机关技术侦查权的同时，又专门规定了公安机关的秘密侦查权，但却没有对技术侦查和秘密侦查的具体手段作出界定，这必然会引起实践中操作中的迷惘。目前，无论是理论界还是司法实践中对于技术侦查、秘密侦查、特殊侦查这三者之间的界限都没有一致的看法。例如，有的学者认为技术侦查、秘密侦查、特殊侦查三者同义，如何家弘教授认为："由于秘密侦查往往要使用一些专门的科学技术手段，所以又称为'技术侦查'。而为了与普通的侦查方法相区别，秘密侦查有时亦称为'特殊侦查'。"① 但也有学者认为，技术侦查、秘密侦查、特殊侦查三者虽然具有相互交叉或包含的地方，但其本义上具有一定的区别，不能将三者等同起来。② 从实践中看，这三种称谓的侦查也是难以完全分辨清楚的。例如，电话监听属于技术侦查手段，但电话监听必须秘密进行，如果公开进行就无所谓监听了。由于秘密侦查与技术侦查之间存在相互混淆和相互交叉的内容，所以，刑事诉讼法在规定秘密侦查和技术侦查的同

---

① 何家弘：《论职务犯罪侦查的专业化》，载《中国法学》2007 年第 5 期。
② 阿儒汗、严庚申：《职务犯罪特殊侦查措施的种类及应用》，载《人民检察》2010 年第 6 期。

时，应当将二者的具体方法和手段进行必要限定，这样才不会引起实践中使用的混乱。

二是技术侦查决定权与执行权分离的问题。根据《刑事诉讼法》第 148 条第 2 款规定，人民检察院在立案后，对于重大的贪污、贿赂犯罪案件以及利用职权实施的严重侵犯公民人身权利的重大犯罪案件，根据侦查犯罪的需要，经过严格的批准手续，可以采取技术侦查措施。但同时又规定技术侦查措施由公安机关执行。采用技术侦查决定权与执行权分离的办法，从客观上割裂了检察机关技术侦查权的整体性，不符合侦查及时性的原则，将会给职务犯罪工作带来新的不利影响。我们建议，应当将检察机关的技术侦查决定权与执行统一于一体。如果考虑到监督问题，可以按照职务犯罪审查批准逮捕程序，设置一个由侦查监督部门进行监督的审批程序对其进行监督，也可以考虑在检察机关外部设置一个审批机构进行监督，或者由法院来进行审批监督。总之，为了监督和制约而把这种本来应当一体化的决定权与执行权分开的做法是不妥的。

三是技术侦查权的进一步完善问题。如果说《刑事诉讼法》要将司法实践中所运用的特殊侦查手段分为技术侦查手段和秘密侦查手段的话，那么技术侦查手段的范围就要受到一定限制。但检察机关侦查工作的实践表明，职务犯罪侦查工作中目前最需要的不是所谓技术侦查手段，而是秘密侦查手段。只有秘密地进行侦查才能从根本上解决职务犯罪侦查破案难、取证难的问题。如果限制检察侦查权中的技术侦查措施，像跟踪侦查、卧底侦查、诱惑侦查这些侦查手段肯定都会被排除在技术侦查手段之外。但恰恰是这些手段最能解决职务犯罪侦查中的实际问题，也是目前检察侦查工作最迫切需要的侦查手段。国外许多国家都使用广泛意义上的技术侦查手段来针对职务犯罪进行侦查，如新加坡法律规定可以对国家任何工作人员采用跟踪、监视等方式进行调查。美国自 20 世纪开始逐步推定"诱惑侦查"手段来调查行贿受贿、贩卖毒品等犯罪。① 卧底侦查在西方许多国家也经常用来针对官员犯罪和有组织犯罪实施。与国外相比较，我国在侦查技术方面的改革才刚刚起步。所以，我们建议在今后的立法中应当加快对检察机关技术侦查手段的立法，以适应难度不断加大的职务犯罪侦查工作的需要。

---

① 参见朱孝清：《职务犯罪侦查教程》，中国检察出版社 2006 年版，第 389、406 页。

第八章　批准和决定逮捕权的优化配置

我国《宪法》第 37 条第 2 款规定："任何公民，非经人民检察院批准或者决定或者人民法院决定，并由公安机关执行，不受逮捕。"由此可见，在我们国家，人民检察院依法行使批准和决定逮捕的权力，是一种宪法性权力。

一、批准和决定逮捕权的概念与属性

（一）批准和决定逮捕权的概念

批准和决定逮捕权是检察机关的一项重要职权，是建立在打击刑事犯罪和控制侦查权、促进人权保障的双重需要基础之上的。由于研究的对象和思考的角度不同，对批准和决定逮捕权的理解，理论研究中存在解释方面的差异。例如，有的学者把这一权力解释为"批准逮捕权"，认为"是指在刑事诉讼过程中，检察机关或检察官对警察机关（或侦查机关）在侦查过程中，需要采取逮捕措施而提请批准逮捕犯罪嫌疑人的请求，进行审查并决定是否予以批准逮捕的权力"[1]。这种解释主要是借鉴西方国家单独由法官来享有批准决定逮捕权的形式。由于法官是决定能否对犯罪嫌疑人实施逮捕的最终裁定者，所以，批准逮捕权中自然包含了"决定"的含义，是批准权和决定权的统一。也有的学者将其称为"批准和决定逮捕权"，对逮捕的批准权和决定权分别进行解释，认为"批准和决定逮捕权包括批准逮捕权和决定逮捕权两项权力。其中，批准逮捕权，是指在刑事诉讼过程中，司法机关对侦查机关在侦查过程中，需要采取逮捕措施而提请批准逮捕犯罪嫌疑人的请求，进行审查并决定是否批准逮捕的一项权力。决定逮捕权，是指司法机关对自己负责侦查或指挥侦查的犯罪案件，在侦查过程中需要对犯罪嫌疑人采取逮捕措施时，依法决定对其予以逮捕的一项权力"[2]。可以看出，这种将逮捕的决定权与批准权分开进行考察的主要动机，来源于对中国刑事诉讼和检察权的研究。

---

① 邓思清：《检察权研究》，北京大学出版社 2007 年版，第 358 页。

② 参见朱孝清、张智辉主编：《检察学》，中国检察出版社 2010 年版，第 360 页。

（二）批准和决定逮捕权的属性

就一般侦查程序来说，决定和批准逮捕属于刑事诉讼中的同一权力。侦查机关在初步掌握案件情况后，针对案件性质及犯罪嫌疑人的个别情况，会对是否需要逮捕犯罪嫌疑人作出初步的决定。但由于需要经过司法机关批准同意，所以，侦查机关的初步确定不具有决定性意义。只有案件依照法定程序向司法机关提请批准后，才能最终决定实施逮捕。所以，就一般刑事犯罪案件来说，无论是国内和国外，逮捕的批准权和决定权事实上是统一的，都是由司法机关享有。在西方国家，对犯罪嫌疑人的逮捕都是统一由司法官员负责审批决定。但在我国不同，由于检察机关在负责审查批准逮捕的同时，又享有对职务犯罪进行侦查的权力。检察机关既有决定逮捕的权力，同时又针对公安机关的侦查程序，行使审查批准逮捕权。所以，在我国，普通刑事案件中犯罪嫌疑人的逮捕，由侦查机关提请检察机关审查批准；职务犯罪侦查中犯罪嫌疑人的逮捕，由检察机关直接决定。也就是说，批准逮捕，是针对公安等侦查机关移送审查批准逮捕案件而言；决定逮捕，是针对检察机关直接受理案件需要进行逮捕而言。如果综合地给我国批准和决定逮捕权下一个概念，就是指检察机关对于公安机关（包括其他侦查机关）认为需要逮捕犯罪嫌疑人提请审查批准的案件，以及检察机关直接受理案件中需要逮捕犯罪嫌疑人时，予以审批和决定的权力。

批准和决定逮捕权由司法机关行使，在世界各国的刑事诉讼领域已形成共识。从保障人权的角度考虑，侦查机关在对犯罪嫌疑人采取强制措施过程中必然涉及他人的人身自由和其他合法权利问题，因为带有国家强制力的权力最容易侵犯公民自由和其他合法权利。无论是法治国家或者是法治不健全的国家，带强制性的行政权都是造成公民个人权利受到侵害的源头之一。因此，从保障人权出发加强对强制措施权的控制和约束是十分必要的。另外，从权力控制和监督的角度看，任何权力一旦离开了监督和制约都会产生不同程度的腐败。而司法腐败涉及公民最切身的权利和利益，如果一旦失去控制，造成了公民权利被侵犯，不仅使司法机关失去了民众的信任，而且也会使行政执法权走向异化，影响到社会法治的健康发展，对社会管理和经济发展产生负面影响甚至破坏作用。所以，慎重行使逮捕权是一个国家法治成熟的标志之一。

鉴于批准和决定逮捕权在刑事诉讼程序中的重要性，在国外，特别是在实行三权分立的国家，批准逮捕的权力一般都是赋予法官或者法院。无论是大陆法系国家或者是英美法系国家，都概莫能外。在实行三权分立的西方国家中，立法权、行政权和司法权相互独立、相互监督和相互制约。侦查机关和检察机关都属于行政序列，是行政权的主体之一；法院实行司法独立，执掌司法权。把批准逮捕权赋予法院，就是刑事诉讼过程中实现司法权对行政权实行控制的一种体现。所以，批准逮捕权毫无疑问是司法权的一个组成部分。

我国检察机关与西方国家检察机关不同的是，宪法将人民检察机关定位为国家法律监督机关，同时也将检察机关并列于司法机关。所以，我国的检察机关也属于司法机关之一，由检察机关负责审查批准逮捕的权力，也可以顺理成章地定位为司法权。有的学者认为，人民检察院依法行使审查批准和决定逮捕权，是由我国检察机关的法律监督性质决定的。"审查批准和决定逮捕是法律监督权的具体权能。"① 按照这种解释，批准和决定逮捕权在中国具有法律监督的性质。这种观点考虑到了中国特色检察权的本质属性，但把决定和批准逮捕这样具有实质意义的权力简单地归结为法律监督权是欠妥当的。只有从司法权的角度来讨论批准和决定逮捕权的属性，才符合现代法治的基本要求。

尽管批准和决定逮捕权的司法属性在理论上并不存在什么分歧，但各国在分配这项权力的时候，具体地说就是由哪个机关来行使这项权力，却存在一些区别。主要包括以下几种情况：（1）批准逮捕权由预审法官行使。这是大陆法系的法国等国家所采取的审查批准逮捕制度。如《法国刑事诉讼法典》第141-2条第2款规定："如当事人已经移送审判法院，但故意逃避履行司法监督义务，共和国检察官可以在第272-1条规定的情况之外，向负责处理释放与拘押事务的法官提出要求，以请其对该人签发逮捕令或拘传票。负责处理释放与抵押事务的法官还有权按照第135-2条之规定命令对当事人实行先行拘押。"② （2）批准逮捕权由治安法官行使。这是英美法系的一些国家所采取的审查批准逮捕制度。例如，根据英国1953年《治安法院法》第1条规定，如果警察在侦查中需要对犯罪嫌疑人进行逮捕时，必须经过治安法官签发逮捕令后方能实施逮捕。③《美国联邦刑事诉讼规则》第4条第（c）款第（1）项规定："逮捕令需由治安法官签发……命令将被告人逮捕并押解至治安法官前。"④ 但美国是实行联邦制的，各州都有自己的法律。各州在关于逮捕批准决定权方面并不统一，有的由治安法官行使，有的由普通法官行使，也有的由法律规定的司法官员行使，还有少数情况由检察官行使。（3）批准逮捕权由

---

① 孙谦主编：《中国检察制度论纲》，人民出版社2004年版，第142～143页。

② 《法国刑事诉讼法典》，罗结珍译，中国法制出版社2006年版，第136页。

③ 参见陈光中主编：《外国刑事诉讼程序比较研究》，法律出版社1988年版，第140页。

④ 《美国联邦刑事诉讼规则和证据规则》，卞建林译，中国政法大学出版社1996年版，第31页。

普通法官行使。有的国家没有设立专门负责审查批准逮捕的治安法官或预审法官，而是由一般普通法官行使这项权力，如日本和韩国。《日本刑事诉讼法》第 60 条规定："法院有相当的理由足以怀疑被告人有犯罪行为并符合下列各项规定的情形之一时，可以羁押被告人……"① 《韩国刑事诉讼法》第 200 条之二规定："有足以怀疑嫌疑人犯罪的理由……检事可以通过请求管辖地方法院判事，取得签发的逮捕证，逮捕嫌疑人；司法警官也可以向检事申请，通过检事的请求取得管辖地方法院判事签发的逮捕证，逮捕嫌疑人。"② （4）批准逮捕权由检察官行使。在我国，行使批准逮捕的权力属于检察机关。我国宪法和法律都分别授予了检察机关这项权力。我国《宪法》第 37 条第 2 款规定："任何公民，非经人民检察院批准或者决定或者人民法院决定，并由公安机关执行，不受逮捕。"刑事诉讼法还对侦查过程中的逮捕程序作了具体规定，侦查机关未经检察机关批准不得执行逮捕。

二、检察机关行使批准和决定逮捕权的相对合理性

（一）关于批准和决定逮捕权的理论争议

批准和决定逮捕权是一项涉及人身权利保障的严厉强制措施，需要从法律程序上加以严格控制。在我国，宪法和法律把这项权力赋予了检察机关，而不是像国外大多数国家那样由法院来行使。但由于检察机关不仅要对公安等侦查机关提请逮捕的案件行使审查批准权，同时还要对直接受理的案件行使逮捕决定权。这些综合性因素，导致了检察机关的批准和决定逮捕权在理论上引起了许多争议。学术界主要有两种根本对立的观点：

一种观点认为，批准或决定逮捕权的主体应当是法官，主张建立司法审查制度，取消检察机关的批准逮捕权，把这项权力交给法院来行使。③ 主张这一观点的主要理由是：（1）刑事诉讼以审判为中心，法院当然享有诉讼的最高权威并具有决定性权力；（2）法院的中立地位能够保证其严格执行强制措施审批权，可以更好地保护犯罪嫌疑人的合法权利；（3）检察机关在行使公诉职能的同时又享有批捕权，会打破控辩双方平等的诉讼结构，不利于刑事诉讼的正当进行；（4）参考国际上的惯例也应当由法官来行使。④

---

① 《日本刑事诉讼法》，宋英辉译，中国政法大学出版社 2000 年版，第 16 页。

② 《韩国刑事诉讼法》，马相哲译，中国政法大学出版社 2004 年版，第 55 页。

③ 郝银钟：《论逮捕权的优化配置》，载《法学》1998 年第 6 期；陈卫东：《把批准权交给法官》，载《北京青年报》1999 年 10 月 22 日。

④ 参见邓思清：《检察权研究》，北京大学出版社 2007 年版，第 360～364 页。

另一种观点认为，由检察机关行使批准和决定逮捕权是由中国的具体情况所决定的，也是中国检察机关行使法律监督权的体现。中国的检警关系不像大陆法系国家实行"检警一体化"，而是完全分离的。由检察机关行使审查批准逮捕权，还可以避免在没有设置预审法官的情况下，由普通法官行使这项权力所造成审判中"先入为主"的弊端。①

（二）检察机关行使批准和决定逮捕权的相对合理性

我们认为，上述争议观点都具有各自的理由。如果我国从一开始就承续了中国近代以后仿照大陆法系国家建立起来的司法制度，那么，选择由法官来制约逮捕权的行使是比较科学的。因为用与行政权完全分离的司法权来进行监控，可以有效防止刑事诉讼中强制措施对人权可能产生的危害。但是，认真分析中国社会现有情况，我们就会发现，中国的法院，并不像西方国家那种是完全独立的、由法官个体行使职权的法院体制，一方面与政府权力密切相关，在领导、管理、供给等各个方面都无法与行政机关脱钩，另一方面我们国家实行的是人民法院依法独立行使审判权，行使批准逮捕权的法官与行使审判权的法官不可避免地要在同一个法院院长的领导下行使职权，并且都要执行同一个审判委员会的决定。在内部管理上行政化管理色彩十分浓厚，每个法官在行使职权的过程中，都要受到行政首长的直接或间接的影响，甚至下级法院要受到上级法院的影响。在这样的背景下，由"裁判者"来行使"逮捕权"，就会把刑事诉讼中的程序性权力和刑罚适用的实体性权力集于一身或融为一体，有可能产生审判过程中的"先入为主"，影响审判权公正行使，最终导致侦、控、审权属不清。还有就是，由裁判权来兼理审查批准逮捕职能，可能导致被逮捕人难以有效寻觅到司法救济的途径。因为法院的裁判权是诉讼程序的最后一道屏障，由检察机关行使批准逮捕权，一旦出现错误，当事人还可以向法院寻求救济，由法院审查或者根据法院的判决，申请国家赔偿。但是如果由法院行使批准逮捕权，法院作出了错误的批准逮捕决定，就很难在其后的审判过程中来纠正自己的错误。所以，用享有宪法地位的法律监督机关，运用其具有的司法权来制约侦查权，相对比较合理。我们认为，上述第二种观点是比较理性的。至少，在我国现有的司法制度和法制框架下，批准逮捕权由法院来行使的条件是不成熟的，而由检察机关来行使这项权力则相对比较合理。当然，随着我国司法体制改革的不断推进和司法体制的不断完善，也可以考虑设立专门的司法机构来行使这项权力，但审查批准逮捕权与裁判权仍然应当实行相对的分离。

---

① 参见刘方：《检察制度史纲要》，法律出版社 2007 年版，第 307～308 页。

三、批准和决定逮捕权配置的现状

(一) 批准和认定逮捕权的现状

逮捕是在刑事诉讼过程中暂时性剥夺人身自由的最严厉的强制措施,对它的滥用或者不正确适用都可能给公民人身权利带来严重的损害。对此,各国法律一般都设置专门程序和专门的机构来对逮捕措施进行限制和约束,批准和决定逮捕权也随之应运而生。

批准和决定逮捕虽然属于诉讼环节中的同一类权力,但在我国,具体应用时却属于两种不同的权力运行程序:一是决定逮捕权,二是批准逮捕权。决定逮捕权是直接享有对逮捕措施的确定,是根据自身执法的需要所作出的逮捕决定,主要是针对检察机关自行立案侦查的案件;批准逮捕权是间接享有对逮捕的确定权,是针对其他机关执法的需要所作出的审批性决定,主要适用对象是由公安等侦查机关负责办理的普通刑事案件。批准和决定逮捕权具有诉讼法上的实质性意义。其意义在于:决定和批准逮捕是在刑事诉讼程序中从加强和保障人权、限制和约束国家强制力的角度所设计的,体现为刑事诉讼中具有裁决性的司法监督机制。既然是司法监督机制,必须具有合理的设计并进行有效监督。所以,西方很多国家都通过司法机构来承担这项职权,达到司法权对行政执法权的监督和控制。我国实行检警分离的侦查模式,检察机关既是国家的法律监督机关,同时又具有司法属性,使检察机关有条件成为监督和控制侦查权的主体,法律以此为契机赋予了检察机关批准和决定逮捕权。樊崇义教授认为:"在我国,由于检察权被定位为一种独立于行政权与审判权的法律监督权,检察权对审判权与侦查权具有较西方国家更广泛的制衡作用……从总体上讲,我国检察权的这种制衡作用是与我国检察权的定位,与我国的权力结构相适应的。"①

(二) 我国刑事诉讼法对批准和决定逮捕权的设计

1. 行使批准和决定逮捕权的主体是人民检察院,除了检察机关外,其他任何机关都不享有这项权力。在西方国家,行使批准或决定逮捕的权力一般都是赋予法官,但多数不是普通法官,而是专门法官,如大陆法系国家的预审法官、英美法系国家的治安法官。不过,西方国家行使这项权力的主体也不是整齐划一的。例如在美国,各个州的情况都不一样,有的州由治安官员行使,也

---

① 樊崇义:《刑事诉讼法哲理思维》,中国人民公安大学出版社 2010 年版,第 315 页。

有的州由行政官员或检察官行使。大陆法系国家也有由普通法官享有这项权力的，如意大利、日本、韩国。我国虽然由检察机关行使这项权力，但我国的检察机关并不像西方国家检察机关那样属于行政机关，我国检察机关在宪政和司法传统的意义上都是属于司法机关，而不是像西方国家那样定位为行政机关。由检察机关行使这一权力在理论上也不矛盾。

2. 通过行使批准或决定逮捕权，实行检察权对侦查权的控制。由于逮捕是剥夺犯罪嫌疑人人身自由的最严厉强制措施，法律必须对它设置严格的监督程序。仅有完备的程序还不够，还必须有合格的制约者和监督者来执行这项工作。西方国家从分权制衡原理出发，建立了"三权分立"的权力运行机制，国家的一切权力配置都主要围绕这一原则进行。在刑事诉讼中，对可能给犯罪嫌疑人、被告人合法权利造成损害的侦查权，法律从权力分立的原则出发，规定了许多司法权对行政的监督与制约，审查批准逮捕就是司法权对属于行政权的侦查权进行制约的一个主要内容之一。但是在我国，自新中国成立之时起，就没有选择西方那种"三权分立"的权力配置模式，而是实行中国共产党领导下的人民代表大会制度。人民检察院是国家宪法规定的、直接隶属于国家最高权力机关的专门法律监督机构，刑事诉讼中侦查活动的监督职责理所当然地落到了检察机关身上。在我国目前尚未成熟的司法体制下，由具有司法性质的检察权来控制侦查机关的侦查行为，比由那种可能引起"先入为主"的审判权来控制应当更为科学。

3. 批准和决定逮捕权的运用目标，具有惩罚犯罪和保障人权的双重价值。我国的刑事诉讼已经开始摆脱了旧时纠问式诉讼阴霾的笼罩，建立文明的诉讼制度已经成为我国刑事诉讼所不断追求的目标和方向。含义之一，刑事诉讼的目的无论如何也离不开惩治犯罪这个话题，没有犯罪的存在就没有刑事诉讼，就像没有犯罪就没有刑罚一样。刑事诉讼的存在是以惩罚犯罪为前提的。所以，它必然要求决定和批准逮捕的工作首先是围绕打击犯罪来进行。含义之二，现代社会已经把人权保障问题纳入了刑事诉讼，特别是在侦查程序中，成了人们不断议论的一个永恒话题，社会对此的关注度也在不断上升。如果决定和批准逮捕的工作仍然像多年前那样，对人权保障问题视而不见，这种诉讼制度的合理性就会受到很多人的质疑。所以，人权保障问题理应成为批准和决定逮捕权运行中的重要问题之一。正像有的学者说的那样："应当坚持实现实体正义与程序正义、控制犯罪与保障人权的有机统一，而且在发生利益冲突时，仍应当在最大限度上追求由于实现两方面的有机统一所获得的利益。"①

批准和决定逮捕权的配置问题不仅在理论上存在较大分歧,而且在实践中也同样存在很多需要解决的难题。近几年不断提倡的中国司法体制改革工作,也对批准和决定逮捕权的工作提出了更高的要求,需要我们从理论和实践的角度,对该项权力的配置进行认真思考。

四、批准和决定逮捕权配置的完善

(一) 缩小逮捕措施的适用范围

如果我们想到德国 2000 年被羁押的犯罪嫌疑人只占法院判决人数的 4%②,我们就一定会对现在谈论的这个话题感兴趣,而且认为缩小逮捕措施的适用范围是势在必行。我们认为,将逮捕措施的适用范围缩小到最低限度并不意味着打击刑事犯罪的力度减弱,而是我们能不能设计出科学地控制犯罪嫌疑人的机制的问题。司法实践已经证明,对于那些确实需要采取逮捕措施的犯罪嫌疑人,法律是给予了羁押的充足机会的。即使把现在的逮捕率降低一半,对少数严重刑事犯罪、人身危险特别严重的犯罪嫌疑人、难以获取证据的职务犯罪、社会知名度高且关系广的犯罪嫌疑人,逮捕措施还是可以用足用好。提高逮捕率容易,缩小逮捕率是困难的,原因就是缩小逮捕率会给执法、司法机关工作带来很多不便。如果我们能够站在严格执法、公正执法和人权保障的角度多多思考,就会认为工作中的一些不便所换取的法治的健全,是非常值得的。

缩小的具体办法很难以用法律的具体条文来框正,因为这里面有很多案件情况都是司法实践中需要灵活掌握的,唯一的途径是在法律严格限制的框架下,提高对审查批准逮捕工作的认识,再加上用具体的工作规范来加以约束。修改后的刑事诉讼法为了限制逮捕范围的无限扩大,对能够成立逮捕的几种社会危害性情况作了具体规定。但这些规定在执法、司法实践的操作中仍然难以成为限制逮捕措施扩张的"猛药良方"。因为逮捕措施的适用主要取决于侦查机关的需要,而侦查机关的需要是无限的,任何侦查员都希望被侦查对象能够在强制措施的约束下接受调查,这不仅使他们容易获得讯问中的事实和材料,而且也可以防止意外事件的发生,为侦查工作节约一大笔成本。所以,法律的相对性规定与侦

---

① 宋英辉:《刑事诉讼原理导读》,法律出版社 2003 年版,第 121 页。

② 参见 [德] 托马斯·魏根特:《德国刑事诉讼程序》,岳礼玲、温小洁译,中国政法大学出版社 2004 年版,第 95 页。

查工作需要范围的扩张，简短的几条原则性法律规定是无以从根本上解决问题的。最高人民检察院制定的《人民检察院刑事诉讼规则（试行）》也围绕《刑事诉讼法》有关审查批准逮捕的规定作了细化，其中特别是在变更强制措施和羁押必要性审查方面规定得比较细致。但羁押必要性审查和变更强制措施的规定属于事后约束或补救措施，不是从适用之初解决问题。而且，《人民检察院刑事诉讼规则（试行）》在明确规定和有效限制逮捕措施适用范围方面还很欠缺。

（二）完善批准和决定逮捕的具体制度

完善批准和决定逮捕各项制度的内容和方法很多，有的是立法方面，有的是制度方面，有的是工作体制方面，还有的是办案人员认识方面。其中有的与权力配置有关，有的也不一定与权力配置相关。这里主要围绕批准和决定逮捕权配置讲两个问题：

一是附条件逮捕问题。这个问题主要涉及的是规范性问题，附条件逮捕能够解决实践中遇到的特殊问题，能够得到合理合法的运用当然有助于刑事诉讼的顺利进行。但问题是，目前法律没有对此作出明确规定，这在实行成文法的国家中是绝对不允许的。所以，应当努力争取在立法的框架范围内加以解决。

二是职务犯罪审查批准逮捕权上提一级问题。这个问题主要是对职务犯罪审查批准制度的一个重要改革，改革中难免会遇到许多设想不到的问题。如时间紧迫性问题、上下级机关的配合问题、复议和复核问题等。时间问题，修改后的《刑事诉讼法》对职务犯罪案件的拘留时间作了适度放宽调整，但实践中用起来肯定还显不够。上下级机关的配合必须建立在法制的框架内，不能因配合而以丧失程序正义为代价。讲配合只能是在上级检察机关正当行使监督权的情况下，从有利于工作出发进行配合。而复议和复核问题却是必须解决的问题，现在只能参酌公安机关的模式来对职务犯罪审查批准程序配置复议、复核权。这项权利具体由提请审查批准逮捕的侦查部门行使。

（三）加强对审查批准逮捕程序的监督制约

前面我们讲了正确行使审查批准逮捕权，而内心的倾向性观点也是很明确的，就是要尽量降低对犯罪嫌疑人的羁押率。现在我们又来讲要对审查批准逮捕权进行监督，是不是有些矛盾呢？其实不是，我们所要强调的应当是同一个努力方向。我们知道，司法机关惩治刑事犯罪的愿望一般都是很强烈的，这是任何一类有职业道德的人都可能出现的价值选择倾向。就像列车长宁愿违章超载也希望多运走一些客人一样。所以，对审查批准逮捕权进行监督的价值选择同样是应当建立在缩小逮捕人数的前提之下。刑事诉讼法虽然规定了一些制约审查批准逮捕权的规定，但很不完善，仅仅是针对侦查机关方面规定了复议、复核程序，属于救济措施范畴。人民监督员制度是限制和监督职务犯罪审查批准逮捕权的一项有针对性的措施，但人民监督员的刚性不足也使得它的监督力度十分有限。

　　加强对审查批准逮捕程序监督和制约的重点，仍然是要朝着尽量限制和缩小严厉强制措施适用的目标发展。在普通刑事犯罪的审查批准逮捕方面，由于执行主体与批准及决定主体的完全分离，将需要逮捕的案件控制在合理范围之内的要求相对比较容易达到，因为审查批准逮捕的司法工作人员与侦查工作的开展之间不存在直接的利害关系。在职务犯罪的决定逮捕方面，传统的做法已经证实了确实存在许多难以克服的弊端。在经过职务犯罪决定逮捕权改革后，由原来的同级检察机关侦查监督部门审查批准逮捕上提为上一级检察机关审查批准逮捕，在限制批准权滥用方面收到了一定的效果。但这种效果也可能是相对的，不是绝对的。因为在我国，上级检察机关与下级检察机关仍然存在十分亲密的联结关系。所以，这方面还需要用法律和制度来加以约束和规范。

第九章　公诉权的优化配置

一、我国公诉权配置现状

（一）公诉权的概念

现代诉讼法理论中，公诉权是专指检察机关对刑事案件提起诉讼，要求法院进行审判的权力。

公诉权是近代诉讼文明发展的产物。从刑事诉讼的发展历史来看，对犯罪的追诉大致有两种形式：一种是由被害人及其家属等私人作为追诉主体的自诉；另一种是由国家机关作为追诉主体的公诉。在刑事诉讼制度初始时期，犯罪被认为是损害个人利益的行为，对犯罪进行追究的主要方式是私人追诉，启动犯罪追诉的程序取决于私人意志，国家处于消极被动地位。随着人们对犯罪危害性认识的深入，犯罪不再仅仅被看作对特定的个人利益的侵害，更重要的是被看作对整个社会秩序和国家利益的侵害，于是统治者借助于国家的强制力量介入私人纠纷，国家司法权也就代替私人复仇。但由于缺乏权力制约和分工意识，司法权处于控审合一的绝对权力状态。[1] 在这种体制下，司法权过于强势和积极，被告人的权利毫无保障。随着社会文明的进步，为了克制司法专横，人们将这种原始司法权一分为二：一部分为审判权，由法官行使；另一部分为控诉权，由专门设立的国家机关来行使，这就是公诉权。现在，从世界范围来看，各国一般实行国家追诉原则，或者国家追诉为主私人追诉为辅的原则。检察机关一般是代表国家追诉犯罪的专门机关，公诉权是检察机关的一项重要权力。公诉权一直与检察权相伴而生，所以谈公诉权的概念不能不涉及检察权。在英美法系国家，公诉权基本上等同于检察权，而且主要是刑事案件的公诉。在大陆法系的德国、法国等国，检察权的基本内容也是公诉权，但其范围比较广泛。[2]

目前，那种把公诉权仅仅理解为对刑事案件进行起诉的特定权力的定义受

---

[1]　谢佑平：《论公诉权的监督性》，载《法学》2007 年第 9 期。

[2]　龙宗智：《检察制度教程》，法律出版社 2002 年版，第 83 页。

到了挑战。有观点认为，公诉权是随着诉讼制度的发展而不断完善的，诉权根据诉讼的性质及诉讼内容的不同，可以分为刑事公诉权、民事公诉权和行政公诉权。公诉的本质是代表国家和社会公益的检察官所提起的诉讼，范围不仅限于刑事诉讼案件。这在法国、德国、美国、英国、苏联和东欧等国的司法实践中都有所体现。本章所研究的公诉权立足于我国司法实践的具体现状和发展趋势，采广义解释，是指国家法定专门机关代表国家向法院提起诉讼的权力，以刑事公诉为主要内容。在我国，目前检察机关是唯一行使公诉权的国家机关。从公诉制度的历史发展和现实运作看，公诉权具有以下特征：第一，公诉权是一种国家公权力。公诉权被国家垄断行使意味着公诉权是一种国家公权力，是国家维护统治秩序的治理手段之一。国家通过立法明确了公诉权的范围，在此范围内，公诉权属于全社会，发挥维护国家和社会利益的作用。第二，公诉权是一种诉权。诉权的本质是请求权，公诉权的行使是为了启动审判程序，请求法庭采纳其主张。在诉讼发展史上，曾经有过诉审合一制度，为了节制法官的权力，防止司法专断才发生了诉审分离的重大变革。在现代刑事诉讼中，法院审判程序的发动必须以起诉为前提，无起诉即无审判。因此，公诉权在形式上表现为请求法院对案件进行审理并作出裁判的权力。第三，公诉权是一种事实主张权。[①] 公诉权变现为依据充分的证据对案件事实进行认定，并援引实体法律规范提出主张的过程，因此公诉权与辩护权同为一种事实主张权。第四，公诉权是一种程序性权力。公诉权不是实体处理权，这是它区别于行政权和审判权的重要特征。公诉权的行使可以推动诉讼程序的发展，对国家实体法的实现具有重要意义，但其本身不能解决实体问题，一般不能进行最终处置，只是一种程序性权力。在现代刑事诉讼中，对案件的实体处理是审判者的权力，检察官启动审判程序，但不能决定案件的定罪量刑问题。

（二）公诉权的配置

一个国家如何配置公诉权、赋予公诉权多少权能，不仅涉及国家权力与公民权利的关系以及诉讼的模式，而且与一国的司法传统、价值观念和现实需要密切相关。在我国，检察机关拥有的公诉权随着诉讼活动的展开表现为不同的构成形态，在起诉阶段表现为起诉、不起诉，在庭审阶段表现为支持公诉权、公诉变更权、量刑建议权和对未生效判决的抗诉权。具体来说，公诉权的构成包括以下几个方面：

---

① 徐鹤喃：《公诉权的理论解构》，载《政法论坛》2002 年第 6 期。

1. 提起公诉权

提起公诉权就是国家特定机关代表国家向法院提起诉讼的权力，包括起诉主体、起诉对象和起诉范围三个方面的内容。

第一，起诉主体。在世界范围内提起公诉权的主体有不同的配置模式：第一种是法律规定公诉职能统一由检察机关行使，其他任何机关、团体和公民个人均无权行使，如中国、日本、德国等国；第二种是由多元主体行使，即具有提起公诉权的机关均具有独立的起诉资格，这些起诉主体包括检察机关、大陪审团、验尸官、律师、警察等①，如美国、英国、芬兰、挪威等国；第三种是由混合主体提起，即是否提起公诉需要由预审法官和检察官共同作出决定，如法国。在我国，除香港特别行政区以外②，刑事公诉权统一由检察机关行使，由检察机关代表国家向审判机关提起诉讼，要求依法裁判。这种起诉主体配置模式的形成有其历史渊源。

在清末改制之前，我国刑事法处于民刑不分的状态，也不存在现代意义上的公诉制度。清末司法改革按照大陆法系的法律结构模式改造了传统的法律体系，分别制定了民事诉讼法和刑事诉讼法，并在各级审判厅内部相应地设立各级检察厅，由检察机关专门行使公诉权。《法院编制法》第十一章"检察厅"中规定，检察厅在刑事诉讼中"遵照刑事诉讼律及其他法令所定，实行搜查处分，提起公诉，实行公诉，并监察判断之执行"；在民事诉讼中，"遵照民事诉讼律及其他法令所定，为诉讼当事人或公益代表人，实行特定事宜"。③南京国民政府1945年颁布的刑事诉讼法也采用了国家追诉主义的原则，规定凡刑事案件，均由检察官提起诉讼。④ 中华人民共和国成立后，1949年12月

---

① 在美国，检察机关和大陪审团均享有公诉权；在英国，检察官只能在治安法院支持公诉，不能在审判重罪案件的刑事法院出庭，必须另外雇请大律师代表检察官出庭支持公诉。在特定情况下，警察、验尸官有权直接向法院提起公诉。参见王以真：《外国刑事诉讼法学》，北京大学出版社1990年版，第153页；姜伟：《公诉制度的历史沿革和发展趋势》，载《浙江社会科学》2002年第4期。在芬兰、挪威等北欧国家，由地方警察局长代表国家出席初审法院，指控轻罪案件。检察官主要在重罪法院及上诉法院履行公诉职责。

② 我国香港特别行政区检察制度受到英国检察制度的影响，对刑事犯罪提起公诉的权力分别由检察官和警察行使。香港警察在将案件侦查终结后可以直接向法院提起诉讼，主要是简单的、罪行较轻的刑事犯罪案件。参见甄贞主编：《香港刑事诉讼法》，河南人民出版社1997年版。

③ 《法院编制法》第90条。转引自何勤华主编：《检察制度史》，中国检察出版社2009年版，第332页。

④ 何勤华主编：《检察制度史》，中国检察出版社2009年版，第362页。

颁布的《最高人民检察署试行组织条例》确立了检察机关的法律地位，明确了其对刑事案件行使公诉权的基本职能。1954 年通过的《中华人民共和国宪法》及《中华人民共和国人民检察院组织法》在肯定人民检察院是国家法律监督机关的同时，进一步明确规定，检察机关是国家唯一的公诉机关。"文化大革命"期间，受"极左"思潮的冲击，1974 年通过的宪法取消了检察机关的设置，检察机关的各项职权由公安机关行使，公安机关成为当时的公诉机关。①1979 年通过的《中华人民共和国刑事诉讼法》和《人民检察院组织法》明确规定检察机关是代表国家行使追诉犯罪权的公诉机关，1996 年和 2012 年修订的《中华人民共和国刑事诉讼法》延续了这一制度。

我国采取检察机关为唯一提起公诉权主体的模式与清末改制时以日本作为修律楷模，并参照了德国、法国的司法制度的最初模式选择有直接关系。从本质上说，这也是国家权力倾向于集中化的我国政治传统的具体反映。

第二，起诉对象。目前依照我国现行法律规定，检察机关只能对刑事案件提起公诉，公诉实际上就是指"刑事公诉"。但在新中国成立后的检察制度中，检察机关的起诉对象并不限于刑事案件。1949 年 12 月颁发的《中央人民政府最高人民检察署试行组织条例》规定，检察机关有权参与涉及全国社会与劳动人民利益有关之民事案件以及涉及全国社会与劳动人民有关这一切行政诉讼；1954 年的《中华人民共和国检察院组织法》第 4 条规定，地方各级检察机关对于有关国家和人民利益的重要民事案件有权提起诉讼或参加诉讼；1957 年最高人民法院制定的《民事案件审判程序（草稿）》第 1 条有类似规定，允许检察院对"有关国家和人民利益的重要民事案件"提起诉讼；1979 年 2 月 2 日，最高人民法院在《人民法院审判民事案件程序制度的规定（试行）》中对民事公诉制度再次确认，但 1979 年 7 月 1 日五届人大二次会议通过的《中华人民共和国人民检察院组织法》对民事行政公诉制度彻底废除，没有赋予检察院提起民事或行政诉讼的权力。近年来，我国在实践中也有检察机关对民事、行政案件提起公诉的尝试，但法律上没有依据。

第三，起诉范围。起诉范围是指公诉权的权力行使范围。公诉是与自诉相对而言的，公诉权的权力行使范围涉及与自诉案件范围的界限划分问题。刑事公诉权的权力行使范围在世界上有不同模式：一种是国家垄断主义，即刑事案件全部要由专门机关进行侦查后再由检察机关向法院提起公诉，不允许私人自诉，以美国、日本、法国为代表；另一种是公诉为主、自诉为辅，刑事案件大都由检察机关代表国家提起公诉，部分案件则允许公民个人提起自诉，包括英

---

① 姜伟：《公诉制度的历史沿革和发展趋势》，载《浙江社会科学》2002 年第 4 期。

国、德国、俄罗斯和我国在内的多数国家都采取这种方式。

我国刑事诉讼采用公诉为主、自诉为辅的立法模式。清末司法改革时，清政府参照日本的司法制度制订了《法院编制法》、《各级审判厅试办章程》，设立了检察机关，代表国家提起刑事诉讼，这是我国历史上第一次出现"公诉"的称谓。但由于传统习惯的作用，在刑事追诉制度上仍然以自诉制度为主。国民党统治时期，根据1935年颁布的刑事诉讼法及国民党解释条例，刑事起诉有自诉和公诉两种，但对自诉进行了极为严格的限制。抗日战争和解放战争时期，在各解放区的司法制度中承认公诉、群众起诉、自诉均为合法的起诉形式，对自诉的方式规定了面诉、诉状、代诉三种。取消了国民党时期对自诉条件的苛刻限制，为新中国自诉制度的确立和发展奠定了基础。1979年的刑事诉讼法确立了公诉为主、自诉为辅的基本框架，规定了两类自诉案件，即告诉才处理的案件和其他不需要进行侦查的轻微刑事案件。1996年修订的刑事诉讼法对1979年刑事诉讼中的自诉制度做了保留，并扩大为三类。1996年《刑事诉讼法》第170条规定的自诉案件包括："（一）告诉才处理的案件；（二）被害人有证据证明的轻微刑事案件；（三）被害人有证据证明对被告人侵犯自己人身、财产权利的行为应当依法追究刑事责任，而公安机关或者人民检察院不予追究被害人刑事责任的案件。"自诉案件范围以外的刑事案件一律属于公诉的范围。2012年再次修订刑事诉讼法时保留了上述规定。

2. 支持公诉权

支持公诉权是指检察官以国家公诉人身份出席法庭，根据事实和法律，支持检察机关对刑事被告人的指控，要求对被告人处以刑罚的权力。2012年修改后的《刑事诉讼法》第184条规定，"人民法院审判公诉案件，人民检察院应当派员出席法庭支持公诉"，并且修改了简易程序案件人民检察院可以不派员出席法庭的规定，强化了检察机关的支持公诉权。人民检察院提起公诉后都应当指派检察官以国家公诉人的身份出席法庭行使支持公诉权。公诉人应当由检察长、检察员或者经检察长批准代行检察院职务的助理检察员一人至数人担任。人民法院应将开庭的时间、地点在开庭的3日以前通知人民检察院。人民检察院抗诉的案件和二审人民法院要求检察院派员出庭的案件，应在开庭10日前通知检察院查阅案卷。检察人员出庭前，应全面熟悉案情，核对证据，拟定公诉词和答辩提纲。支持公诉活动主要包括：（1）宣读起诉书；（2）参加法庭调查，经审判长许可，讯问被告人、询问证人、被害人；（3）发表公诉词、参加法庭辩论；（4）对法庭审判活动实行法律监督，发现违法情况及时提请审判长予以纠正；（5）如发现起诉案件主要事实不清、证据不足或发现漏罪、漏犯，应适当纠正或建议休庭，延期审理。

3. 公诉变更权

公诉变更权是指检察机关提起刑事公诉以后，由于发现新的情况或者基于新的认识，主动请求或者应法院建议，在法院作出第一审判决之前，对指控进行实体或者程序上的修改、补正、撤销，从而调整审判范围或者终结审判程序的权力。公诉变更权在我国立法上却没有明确规定。2012 年修改后的刑事诉讼法第 206 条规定，对于自诉案件，自诉人在法院宣告判决前可以撤回自诉，对公诉案件没有作这样的规定，也没有规定起诉以后检察机关可以改变指控。目前实际存在的公诉变更权是以最高人民法院和最高人民检察院有关司法解释规定作为依据的。

根据《人民检察院刑事诉讼规则（试行）》的规定，公诉人在出庭支持公诉过程中，有以下几种情形的，人民检察院可以行使追加、变更、撤回起诉权：（1）当公诉人发现遗漏罪行或者遗漏同案犯罪嫌疑人，虽然不需要补充侦查和补充提供证据，但需要提出追加或者变更起诉的，公诉人应当要求法庭延期审理，在补充侦查期限内，提请人民法院恢复法庭审理，以追加或并更起诉（第 455 条、第 456 条）。（2）在人民法院宣告判决前，人民检察院发现被告人的真实身份或者犯罪事实与起诉书中叙述的身份或者指控犯罪事实不符的，或者事实、证据没有变化，但罪名、适用法律与起诉书不一致的，可以变更起诉；发现遗漏的同案犯罪嫌疑人或者罪行可以一并起诉和审理的，可以追加、补充起诉（第 458 条）。（3）在法庭审理过程中，人民法院建议人民检察院补充侦查、补充起诉、追加起诉或者变更起诉的，人民检察院应当审查有关理由，并作出是否补充侦查、补充起诉、追加起诉或者变更起诉的决定。人民检察院不同意的，可以要求人民法院就起诉指控的犯罪事实依法作出裁判（第 460 条）。（4）变更、追加、补充或者撤回起诉应当报经检察长或者检察委员会决定，并以书面方式在人民法院宣告判决前向人民法院提出（第 461 条）。最高人民法院《关于适用〈中华人民共和国刑事诉讼法〉的解释》（法释〔2012〕）第 242 条规定，宣告判决前，人民检察院要求撤回起诉的，人民法院应当审查撤回起诉的理由，作出是否准许的裁定。第 243 条规定，审判期间，人民法院发现新的事实，可能影响定罪的，可以建议人民检察院补充或者变更起诉；人民检察院不同意或者在 7 日内未回复意见的，人民法院应当就起诉指控的犯罪事实，依照本解释第 241 条的规定作出判决、裁定。

4. 量刑建议权

量刑建议权是公诉人依照法律所享有的在庭审过程中向法官提出量刑建议的权力。量刑建议权是国家意志的体现，它属于公诉权的内在组成部分，是一种基于刑罚请求权的司法请求权。我国法律虽然没有明文规定检察机关享有量刑建议权，但是有关法律和司法解释的规定却包括了量刑建议权的内容。在我国，"量刑建议"的提法从文件上考察最初源于最高人民检察院于 2005 年 6 月 10 日颁布的《最高人民检察院关于进一步加强公诉工作强化法律监督的意见》。在该发文中明确提出"积极探索量刑建议制度。为更加充分地发挥公诉职能，强化对审判机关量刑活动的监督制约，保证案件公正处理，要在总结一些地方探索量刑建议经验的基础上，进一步积极稳妥地开展量刑建议试点工作。要根据罪刑相适应的原则，依照刑法、有关司法解释的规定和案件的具体情况，在庭审中就犯罪嫌疑人的量刑幅度向人民法院提出具体建议。要把探索实行量刑建议制度与加强检察机关对刑事审判活动的监督结合起来，推动量刑工作严格依法进行"。2010 年 9 月最高人民法院、最高人民检察院、公安部、国家安全部、司法部联合发布的《关于规范量刑程序若干问题的意见（试行）》首次明确了检察机关提出量刑建议的时间、量刑建议的内容、量刑建议的方式以及量刑建议的变更问题，细化了程序性规定，为规范量刑建议权的行使提供了依据。2012 年修改后的刑事诉讼法虽然没有明确规定检察机关的量刑建议权，但在第 193 条已经给检察机关提出量刑建议留出了空间："法庭审理过程中，对与定罪、量刑有关的事实、证据都应当进行调查、辩论。经审判长许可，公诉人、当事人和辩护人、诉讼代理人可以对证据和案件情况发表意见并且可以互相辩论。……"《人民检察院刑事诉讼规则（试行）》在修改后的刑事诉讼法第 193 条规定的基础上，在第 376 条、第 399 条、第 400 条、第 454 条、第 520 条对检察机关量刑建议权作了更为详细的规定。根据《人民检察院刑事诉讼规则（试行）》的规定，人民检察院对提起公诉的案件，可以向人民法院提出量刑建议。除有减轻处罚或者免除处罚情节外，量刑建议应当在法定量刑幅度内提出。建议判处有期徒刑、管制、拘役的，可以具有一定的幅度，也可以提出具体确定的建议。对提起公诉的案件提出量刑建议的，可以制作量刑建议书，与起诉书一并移送人民法院。量刑建议书的主要内容应当包括被告人所犯罪行的法定刑、量刑情节、人民检察院建议人民法院对被告人处以刑罚的种类、刑罚幅度、可以适用的刑罚执行方式以及提出量刑建议的依据和理由等。办案人员认为应当向人民法院提出量刑建议的，可以在审查报告或者量刑建议书中提出量刑的意见，一并报请决定。人民检察院向人民法院提出量刑建议的，公诉人应当在发表公诉意见时提出。对于依法应当提起公诉的，人民检察院可以向人民法院提出从宽处罚的量刑建议。最高人民法院《关于适用〈中华人民共和国刑事诉讼法〉的解释》（法释〔2012〕号）第 230 条规定，"人民检察院可以提出量刑建议并说明理由，量刑建议一般应当具有一定的幅度。当事人及其辩护人、诉讼代理人可以对量刑提出意见并说明理由"。

该解释说明法院系统和检察系统已经对人民检察院行使量刑建议权达成共识。

5. 不起诉权

不起诉权，是指检察机关享有的对犯罪嫌疑人不交付审判而在审查起诉结束时终止刑事诉讼活动的权力，具有重要的诉讼价值，是公诉权的重要组成部分。根据我国刑事诉讼法的规定，不起诉分为三种类型：一是法定不起诉。2012 年修改后的刑事诉讼法第 173 条第 1 款的规定，犯罪嫌疑人没有犯罪事实，或者有本法第 15 条规定的情形之一的，人民检察院应当作出不起诉决定："（一）情节显著轻微、危害不大，不认为是犯罪的；（二）犯罪已过追诉时效期限的；（三）经特赦令免除刑罚的；（四）依照刑法告诉才处理的犯罪，没有告诉或者撤回告诉的；（五）犯罪嫌疑人、被告人死亡的；（六）其他法律规定免予追究刑事责任的。"二是酌定不起诉。根据刑事诉讼法第 173 条第 2 款的规定，对于犯罪情节轻微，依照刑法规定不需要判处刑罚或者免除刑罚的，人民检察院可以作出不起诉决定。2007 年最高人民检察院发布的《人民检察院办理不起诉案件质量标准（试行）》又规定了 5 种酌定不起诉情形：未成年犯罪嫌疑人、老年犯罪嫌疑人，主观恶性较小、社会危害不大的；因亲友、邻里及同学同事之间纠纷引发的轻微犯罪中的犯罪嫌疑人，认罪悔过、赔礼道歉、积极赔偿损失并得到被害人谅解或者双方达成和解并切实履行，社会危害不大的；初次实施轻微犯罪的犯罪嫌疑人，主观恶性较小的；因生活无着偶然实施盗窃等轻微犯罪的犯罪嫌疑人，人身危险性不大的；群体性事件引起的刑事犯罪中的犯罪嫌疑人，属于一般参与者的。三是证据不足不起诉。根据2012 年修改后的刑事诉讼法第 171 条第 4 款的规定，人民检察院对公安机关对于二次补充侦查的案件，人民检察院仍然认为证据不足，不符合起诉条件的，应当作出不起诉的决定。三种不起诉种类中，酌定不起诉由检察官根据案件情况进行自由裁量，检察官在提起诉讼前相当于充当了"裁判者"的角色。

6. 上诉审程序的抗诉权

抗诉权是人民检察院发现或者认为人民法院的判决、裁定确有错误时，提请审判机关依法重新审理并予以纠正的权力。抗诉通常分为对一审未生效裁判的抗诉和对生效裁判的抗诉两种，前者也叫上诉审程序的抗诉，后者也叫再审程序的抗诉。再审程序的抗诉权属于诉讼监督权的范畴，本章只涉及对未生效判决的抗诉权。

2012 年修改后的刑事诉讼法第 217 条规定："地方各级人民检察院认为本级人民法院第一审的判决、裁定确有错误的时候，应当向上一级人民法院提出抗诉。"最高人民检察院《人民检察院刑事诉讼规则（试行）》第 584 条规定："人民检察院认为同级人民法院第一审判决、裁定有下列情形之一的，应当提出抗诉：（一）认定事实不清、证据不足的；（二）有确实、充分证据证明有罪而判无罪，或者无罪判有罪的；（三）重罪轻判，轻罪重判，适用刑罚明显不当的；（四）认定罪名不正确，一罪判数罪、数罪判一罪，影响量刑或者造成严重社会影响的；（五）免除刑事处罚或者适用缓刑、禁止令、限制减刑错误的；（六）人民法院在审理过程中严重违反法律规定的诉讼程序的。"我国刑事诉讼法对上诉审抗诉的具体程序规定是：检察院将抗诉书通过原审法院提交上一级人民法院，提出抗诉的人民检察院还应将抗诉书抄送上一级人民检察院，上一级人民检察院应就抗诉的理由和根据认真审核，如果认为抗诉不当，可直接向同级人民法院撤回下一级人民检察院的抗诉，并将撤回抗诉的情况通知下一级人民检察院。以上规定构成了检察机关上诉审抗诉权的具体内容。

（三）公诉权的功能

公诉权在奉行依法治国原则的我国现阶段发挥着重要功能。具体包括以下方面：

1. 追诉犯罪功能

刑事公诉权是公诉权的核心权力，而犯罪追诉是刑事公诉的首要功能。刑事公诉权是公诉机关在查清犯罪事实的基础上，代表国家提请法院追究犯罪人的刑事责任，主要是通过请求法院实施刑罚权来实现追诉犯罪的目的。刑罚权包括刑罚创制权、刑罚请求权、刑罚裁量权和刑罚执行权四个方面。公诉权的追诉犯罪功能是检察机关行使刑罚请求权的体现，尽管其只是一种诉讼上的权力，但有明确的实体内容指向。刑罚权的实现离不开刑罚请求权的行使，没有公诉权对犯罪行为的追诉就不会有审判机关对犯罪的定罪和量刑。

2. 维护法制统一功能

刑事公诉提请追究刑事责任的活动本身，既是国家对违反法律的情况进行法律效果的监督，也是对国家法律权威的维护。民事公诉权是公诉机关针对侵害国家利益和社会公共利益的行为，依法向法院提起民事诉讼，要求违法者承担停止侵害、排除妨害、赔偿损失等民事责任，这包含着对违法者的行为的否定和谴责，从而达到维护国家法律权威，促进公民守法的目的。行政公诉权是公诉机关对那些不构成犯罪且无人提起行政诉讼的违法行政行为进行追诉的权力，与职务犯罪侦查权共同构成一个监督行政权的完整体系，能有效防止行政机关以及工作人员滥用或怠于行使行政权，避免行政权对国家法律的侵蚀和破坏，保障国家法律的统一正确实施。

3. 权益保障功能

公诉的权益保障功能包括对公益权益的维护和人权保障两个方面。① 公诉从一开始出现就代表着一种权益保护的趋势，打击和追究犯罪从本质上说就是对国家、社会公共利益的保护，体现了国家对社会公共利益的关注，这是其与自诉最大的区别。在维护公共利益的同时，也实现了对人权的保护。现代意义上的公诉直接为辩护职能的形成提供了现实的基础和前提条件，为保障被追诉人的人权提供了制度性保障。它对权力的监督控制降低了国家权力在诉讼过程中对个人权力的负面影响，有助于保护所有诉讼参与人的权益。

4. 权力制约功能

公诉机关在审查侦查终结的刑事案件中发现侦查机关实体违法、程序违法时有权用纠正违法通知书或检察建议等方式向侦查机关提出并督促其改正，从而实现了促使侦查机关依法执法，防止刑事侦查行为恣意滥用的功能。同时，通过证据审查，审核侦查机关在侦查过程中是否达到了证据标准。检察机关对审判活动的制约作用体现在：一是通过起诉书所设定的审判对象对审理范围进行规制；二是监督法官在审判过程中是否遵守法定程序；三是实施对法院判决的实体内容不服，可以通过抗诉实现法律救济。

5. 法律警示功能

公诉权的行使意味着公诉主体运用国家权力来实现对犯罪行为的追诉，而追诉行为本身就昭示着法律的权威和尊严，警示公民在行为选择时必须遵守法律，不得实施犯罪，否则将受到国家法律的追究和惩罚。贝卡利亚曾说，一方面对犯罪者本人起到了一种特殊的社会警示作用。另一方面对其他人也起到一般预防作用，让犯罪者以外的人也感受到了法律的不可违反性，从而在客观上起到法制教育和社会警示作用。

二、我国公诉权配置存在的问题

在世界各国的司法实践中，无论对检察机关的性质有何种设定，公诉权作为代表国家行使对犯罪案件的追诉权，均无可争议地成为检察制度的核心，尽管世界各国依照不同的宪政制度，创设了各具特色的检察制度模式，但就其内部职能分工而言，检察权的最基本内容都是代表国家行使公诉权。目前，我国公诉权的配置源于历史的选择，在总体上符合我国的政治架构特点，在追诉犯罪、维护国家法制统一、保障公民权益、制约公权力行使等方面发挥了重要功能。当然，我国的公诉权在许多方面也尚待完善，公诉权配置中存在的一些问

---

① 贺恒扬：《公诉论》，中国检察出版社 2005 年版，第 21 页。

题影响了公诉权能的正常发挥。

（一）公诉对象较为狭窄

随着我国改革开放事业的不断推进，各种社会矛盾也日趋错综复杂。在民事诉讼领域，我国国有资产流失和环境污染等侵害国家和社会公共利益的案件时有发生。不少利益主体不择手段地追求利益最大化，无视国家利益和社会公共利益的存在，通过各种手段进行牟取暴利、中饱私囊的非法交易，损害国家或社会公共利益。并且，相当一部分侵害国家和社会公共利益的案件都以订立合同或协议的合法形式进行保护，如以合同形式低价出售或转让土地、房屋等国有资产。在这种情况下，如果没有直接的利害关系人提起诉讼或者直接的利害关系人不知情、不起诉的话，就会形成无人起诉的状况，而行政监管又有许多的局限性。检察机关虽然具有合适的身份和条件，但《宪法》、《人民检察院组织法》、《民事诉讼法》等都没有规定检察机关享有可以代表国家或社会公共利益提起民事诉讼的权利。虽然，2012 年修改后的《民事诉讼法》第 55 条对民事公益诉讼作出了规定，"对污染环境、侵害众多消费者合法权益等损害社会公共利益的行为，法律规定的机关和有关组织可以向人民法院提起诉讼"，但并未明确检察院提起公益诉讼的主体地位和方式手段。

在行政诉讼领域，各地由于行政机关的行政行为侵犯群体利益或公共利益而引发的群体性抗争事件时有发生。在行政权高度强势，司法权相对弱小，行政相对人最为弱势的情况下，相对人往往无法通过司法途径获得救济。我国《行政诉讼法》规定，提起诉讼的原告限定在认为"自己的权益"受到行政行为侵犯的公民、法人或者其他组织，换句话说，与行政行为没有直接利害关系的相对人无权提起诉讼，这样就造成无人提出诉讼的局面。即使起诉也会被人民法院以"没有原告资格"或"不属于受案范围"为由不予受理，致使公共利益遭到侵害而得不到纠正。虽然行政机关是公共利益的代表，但侵害公共利益的也是行政机关，如果行政机关怠于自我修正，公民则可能失去通过法律手段维护公共利益和监督行政机关依法行政的权利，而宪法规定的公民检举权和控告权就可能得不到有效落实。检察机关作为国家利益的体现者、国家权益的维护者和法律监督机关，在保障国有资产权益、救济被行政行为侵犯的公民权利方面具有义不容辞的责任。然而，由于目前公诉对象仅仅限于刑事案件，检察机关在上述方面的职能发挥被严重束缚，难以实现应有的功能。

（二） 自诉与公诉的案件范围不够清晰

自诉是被害人在自己的权利受到侵害时，以自己的名义直接依法向法院提起诉讼，要求追究加害人刑事责任的诉讼。自诉权是被害人的一种诉讼权利，在某些案件中，它是一种由被害人自行决定的要不要追究加害人刑事责任的选择性权利；在某些案件中，它是一种不得不行使的救济性权利，即在被害人认为有权追诉犯罪的机关不履行职责时不得不通过自己的起诉来追诉犯罪的权利。

自诉是指被害人不服检察机关的不起诉决定时，除可以向上级检察机关提出申诉外，还可以通过直接向人民法院起诉的方式来监督制约检察机关的不起诉权。2012 年修改后的刑事诉讼法第 204 条规定："自诉案件包括下列案件：（一） 告诉才处理的案件；（二） 被害人有证据证明的轻微刑事案件；（三） 被害人有证据证明对被告人侵犯自己人身、财产权利的行为应当依法追究刑事责任，而公安机关或者人民检察院不予追究被告人刑事责任的案件。"在自诉权与公诉权的关系上，三类自诉案件各具特色：

在第一类自诉案件中，自诉权与公诉权没有交叉，此类案件只存在自诉权而不存在公诉权。

在第二类自诉案件中，自诉权与公诉权尽管彼此独立，却同时并存。因为"被害人有证据证明"是一个极具主观性的标准，只能根据被害人的具体判断，所以被害人既可能因认为"没有证据证明"而要求依公诉程序进行追究，也可能因认为"有证据证明"而自行提起自诉，即使被害人决定提起自诉的案件，也可能因起诉证据不足，而转归公诉。因而，在此类案件中，公诉权与自诉权是一种交叉重叠、同时并存的关系。

在第三类自诉案件中，自诉权与公诉权是一种公诉优先、自诉补救的关系。被害人提起自诉是以国家追诉机关已经放弃公诉权或拒不行使公诉权为前提条件的，因而，被害人的自诉权与公诉权之间并不存在交叉重叠关系。从时序上讲，二者是一种承继关系或转接关系；从被害人自诉权的功能上讲，二者是一种监督关系或补救关系。[1] 在自诉权的行使范围上，除第一类自诉案件外，其他两类自诉案件均与公诉权存在不同程度的交叉，存在向其他类型案件转化的可能。

第三类自诉案件即公诉转自诉的案件，使得一些本身应当为公诉的案件在一定条件下可以转为自诉案件，从而使自诉案件在理论上扩张到刑法中所有具

---

[1]　姚莉：《关于两类自诉案件若干问题的研究》，载《中国法学》1999 年第 2 期。

有被害人的全部案件。① 作出这一选择的本意在于保护被害人的合法权益，同时以自诉制约公诉，可以防止检察机关作出不起诉决定的随意性。然而，这一做法不仅与当今国外起诉权行使的基本潮流与趋势背道而驰，而且"在一定意义上是对检察机关公诉权的质疑，也对检察机关不起诉决定的稳定性和终止诉讼的权威性造成损害"，②从而使得国家追诉主导刑事诉讼的基本定式遭到一定程度的破坏，给我国诉讼理论和司法实践也带来了很多混乱之处。一方面，检察机关的不起诉决定具有终止刑事程序的效力，一旦作出不起诉的决定，公诉程序即告终结，但是公安机关可以要求复议、提请复核，当事人也可以提出申诉，这又导致公诉程序重新启动。应当说，在检察机关作出复查决定前，刑事追诉权仍处于检察机关的控制之下，公诉程序并未最终结束。此时被害人若向人民法院提起自诉，将造成对同一犯罪公诉权与自诉权同时并存的局面。另一方面，自诉权有否定公诉裁量权的危险。刑事诉讼中的起诉便宜主义"谓诉追机关对犯罪事实已明，而与诉追条件亦相符合时，仍得自由参酌情形决定是否提起公诉之主义也"，③它主要表现为不起诉权的行使。强化对不起诉决定的制约，能够有力地遏制起诉裁量权被滥用的倾向。但是只要被害人对不起诉决定不服，其便有权向人民法院提起自诉，这无疑给检察机关的起诉裁量权造成较大冲击，从某种意义上说是以自诉否定了不起诉权，使检察机关的起诉裁量权形同虚设。"允许被害人对人民检察院不起诉决定可以抗衡，犹如'抗诉'而将公诉案件转化为自诉案件，这是被害人对不起诉决定的实际否定，意味着对公诉权一种分割，从而导致人民检察院丧失了终止刑事诉讼的最终决定权。"④

（三）侦查权与公诉权的关系未能理顺

在刑事诉讼中，侦查机关与公诉机关共同承担追诉职能，侦查结果最终的体现和出口是检察机关的公诉职能的发挥，侦查权与公诉权在本质上是相互统一的，彼此之间有着密不可分的联系。侦查活动作为查获犯罪并取得犯罪证据的活动，为公诉部门实现追诉犯罪提供证据，使公诉部门在审判中充分展示侦

---

① 肖刚：《现代刑事自诉案件范围质疑与完善》，载《黑龙江省政法管理干部学院学报》2004 年第 5 期。

② 龙宗智、左卫民：《法理与操作——刑事起诉制度评述》，载《现代法学》1997 年第 4 期。

③ 郑竞毅：《法律大辞典》（上卷），商务印书馆 1936 年版，第 487 页。

④ 李学宽：《不起诉若干问题探讨》，载《人民检察》1997 年第 1 期。

查活动所取得的证据和侦查活动的成果。然而，目前在司法实践中，侦查活动的效果并不尽如人意，直接影响了公诉效果。这首先体现在侦查人员的证据意识、侦查意识和责任意识不强。公开的媒体资料显示，侦查机关普遍存在过于依赖口供忽视其他证据的情形，一旦口供发生变化，案件将陷入证据不足的窘境。部分侦查人员对证据的收集缺乏系统的认识，进行调查时草率从事，甚至在侦查早期错过了证据收集的最佳时机。调查时还常常遗漏重要证据，对证明案件事实毫无意义的材料侦查人员也不加鉴别一起装订进卷宗。由于侦查机关与庭审之间没有直接联系，对庭审的证据要求难以掌握，在缺乏检察机关指导的情况下，部分移送审查起诉案件所取证据达不到庭审控诉标准，退查率居高不下，人为导致了一些疑难案件的产生。案件退回补充侦查的实施效果也不理想。实践中常常出现案件退回时是哪些材料，再移送来时依旧是那些材料的情况，退回补充侦查权在一定程度上流于形式。这些都直接影响了公诉质量和公诉效果。

造成上述问题的原因是多方面的，其核心在于侦查权与公诉权的关系未能理顺，公诉权在侦查阶段的介入范围不清晰，因而影响了对侦查权的监督和指导。

首先，相关法律规范的缺失，导致公诉部门对公安机关的行为难以形成有效的监督、制约。2012 年修改后的《刑事诉讼法》第 171 条第 2 款规定："人民检察院审查案件，对于需要补充侦查的，可以退回公安机关补充侦查，也可以自行侦查。"此条虽然规定了退查与自行侦查这两种补充侦查手段，但并没有对哪些案件需要退查、哪些案件可以自行侦查作出规定。对这一规定可以有两种理解：其一，对于需要补充侦查的案件，人民检察院审查案件的公诉部门也可以自行侦查；其二，对于需要补充侦查的自侦案件，人民检察院审查案件的公诉部门可以将案件退回自侦部门侦查。实践中一般采纳第二种理解，也正因如此，公安机关的侦查权无法受到公诉部门的有效制约。

由于历史和现实的原因，我国公安机关在政法系统中形成了一家独大的历史地位，而现阶段又未能建立完备的监督制约体系，导致公安机关在侦查活动中往往滥用权力。实践中存在的违法搜查、扣押、刑讯逼供、侵犯人权等现象，与此有直接关系。而法律规定的缺失使得侦查权缺乏他向制约和监控，成为相对封闭的活动，导致难以及时纠正侦查违法，保证证据质量。[①]

其次，公诉活动与刑事侦查活动相脱离，造成诉侦配合不畅。在我国，公诉部门的工作具有先天的被动性，它以公安机关移送审查起诉为启动前提，基

---

① 参见谢佑平：《刑事司法程序的一般理论》，复旦大学出版社 2003 年版，第 231 页。

本不介入侦查活动，未能从公诉的角度对侦查取证活动进行同步有效引导，检察人员不直接参与侦查，也较少从人权保障角度监督侦查活动的正当性，使得侦查活动缺乏有效的监督制约，对于起诉的要求也不甚了解，侦查缺乏明确的目标，提请移送审查起诉的证据标准也不够明确。侦查与公诉的隔阂使侦查机关对于侦查终结之后证据要求的变化并不关心，也无须承担任何责任，而检察机关又没有足够的力量和条件去应付案件事实证据的变化，最终影响办案质量。

（四）公诉裁量权范围、主体受限

我国对公诉裁量权的立法规定主要是刑事诉讼法（2012 年修订）第 173 条第 2 款规定的相对不起诉制度及相关司法解释中规定的公诉变更制度赋予了检察机关有限的自由裁量权。

我国刑事诉讼法第 173 条第 2 款（2012 年修订）赋予了检察机关不起诉裁量权。从该规定来看，我国检察机关相对不起诉的案件范围只限于"犯罪情节轻微"的案件，检察机关主要依据犯罪情节加以权衡，决定是否起诉，很少考虑设定起诉便宜原则的立法意图，即法律择定的价值，如有利于教育改造犯罪行为人使之更容易复归社会，瓦解共同犯罪中的行为人使案件侦查得以顺利进行，节约诉讼成本的投入等。事实上，犯罪情节轻微与不需要判处刑罚或者免除刑罚不能成为裁量不起诉的一个相对确定的客观标准，应当赋予检察官在法律规定的情形内根据情况作出不起诉决定的权利。"诉讼效率的提高是就诉讼程序的整体而言的，不能只通过简易审理来实现，侦查、起诉环节也发挥着重要作用。"① 不起诉裁量权的合理行使可以最大限度地在公诉环节实现程序分流，有利于节约司法资源，有利于犯罪嫌疑人改过自新，为在公诉环节进行刑事和解提供了制度上的空间。

目前，扩大检察机关的不起诉裁量权不仅成为世界各国应对诉讼量急剧上升所采取的普遍做法，而且为联合国推动世界检察改革的相关文件所承认。由于 1996 年修改《刑事诉讼法》时取消免予起诉制度的理由不仅在于其有分割法院的定罪权之嫌，更在于该制度的实行在某些地方导致了检察官滥用自由裁量权而带来的司法不公，理论界和实务界一直对检察机关的不起诉裁量权持谨慎态度，检察系统内部甚至还对适用不起诉的比率进行了量上的限制性规定，上级检察机关通常人为地限定下级检察机关适用酌定不起诉的比率，并将其作为年度考核的重要指标之一，从而导致了这种相对不起诉在实践中呈现出如下特点：（1）相对不起诉的对象多限定为未成年人。（2）实际适用率低。

---

① 陈光中：《刑事诉讼中检察权的合理配置》，载《人民检察》2005 年第 13 期。

（3）相对不起诉适用程序较为严格。严格的审查程序导致司法实践中不起诉比提起公诉更烦琐，使公诉人员在某行为构成犯罪的情况下更倾向于提起公诉。这不仅是对诉讼规律的背反，也是对检察官行使自由裁量权的空间作了夸张性的想象。事实上，除内部程序上的规制外，不起诉的作出还要考虑被害人是否会提起自诉、侦查机关是否会提出申诉、犯罪嫌疑人本身情况等一系列因素，如果作出不起诉决定不当，其他机关或者当事人是有足够的手段予以救济的，过分担心自由裁量权会被滥用是不必要的。

在不起诉裁量权的行使主体上，由于宪法和刑事诉讼法都规定，人民检察院依法独立行使检察权，所以理论上认为，相对不起诉的裁量权由检察院行使，亦即检察长或检委会代表检察院实际行使。《人民检察院刑事诉讼规则（试行）》中的规定即遵循了这一思路，其第 376 条规定，办案人员对案件进行审查后，应当制作案件审查报告，提出起诉或者不起诉以及是否需要提起附带民事诉讼的意见，经公诉部门负责人审核，报请检察长或者检察委员会决定。办案人员认为应当向人民法院提出量刑建议的，可以在审查报告或者量刑建议书中提出量刑的意见，一并报请决定。第 401 条规定，人民检察院对于公安机关移送审查起诉的案件，发现犯罪嫌疑人没有犯罪事实，或者符合刑事诉讼法第 15 条规定的情形之一的，经检察长或者检察委员会决定，应当作出不起诉决定。第 406 条规定，人民检察院对于犯罪情节轻微，依照刑法规定不需要判处刑罚或者免除刑罚的，经检察长或者检察委员会决定，可以作出不起诉决定。上述规定意味着不起诉决定权集中在检察长或检委会手中，具体承办案件的检察官并不享有，程序也十分烦琐，从而导致具体承办人走不起诉决定程序的积极性不高，特别是相对不起诉案件的数量较少。

（五）量刑建议权缺乏明确规定

量刑建议权和定罪建议权共同构成出庭公诉中的两个重要环节，二者有着不可分割的联系：定罪建议权是量刑建议权的基础，量刑建议权则是行使定罪建议权的目的，也是定罪建议权的具体化；定罪建议权和量刑建议权都属于公诉权的具体权能，量刑建议权作为公诉权的下位权能，是公诉权的应有之义。检察机关代表国家提起公诉的根本目的并非仅仅是解决定罪问题，而在于使犯了罪的被告人受到应得的刑事制裁，所以公诉人在履行公诉职责时必然会涉及量刑问题，而且也应当发表量刑意见或建议。事实上，公诉人在实践中也从来没有放弃过对被告人的量刑问题发表控方意见。但量刑建议权缺乏明确的法律规定使得它缺乏必要的制约保障机制。量刑被法官认为是法院的"专有领域"，量刑权是法院裁判权的专有权属。个别法官认为检察机关行使量刑建议权会有碍于法院的独立审判权，有碍于法官正确行使自由裁量权，又没有法律的明确授权，因此对提出的量刑建议不认真对待。庭审中法官归纳焦点问题时常注重案件事实和量刑情节的辩论，而忽视公诉人提出的量刑建议及其分析意见，不把量刑建议作为法庭辩论的重点，造成在司法实践中对检察机关提出的检察建议不置可否，如何判、怎么判、判多少最后还是法官说了算，使检察机关陷入尴尬境地。由于量刑建议对法院缺乏必要的制约机制和必要的法律约束力，检察机关投入大量的工作，却达不到预期的效果，使建议的过程流于形式。2010 年 10 月，最高人民法院、最高人民检察院、公安部、国家安全部、司法部联合发布的《关于规范量刑程序若干问题的意见（试行）》中明确规定，"对于公诉案件，人民检察院可以提出量刑建议。量刑建议一般应当具有一定的幅度"。还明确了检察机关提出量刑建议的时间、量刑建议的内容、量刑建议的方式以及量刑建议的变更问题，为规范量刑建议权的行使提供了依据，但其内容相对粗疏，效力也与正式法律规定有差别。

三、优化公诉权的配置

公诉权的优化配置是一个系统工程，其配置涉及多方面的权力与权力、权力与权利的行使与配合，但究其本质，都是为了优化程序、优化权力，使得程序更符合公正与高效的要求。我国实行的是符合国情现状的具有中国特色的社会主义法治，任何改革和建议都应考虑与中国现行的司法体制相匹配才不至于脱离实际。针对现行公诉权配置存在的上述问题，我们认为，应当结合我国国情，围绕公诉对象、公诉范围、侦查与公诉的关系、公诉裁量权范围和量刑建议权等方面对公诉权进行优化配置。总体思路是：扩大公诉对象，协调公诉权与自诉权范围，增强公诉权对侦查权的指导和制约功能，扩大公诉裁量权范围，明确赋予公诉人量刑建议权。

（一）扩大公诉对象

检察机关的公诉权，除了对刑事案件的公诉权之外，应当参考世界各国的做法，适当扩大其范围，即在特殊情况下将某些民事案件和行政案件纳入公诉对象。

1. 建立民事公诉制度

虽然通过自然人和社会组织之间的民事诉讼，相当多的社会矛盾得以化解，但私法主体之间的民事诉讼并不能充分维护作为整体的社会和国家的利益。在社会民事活动中，有相当多的民事活动侵害了国家和社会的利益，而私法主体却不愿或不能提起民事诉讼，如恶意串通损害国家利益的活动，因没有直接涉及具体个人和单位的利益，所以就没有人提起诉讼，维护国家利益；又如公害行为和垄断行为，因为单个的个人或组织往往难以与违法行为或者侵害行为的实施者相抗衡，所以即使受损害的是自身利益，也无力维护。而审判权又秉承"不告不理"的原则，所以这些违法或侵害行为发生后，就出现了诉讼主体缺位或诉讼主体不能的问题。

将某些特定的民事案件纳入检察机关公诉对象范围，能够较好地解决上述问题。检察机关作为国家的专门法律监督机关，不受"不告不理"原则的约束，可以有更大的主动权。同时，作为国家机关的检察机关，其公务活动有强大的国库作为物质保障，从而可以与经济领域内实力雄厚的垄断者及公害的实施者（通常是大企业或企业集团）进行有力的对抗，从实质上确保诉讼双方的地位平等。

在法理方面，我国《宪法》第 129 条规定："中华人民共和国人民检察院是国家的法律监督机关。"作为国家的专门法律监督机关，其不单是监督审判权的运行，而是要监督国家全部法律得到遵守。就民事领域而言，民事法律监督不仅是对民事诉讼法贯彻的监督，更应该是对民事实体法的落实进行监督，即对民事主体从事民事活动的行为进行监督。一旦民事主体超越法律规定的范围，滥用"私法自治"的原则，损害国家、社会以及少数无诉讼行为能力又无代理人的个人的利益，作为国家法律监督机关的人民检察院就有权力向法院提起民事诉讼或参与正在进行的民事诉讼，维护国家、社会和特定个人的利益，履行宪法规定的职责。2012 年修改后的《民事诉讼法》第 55 条对民事公益诉讼作出了规定，"对污染环境、侵害众多消费者合法权益等损害社会公共利益的行为，法律规定的机关和有关组织可以向人民法院提起诉讼"，其中"法律规定的机关"理应包括宪法规定的法律监督机关，这就意味着检察机关有权提起民事公益诉讼，扩大公诉对象的时机已经成熟。

检察机关提起民事诉讼案件的范围，是确定检察机关对哪些案件享有诉权的问题。从各国立法规定及实践来看，检察机关主要对以下案件提起民事诉讼：第一类是涉及公共利益的案件，第二类是与法人有关的案件，第三类是与婚姻家庭有关的案件。就世界大多数国家而言，尽管对于检察机关参加民事诉讼的范围有很大差别，但都采取了有限介入原则，即检察机关只能对某些特定类型的民事案件提起民事诉讼。笔者认为，由于民事诉讼本身就是一种私权性质的纠纷，作为一种行使公权力的检察机关，通常不应该介入私权纠纷的解决过程当中去，所以，检察机关不能对所有的民事案件认为需要提起诉讼时都可主动提起，应当控制民事公诉的范围，防止检察机关过多地干预社会经济生活。对检察机关可以提起的民事公诉案件，应当仅限于涉及国家利益或社会公共利益受损害的案件。当前，我国正处于市场经济体制初建时期，这必然涉及国企改革的深化，国有资产的合理使用、处分以及众多的社会公共资源的开发和利用等问题，不可避免地出现公民、法人的个人利益和社会公共利益的激烈碰撞和冲突。在经济领域，社会公共利益的突出表现在"公害事件"和"国有资产的流失事件"两个方面。前者是对大范围特定多数人的财产权益的侵害，后者是对不特定多数人利益的侵害。这都是对社会公共利益的侵犯。因此，笔者认为，目前民事公诉的重点应放到侵犯国家财产所有权、损害社会公共利益的案件、环境污染案件上来。借鉴一些国家的立法和司法实践，考虑到我国的国情，笔者认为现阶段我国检察机关提起民事诉讼应当限定于国有资产保护、社会公益保护和社会弱势群体的保护三方面。具体而言，提起民事公诉的案件范围主要应包括以下几类：

（1）国有资产流失案件。我国是以公有制为基础的社会主义国家。为保护国有资产，我国成立了国有资产管理委员会，制定了相关的法律、法规。但是，我国的法律、法规仍很不完善，行政管理由于种种原因常常不力甚至缺位。随着国有企业的改制和现代企业制度的建立，国有资产流失的现象日益严重。检察机关在查办贪污受贿等经济犯罪中发现，在市场经济中，损害国有资产的行为时有发生，但当事人双方因存在不当利益而着力掩盖事实真相，往往无人提起诉讼。此外，由于这种情况没有直接侵犯特定公民、法人或者其他组织的合法权益，往往无人享有诉权。即使有人享有诉权，也常常因为起诉与否与其自身利益无直接联系而无人主张。因此，国有资产往往处于一种事实上无人保护的状态。而作为国家法律监督机关的检察机关把国有资产流失案件列入民事公诉的范围，能够在一定程度上弥补现行诉讼制度的不足。

（2）环境公害案件。环境公害案件是指直接造成不特定大多数人的人身、财产损害的环境污染事件。在产业技术高度发展的今天，由于产业活动的质和量巨大化、高密化，使得开发行为大规模地展开，环境污染致害事件呈现逐年上升的趋势，危害后果日益严重。环境侵权不同于一般的侵权行为，它具有主体不平等、侵害对象广泛、合法性、连续性和不确定性、侵害程度及范围严重的社会性权益侵害等特征。[①] 而且，由于我国现行诉讼制度的不完善，导致发生环境侵权事件时普遍面临着证据收集难、集体行动的组织难、立案难、法律服务获得难、法院审理中立难、获得赔偿的执行难等问题，而这正是环境侵权案件屡见不鲜但由此引发的诉讼却寥寥无几的原因。在这种情况之下，由检察

---

① 金瑞林：《环境侵权与民事救济——兼论环境立法中存在的问题》，载《中国环境科学》1997 年第 3 期。

机关就环境公害案件提起民事诉讼，有利于降低受害人的诉讼成本，使公共利益得到及时有效的保护。

（3）无人起诉或当事人不愿起诉、不敢起诉的案件。在民事纠纷中，有些没有起诉主体，无法向法院提起诉讼，而受害人的利益又需要法律的保护。如对已经破产的国有企业，在清算中遗漏了债权，无法继续向债务人主张权利的。在侵害死者名誉、肖像、隐私等案件中，受害人的近亲属已经全部死亡，没有人主张权利保护，而该死亡人的权益又确需保护的，又或者是继父母虐待子女，继子女无力或不敢起诉的等，检察机关可以代表公益起诉。① 近两年来，天津、湖北、江苏、山东、安徽等省市的检察机关先后就十多起因交通肇事死亡的身份不明被害人的案件提起刑事附带民事诉讼或建议当地民政局以原告身份代被害人亲属提起民事赔偿诉讼，绝大部分都得到了法院的支持。

（4）其他损害国家、社会公共利益的案件。民事公诉案件的范围应以损害国家和社会公共利益为限，也仅应以损害国家和社会公共利益为限。对于侵害非国家及社会公共利益的侵害自然人、法人权益的案件，不宜列入民事公诉的范围。其他一些类型的案件，如因产品质量造成众多消费者受损的案件、凭借垄断地位损害公众利益的案件、利用合同危害国家利益、社会公共利益的案件、外国商品已经在我国构成倾销事实的倾销案件等，检察机关可以代表公益起诉。

检察机关在民事公诉中的法律地位应当是民事公诉人，体现出检察机关作为特殊起诉者的地位。首先，从起诉主体的特殊身份看，检察机关是行使国家监督权的专门机关，依照国家干预原则，代表国家向法院提出追究民事被告人的法律责任的要求。其次，从检察机关提起民事诉讼的目的上看，其目的是通过指控民事主体的违法行为，纠正违法、制裁违法，维护国家利益和社会公益，而不是完全为了某一个特定民事主体的利益。最后，从检察机关与被告人的关系上看，检察机关是站在国家法律的立场上对被告人的民事违法行为进行检察，在确认有违法情况的前提下行使追诉权。二者的关系非当事人之间的关系，而是监督与被监督的关系。所以，检察机关在其提起的民事公诉的案件中不是一般意义上的当事人。由它提起的民事诉讼，所参照公诉程序进行，即提起公诉、支持公诉，对法院的民事审判活动的合法性进行法律监督。

我国检察机关是法律监督机关，有责任维护国家和社会利益，但主要是通过监督国家机关工作人员执法、守法，以保证国家法律正确、统一实施。民事公诉只是检察机关法律监督权的一种方式，不是全部，因此，民事公诉权的行

---

① 杨立新：《人身权法论》，中国检察出版社 1996 年版，第 287 页。

使要受到许多方面的限制。首先，应当严格遵守提起民事公诉的案件范围。因为人、财、物等方面的局限，检察机关在客观上不可能全面介入民事法律关系和诉讼领域。而且基于公法和私法的区别，检察机关不能过多地干预民事领域的具体事务，如果全面干预民事领域或诉讼领域，必将造成对私法关系的不当干涉。所以，检察机关行使民事公诉权的范围不宜过宽，应当严格遵守上述案件范围。其次，应当尊重民事诉讼中的当事人处分原则。尊重意思自治和利益独立是市场经济体制的基本特征之一，市场经济主体有依法自由处分的权利，检察机关干预不能影响当事人的自治性和处分权，因而只能有限介入。最后，只有在公益救济时方可提起民事公诉。如上所述，公诉机关（或公诉人）没有自己的利益，也不代表某种特殊的或具体的利益，其代表的是国家和社会公共利益。只有在国家或社会公共利益需要救济的特定情况下，即当国家利益、社会公共利益或公序良俗受到民事违法行为的侵害，造成严重后果，而又无特定主体起诉或特定主体不起诉或不宜起诉等情况时，才能行使公诉权。如果相关主体已经起诉，无须检察机关提起诉讼，但检察机关可以参加诉讼。

2. 建立行政公诉制度

在我国，国有资产流失、环境恶化、市场割据、不正当竞争、"豆腐渣"工程、偷税逃税、制假售假、乱摊派乱收费乱罚款等社会现象导致国家利益和社会利益等公共利益严重受损，其原因固然有很多，但主要是行政管理机关没有履行好监管职责，甚至出现设租、寻租现象。存在这种状况的原因是对这些违法侵犯公益的行为，没有有效的监督制约的途径、纠正惩治的措施。我国国家权力的分工与运行的特点是：行政权强大且不断膨胀，为了保持权力之间的制衡，使权力能合理运作，需要强有力的措施来制约行政权。行政诉讼是对行政行为实施司法审查，是一种重要措施。但是现行《行政诉讼法》仅仅规定了行政自诉制度，限制了行政诉讼功能的充分发挥。现实生活中存在大量公益被侵犯而得不到司法救济的情况。

将某些特定的行政诉讼案件纳入检察机关行政公诉范围，能够使上述问题得到有效解决。检察机关提起行政公诉，有助于充分发挥行政诉讼制度的监督（监督行政机关依法行政）功能。行政诉讼是一种对行政权进行监督和制约的机制，由于行政权力"自由裁量性、主动性和广泛性"等特点，它比其他国家权力更具有自我膨胀、扩张的倾向，更具有滥用的可能，也更需要监督和制约。可以说自从分权、制衡理论诞生以来，人类在追求宪政文明方面所作的努力中，最核心的还在于探求对行政权力如何实现有效的监督。从对行政的监督机制看，仅有行政系统内部监督是远远不够的，权力机关承担具体监督职能，也力不从心。因而完善现有的行政诉讼制度，由国家检察机关和国家审判机关，代表权力机关共同行使对具体行政行为的监督职能，是最理想的、最实际可行的监督途径。

检察机关提起行政公诉，还有助于弥补现行行政诉讼制度缺乏公共利益保护机制的缺陷，有效地发挥行政诉讼制度在遏止公共利益损害日趋严重化方面的作用，同时也可获得较大的司法效益，符合制度建构的经济原则。虽然行政行为侵害公益的行为可以有多种救济方式，但行政诉讼是一种好的选择，既符合法治原则，又符合经济和效益原则。因为在违法的行政行为侵害公共利益的情况下，通过行政诉讼，不仅可以使受侵害的公共利益得到救济，而且可以使违法的行政行为（包括行政不作为行为）得到监督和纠正，从而得到双重的效益。

行政公诉的范围是建立行政公诉制度的一个核心问题。行政公诉范围的设定要贯彻有利于司法资源的合理配置、有利于监督行政权同时保障行政权的有效行使、有效保护公共利益又要防止滥诉等原则要求。基于此，检察机关提起诉讼的行政案件应当主要包括以下几类：

（1）需要代表国家提起的行政诉讼案件。在国家利益受到具体行政行为侵犯，具有保护国家利益的相关主体（如国有企事业单位）疏于履行职守时，检察机关有权作为国家的代表提起行政诉讼。主要包括：国有资产受到毁坏、侵占或流失等严重侵害的案件；造成自然资源严重破坏的案件；垄断市场、干扰社会经济正常发展的案件。[①] 我国自改革开放以来，一些行政机关或人员为了个人利益或部门利益，利用各种手段侵害国家利益，如在国有企业转型过程中将国有资产低价出售甚至无偿转让，在土地开发中违反有关土地管理法规致使土地闲置和资源浪费，在公共工程的审批、招标、发包过程中滥用行政审批权而侵害国家利益或者造成自然资源的破坏等。为了保护国家利益，国家专门制定了一系列法律、法规，明确了有关机构和人员管理国有资产的职责。但对于侵害国家利益的行政违法行为，法律并未赋予工商行政管理部门、国有资产管理部门、其他组织或个人以诉权，因而难以追究有关机关或个人的法律责任，无法有效遏制有关的行政违法行为。因此，在国家利益受到具体行政行为侵犯时，应当授权检察机关对此类行为提起行政公诉，通过法院的审理活动追究有关机关或个人的法律责任，以有效保护国家利益。

（2）引起社会严重公害的案件。社会公害主要是指对大气、水流所造成的严重污染以及噪声等。近年来，因行政机关违反环境保护法的作为或不作为

① 孙谦：《设置行政公诉制度的价值目标与制度构想》，载《中国社会科学》2011年第1期。

行为造成的环境污染，严重影响到不特定多数人的人身、财产安全。环境污染形式多种多样，主要包括大气污染、水质污染、土壤污染、噪声、地面下沉以及垃圾恶臭等。对于社会公害案件，一方面，作为受害者个人追究行政机关或个人的责任绝非易事。因为受害人须证明公害行为的违法性以及行为人主观方面具有故意或过失、确定公害行为与损害之间的因果关系等，由于社会公害具有的潜伏性、损害后果的复杂性以及侵害主体的多样性，受害人很难举证予以证明，从而难以得到公平的处理结果。也就是说，对受害人而言，通过诉讼途径主张权利是很不经济的，加之社会公害案件的受害人一般较多，往往因诉讼主体不确定等而无人提起诉讼。另一方面，我国法律对社会公害案件起诉资格的规定并不完善。《行政诉讼法》第2条规定："公民、法人或者其他组织认为行政机关和行政机关工作人员的具体行政行为侵犯其合法权益，有权依照本法向人民法院提起诉讼。"据此，只有其合法权益直接受到公害侵害的人或组织，才能提起公害诉讼，而实际上，公害的受害人所遭到的侵害大多是间接的和无形的。因此，在社会公害中受害人的合法权益不能通过诉讼途径获得司法救济的情况下，授权检察机关对社会公害案件提起公诉，是对社会公共利益的损害后果进行补救的有效途径。

（3）行政垄断案件。垄断是指为了获得高额利润，而对某行业市场进行把持或独占的行为。垄断主要有以下形式：一是行业垄断。行业垄断行为在我国比较突出，主要是指公用企业和其他具有独占地位的经营者，集管理者与经营者于一体，受利益驱动，管理时漠视社会公共利益和消费者利益，以维护部门（行业）利益作为制定政策的主旨，包揽某类产品的生产权和经营权，以行政手段排挤其他企业参与竞争，形成独此一家别无分店的局面。二是市场垄断。即在市场经济中出现一家或几家对该某一市场有影响力的大企业，这些企业往往利用其绝对经济优势，实施限制或排除竞争行为，垄断市场，谋取高额垄断利润。垄断行为不仅侵害合法经营者的利益，损害消费者和国家的利益，而且破坏正常竞争秩序，容易滋生腐败现象，影响甚至威胁国家经济安全。因此，当行政机关在制定政策性价格或进行行业、市场准入审批过程中，滥用行政权，可能导致出现上述垄断形式的时候，由于没有直接利害关系人可以提起诉讼，赋予检察机关对此违法行为以行政公诉权，则是防止垄断的有效措施。①

（4）损害弱势群体利益的行政案件。弱势群体由于缺乏相应的物力、财力且社会地位较低，其应当享有的合法权益容易被忽略。弱势群体成员的合法

---

①　邓思清：《论检察机关的行政公诉权》，载《河南社会科学》2011年第2期。

权益在遭受到行政行为的侵犯时，有的是无能力提起诉讼，有的是迫于权力的压力不敢提起诉讼。检察机关作为国家的法律监督机关，对于公民、法人和其他社会组织不敢起诉或放弃起诉而又损害行政相对人合法权益的，可以参照刑法第 98 条的规定，以国家名义向法院提起诉讼。①

（5）其他行政公益案件。对于其他严重损害国家利益或社会公共利益的行政违法行为，如果没有人提起行政诉讼，检察机关也可以起诉行政公诉。

检察机关提起行政诉讼不是为了自身的权益，而主要为了国家、社会公益提起行政公诉，因而在性质上应有别于行政相对人，其身份和地位应相当于刑事诉讼中的"公诉人"。首先，检察机关提起行政诉讼与一般原告提起诉讼是有区别的，一般的原告都是为了自己的实体权益，自己独立承担诉讼后果。检察机关提起行政诉讼在性质上是"他诉"，或者说是"公诉"。因此用传统行政诉讼"原告人"的概念来套用检察机关的法律身份与地位显然不合适。其次，检察机关是基于法律监督权提起行政诉讼。检察机关作为法律监督机关提起行政诉讼，本身要发挥监督诉讼的职能，但不能如一些观点所言而称为"监诉人"，不能只强调检察机关监督诉讼的职能与权利，而忽视检察机关的其他功能与权利（如参与诉讼权、调查取证权、发表意见权、抗诉权等）。笔者认为，将检察机关在行政公诉中的定位确定为"公诉人"是恰当的，一方面其准确概括了检察机关参加行政诉讼的身份和地位，它既是起诉者，又是监督者；另一方面与刑事诉讼中对检察机关的称谓相一致，符合人们的习惯，便于实践中对出庭的检察人员的称呼及座次安排等。

有些支持行政公诉权论者也意识到，在很多的群体性行政诉讼中，相对人针对具体行政行为提起诉讼，寻求公平与正义，实际上其深层次诉求可能与表面上的诉讼请求存在距离。例如，在因征收土地引起的土地登记群体性行政诉讼中，表面上，相对人是请求法院撤销被诉的土地登记行为，而实质上是想通过行政诉讼的方式，尽快足额地获得土地补偿款。此情况下，如果由检察机关提起行政公诉，如何理顺检察机关提起的行政公诉与民事诉求之间的逻辑关系，如何妥善处理司法的有限性与涉诉相对人深层次诉求之间的矛盾，是一个重大的现实问题。② 还有论者指出，目前创设行政公诉尚存在三大障碍：检察机关的公诉能力；涉及公益的重大行政决定的判断权能否让渡到司法机关；国

---

① 杨曙光等：《行政执法监督的原理与规程研究》，中国检察出版社 2009 年版，第433 页。

② 孙谦：《设置行政公诉制度的价值目标与制度构想》，载《中国社会科学》2011 年第 1 期。

外虽有保障公益的诉讼，但没有检察机关与行政机关对抗的行政公益诉讼。[①]
笔者认为，行政公诉权是检察机关维护公共权益、监督行政执法的最后手段，
也是将实质性的监督行政执法权交由法院裁决的一种手段，如有其他有效方
法，则不应当过频繁启动行政公诉权，以免产生行政公诉与民事诉求之间、纠
正行政执法的诉讼手段与非诉讼手段之间的矛盾。在赋予检察机关行政公诉权
之外，还应建立检察机关对行政执法权的直接监督权，与行政公诉权形成强度
上的递进关系，从而形成行政执法监督的制度体系。

（二）建立自诉案件与公诉案件的协调机制

1. "告诉才处理"的自诉案件与公诉的协调

在我国，告诉才处理的案件是国家将追诉权向被害人的完全让渡。域外法
律制度中无与我国告诉才处理案件完全对应的案件类型，而"告乃论之罪"
对我国有参考意义。"告乃论之罪，国家机关虽然仍有追诉犯罪的职能，但
是，能否追诉却取决于被害人或其他告诉人能否提出合法告诉，因此，告诉成
为国家追诉犯罪的诉讼要件。"[②] 在我国台湾地区告乃论的犯罪包括：配偶之
间强制性交罪、血亲性交罪、通奸罪、普通伤害或过失伤害罪、侵入住宅罪、
侮辱或诽谤罪、亲属之间窃盗、侵占、诈欺或背信罪等。在德国告乃论的犯罪
有：非法侵入罪，侮辱罪，侵犯通信秘密罪，伤害罪，损坏财产罪以及反不当
竞争法，专利法，实用新型专利法，半导体保护法，濒危动、植物保护法，商
标法，设计注册法，版权法，造型艺术及摄影作品著作权法规定的犯罪[③]。比
较而言，我国告诉才处理的案件的范围仅限于：《刑法》第 246 条第 1 款规定
的侮辱、诽谤罪；第 257 条第 1 款规定的暴力干涉婚姻自由罪；第 260 条第 1
款规定的虐待罪和第 270 条规定的侵占罪。

在"告诉才处理"案件中被害人自诉权与国家公诉权的冲突与协调主要
体现在以下几方面：第一，应澄清对"告诉才处理"案件的认识误区，即告
诉才处理的案件只能由被害人到法院提出自诉实现对被告人的追诉。告诉之
"诉"应不仅限于向法院起诉，而应扩大解释为被害人追诉犯罪的诉讼请求。
被害人对告诉才处理的案件享有自诉权，并不意味着国家在这一部分案件中无
须承担对被害人进行诉权保护的义务。当被害人追诉能力不足但却有追诉愿望
时，国家追诉机关应基于保护被害人诉权目的启动公诉程序，对案件立案侦

---

① 张步洪：《行政检察基本体系初论》，载《国家检察官学院学报》2011 年第 2 期。

② 林钰雄：《刑事诉讼法》（上册），中国人民大学出版社 2005 年版，第 40 页。

③ 《德国刑事诉讼法典》，李昌珂译，中国政法大学出版社 1995 年版，第 137 页。

查。告诉才处理案件在被害人明确提出追诉请求后，以公诉程序进行追诉，符合保障被害人诉权的目的。只要被害人同意追诉，告诉才处理的案件由检察机关提起公诉，并不违背一般法理，我国立法中应明确这种特殊国家追诉的合法性。第二，必须在程序上构建合理的自诉与公诉的衔接机制。在被害人自诉权与公诉权配置中应贯彻公诉权优先原则，德国的相关制度设计值得借鉴，即应赋予检察机关出于维护公共利益的需要，或在自诉人追诉能力不足时，出于对被害人利益保护需要，接管自诉案件的权力。检察机关接管自诉案件并不意味着剥夺了被害人诉权。这一程序上的转化只产生由自诉转为公诉的法律后果，被害人只是丧失了独立提出自诉的权利，但其在案件诉讼过程中仍享有诉权的其他权能。为协调自诉程序与公诉程序，在程序操作上应作如下安排：法院在受理自诉案件后，应负有及时通告检察机关的职责；检察机关可以对案卷材料进行审查，认为案件应提起公诉时，应接管诉讼，诉讼程序即转化为公诉程序。

2. "被害人有证据证明的轻微刑事案件"与公诉的协调

在"被害人有证据证明的轻微刑事案件"中被害人自诉权与国家公诉权的冲突与协调主要体现在以下几个方面：第一，在自诉中自诉人撤诉后，国家追诉机关是否可以进行追诉的问题。我国并未对自诉人行使撤诉权进行限制，使得在这一问题上被害人对诉权的处分可能与国家追诉机关产生冲突。① 自诉人撤诉可能基于证据不足和自诉人放弃追诉两种原因。不论哪种原因的撤诉均产生终止诉讼程序的法律后果。程序虽然终结，但针对犯罪的国家刑罚权并未动用。因此，撤诉并不影响国家追诉机关对犯罪进行追诉。第二，对同一案件自诉权与国家追诉权优先性问题。在此问题上应遵循国家追诉优先原则，适用这一原则并不意味着被害人的诉权无法实现，因为在合理的公诉程序中被害人诉权能够得到应有的保障。国家追诉机关已经开始立案侦查，法院不应受理自诉，应告知被害人参与公诉案件的诉讼程序。法院受理被害人自诉后国家机关是否还可以进行追诉？在此种情况下，因为审判权已经启动，在程序走向上应以法院裁决为依据。国家追诉机关出于维护公共利益的考量，如果认为需要对案件进行接管，应请求法院终止自诉程序，法院应根据案件具体情况作出相应裁定。为避免自诉权与国家追诉权"自说自话"，造成司法资源的浪费，法院

① 俄罗斯刑事诉讼法中，对故意伤害罪、诽谤罪和侮辱罪等犯罪允许被害人撤诉，而对于强奸罪、侵犯发明权和专利权等犯罪，被认为是自诉—公诉案件，只能根据被害人的告诉提起，不得因被害人与刑事被告人的和解而终止。参见《俄罗斯联邦刑法典》，黄道秀译，中国法制出版社1996年版。

与检察机关之间应有必要的沟通渠道，以协调自诉与公诉程序，减少司法成本的重复投入。法院在受理自诉案件后，应及时向检察机关进行通报，检察机关根据需要可以到法院阅卷，了解案件情况，作为作出接管案件决定的前提。第三，自诉案件因证据不足而由人民法院裁定驳回起诉，国家追诉机关是否还可以追诉？根据最高人民法院的司法解释，在这种情况下被害人提出了新的有罪证据可以再次起诉。既然被害人的自诉权未用尽，可以再次起诉，就说明针对同一犯罪事实的实体刑罚权并未适用，因此在被害人之外国家追诉机关也可以再次进行追诉。

3. 公诉转自诉案件与公诉的协调

首先，应当强化检察机关的立案监督权，对于公安机关存在的有案不立、有罪不究等腐败现象予以强有力的纠正。其次，应严格限制被害人提起自诉的条件，对于检察机关作出的法定不起诉案件，一般应禁止被害人向人民法院起诉；对于酌定不起诉和存疑不起诉的案件，法院应当从严掌握被害人是否有证据来支持其诉讼请求，否则不予受理。同时，应当严格限定被害人起诉的期限，笔者认为 6 个月较为适宜。最后，可借鉴奥地利的做法，允许检察机关参与这类案件的自诉程序，如果发现原不追诉决定有错误或有其他重要理由，认为有必要提起公诉时，检察机关有权接管自诉，使诉讼转入公诉程序。

（三）建立公诉引导侦查机制

在诉讼实践中，由于侦查阶段获取的证据难以满足公诉的需要而退回补充侦查的案件占有很大比例。为了改变这种状况，保证案件侦查的质量，减少退回补充侦查的次数，提高诉讼效率，需要进一步理顺侦查权与公诉权的关系，将实践中探索较多的公诉人提前介入侦查活动、引导侦查取证的做法上升为法律规范。

1. 公诉引导侦查的适用范围

鉴于检察机关自身还有大量的工作，公诉调查权的范围以限于重大、疑难、复杂的刑事案件为宜。

2. 公诉引导侦查机制的定位

从权力的来源和目标来看，权力具有实体性和程序性双重特性，但公诉权作为监督权的一种，不应具有任何的实体性内容，而只应是一种程序性的权力，只享有作出程序性的决定和引起其他程序的权力，不具有事实和法律认定上的终局性。所以，在公诉权的拓展过程中，不能以赋予其部分最终实体性决定权。公诉提前介入引导侦查也不是领导侦查，公诉部门只是在侦查中充当"顾问"的角色，目的在于为侦查提供法律咨询和技术帮助，避免迷失侦查方向、丧失侦查良机现象的出现，变被动的事后监督为主动的事前引导。从侦查与公诉的关系来讲，公安机关的侦查活动具有相对独立性，侦查活动在证据的收集等方面服从公诉的要求，在如何开展具体的侦查活动方面则享有自由决定权，但也必须受到公诉的监督，只有这样才能保证侦查的公正和控诉的最终得以成功，也即使侦查活动和公诉活动均体现成效。

3. 公诉引导侦查的方式

为体现公诉引导侦查机制的有效性和优越性，切实增强侦诉之间的沟通、协调、配合，确保联动工作的正常运作，应当建立以下工作机制：检察人员自立案之日起就可以参加案件讨论会、解答侦查机关提出的法律适用和证据收集的咨询、列席重要证据的收集、固定、复核等。尤其重要的是要建立固定的侦诉联席会议制度①，形成联动工作的经常化、规范化、制度化。通过联席会议，双方可以就办案中存在的共性问题和复杂、疑难的个案进行讨论和研究，交流意见和看法，妥善解决分歧、统一思想，达成共识，从而充分发挥双方能动性，以存进双方的办案效率，提高取证质量。

（四）扩大公诉裁量权范围

1. 适当拓展相对不起诉的适用范围，扩大承办人权限

构建我国检察机关公诉裁量权的重心是适当扩大相对不起诉范围。从目前的情况来看，相对不起诉的范围过窄，已不符合诉讼经济原则和预防犯罪的客观需要。相对不起诉的条件应改为：

第一，犯罪情节轻微，依照刑法规定不需要判处刑罚，可以不起诉。英国人柯克曾指出："自由裁量意味着，根据合理和公正的原则做某事，而不是根据个人意见做某事……根据法律做某事，而不是根据个人好恶做某事。自由裁量权不应是专横的、含糊不清的、捉摸不定的权力，而应是法定的，有一定之规的权力。"② 我国检察官的不起诉裁量权在司法实践中具有较大的模糊性，且裁量因素过多，很容易使社会公众对检察机关不起诉决定的公正性产生怀疑。因此，制定较为统一、明确的不起诉标准，"不仅确确实实可以防止一部分人腐败，还可以给社会一个相似情形将受到相似处理的合理预期，减弱被害

---

① 王昕：《公诉运行机制实证研究——以 C 市 30 年公诉工作为例》，中国检察出版社 2010 年版，第 168 页。

② 谢晖：《价值重建与规范选择——中国法制现代化沉思》，山东人民出版社 1998 年版，第 192 页。

人对不起诉决定的不公平感受"①。就此种情况来说，应当以犯罪情节轻微作为限制条件，为了增加可操作性，对"犯罪情节轻微"可明确界定为法定刑最高刑为3年以下有期徒刑的犯罪。

第二，依照刑法可以免除处罚的，可以不起诉。因为刑法对于免除刑罚的情节，都作出了具体规定，裁量因素不会过于宽泛。检察机关在考量犯罪情节、犯罪嫌疑人具体情况、社会影响等进行权衡后可以作出不起诉决定，不受罪名轻重的限制。检察机关裁量认为应当适用免除刑罚的，就意味着对犯罪人没有适用刑罚的必要。即使涉嫌较重罪名，如果没有适用刑罚的必要，与其起诉到法院，由法院作出免除刑罚的判决，不如由检察机关行使公诉裁量权，将之终止在审判前。

第三，对于那些可能判处3年以下有期徒刑、拘役、管制或单处罚金的案件，如果被害人与犯罪嫌疑人已经完全自愿达成和解的，检察机关可以根据案件具体情况作出不起诉决定。之所以将"犯罪嫌疑人与被害人已经完全自愿达成和解"作为检察机关可以作出不起诉的情况之一，是因为对于那些按照刑法规定"可能判处三年以下有期徒刑、拘役、管制或单处罚金的案件"一般是相对较轻的案件，"被害人—犯罪嫌疑人"关系应当成为这类案件的核心，此时应当赋予检察机关根据案件具体情况作出不起诉处理的权力。这样做符合目的刑与非刑罚化的理念，也有利于将当事人的和解控制在检察机关的权力职责之内，保障双方和解的真实自愿。

在不起诉权的行使主体上，应当适当放权给承办人。在司法实践中，检察长和检委会应当对重大案件行使决策权，没有必要也不可能包揽所有案件的具体裁量权。对于轻微的案件是否作不起诉决定，应当放权给承办案件的检察官来行使。同时，应在制度上考虑防止检察官滥用权力的问题。对于犯罪情节轻微，依照刑法规定不需要判处刑罚或者免除刑罚的案件，承办人作出不起诉决定后，应当报检委会备案。如果出现被不起诉人或被害人对不起诉决定不服申诉的情况，人民检察院控告申诉部门复查后应当提出复查意见，认为应当维持不起诉决定的，报请检察长作出复查决定；认为应当撤销不起诉决定提起公诉的，报请检察长提交检察委员会讨论决定。

2. 赋予检察机关完整的附条件不起诉权

附条件不起诉制度在日本称为起诉犹豫，在德国称为附条件不起诉，我国台湾地区称为缓起诉制度，是指检察机关在审查起诉时，根据被告人的年龄、

① 宋英辉、吴宏耀：《刑事审判前程序研究》，中国政法大学出版社2002年版，第364页。

性格、情况、犯罪性质和情节、犯罪原因以及犯罪后的悔过表现等，对较轻罪行的被告人设定一定的条件，如果在法定的期限内，被告人履行了相关的义务，检察机关就作出不起诉的决定。2012 年修改后的刑事诉讼法部分吸收了学术界和实务界关于赋予检察机关附条件不起诉权的呼吁，但仅仅在"未成年人刑事案件诉讼程序中"赋予了检察机关此项权利，这就意味着附条件不起诉权的适用对象仅仅为未成年人，其他人群均不适用，且条件比较苛刻，还需满足三个条件：第一，涉嫌刑法分则第四章（侵犯公民人身权利、民主权利罪）、第五章（侵犯财产罪）、第六章（妨害社会管理秩序罪）规定的犯罪；第二，可能判处 1 年有期徒刑以下刑罚；第三，符合起诉条件，但有悔罪表现。这种规定将附条件不起诉限制在极窄的范围，并未对附条件不起诉入法后对不起诉制度体系所产生的影响作深入考虑，今后必然还会在理论和实践中产生困惑与争论。我们认为，在对未成年人的附条件不起诉权运行成熟之后，其还有进一步完善的空间，今后的方向应当是赋予检察机关完整的附条件不起诉权，具体应当实现以下内容：

关于附条件不起诉的适用范围，我们认为，为了贯彻宽严相济的刑事政策，体现对特殊人群予以特别从宽的精神，可以从犯罪嫌疑人可能判处的刑罚范围和犯罪嫌疑人人身危险情况两个层面加以把握。对于犯罪嫌疑人可能判处的刑罚范围，由于附条件不起诉存在一定的考验期，比基本上适用轻罪（我国一般将可能判处 3 年以下有期徒刑、拘役、管制和罚金的案件视为轻罪）的酌定不起诉要严厉，所以适用的刑罚范围也要宽一些，以便使更多的案件纳入适用附条件不起诉的范围，达到诉讼分流的效果，我们认为应以犯罪嫌疑人可能判处 7 年以下有期徒刑的案件为宜。对于没有人身危险性的案件情形，如符合下列情形，经本人同意，人民检察院可以作出附条件不起诉的决定：（1）在校读书的学生、正在怀孕或哺乳自己婴儿的妇女、家中有 75 岁以上老人或者学龄前儿童或者生活不能自理的病人需要赡养或抚养或照顾且无其他近亲属帮助的人；（2）自愿认罪的；（3）不致再发生社会危险性的；（4）具备良好帮教条件的；（5）得到被害人谅解的。①

在适用附条件不起诉的案件时，应慎重考量以下因素：犯罪行为人的因素，包括：犯人性格，如犯罪性质、平时行为、有无前科或不良习惯等；犯罪行为人的年龄，是老年还是少年，是否未婚或学生等；犯罪行为人的环境，如家庭情况，生活环境、交友关系、有无双亲或其他监护人，有无固定居所等。犯罪的因素，包括：犯罪的轻重，如法定刑的轻重，有无加重减轻的法律规

---

① 张智辉主编：《附条件不起诉制度研究》，中国检察出版社 2011 年版，第 9～10 页。

定，被害程度等，犯罪的情节、情况，如犯罪动机、原因、方法、手段，社会对该犯罪的关注程度，犯罪对社会的影响，附条件不起诉后是否会形成模仿同类犯罪的导向等。犯罪后的因素，包括：有关行为，如犯人有无反省举动、谢罪和回归社会的努力，有无逃亡或毁灭、隐藏证据的行动，有无实行保护观察的监督及保护的可能；对被害人的行为，如有无赔偿被害人损失、争取被害人谅解的举措，有无被害人提出的减免其刑事责任的要求等。

附条件不起诉的适用条件可以考虑以下因素：案件事实清楚、证据确实充分；犯罪人认罪悔罪，且同意适用附条件的不起诉；为保证不起诉的适当，对犯罪人有进一步进行考察或帮教的必要；具有帮教条件，比如学校、社区等有条件实施帮教；被害人谅解等。为保证考察、帮教的有效，附条件不起诉应当设立一定的考验期，且时间不宜过短也不宜过长，笔者认为 6 个月以上 1 年以下为宜。

3. 完善撤回起诉权

我国现行刑诉法没有规定公诉变更裁量权，最高检察院通过司法解释重新确立了撤回起诉制度，本来作为公诉权自然延伸，在提起公诉以后基于特定事实或发生了法律规定的新情形时，检察机关仍应享有变更起诉、追加起诉、撤回起诉的权力，这是符合诉讼实际的。但是上述规则在实际运行中却导致了一定的弊端，损害了被告人的合法权利，对被害人也不利，应当在条件成熟的时候将检察机关撤回起诉权纳入刑事诉讼法，并强化对撤回起诉权的监督制约。

第一，关于撤回起诉的时间。根据新修订的最高人民法院《关于适用〈中华人民共和国刑事诉讼法〉的解释》（法释〔2012〕号）第 242 条解释和《人民检察院刑事诉讼规则（试行）》第 459 条之规定，在人民法院宣告判决前，人民检察院可以撤回起诉。撤回起诉的时间范围规定在"提起公诉后至人民法院宣告判决前"。但从司法实践来看，将公诉案件撤回起诉的时间规定在"人民法院宣告判决前"，既不利于保障被告人的合法权益，也不利于节约司法资源。笔者认为，检察机关撤回起诉的时间应当为提起公诉后至法院开庭审理前的阶段，在检察机关提起公诉后至法院开庭审理前的阶段，也就是通常所说的刑事案件的庭前审查程序阶段。这时的撤回起诉是检察机关依法正确行使诉权，也是检察机关行使起诉裁量权的具体体现。开庭审理之后，应当由法院对案件进行相应处理，才能体现法律的严肃性。

第二，加强对撤回起诉的监督制约。根据《人民检察院刑事诉讼规则（试行）》的有关规定，在法院宣告判决前，检察机关发现第 459 条规定的 7 种情形可以要求撤回起诉；撤回起诉后，没有新的事实或者新的证据不得再行起诉。从司法实践来看，有的地方存在超出这 7 种情形滥用撤回起诉权的现象，所以，应当建立健全撤回起诉的监督程序。根据检察一体化原则，可以考虑要求下级检察机关在撤回起诉前，报上一级检察机关批准。对于承办人擅自提出撤回起诉，或滥用撤回起诉权的，要严肃追究有关人员的责任。另外，应当加强对撤回起诉后重新起诉案件的审查。通过法院严把审查立案关，在一定程度上制约撤回起诉权的滥用。检察机关将案件撤回起诉后，如果没有新的事实或新的证据再行起诉的，法院应当不予立案。

第三，对防止滥用撤回起诉权作出具体的保障性规定。如限制撤回起诉的次数、追究滥用撤回起诉权的责任等。可借鉴刑事诉讼法关于退回补充侦查的次数限制，将撤回起诉的次数限制为一次。因立案侦查管辖、审判管辖等程序适用不当导致撤回起诉的，撤回起诉的次数可以限制为两次。

（五）明确赋予公诉人量刑建议权

世界各国在立法规定和司法实践中，量刑建议的主体各不相同，这一事实也证明了量刑建议的主体并非专属于检察机关。在美国量刑听证程序中，检察官和辩护律师都拥有量刑建议权，法官还会听取被害人关于本案的意见，包括量刑方面的意见，在此基础上，法官就被告人的刑罚作出裁决。[1] 美国的量刑建议有三种情况：第一种情况是由检察官提出；第二种情况是由缓刑执行官提出；第三种情况是由辩护方提出。[2] 英国也存在量刑建议制度，只是其量刑建议的主体不是检察官，而是其他主体，并呈现主体的多样性。主要有以下几种情形：一是治安法院的书记官的量刑建议；二是监外执行官员等提出的量刑建议；三是量刑指导委员会提出的量刑建议。此外，虽然在英国的普通程序中，检察官不享有量刑建议权，但在简易程序中，检察官行使量刑建议权是合法的，而且是必需的。在苏格兰的简易程序中，"不实行陪审制，而由法官独任审判，定罪由法官作出，量刑判决必须在检察官有此要求时才能作出"。[3] 德国的量刑建议制度既存在于普通程序之中，又存在于处罚令程序中。普通程序刑事案件开庭审理时，检察官在其举证后进行总结，提出定罪和量刑的意见。虽然法典并未明确规定，但是检察官有义务进行总结陈述，并提出量刑建议。在一些特定犯罪案件中，被害人可以提出自诉。在自诉程序中，自诉人拥有检察官之控告人地位。因此，自诉人也可以提出量刑建议。

---

① 马跃：《美国刑事司法制度》，中国政法大学出版社 2004 年版，第 330 页。
② 曾康：《国外量刑建议制度考评与借鉴》，载《求索》2004 年第 7 期。
③ 冯锐：《苏格兰刑事司法印象记》，载 http://www.Chinaue.com/html/2005 - 11/2005113014145842606.Htm。

在我国，检察官应当享有量刑建议权，理由如下：第一，提出量刑建议是检察机关的公诉职能决定的。指控犯罪，不仅包括犯罪的事实、情节、社会危害、触犯的法律条文、罪名，也包括提出明确的刑罚要求。第二，提出量刑建议是我国审判制度的要求。人民法院被动审理案件，居中裁判，在指控的范围内审理，受指控内容的约束，如果检察机关不提出量刑要求，就使得法院没有审理对象。第三，提出量刑建议是保障被告人和受害人合法权益的要求。只有提出明确的量刑要求，被告人及其辩护人才能够有的放矢地进行抗辩，同时抑制被告人不恰当的要求；受害人也才能衡量检察机关的控诉与被告人所犯罪行是否相当，检察机关是否公正地维护了受害人的合法权益。第四，提出量刑建议是司法监督的需要。只有公诉部门明确提出量刑要求，检察机关的刑事审判监督部门才能据以判断审判机关的裁判是否畸轻畸重，从而决定是否抗诉。

具体而言，量刑建议权应当具有如下要素：

1. 行使量刑建议权的主体

学术界目前对量刑建议的具体提出主体有"个体建议说"与"集体建议说"之争。

"个体建议说"认为，"从检察机关内部而言，在法庭上根据庭审情况发表量刑建议的主体一般只能是公诉人，除此无可代替，在庭审前特别是在提起公诉前，决定并提出量刑的主体要结合现行的公诉体制而确定。在当前尚未完全推行主诉检察官制度的情况下，按照传统体制办案的公诉人，其定罪及量刑建议皆由检察机关集体决定；按照主诉检察官制度办案的公诉人，量刑建议一般可由主诉检察官决定并提出，但另一些案件，不是由主诉检察官自行决定的，按照谁决定谁提出的原则"。

"集体建议说"认为，检察官提出量刑建议属于集体建议而非个人建议。该说以检察一体化原则为其基本立足点，认为检察官对外以检察院的名义代表国家进行检察工作，虽然有时检察官的对外行为形式上表现为个人行为，但实质上是国家行为，因此，检察官提出的量刑建议应是代表国家利益的检察院集体建议，量刑建议的提出主体应当是检察院。①

量刑建议的提出其最终目的是使程序更为公正、量刑更为合理，上述两种观点均各有可取之处。"个体建议说"强调与案件接触最密切的检察官的作用，因为按常理推论，可知主办案件的检察官会对案件有全盘的了解，他是理论上最知晓案件存在问题的人，其提出的量刑建议通常会有充分的依据和理

---

　　① 高长思：《理据与构建：功能主义下的量刑建议权》，载重庆法院网，http：//cqfy. chinacourt. org/public/detail. php？id＝53892。

由，更为准确、合理，然而它无法有效回应我国的"检察一体化"现状；"集体建议说"虽然以我国检察制度现状为思考基点，但它无法真正保证量刑建议的质量。面对上述两种常说的两难境地，笔者认为可采"复合建议说"，即以检察官个人建议为主，辅之以检察院的集体建议权。具体做法是，在全国全面推行主诉检察官制度的基础上，一般性案件的检察建议权交由主诉检察官行使，对死刑、无期徒刑的提出以及社会反响较大的案件、检察机关自行侦查的案件，可由检察院集体建议。当然，这并不是说检察院中的每个人都参加庭审提出量刑建议，具体建议应该检察院的检察委员会作出，由主诉检察官在庭审中提出，但检察官可以根据庭审的变化对量刑建议进行必要的修改。

2. 量刑案件适用的范围

《人民检察院量刑建议试点工作实施意见》对量刑建议的适用范围作出了相关规定。试点阶段，量刑建议适用于下列一审案件：法定刑幅度较大的案件、适用普通程序简易审的"被告人认罪案件"、适用简易审程序审理的案件、未成年人犯罪案件、社会关注的案件以及具有法定量刑情节和重要酌定量刑情节的案件。试点期间，对于涉外案件、危害国家安全犯罪案件不提出量刑建议；对于没有辩护律师的案件、缺乏审判实践的新型案件、法律适用有分歧的案件以及提出量刑建议可能会造成个案公诉工作被动的案件，也不宜提出量刑建议。

量刑范围就是对哪类案件适用量刑建议的问题。从公诉效果出发，量刑建议应有针对性，对那些量刑幅度较小，如 3 年以下有期徒刑，且根据案情没有明显从重、从轻情节的案件不宜提出，以免影响量刑建议的权威性和法院的自由裁量权。综合有关规定，可以对下列案件提出量刑建议：未成年人犯罪的案件；社会上有重大影响、群众和新闻媒体关注的案件；依法应判处 10 年以上有期徒刑、无期徒刑或者死刑的案件；职务犯罪的案件；适用简易程序审理的案件或普通程序简化审的案件；其他适合提出量刑建议的案件。

3. 量刑建议提出时间

关于检察机关提出量刑建议的时间，目前主要有两种主张：一是向法院提起公诉时；二是在法庭辩论时。目前，我国还未真正建立证据开示制度，在法庭上完全有可能会出现检察官没有收集到却影响量刑的证据。这也就是说量刑情节需要在法庭调查以后方能最终确定，如果检察机关在公诉时就提出量刑建议，这种量刑建议并不以法庭辩论为支撑，其建议的质量就大打折扣。只有通过法庭之上控辩双方充分的辩论，不断地深入了解与个案相关的事实、证据，检察机关才能确定一个与个案特殊性相符的量刑界限，并也借由对辩方无理量刑观点的驳斥，取得法官对量刑建议的认同，提升量刑建议的采纳率。另外，起诉书主要作用是指控犯罪以后的事，而量刑则是在确定犯罪以后的事，故量刑建议应当在起诉以后另行阐述，当庭提出量刑建议也是国际上较为通行之做法。当然，近来也有学者提出"双轨制"办法，即"在一般情况下，公诉人发表公诉意见时提出量刑建议，对于适用简易程序的案件，可以在起诉书中提出量刑建议"①。与前两种主张相较，"双轨制"办法考虑到了我国刑事诉讼制度的特殊性，兼采前述两种主张的之长处，基本上能保证量刑建议在程序上的公正性，因此，笔者认为"双轨制"办法具有很强的可操作性，在实践中值得参考或推行。

4. 量刑建议提出方式

在国外，不同国家有权提出量刑建议的主体各有不同，并且提出建议的方式也比较灵活，既允许口头提出，也可以通过书面形式提出，这两种量刑建议的提出方式也各有利弊，仅采用其中一种或者两者并用应当结合各国自身立法及司法环境。关于量刑建议的提出方式，有学者认为，书面与口头方式并举，但以书面为主。具体而言即在适用简易程序审理案件，在移交案卷材料时，量刑建议书随起诉书一并移交法院；对适用普通程序审理的案件，可由公诉人在庭审中提出口头量刑建议，但须在庭审后向法官呈交书面量刑建议书。② 该观点具有一定的道理，但笔者认为，我国公诉机关提出量刑建议，无论是简易审还是普通审，在无特殊情况下，均应当以书面形式提出。因为，量刑建议制度在我国还处在起步阶段，不论是在立法还是实践操作中还存在许多不足之处，口头形式虽然灵活但也给一些有意或无意之人可乘之机，增大暗箱操作的可能性与便捷性，而书面形式有利于量刑建议制度实施的规范化，实现对案件办理与衔接过程的相关责任人进行有力监督，为量刑建议制度在我国的进一步完善打好坚实基础。

5. 量刑建议的具体程度

目前司法实践中，量刑建议的具体程度可概括为两种：一是幅度刑，即提出据以量刑的相关法律条款，或者在原本较大的法定刑幅度内缩小幅度，提出一个更为精细的量刑范围。二是确定刑，即明确指出应当判处的刑种、刑期以及刑罚的执行方法。在部分大陆法系国家及地区，如日本、我国台湾地区，其量刑建议的内容均采用的确定刑，我国不宜全盘照搬这种内容过于绝对的量刑

①　徐汉明、胡光阳：《我国建立量刑建议制度的基本构想》，载《华中科技大学学报（社会科学版）》2008年第5期。

②　参见王顺安、徐明明：《检察机关量刑建议权及其操作》，载《法学杂志》2003年第11期。

建议提出方式，存在妨碍法官自由裁量的嫌疑，也不利于量刑建议被法官采纳。另外，量刑建议的内容也不应当过于笼统，仅指出据以量刑的法律条款在中基本没有任何实际意义。有观点提出将量刑建议权划分为概括性量刑建议权、相对确定性量刑建议权和绝对确定性量刑建议权三类。概括性量刑建议权即是对于被告人刑罚的适用给予概括的量刑建议；相对确定性量刑建议是指对被告人刑罚的适用给予在刑法法定量刑幅度内一个进一步的相对幅度的量刑建议；绝对确定性量刑建议是指对于被告人刑罚的适用在法定刑幅度内给予直接确定的量刑建议。① 此观点笔者较为赞同，但问题在于此划分过于复杂，且有复制我国刑罚量刑制度之嫌。笔者认为，量刑建议内容的具体程度应视具体案件而定，但须以精确性为基本原则。对可适用的刑罚种类比较单一的案件，可以提出确定的量刑建议。对其他自由裁量幅度较大的案件，公诉人则可在综合考量各种量刑情节后，在被告人所处的量刑幅度内提出一个相对精确的范围。

---

① 参见冀祥德：《构建中国的量刑建议权制度》，载《法商研究》2005 年第 4 期。

第十章　诉讼监督权的优化配置

　　检察机关对诉讼活动进行监督，是世界上许多国家的检察机关都或多或少地享有的一种职权，因而成为检察权的一个组成部分。在我国，检察机关作为法律监督机关，诉讼监督权就成为检察机关的一项重要权力，而且在诉讼实践中，诉讼监督问题是极受关注的问题之一，它直接关系到诉讼活动的顺利进行，关系到程序公正乃至司法公正与权威的实现，关系到社会主义法治的建设，因而研究检察机关的诉讼监督权，以优化其配置就成为优化检察权配置的一个重要问题。

一、诉讼监督权概述

　　检察机关的诉讼监督权是检察权中的一种类权力，它包括许多具体的权力，也具有自己的特点，因而在研究其具体权力之前，有必要对诉讼监督权的概念、特征、内容及其功能等基本问题进行研究。

（一）诉讼监督权概念和特征

　　诉讼监督权，是指检察机关或检察官在诉讼活动中，发现侦查人员（警察）、审判人员（法官）等执法人员在执法过程中存在违法行为时，依法提出建议纠正或者予以纠正的一种权力。简言之，诉讼监督权，就是检察机关或检察官对执法人员在诉讼活动中是否存在违法行为进行监督的权力。检察机关通过行使对诉讼活动的监督权，可以促使诉讼中的违法情况得到及时纠正，维护公民和法人的合法权益，保障诉讼的顺利进行，减少和避免司法不公，维护司法公正和法制统一。

　　关于诉讼监督权的特征，由于观察视角的不同，对诉讼监督权的特征可能有不同的归纳或概括。如果从诉讼监督权与其他监督权的比较来看，我们可以看出诉讼监督权具有以下一些基本特征：（1）诉讼监督权力的从属性。即检察机关的诉讼监督权来源于国家权力机关的授权，同时其诉讼监督活动还要受国家权力机关的监督。（2）诉讼监督权主体的唯一性。即从我国法律的具体规定来看，有权对诉讼活动实行法律监督的机关，只有检察机关。（3）诉讼监督权名义上的国家性。即检察机关实施诉讼监督，是代表国家，并以国家的名义进行的，具有国家性。（4）诉讼监督权内容的特定性。即检察机关诉讼监督权的内容和对象是并且仅是公安机关、法院等在诉讼活动中的法律实施活动，是法律实施活动中破坏法律统一正确实施的违法犯罪活动。（5）诉讼监督权行使程序和方式的法定性。即检察机关行使诉讼监督权是一项运用国家权力的行为，因而检察机关行使诉讼监督权的范围、程序、方式和效力均由法律规定，并须依法进行。（6）诉讼监督权行使的具体性。即检察机关行使诉讼监督权主要针对具体的违法犯罪活动，主要是个案监督、具体监督和直接监督。但是，从诉讼监督权与诉讼中的其他权力的比较中，我们可以看出诉讼监督权呈现出以下特征：

1. 以事后纠正性监督为主，兼具事中过程性监督和事前防范性监督

诉讼监督实质在于察看督促，核心在于发现、阻遏和纠正违法犯罪行为，目的在于维护法律统一正确实施。根据情况不同，检察机关行使诉讼监督权的方式也有不同：对处于违法犯罪临界状态的事项加以事前防范性监督，以便采取有效措施防止违法犯罪行为的发生；对法律实施过程中涉及国家利益或者社会主体重大权益的有关执法活动，如侦查活动、审判活动、刑罚执行活动等进行事中过程性监督，以保证其合法进行；对已经发生的犯罪行为和对适用法律中的违法行为进行事后纠正性监督，使被破坏的法律秩序得以及时恢复。在三者之中，事前防范性监督、事中过程性监督更为重要。但在实践中，事前防范性监督、事中过程性监督由于操作相对困难而开展得还很不够。而违法犯罪行为实际发生后易于被发现、揭露、证实，事后纠正性监督往往被视为检察机关诉讼监督的主要形式。实际上事前防范性监督、事中过程性监督、事后纠正性监督并不是截然分开并先后衔接的，有时呈相互交错融合状态。目前，我国检察机关依法所开展的全部诉讼监督活动都是由事前防范性监督、事中过程性监督和事后纠正性监督所组成的，从而形成一个完整的诉讼监督运行机制。从法律规定看，检察机关诉讼监督的内容，既有对存在错误、违法情况进行事后发现、纠正的纠正性监督，有着眼于事前防止发生错误、违法的防范性监督，也有集纠正性监督和预防性监督于一体的综合性监督。例如，检察机关对公安机关的刑事立案监督，即属于纠正性监督；对公安机关侦查活动的监督、对法院审判活动的监督等，即属于防范性监督；对刑罚执行的监督，既包括对已发生的违法减刑、假释、监外执行、体罚、虐待被监管人、私放在押人员、失职致使在押人员脱逃、超期羁押等情形的事后纠正性监督，也包括防止上述情形发生的事前防范性监督，属于集纠正性监督和防范性监督于一体的综合性监督。

2. 以建议请求权为主，兼具一定的处分决定权

检察机关所开展的事前防范性监督、事中过程性监督和事后纠正性监督，

对于所监督事项的处置，检察机关主要是以提出相关处理建议的形式进行的，被建议单位对监督建议进行审查后，决定是否采纳。因此，检察机关诉讼监督权的效力具有相对性和中间性，不具有绝对性、终局性。例如，检察机关发现诉讼活动违法行为而提出的有关检察建议，都具有建议性，有关单位有权决定是否接受采纳。但是，根据法律的规定，检察机关对一些特定事项的监督，也可以具有一定的处分决定权，有关单位依法必须接受并付诸执行。例如，检察机关作出的不立案决定、撤销决定等，都具有独立处分决定的终局效力。检察机关的诉讼监督权之所以有的是建议请求性的，具有相对性、中间性，有的是处分决定性的，具有绝对性、终局性，其根本原因在于坚持维护法制和保障人权的统一性，坚持公正和效率的统一。因为在检察机关具有处分决定性的诉讼监督权中，只有通过及时作出相关的终局决定，才能保证法律得到正确适用，同时也对有关诉讼参与人的合法权益给予及时保障，实现公平和正义，并且使司法资源得到有效利用。如果检察机关不作出有关具有终局效力的处分决定，上述价值则可能不能实现或不能及时地实现。相反，在涉及对有关诉讼参与人尤其是犯罪嫌疑人、被告人、服刑人员、被羁押人员的合法权益实体性、终局性的限制、剥夺时，检察机关只能作出具有建议效力的请求决定，由有关单位依照法定职权和程序来最终予以审查、处置，以维护法律实施的正确性和统一性，实现公平和正义，保障诉讼参与人的合法权益。检察机关诉讼监督权的建议请求性体现了其诉讼监督的受约性，其处分决定性则体现了其诉讼监督的自主性。受约性和自主性有机统一于检察机关对法律统一正确实施的有效监督和对客观公正、人权保障的及时维护。那种认为检察机关诉讼监督权的运行机制呈单向性，实际上是以支配—服从的方式运行的观点是片面的。①

3. 以程序性为主，兼具一定的实体性考量

检察机关的诉讼监督权作为一项程序性权力，必须依照法定的程序实施，同时其效力往往是启动相关的法律程序实施，不直接对实体法上的权利义务关系作出裁决。例如，立案监督、侦查监督、刑罚执行监督等活动的效力仅为引起相应法律程序的启动和展开。但值得指出的是，检察机关诉讼监督权的这种程序性功能是建立在对客观事实和实体法上的一定评价和认识的基础之上，是以一定的实体法上的裁量作为作出程序性决定的判断依据的。检察机关诉讼监督权的行使归根结底就是对无罪或法律适用中行为合法，涉嫌犯罪或法律适用中行为违法，进行发现、确认，并且采取相应的监督措施。对于前者有权作出

---

①　参见郝银钟：《检察机关的角色定位与诉讼职能的重构》，载《中国人民大学学报》2000 年第 6 期。

具有终局效力的处分决定，对于后者只能作出具有建议效力的请求决定。但无论是作出处分决定，还是作出请求决定，在符合法定程序的同时，都必须建立在对一定客观事实的实体法上的分析和判断基础之上，如立案监督权的行使，检察机关不仅要对公安机关的立法行为违法进行程序性监督，而且还要对其实体内容进行监督，为此检察机关就要对公安机关立案决定的实体内容进行监督，这种诉讼监督权的行使，检察机关必须建立在对犯罪嫌疑人或者犯罪行为人的行为是否构成犯罪这种实体审查判断基础之上。当然，检察机关关于客观事实的实体法的判断，对有关诉讼参与人实体法上的地位、权利义务不产生直接的终局的处分效力，而是为开启或展开相关程序服务的，实体法上的终局性裁判由法院等依法作出。

　　4. 监督意识的主动性和监督实施程序设置的被动性

　　由诉讼监督权本质和目的所决定，检察机关行使诉讼监督权和开展诉讼监督活动，在意识上、观念上必须具有主动性，无论是发现法律适用中的违法行为，还是对犯罪的追诉，都必须采取积极的态度。意识的主动性，还体现为应把那些将要发展为犯罪的违法、出现犯罪迹象、犯罪嫌疑等行为、事项纳入监督的视野，实现诉讼监督本身所具有的前瞻性、及时性、针对性和深入性的要求，而不是坐视不管，任其存在、发展直至发生严重违法犯罪后才加以监督。但是，检察机关行使诉讼监督权，其实施诉讼监督的范围、方式、手段等受法律严格限定，尤其是对特定事项启动某项具体的诉讼监督，采取某种监督措施时，必须以存在一定的客观事实为根据，因此，从这种意义上说，检察机关行使诉讼监督权往往又呈现出程序设置上的被动性。检察机关行使诉讼监督权具有程序设置上的被动性，一方面是由于检察机关诉讼监督主要是具体的个案监督，必须以存在一定事由为监督的依据，否则就可能演变成一般监督；另一方面，诉讼监督的目的在于维护法律的统一正确实施，维护秩序、法律正义和保障人权。因此，检察机关不能超越法律规定自行设置监督的内容、标准、方式和手段。检察机关诉讼监督意识的主动性，体现了诉讼监督的及时性；其实施程序设置的被动性，体现了其诉讼监督的正当性。及时性和正当性的统一，深刻揭示出检察机关作为法治的守望人和维护者的角色定位和本质特征。

　　5. 以诉讼事项为主，兼及非诉讼事项

　　检察机关行使诉讼监督权，其诉讼监督是对法律适用过程中的违法犯罪行为进行有效监督，以发挥护法维权的功能。在执法和司法活动中，作为普遍存在的合法行为不属于诉讼监督的范围。在现实生活中，对于违法犯罪行为的解决主要是通过诉讼的方式，即司法活动的方式，这就决定了检察机关诉讼监督的方式和途径主要也是诉讼，诉讼监督的内容以涉诉事项为主。例如，对刑事立案的监督、侦查活动的监督、对审判活动的监督等，都属于诉讼领域。但检察机关诉讼监督的方式并非仅仅为诉讼方式，诉讼监督活动并非仅仅存在于诉讼领域。例如，检察机关对监狱、劳改劳教场所执法活动的监督，以及结合办案针对存在职务犯罪现实可能性而开展的检察建议活动，虽都不属于诉讼领域，但也是诉讼的延伸，与诉讼有密切的关系。相对而言，存在于诉讼领域，针对诉讼事项并以诉讼方式进行的诉讼监督活动，大多属于事后纠正性监督或者事中过程性监督；存在于非诉讼领域，针对非诉事项以非讼方式开展的诉讼监督活动，大多属于事前防范性监督。

（二）诉讼监督权配置的现状

在国家权力体系中，诉讼监督权是检察权中重要的一项类权力，我国法律为检察机关配置了许多具体的诉讼监督权力，如对刑事立案的监督权力、对侦查活动的监督权力等。由于这些诉讼监督权力贯穿于整个诉讼过程，因而我们可以从不同的角度，对诉讼监督权力进行概括和分类。从刑事诉讼阶段上看，法律为检察机关配置有刑事立案监督权、侦查监督权、刑事审判监督权和刑罚执行监督权；从诉讼监督的内容上看，法律配置的诉讼监督权力有批准逮捕权、检察建议权、检察纠正权；从监督的诉讼种类上看，法律配置了刑事诉讼监督权、民事诉讼监督权、行政诉讼监督权。但是，笔者认为，从监督的诉讼种类上研究诉讼监督权的配置，更能体现诉讼监督权的本质和特征。

1. 刑事诉讼监督权

刑事诉讼监督权，是指检察机关对刑事诉讼的全过程进行法律监督的一种权力，具体包括刑事立案监督权、侦查监督权、审判监督权、执行监督权等。我国《刑事诉讼法》第8条明确规定："人民检察院依法对刑事诉讼实行法律监督。"刑事诉讼监督权是检察机关重要的诉讼监督权，我国1996年《刑事诉讼法》、修改后的《刑事诉讼法》和最高人民检察院制定的《人民检察院刑事诉讼规则（试行）》都对检察机关行使刑事诉讼监督权的程序和手段作出了明确规定。从目前法律规定看，在我国检察机关的诉讼监督权体系中，刑事诉讼监督权是在立法上最完备、最丰富，也是实践中运用最多的一种诉讼监督权。

（1）刑事立案监督权

刑事立案监督权，是指检察机关对公安机关及其侦查人员在立案活动中的违法行为进行监督的职权。我国1996年《刑事诉讼法》和修改后的《刑事诉讼法》对此都作出了相同的规定，修改后的《刑事诉讼法》第111条规定："人民检察院认为公安机关对应当立案侦查的案件而不立案侦查的，或者被害人认为公安机关对应当立案侦查的案件而不立案侦查，向人民检察院提出的，人民检察院应当要求公安机关说明不立案的理由。人民检察院认为公安机关不立案理由不能成立的，应当通知公安机关立案，公安机关接到通知后应当立案。"这是我国配给检察机关以刑事立案监督权的法律根据。

根据该规定，检察机关行使刑事立案监督权主要是对公安机关应当立案侦查而不立案侦查的案件进行诉讼监督。检察机关行使刑事立案监督权的具体程序如下：

第一，刑事立案监督案件的受理。检察机关受理刑事立案监督的案件，主要通过以下三种渠道：一是被害人的申诉。这是人民检察院发现刑事立案监督案件线索的重要途径。根据我国《刑事诉讼法》及《人民检察院刑事诉讼规则（试行）》的规定，被害人认为公安机关应当立案侦查的案件而不立案侦查，向人民检察院提出申诉的，人民检察院应当受理。二是其他报案人、控告人、举报人的报案、控告和举报等。三是人民检察院在履行职责中发现的刑事立案监督案件线索。检察机关负责刑事立案监督的职能部门是审查逮捕部门和控告申诉部门。

第二，对刑事立案监督案件进行审查。检察机关受理刑事立案监督案件后，应当指定专人进行审查。在审查时，可以要求被害人提供有关案件材料，如认为公安机关应当立案的事实证据材料、公安机关决定不立案的材料等。必要时，检察机关也可以进行必要的调查。

第三，要求公安机关说明不立案理由。对于被害人认为公安机关应当立案侦查的案件而不立案侦查，向检察机关提出申诉的，检察机关经审查，发现公安机关应当立案的，应当报请检察长批准，要求公安机关说明不立案理由；对于检察机关发现或者其他报案人、控告人、举报人的报案、控告和举报的刑事立案监督案件，人民检察院经审查，认为需要通知公安机关说明不立案理由的，由承办人提出意见，经部门负责人审核后，报检察长批准，要求公安机关在 7 日内书面说明不立案理由。

第四，通知公安机关立案侦查。公安机关说明不立案理由后，人民检察院应当对不立案理由进行审查。公安机关说明的不立案理由不能成立的，应当通知公安机关立案侦查。公安机关说明的不立案理由成立的，人民检察院应当把结果通知被害人，同时还应当把同意公安机关不立案理由的意见通知公安机关。

第五，审查决定直接立案侦查。人民检察院对于属于公安机关管辖的国家机关工作人员利用职权实施的重大犯罪案件，需要由人民检察院直接受理的，经省级以上人民检察院批准，可以直接立案侦查。

（2）侦查监督权

侦查监督权，是指检察机关对侦查机关及其侦查人员在侦查活动中的违法行为进行监督的职权。我国 1996 年《刑事诉讼法》第 76 条和修改后的《刑事诉讼法》第 98 条都规定："人民检察院在审查批准逮捕工作中，如果发现公安机关的侦查活动有违法情况，应当通知公安机关予以纠正，公安机关应当将纠正情况通知人民检察院。"这是我国配给检察机关以侦查监督权的法律根据。根据该规定，检察机关发现公安机关侦查活动存在违法行为的，有权进行监督，通知公安机关予以纠正。

根据目前法律配置，检察机关行使侦查监督权包括以下几方面：

第一，对强制措施决定和执行的监督。我国刑事诉讼法规定，公安机关在侦查中可以决定拘传、取保候审、监视居住和拘留四种强制措施。公安机关作出这四种强制措施决定的，必须接受检察机关的监督。检察机关的监督主要是监督公安机关所作出的决定是否符合法律规定的条件。逮捕必须经检察机关批准或决定，对于人民检察院批准逮捕的决定，公安机关应当立即执行；公安机关释放被逮捕的人，或者变更逮捕措施的，应当通知原批准逮捕的人民检察院；对于已经拘留的犯罪嫌疑人，人民检察院不批准逮捕的，公安机关应当在接到通知后立即释放，或者依法改变强制措施，并且将执行情况及时书面通知人民检察院。

第二，对侦查程序的监督。我国刑事诉讼法对刑事侦查程序作了一系列详细的规定，检察机关如果发现侦查机关在侦查活动中违反了法律所规定的程序，都有权进行监督，并通知侦查机关予以纠正。

第三，对遵守侦查阶段诉讼时限的监督。为了保护诉讼参与人的合法权益，促使侦查机关依法办案，我国刑事诉讼法对各项诉讼活动的期限作了明确的规定。如传唤、拘传犯罪嫌疑人的持续时间不得超过 12 小时，案情特别重大、复杂，需要采取拘留、逮捕措施的，传唤、拘传持续的时间不得超过 24 小时；拘留、逮捕犯罪嫌疑人后应当在 24 小时内进行讯问。此外，我国刑事诉讼法对提请批准逮捕、监视居住、取保候审、侦查羁押、补充侦查等活动的期限，都作出了具体明确的规定，如果检察机关发现公安机关在侦查活动中违反了法律所规定的诉讼期限的，有权予以监督并通知公安机关予以纠正。

第四，对侦查活动中其他违法行为的监督。除了上述监督外，对侦查机关的其他违法行为，如徇私舞弊，放纵、包庇犯罪分子的；故意制造冤、假、错案的；在侦查活动中利用职务之便谋取非法利益的；在侦查过程中不应当撤案而撤案的；贪污、挪用、调换所扣押、冻结的款物及其孳息的等，检察机关都有权进行监督并要求公安机关予以纠正。

　　根据法律规定，检察机关行使侦查监督权可以采取以下几种方式：①口头通知纠正。即人民检察院发现公安机关侦查活动中存在较轻违法行为的，由办案的检察官以口头言词的方式提出纠正意见。②发出纠正违法通知书。即人民检察院发现公安机关侦查活动中存在情节较重的违法行为的，以人民检察院的名义并采取书面的形式向公安机关提出纠正意见。人民检察院发出纠正违法通知书，应当经过检察长批准。人民检察院发出纠正违法通知书的，应当根据公安机关的回复，监督落实情况。人民检察院的纠正意见不被接受的，应当向上一级人民检察院报告，并抄报上一级公安机关。③追究刑事责任。即人民检察院发现侦查人员在侦查活动中违法行为情节严重，构成犯罪的，应当依照职权立案侦查，追究其刑事责任。如果构成的犯罪不属于检察机关管辖的，应当移送有管辖权的机关追究其刑事责任。

　　（3）刑事审判监督权

　　审判监督权，是指检察机关对审判机关、审判人员在审判活动中的违法行为进行监督的职权。我国 1996 年《刑事诉讼法》第 169 条和修改后的《刑事诉讼法》第 203 条都规定："人民检察院发现人民法院审理案件违反法律规定的诉讼程序，有权向人民法院提出纠正意见。"《人民检察院组织法》第 5 条第 4 项规定，人民检察院"对于人民法院的审判活动是否合法，实行监督"。这是我国配给检察机关以刑事审判监督权的法律根据。

　　为了加强刑事审判监督，修改后的《刑事诉讼法》增加了对死刑复核、再审活动监督的规定，即第 240 条第 2 款规定："在复核死刑案件过程中，最高人民检察院可以向最高人民法院提出意见。最高人民法院应当将死刑复核结果通报最高人民检察院。"第 245 条第 2 款规定："人民法院开庭审理的再审案件，同级人民检察院应当派员出席法庭。"

　　根据法律规定，检察机关行使刑事审判监督权的监督对象主要包括以下几方面内容：①人民法院对刑事案件的受理活动是否合法；②人民法院对刑事案件的管辖是否合法；③人民法院审理刑事案件是否违反了法定的审理和送达期限；④人民法院审判组织的组成是否合法；⑤在法庭审理时是否违反法定程序；⑥是否存在侵犯当事人和其他诉讼参与人诉讼权利或者其他合法权利的行为；⑦法庭审理中对有关回避、强制措施、调查、延期审理等程序问题所作的决定是否符合法律规定；⑧审判人员是否存在徇私舞弊、枉法裁判的行为；⑨法院对刑事案件所作出的判决裁定是否确有错误；⑩复核死刑的活动是否存在违法行为等。

　　从司法实践看，人民法院的刑事审判包括刑事审判活动、刑事审判结果两个方面，人民法院要正确行使刑事审判权，则涉及严格适用实体法和遵守程序法以及有关刑事审判原则、审判制度等问题，因而对于涉及实体问题、程序问题的违法行为，检察机关都可以进行监督。根据法律规定，人民检察院行使刑事审判监督权主要可以采取以下三种方式：

第一，提出刑事抗诉。即检察机关发现人民法院的刑事审判结果（刑事判决、裁定）确有错误的，有权向其上一级人民法院提出抗诉，要求其重新进行审判，以纠正下一级人民法院错误的刑事审判结果。由于我国实行两审终审制，因而刑事抗诉又包括一审刑事抗诉和二审刑事抗诉。同时，对于再审判决和裁定，检察机关仍可以提出刑事抗诉；对于死刑复核裁定，检察机关也可以提出刑事抗诉。

第二，提出检察建议。即检察机关发现人民法院在刑事审判活动中存在违法行为的，有权向其提出检察建议，要求其纠正违法行为。检察机关的检察建议，既可以针对一审活动中的违法行为提出，也可以针对二审、再审活动中的违法行为提出，还可以针对死刑复核程序中的违法行为提出。

第三，追究刑事责任。即人民检察院发现审判人员在审判活动中徇私舞弊、枉法裁判，情节严重，构成犯罪的，应当依照职权立案侦查，追究其刑事责任。如果构成的犯罪不属于检察机关管辖的，应当移送有管辖权的机关追究其刑事责任。可见，刑事抗诉、检察建议和追究刑事责任虽然同属于刑事审判监督的方式，但其适应的条件或对象是不同的。其中，刑事抗诉是对刑事判决、裁定在认定事实、适用法律上是否正确所实行的一种监督，其目的在于纠正错误的刑事判决和裁定，确保刑事裁判的正确性；检察建议则是对刑事审判活动中较轻的程序违法行为所实施的监督，其目的在于对人民法院所进行的刑事审判活动有无违法行为进行监督，以确保刑事审判活动符合法律规定；而追究刑事责任则是对刑事审判活动中审判人员犯罪行为所进行的一种监督，其目的在于维护刑事审判活动的公正性和廉洁性。

根据法律规定，人民检察院行使刑事审判监督权，对刑事审判进行监督，主要通过以下五种途径了解、发现刑事审判中的违法行为：①出席法庭。即人民检察院通过派员出席法院的庭审活动，发现刑事审判活动是否存在违法行为。②审查刑事裁判书。即人民检察院通过对法院的刑事裁判书的内容进行审查，以发现其是否存在违法行为或者错误。③接受当事人等的申诉或者控告。即人民检察院接受当事人和辩护人、诉讼代理人、利害关系人对人民法院及其审判人员在审判过程中存在违法行为的申诉或者控告，可以进行审查，以确定是否存在违法行为。④庭外调查。即人民检察院为了核实刑事审判中是否存在违法犯罪行为，可以在庭外进行调查，以收集有关的证据，包括处理人民群众来信来访，受理诉讼参与人及其他相关人员的申诉、控告、检举，讯问被告人，询问相关知情人等。⑤列席审判委员会会议。即人民检察院的检察长依照法律规定，列席人民法院对有关刑事案件讨论的审判委员会会议，以发现刑事审判中是否存在违法行为。

（4）刑罚执行监督权

刑罚执行监督权，是指检察机关对刑罚执行过程中是否存在违法行为所进行监督的职权。我国1996年《刑事诉讼法》第224条和修改后的《刑事诉讼法》第265条都明确规定："人民检察院对执行机关执行刑罚的活动是否合法实行监督。如果发现有违法的情况，应当通知执行机关纠正。"这是我国配给人民检察院以刑罚执行监督权的法律依据。人民检察院依法对刑罚执行活动行使诉讼监督权，对于准确有力地惩治犯罪，实现刑事诉讼的任务，具有重要意义。

为了加强刑罚执行监督，修改后的《刑事诉讼法》增加了对刑罚变更执行监督的规定，即第255条规定："监狱、看守所提出暂予监外执行的书面意见的，应当将书面意见的副本抄送人民检察院。人民检察院可以向决定或者批准机关提出书面意见。"第262条第2款规定："被判处管制、拘役、有期徒刑或者无期徒刑的罪犯，在执行期间确有悔改或者立功表现，应当依法予以减刑、假释的时候，由执行机关提出建议书，报请人民法院审核裁定，并将建议书副本抄送人民检察院。人民检察院可以向人民法院提出书面意见。"

根据法律规定，我国刑罚执行的主体包括人民法院、公安机关和监狱等。由于人民法院发生法律效力的刑事判决、裁定的具体内容不同，刑罚执行机关、执行的场所也不相同，因而我国将刑罚的执行交由不同的主体。其中，人民法院负责死刑、罚金刑、没收财产刑、无罪判决和免除刑罚判决等的执行；监狱负责有期徒刑、无期徒刑、死刑缓期执行的执行；公安机关负责、剥夺政治权利、拘役刑罚的执行；社区矫正机构负责管制、宣告缓刑、假释、暂予监外执行刑罚的执行。

由于刑罚执行主体较多，刑罚的内容也较为广泛，因而从宏观上看，可以将我国刑罚执行监督权的内容概括为以下三个方面：

第一，死刑执行的监督权。根据《刑事诉讼法》的规定，检察机关对死刑执行的监督，主要包括以下内容：一是对死刑立即执行的临场监督。人民法院在交付执行死刑前，应当通知同级人民检察院派员临场监督。其监督的内容包括：死刑立即执行的程序是否合法，手续是否完备；指挥执行的审判人员在交付执行前是否对罪犯验明正身，是否讯问有无遗言、信札等，以防止错杀、误杀；有无应当停止执行死刑的情形；死刑的执行方法、场所是否合法；死刑执行后，是否查明罪犯已经死亡，交付执行的人民法院是否通知罪犯家属等。

检察人员发现人民法院在执行死刑过程中存在违法行为的，应当及时提出纠正意见。二是对死刑缓期 2 年执行的监督。人民检察院对死刑缓期执行活动监督的主要内容包括：交付执行的情况是否合法；执行机关是否对在死刑缓期 2 年执行期间又故意犯罪的罪犯依法侦查和移送起诉，人民法院是否依法核准或者裁定执行死刑；执行机关是否依照法定的条件和程序，按期提出对死刑缓期执行罪犯的减刑意见，有权裁定减刑的人民法院是否依法裁定减刑等。

第二，对监管场所执行刑罚的监督权。这里的监管场所，主要包括监狱、未成年犯罪管教所、看守所、拘役所等。对监管场所执行刑罚的监督包括交付执行、变更执行和终止执行的活动是否合法，其主要监督以下内容：一是对刑罚交付执行的监督。包括监督交付执行的刑罚是否是已经发生法律效力的判决、裁定所确定的刑罚；是否及时将已经发生法律效力的刑事判决、裁定交付执行；交付执行时，法律文书、手续是否齐全；刑罚执行机关是否依法收押罪犯等。二是对刑罚变更执行的监督。刑罚的变更执行包括减刑、假释、暂予监外执行三种。对减刑、假释、暂予监外执行的监督，包括监督这些刑罚变更活动是否符合法定条件；是否符合法定程序；变更后刑罚措施的执行是否符合法律的要求等。三是对刑罚终止执行的监督。根据我国法律规定，终止刑罚执行有四种情形：罪犯刑期已满；法院依法决定释放；特赦；服刑的犯罪人已经死亡。人民检察院对刑罚终止执行的监督，包括监督终止执行的情形是否符合法律规定；执行机关是否及时依法释放罪犯并发给释放证明；对执行刑罚中罪犯死亡的处理是否合法等。四是监督对服刑罪犯提出的申诉、控告、检举的处理。我国法律规定，罪犯有权就自己的处罚及其有关处理向有关单位提出申诉、控告和检举，同时对如何处理这些问题有明确规定。人民检察院依法对有关刑罚执行机关处理罪犯的申诉、控告和检举的活动进行监督。同时，人民检察院还要依法办理属于自己管辖的申诉、控告和检举等问题。五是对监狱狱政管理和教育改造罪犯的活动进行监督。包括对监狱关押罪犯的活动是否合法进行监督；对监狱的警戒活动是否合法进行监督；对监狱使用戒具和武器是否合法进行监督；对监狱是否依法保护罪犯的合法权益进行监督；对监狱组织罪犯进行劳动改造、教育改造的活动是否合法进行监督等。

第三，对社区矫正机构执行刑罚的监督权。即人民检察院对社区矫正机构执行人民法院已发生法律效力的管制、宣告缓刑、假释的判决、裁定和暂予监外执行的活动是否合法所实行的一种监督权。其中，对管制刑的监督，主要监督被判处管制刑的罪犯是否被及时交付执行，社区矫正机构的监管措施是否落实等；对被宣告缓刑的执行的监督，主要监督社区矫正机构应当撤销缓刑的法定情形出现时，执行机关是否及时依法处理，被宣告缓刑的考验期满后，执行机关是否及时公开予以宣告等。

根据法律规定，人民检察院行使刑罚执行监督权时，可以采取以下监督方式：①提出口头纠正意见。即人民检察院发现刑罚执行机关在刑罚执行过程中存在较轻违法行为的，由检察官以口头言词的方式提出纠正意见。对严重违法行为但是不构成犯罪的，发出纠正违法通知书。死刑执行的临场监督方法。②发出纠正违法通知书。即人民检察院发现刑罚执行机关在刑罚执行过程中存在情节较重的违法行为的，以人民检察院的名义向其发出纠正违法通知书。人民检察院发出纠正违法通知书，应当经过检察长批准。对于罪犯暂予监外执行不当的，人民检察院应当在接到批准罪犯暂予监外执行决定书之日起1个月内发出纠正违法通知书；对于罪犯减刑、假释不当的，应当在收到裁定书副本之日起20日内向人民法院发出纠正违法通知书。③追究刑事责任。对于司法、监管人员在刑罚执行过程中发生的贪污、受贿、侵权、渎职等属于检察机关管辖的职务犯罪案件，人民检察院依法应当立案侦查，追究刑事责任。对于属于其他机关管辖的犯罪案件，应当依法移送其他机关追究刑事责任。

2. 民事诉讼监督权

民事诉讼监督权，是指检察机关对人民法院民事诉讼活动进行监督的一种权力，具体包括民事审判活动监督权、民事裁判监督权和民事执行监督权等。我国新《民事诉讼法》第14条规定："人民检察院有权对民事诉讼实行法律监督。"民事诉讼监督权是法律配置检察机关的一项重要的诉讼监督权力，为了保证该权力的正确行使，我国新《民事诉讼法》和最高人民检察院制定的有关司法解释对检察机关行使民事诉讼监督权的程序和手段作出了明确规定。但从目前的司法实践来看，我国法律有关民事诉讼监督权的配置尚不完善。

（1）民事裁判监督权

民事裁判监督权，是指检察机关对人民法院的民事审判结果和调解结果是否正确而进行监督的一项权力。我国新《民事诉讼法》第208条第1款、第2款规定："最高人民检察院对各级人民法院已经发生法律效力的判决、裁定，上级人民检察院对下级人民法院已经发生法律效力的判决、裁定，发现有本法第二百条规定情形之一的，或者发现调解书损害国家利益、社会公共利益的，应当提出抗诉。地方各级人民检察院对同级人民法院已经发生法律效力的判决、裁定，发现有本法第二百条规定情形之一的，或者发现调解书损害国家利益、社会公共利益的，可以向同级人民法院提出检察建议，并报上级人民检察院备案；也可以提请上级人民检察院向同级人民法院提出抗诉。"这是我国配给人民检察院以民事裁判监督权的法律依据。

民事裁判和调解是人民法院民事审判权运行的终极目标，也是民事审判权作用于民事个案的诉讼结果。这种结果总是体现为人民法院的一种权威性决断，其中包括事实认定决断和法律适用决断两方面内容。因此，人民检察院民事裁判监督权的内容也主要包括以下两个方面：①对民事案件事实认定的监督权。即人民检察院有权对人民法院的判决裁定和调解中民事案件事实认定是否正确、案件主要事实是否查清、证据是否充分、是否损害国家利益、社会公共利益进行监督。②对民事案件适用法律的监督权。即人民检察院有权对人民法院民事裁判和调解中适用法律是否正确进行监督。由于民事案件事实认定与法律适用具有密切的联系，因而检察机关无论是发现人民法院在民事案件事实认定方面的错误、事实查证方面的不足，还是法律适用上的不当，都可以依据法律的规定行使民事裁判监督权。

根据现行法律的规定，人民检察院行使民事裁判监督权主要可以采取以下两种方式：

一是提出民事抗诉。即最高人民检察院发现各级人民法院已经发生法律效力的民事判决、裁定，上级人民检察院发现下级人民法院已经发生法律效力的民事判决、裁定，确有错误的，或者发现调解书损害国家利益、社会公共利益的，有权提出抗诉。

二是提出检察建议。即人民检察院发现人民法院民事生效判决、裁定存在错误的，或者发现调解书损害国家利益、社会公共利益的，如果不需要提出抗诉或者不能提出抗诉的，可以向人民法院提出检察建议予以监督。根据有关司法解释的规定，人民检察院在下列情况下可以向人民法院提出检察建议：其一是原民事判决、裁定或者调解符合抗诉条件，人民检察院与人民法院协商一致，人民法院同意再审的；其二是原民事裁定和调解确有错误，但依法不能启动再审程序予以救济的；其三是应当向人民法院提出检察建议的其他情形。

根据民事诉讼法和有关司法解释的规定，人民检察院行使民事裁判监督权应当遵守以下程序：

第一，受理有关民事抗诉案件。即人民检察院受理当事人不服已经生效民事裁判和调解的申诉或者受理有关机关交办或自己发现的民事抗诉案件。根据规定，人民检察院受理民事案件申诉，应当符合以下三个条件：一是人民法院的民事裁判和调解已经发生法律效力；二是有明确的申诉理由或者检举事实，并书面提交要求抗诉申请或申诉书；三是属于人民检察院管辖范围内的案件。在检察实践中，人民检察院受理民事抗诉案件的来源主要有：当事人不服民事生效裁判和调解而提出申诉的；同级国家权力机关、上级人民检察院交办的；其他组织转办的；人民检察院自行发现的。人民检察院受理民事抗诉案件，应当根据法律规定确定管辖。我国新《民事诉讼法》规定，最高人民检察院对各级人民法院的生效民事裁判，上级人民检察院对下级人民法院的生效民事裁判，有权按照审判监督程序提出抗诉。因此，最高人民检察院对各级人民法院裁判的民事案件，上级人民检察院对下级人民法院裁判的民事案件是否抗诉有管辖权。而基层检察院没有抗诉权，但它有权对基层人民法院作出的一审生效的民事裁判和调解书进行审查，发现确有错误时，提请上级人民检察院抗诉。

第二，对民事抗诉案件进行立案审查。人民检察院对受理的民事申诉案件进行初审后，认为法院作出的生效民事裁判可能符合法定抗诉条件，应当作出立案决定，使案件进入实质性审查即立案审查的阶段。人民检察院对民事抗诉案件进行立案审查，应当围绕抗诉条件进行，主要审查是否具有下列情形：有无新的证据足以推翻原裁判和调解；原裁判和调解认定的基本事实是否缺乏证据证明；原裁判和调解认定事实的主要证据是否伪造；原裁判和调解认定事实的主要证据是否未经质证；原裁判和调解适用法律是否确有错误；原裁判和调解是否遗漏或者超出诉讼请求；据以作出原裁判和调解的法律文书是否被撤销或者变更等。在实践中，审查的方式以书面审查法院审判案卷为主，辅之以必要的调查和鉴定。

第三，作出处理决定。人民检察院对民事抗诉案件经过审查后，应当根据案件的不同情况，分别作出以下处理：对于符合抗诉条件的，应当依管辖权决定抗诉或提请上级检察机关抗诉；原裁判和调解正确的，应当终止审查；原裁判和调解存在某些问题，但不需要通过抗诉方式纠正的，可以向原审人民法院提出检察建议，由人民法院自行处理；不属于人民检察院管辖范围的，应当转交有关部门处理。

（2）民事审判活动监督权

民事审判活动监督权，是指人民检察院对人民法院的民事审判活动是否存在违法行为进行监督的职权。我国新《民事诉讼法》第 14 条规定："人民检察院有权对民事诉讼实行法律监督。"第 208 条第 3 款规定："各级人民检察院对审判监督程序以外的其他审判程序中审判人员的违法行为，有权向同级人民法院提出检察建议。"这是我国配给人民检察院以民事审判活动监督权的法律依据。人民检察院行使民事审判活动监督权，有利于维护国家利益和社会公共利益，维护司法公正和司法权威，保障国家法律的统一正确实施。

在民事审判中，民事审判活动是人民法院依据民事诉讼法规定的程序、步骤和方法审理并解决民事案件的全过程，具体可分为民事审判准备活动和民事开庭审判活动两部分，因而检察机关的民事审判活动监督权也包括两方面内容：①对民事审判准备活动的监督。根据法律规定，民事审判准备活动包括立案受理活动、告知当事人权利义务和合议庭组成人员、公告、回避制度的执行情况和妨害民事诉讼的强制措施适用情况等活动，对这些民事审判准备活动，检察机关都有权进行监督。②对民事开庭审判活动的监督。民事开庭审判活动是人民法院依法进行的各个步骤的庭审活动，具体包括依法选择审判方式、依法保障庭审中当事人诉讼权利的行使、民事庭审的过程等内容，对于这些活动，检察机关有权依法进行监督。

根据现行法律规定，人民检察院行使民事审判活动监督权主要可以采取以下两种方式：第一种是提出民事抗诉。即最高人民检察院发现各级人民法院或者上级人民检察院发现下级人民法院民事审判活动严重违反法律规定的，有权向人民法院提出抗诉，要求重新进行审判。根据法律规定和有关司法解释的规定，对于以下民事审判活动中的严重违法行为，人民检察院可以提出抗诉：一是审理案件需要的证据，当事人因客观原因不能自行收集，书面申请人民法院调查收集，人民法院未调查收集的；二是违反法律规定，管辖错误的；三是审判组织的组成不合法或者依法应当回避的审判人员没有回避的；四是无诉讼行为能力人未经法定代理人代为诉讼或者应当参加诉讼的当事人，因不能归责于本人或者其诉讼代理人的事由，未参加诉讼的；五是违反法律规定，剥夺当事人辩论权利的；六是未经传票传唤，缺席判决的；七是其他严重的违法行为。第二种是提出检察建议。即人民检察院发现人民法院民事审判活动中存在较轻微的违法行为，可以向人民法院提出检察建议予以监督。根据有关司法解释的规定，人民检察院发现以下轻微违法行为的，可以向人民法院提出检察建议：一是违反法律规定，限制当事人辩护权利的；二是违反民事审理期限的；三是人民法院对抗诉案件再审的庭审活动违反法律规定的；四是其他违反法定程序情形。根据有关规定，人民检察院可以通过以下途径发现人民法院民事审判活动中是否存在违法行为：调阅民事审判卷宗；调查询问当事人、证人等；勘验、鉴定。在实践中，人民检察院以书面审查人民法院民事审判案卷为主，辅之以必要的调查和鉴定。

（3）民事执行监督权

民事执行监督权，是指人民检察院对人民法院的民事执行活动进行法律监督的一项职权。我国新《民事诉讼法》第 235 条规定："人民检察院有权对民事执行活动实行法律监督。"这是我国配给人民检察院以民事执行监督权的法律依据。人民检察院行使民事执行监督权，有利于保证人民法院民事裁判和调解的正确执行，维护我国司法的公正性和司法权威。

在民事诉讼中，民事执行活动是人民法院依据民事诉讼法规定的程序、步骤和方法执行生效民事裁判和调解结果的全过程，具体可分为民事执行准备活动和民事执行实施活动两部分，因而检察机关的民事执行监督权也包括两方面内容：一是对民事执行准备活动的监督。根据法律规定，民事执行准备活动包括执行受理活动、执行有关移送材料、向被执行人发出执行通知等活动，对这些民事执行准备活动，检察机关都有权进行监督。二是对民事执行实施活动的监督。民事执行实施活动是人民法院依法进行的各个步骤的执行活动，具体包括依法选择执行方式、依法保障执行过程中当事人的诉讼权利、民事执行的具体过程等内容，对于这些活动，检察机关有权依法进行监督。

    根据现行法律规定，人民检察院有权对民事执行活动实行法律监督，意味着对于人民法院的任何违法执行行为，人民检察院均有权也有责任实施法律监督。我国新《民事诉讼法》第 14 条规定的"人民检察院有权对民事诉讼实行法律监督"本身就包含了对人民法院民事执行活动的法律监督。因此，凡是关于人民检察院对于诉讼活动实施法律监督的所有规定，在不与执行程序性质相冲突的范围内，均可适用。同时，由于我国民事诉讼法采用的是审判程序与执行程序的"合一模式"，尤其是我国民事诉讼法采用法典式的立法例，在立法技术上追求逻辑控制，力避重复，规定在先的程序对规定在后的程序具有预设的准用效力，在性质许可幅度内，规定在后的程序可以当然地适用规定在先的程序。也就是说，人民检察院对民事执行的法律监督可以适用对于民事审判活动的法律监督的有关规定，即人民检察院对民事执行的监督方式和内容都与对民事审判活动的监督方式和内容相同。比如对于审判人员违法行为的监督、对于审判程序违法情形的监督以及检察建议、调查核实、立案侦查等监督方式和措施，在执行程序中都可以援用。其中，立案侦查的监督方式就是对民事执行中违法行为的一种有效监督方式。2002 年 12 月 28 日全国人大常委会通过了《刑法修正案（四）》，在《刑法》第 399 条中增加了 1 款，规定"在执行判决、裁定活动中，严重不负责任或者滥用职权，不依法采取诉讼保全措施、不履行法定执行职责，或者违法采取诉讼保全措施，强制执行措施，致使当事人或者其他人的利益遭受重大损失的，处五年以下有期徒刑或者拘役"。根据该规定，如果法官在民事执行过程中出现严重违法而构成犯罪的，检察机关就可以进行立案查处，因而立案侦查就成为民事执行监督的一种重要方式，成为有效遏制法院民事执行活动中违规办案、违法办案、权钱交易等现象的有效手段。

    （4）民事审判渎职行为监督权

    民事审判渎职行为监督权，是指人民检察院对人民法院民事审判人员在民事案件审判活动中存在的渎职行为进行监督的职权。对民事诉讼中的裁判的监督、对民事审判活动的监督、对民事执行活动的监督，从实质上看，都是对人民法院行使审判权过程中可能存在的违法情况所进行的监督。而对民事审判过程中出现的渎职行为所进行的监督，主要是针对审判人员个人行为的监督。

根据我国新《民事诉讼法》第 43 条、第 200 条和第 208 条的规定，人民检察院对民事审判人员在审理案件过程中存在贪污受贿、徇私舞弊、枉法裁判的行为有权进行监督。人民检察院行使民事审判渎职行为监督权，有利于维护司法的廉洁性，维护司法公正，树立司法权威。

根据新《民事诉讼法》的规定，人民检察院民事审判渎职行为监督权主要包括以下两方面的内容：一是对违法行为的监督。即人民检察院对民事审判人员在审理案件过程中存在的贪污受贿等违法行为所进行的监督。二是对渎职行为的监督。即人民检察院对民事审判人员在审理案件过程中存在的徇私舞弊、枉法裁判等渎职行为所进行的监督。根据法律规定，民事审判人员在民事案件审理过程中存在贪污受贿、徇私舞弊等行为的，无论其对案件的裁判是否正确，人民检察院都有权对案件审判和审判人员进行监督。

根据现行法律的规定，人民检察院行使民事审判渎职行为监督权可以采取以下三种方式：一是提出民事抗诉。即最高人民检察院发现各级人民法院民事审判人员或者上级人民检察院发现下级人民法院民事审判人员在民事案件审判中存在贪污受贿、徇私舞弊、枉法裁判行为的，有权向人民法院提出抗诉，要求重新进行审判。根据我国新《民事诉讼法》第 200 条和第 208 条的规定，人民检察院一旦发现人民法院民事审判人员在民事案件审理过程中存在贪污受贿、徇私舞弊、枉法裁判行为的，无论案件裁判是否正确，人民检察院都有权向人民法院提出抗诉，要求重新进行审判。这是因为个人的渎职行为可能影响到对案件的公正处理。为了维护司法公正，法律规定，审判人员在审判案件过程中有贪污受贿等违法行为的，对其行为所涉及的案件，检察机关可以提起抗诉，要求人民法院重新组成合议庭对案件进行审理。二是提出检察建议。即人民检察院发现人民法院民事审判人员在民事案件审理中存在贪污受贿、徇私舞弊、枉法裁判行为，尚不构成犯罪的，有权向人民法院提出检察建议，要求对该审判人员给予行政处分。三是立案侦查。即人民检察院发现人民法院民事审判人员在民事审理过程中存在贪污受贿、徇私舞弊、枉法裁判等而构成犯罪的，有权依法立案侦查。我国新《民事诉讼法》第 43 条第 3 款规定：“审判人员有贪污受贿，徇私舞弊，枉法裁判行为的，应当追究法律责任；构成犯罪的，依法追究刑事责任。”修改后的《刑事诉讼法》第 18 条第 2 款规定：“贪污贿赂犯罪，国家工作人员的渎职犯罪，国家机关工作人员利用职权实施的非法拘禁、刑讯逼供、报复陷害、非法搜查的侵犯公民人身权利的犯罪以及侵犯公民民主权利的犯罪，由人民检察院立案侦查。对于国家机关工作人员利用职权实施的其他重大的犯罪案件，需要由人民检察院直接受理的时候，经省级以上人民检察院决定，可以由人民检察院立案侦查。"可见，对于民事审判人员在民事审判过程中存在贪污贿赂、徇私舞弊、枉法裁判等犯罪行为的，人民检察院有权进行立案侦查，因而立案侦查就成为人民检察院民事审判渎职行为监督权的一种重要方式。

3. 行政诉讼监督权

行政诉讼监督权，是指人民检察院对人民法院行政诉讼进行监督的一项权力，具体包括行政裁判监督权、行政诉讼活动监督权等。我国《行政诉讼法》第 10 条规定："人民检察院有权对行政诉讼实行法律监督。"这是我国配给检察机关以行政诉讼监督权的法律依据。行政诉讼监督权是检察机关一项重要的诉讼监督权，我国《行政诉讼法》和最高人民检察院制定的《人民检察院民事行政抗诉案件办案规则》对检察机关行使行政诉讼监督权的程序和手段作出了较详细的规定。

（1）行政裁判监督权

行政裁判监督权，是指检察机关对人民法院的行政审判结果是否正确而进行监督的一项权力。我国《行政诉讼法》第 64 条规定："人民检察院对人民法院已经发生法律效力的判决、裁定，发现违反法律、法规规定的，有权按照审判监督程序提出抗诉。"这是我国配给人民检察院以行政裁判监督权的法律依据。

最高人民检察院制定的《人民检察院民事行政抗诉案件办案规则》第 37 条规定："有下列情形之一的，人民检察院应当依照《中华人民共和国行政诉讼法》第六十四条的规定提出抗诉：……（三）原判决、裁定违反《中华人民共和国立法法》第七十八条至八十六条的规定适用法律、法规、规章的；（四）原判决、裁定错误认定具体行政行为的性质、存在或者效力的；（五）原判决、裁定认定行政事实行为是否存在、合法发生错误的；（六）原判决、裁定违反《中华人民共和国行政诉讼法》第三十二条规定的举证责任规则的；（七）原判决、裁定认定事实的主要证据不足的；（八）原判决确定权利归属或责任承担违反法律规定的……"根据上述规定，人民检察院行政裁判监督权的内容主要包括以下两个方面：①对行政案件事实认定的监督权。即人民检察院有权对人民法院行政裁判中案件事实认定是否正确、案件主要事实是否查清、证据是否充分进行监督。②对行政案件适用法律的监督权。即人民检察院有权对人民法院行政裁判中适用法律是否正确进行监督。

根据现行法律的规定，人民检察院行使行政裁判监督权主要可以采取以下两种方式：一是提出行政抗诉。即最高人民检察院发现各级人民法院已经发生法律效力的行政判决、裁定，上级人民检察院发现下级人民法院已经发生法律效力的行政判决、裁定，确有错误的，有权提出抗诉。我国《行政诉讼法》第64条规定："人民检察院对人民法院已经发生法律效力的判决、裁定，发现违反法律、法规规定的，有权按照审判监督程序提出抗诉。"二是提出检察建议。即人民检察院发现人民法院行政生效判决、裁定存在错误的，如果不需要提出抗诉或者不能提出抗诉的，可以向人民法院提出检察建议予以监督。最高人民检察院制定的《人民检察院民事行政抗诉案件办案规则》第47条规定："有下列情形之一的，人民检察院可以向人民法院提出检察建议：（一）原判决、裁定符合抗诉条件，人民检察院与人民法院协商一致，人民法院同意再审的；（二）原裁定确有错误，但依法不能启动再审程序予以救济的；（三）人民法院对抗诉案件再审的庭审活动违反法律规定的；（四）应当向人民法院提出检察建议的其他情形。"

（2）行政诉讼活动监督权

行政诉讼活动监督权，是指人民检察院对行政诉讼活动中是否存在违法行为进行监督的一项权力。我国《行政诉讼法》第10条规定："人民检察院有权对行政诉讼实行法律监督。"这是我国配给检察机关以行政诉讼活动监督权的法律依据。人民检察院行使行政诉讼活动监督权，有利于维护国家利益和公民个人利益，维护司法公正和司法权威，保障行政机关依法行政。

行政诉讼不同于民事诉讼在于：在行政诉讼中，不仅有人民法院和公民或法人，而且还有行政机关，行政机关作为被告是行政诉讼的一大特色。检察机关作为维护国家法律统一正确实施的法律监督机关，有权对行政机关的诉讼活动是否存在违法行为进行监督，因而检察机关的行政诉讼活动监督权应当包括以下两方面内容：①对人民法院行政审判活动进行监督。即检察机关对人民法院行政审判活动是否合法有权进行监督。根据法律规定，检察机关对人民法院以下行政审判活动有权进行监督：告知当事人权利义务和合议庭组成人员、回避制度的执行情况、妨害行政诉讼采取强制措施的情况、审判方式的选择、开庭审判活动等。②对行政机关的诉讼活动进行监督。即检察机关对行政机关的诉讼活动是否存在损害国家利益的行为有权进行监督。由于行政机关是国家的执法机关，代表国家利益参与行政诉讼活动，如果其在行政诉讼活动中存在违法行为，损害国家利益的，检察机关出于维护国家利益之职责，有权对其进行监督。

根据现行法律的规定，人民检察院行使行政诉讼活动监督权主要可以采取以下两种方式：一是提出行政抗诉。即最高人民检察院发现各级人民法院或者上级人民检察院发现下级人民法院行政审判活动严重违反法律规定的，有权向人民法院提出抗诉，要求重新进行审判。最高人民检察院制定的《人民检察院民事行政抗诉案件办案规则》第37条规定："有下列情形之一的，人民检察院应当依照《中华人民共和国行政诉讼法》第六十四条的规定提出抗诉：……（一）人民法院对依法应予受理的行政案件，裁定不予受理或者驳回起诉的；（二）人民法院裁定准许当事人撤诉违反法律规定的……（九）人民法院违反法定程序，可能影响案件正确判决、裁定的……（十一）原判决、裁定违反法律、法规的其他情形。"二是提出检察建议。即人民检察院发现人民法院行政审判活动中存在较轻违法行为的，或者行政机关在诉讼活动中存在违法行为的，可以向人民法院和行政机关提出检察建议，要求其予以纠正。根据有关司法解释的规定，人民检察院发现人民法院有以下轻微违法行为的，可以向其提出检察建议：第一，违反法律规定，限制当事人辩护权利的；第二，违反行政审理期限的；第三，人民法院对抗诉案件再审的庭审活动违反法律规定的；第四，其他违反法定程序情形的。对于行政机关的违法行为，人民检察院也有权提出检察建议。我国《行政诉讼法》第56条规定："人民法院在审理行政案件中，认为行政机关的主管人员、直接责任人员违反政纪的，应当将有关材料移送该行政机关或者其上一级行政机关或者监察、人事机关；认为有犯罪行为的，应当将有关材料移送公安、检察机关。"最高人民检察院制定的《人民检察院民事行政抗诉案件办案规则》第48条规定："有下列情形之一的，人民检察院可以向有关单位提出检察建议：（一）有关国家机关或者企业事业单位存在制度隐患的；（二）有关国家机关工作人员、企业事业单位工作人员严重违背职责，应当追究其纪律责任的；（三）应当向有关单位提出检察建议的其他情形。"

（3）行政审判渎职行为监督

行政审判渎职行为监督权，是指人民检察院对人民法院行政审判人员有关行政案件审判中存在的违法违纪行为进行监督的职权。根据有关司法解释的规定，人民检察院对行政审判人员在审理案件过程中存在贪污受贿、徇私舞弊、枉法裁判的行为有权进行监督。人民检察院行使行政审判渎职行为监督权，有利于维护司法的廉洁性，维护司法公正，树立司法权威。

根据有关法律的规定，人民检察院行使行政审判渎职行为监督权主要包括以下两方面的内容：一是对违法行为的监督。即人民检察院对行政审判人员在审理案件过程中存在的贪污受贿等违法行为所进行的监督。二是对渎职行为的监督。即人民检察院对行政审判人员在审理案件过程中存在的徇私舞弊、枉法裁判等渎职行为所进行的监督。根据法律规定，行政审判人员在民事案件审理过程中存在贪污受贿、徇私舞弊等行为的，无论其对案件审判是否正确，人民检察院都有权对审判人员进行监督。

根据有关法律和司法解释的规定，人民检察院行使行政审判渎职行为监督权可以采取以下三种方式：一是提出行政抗诉。即最高人民检察院发现各级人民法院行政审判人员或者上级人民检察院发现下级人民法院行政审判人员在行政案件审判中存在贪污受贿、徇私舞弊、枉法裁判行为的，有权向人民法院提出抗诉，要求重新进行审判。根据最高人民检察院制定的《人民检察院民事行政抗诉案件办案规则》第37条规定，人民检察院一旦发现人民法院行政审判人员在行政案件审理过程中存在贪污受贿、徇私舞弊、枉法裁判行为的，无论案件裁判是否正确，人民检察院都有权向人民法院提出抗诉，要求重新进行审判。二是提出检察建议。即人民检察院发现人民法院行政审判人员在行政案件审理中存在贪污受贿、徇私舞弊、枉法裁判行为，尚不构成犯罪的，有权向人民法院提出检察建议，要求对该审判人员给予行政处分。三是立案侦查。即人民检察院发现人民法院行政审判人员在行政审理过程中存在贪污受贿、徇私舞弊、枉法裁判等而构成犯罪的，有权依法立案侦查。我国修改后的《刑事诉讼法》第18条第2款规定："贪污贿赂犯罪，国家工作人员的渎职犯罪，国家机关工作人员利用职权实施的非法拘禁、刑讯逼供、报复陷害、非法搜查的侵犯公民人身权利的犯罪以及侵犯公民民主权利的犯罪，由人民检察院立案侦查。……"可见，对违法犯罪的行政审判人员进行立案侦查就成为检察机关行使行政审判渎职行为监督权的重要方式。

（三）诉讼监督权的功能作用

由于诉讼监督权的内容十分丰富，因而检察机关行使诉讼监督权的功能作用也是多方面的，但就司法活动来说，诉讼监督权的功能作用主要表现在保障诉讼程序合法、保障司法公正、保障当事人的诉讼权利三个方面。

1. 保障诉讼程序合法

在现代社会，依法治国是世界各国经过反复实践而所得出的最佳的一种治国方式，并已成为世界各国共同遵循的一项治国方略。依法治国就是崇尚法律，树立法律至上观念，在治国和处理各种问题上要以法律作为最后的权威和根据，而非以个人的意志或爱好作为最后的依据，即坚持法治，反对人治，因而依法治国的一项基本要求就是：国家的一切机关和官员在代表国家行使权力时，都必须要有明确的法律规定，同时，也必须在法律规定的范围内行使国家权力。因此，任何国家为了实现法治，就必须防止国家机关或官员滥用权力，侵害国家利益或公民的合法权利，为此就必须制定一系列的法律制度和法律程序。因为对一个国家来说，法治既是一种结果的状态，更是一个动态的过程，法治状态必须经过法律适用的动态过程才能实现。程序法作为规定诉讼过程的法律，其实施的过程就是法治状态实现的过程。从这种意义上讲，依法治国就是依程序法治国。正因如此，西方国家实行法治，都把程序法放在重要地位。如美国宪法中有大量关于诉讼程序的规定，对此美国联邦法院大法官道格拉斯指出："权利法案的大多数规定都是程序性条款，这一事实决不是无意义的，正是程序决定了法治与恣意的人治之间的基本区别。"① 我国的诉讼活动作为司法活动的重要组成部分，要体现依法治国的精神和要求，就必须严格按照程序法规定的诉讼程序进行。

按照法治的要求，我国司法机关在诉讼活动中应当严格按照法定程序进行一切诉讼活动，然而在目前司法实践中，司法机关违反诉讼程序的现象时有发生，有时还相当严重，如刑讯逼供、超期羁押、剥夺或限制当事人的诉讼权利等。要改变这种状况，树立程序法的权威，加强对诉讼活动的监督则是必不可少的。因此，检察机关行使诉讼监督权则可以及时发现和纠正诉讼活动中的违法行为，促使司法机关依照法定程序进行诉讼，保障诉讼程序的合法性。因为检察机关是参与诉讼的国家机关，它通过办理审查批准逮捕、审查起诉案件、参与法院的审判活动或审查法院的民事、行政案卷材料等方式，或者通过讯问犯罪嫌疑人、询问证人、询问被害人等途径，或者通过受理有关控告、检举、申诉等活动，可以及时发现公安机关、法院在刑事、民事或行政诉讼活动中存在违法行为，从而可以通过行使诉讼监督权来纠正违法行为。根据法律规定，检察机关发现违法行为后，可以通过提出抗诉、检察建议、立案侦查等方式，行使诉讼监督权，使违法行为得到纠正。例如，检察机关发现公安机关违法不立案的，可以向公安机关发检察建议，要求其说明不立案理由，如果理由不成立的，则可以通知公安机关立案，从而达到纠正公安机关不立案的违法行为。由此可见，检察机关通过行使诉讼监督权，可以达到纠正诉讼程序中违法行为的目的，保障诉讼程序合法。

2. 保障司法公正

众所周知，追求发现案件的实体真实应当是诉讼活动的一个重要目标，然而案件的事实真相却隐藏在一系列复杂现象的背后，是不可能自动显现的。它需要经过一系列的探索活动，才能被发现或者予以证明。这就意味着离开了诉讼活动，便无法发现案件实体真实的目标。因而"诉讼活动是发现真理的一种方法，不是证明已被接受的真理的一种方法。要充分理解诉讼程序的推理功能，就要牢记，我们不是从答案开始而是从问题开始；只有在我们寻找最初未占有的答案，而且可能是最佳答案的前提下，全套诉讼机制才是可以理解的，

---

① 转引自季卫东：《法律程序的意义》，载《中国社会科学》1993 年第 1 期。

站得住脚的。即使实体法不合理，诉讼程序仍然是合适逻辑的。这就是说，诉讼程序起到的是逻辑推理的作用，其结果并非如愿。不论最终判决如何，合乎逻辑的诉讼程序为发现必要的答案提供了最佳的工具"[1]。由此可见，在现代社会，诉讼程序是发现案件事实真相，实现实体公正的必由之路。

人类通过不断的社会实践和总结经验，制定了各种程序法，将发现案件事实真相的诉讼程序以法律的形式固定下来，以便司法机关在各种诉讼活动予以遵守。然而，在现实生活中，由于受各种利益、人情和社会关系的影响，司法机关或司法人员在各种诉讼活动中往往违反法律规定的诉讼程序，收集有关证据或者讯问（询问）当事人，采取强制性措施，限制或者剥夺当事人的诉讼权利，或者错误地采纳证据，歪曲法律或错误地适用法律，从而作出错误的判决或裁定。检察机关作为诉讼活动的参与者或者监督者，它通过参与诉讼或者监督活动，能够及时发现司法机关在诉讼活动中存在的违反诉讼程序的行为，如果检察机关发现违法行为后，能够及时行使诉讼监督权，就可以促使司法机关及时纠正其违法行为，保证司法机关严格遵守程序法规定的诉讼程序，保证司法机关作出正确的处理决定，从而保障司法公正的实现。此外，人民法院作为案件事实认定的最终机关，即使其在审判活动中没有违法行为，如果其最终错误地认定了案件事实，作出了错误的判决或裁定，检察机关也可以通过行使抗诉权等诉讼监督权，要求人民法院予以纠正。由此可见，检察机关无论对违法行为行使诉讼监督权，还是对错误判决或裁定行使诉讼监督权，都有助于保障司法公正的实现。

3. 保障当事人的诉讼权利

在现代社会，刑事诉讼活动不仅负有惩罚犯罪的义务，而且负有保护各个诉讼参与人在诉讼活动中所依法享有的诉讼权利之责任。因此，保障诉讼权利就成为现代诉讼活动追求的重要目标。随着社会政治民主化程度的不断提高、经济的不断发展，人们享有的权利不断扩大。在这种情况下，如何保障公民的权利就成为各国面临的重要问题。历史告诉我们，对公民权利威胁最大的是国家权力的滥用，为此限制和监督国家权力的运行则是人权保障的必然要求。人权保障不仅反映了一个国家的文明程度，而且反映了该国诉讼制度的发展水平，因而要充分有效地保护各个诉讼参与人的诉讼权利，必须对国家司法机关和人员的权力进行限制和监督。

由于人权具有丰富的内容，人权保障对国家权力的限制和监督也体现在许多方面。在现代社会，由于人权内容的多少是一个国家法治发展水平高低的重

---

[1]　Jerome Hall：" Cases and Readings on Criminal Law and Procedure"，1949，p. 27.

要标志，因而各国都赋予了诉讼参与人以广泛的人权。例如，犯罪嫌疑人和被告人，根据各国宪法、刑事诉讼法以及联合国有关文件的规定，犯罪嫌疑人和被告人主要享有人身不受非法监禁的权利、知悉权、辩护权、申请回避权、申请解除强制措施的权利、最后陈述权、上诉权、获得刑事赔偿权等。被害人及证人的人权内容主要包括知悉权、因亲属或职业上的原因拒绝作证权、委托诉讼代理人的权利、陈述权、申请回避权、申请权、申诉权、获得赔偿（或补偿）权等。这些诉讼权利在诉讼中的实现，不仅依赖于诉讼参与人个人的意愿，更重要的是需要司法机关的保障，如司法机关的告知、及时处理和答复有关申请或申诉、依法正确处理有关诉讼事项等。但是，如果司法机关或司法人员在诉讼活动中不严格遵守法律的规定，就会侵犯诉讼参与人的诉讼权利，进而损害其实体权益。因此，检察机关行使诉讼监督权，对司法机关或司法人员的诉讼违法行为进行监督，必然有助于防止和纠正违法行为，发挥保障当事人诉讼权利的作用。

二、诉讼监督权配置中存在的问题

虽然我国法律给检察机关配置了许多的诉讼监督权，但是，从目前的司法实践情况看，我国法律关于诉讼监督权的规定尚不完善，概括起来，就是法律配给检察机关的诉讼监督权不能覆盖诉讼过程中公权力行使的各个方面、缺乏行使诉讼监督权必要的手段或措施、监督效力缺乏保障等。

（一）监督范围不能覆盖诉讼全过程

诉讼监督权作为对诉讼活动中的一项权力，其目的在于对诉讼活动中的各种公权力的行使情况进行监督，以保证公权力在诉讼活动中的正确行使。但是，从目前法律规定看，给检察机关配置的各项诉讼监督权尚不能覆盖诉讼过程中公权力行使的各个方面，主要表现为立案监督不全面、审判监督不全面和执行监督不全面。

1. 立案监督不全面

关于检察机关的立案监督，从诉讼理论上讲，就是对涉及所有案件立案的所有活动进行的一种法律监督。但是，从司法实践看，检察机关对一些涉及立案的活动无法进行监督，这说明法律配给检察机关的立案监督不全面和不完善。概括来说，检察机关立案监督不全面主要表现在以下几个方面：

一是对公安机关不应当立案而立案无法进行监督。在刑事诉讼中，公安机关的立案活动包括立案和不立案两个方面，检察机关的立案监督也应当包括对应当立案而不立案的监督和对不应当立案而立案的监督两个方面。然而，我国法律只规定了检察机关对应当立案而不立案的监督，没有规定对不应当立案而立案的监督，这显然是不全面的。从目前司法实践看，公安机关在立案方面，不仅存在着应当立案而不立案的现象，而且也存在大量的不应当立案而立案的现象。例如，有的公安机关对一些民事经济纠纷，以经济犯罪案件为名进行立案侦查，然后查封扣押纠纷争议的财产，或者对经济纠纷当事人采取拘留、取保候审等强制措施，为一方当事人追讨债务等，这种现象在一些地方较为严重①，甚至被认为是一种顽症。这种现象的发生和长期存在，不仅与利益驱动有关，但更重要的是与缺乏有效的外部监督有关。根据现行法律规定，检察机关很难对公安机关通过立案的方式插手经济纠纷的现象进行监督。这显然是法律配给检察机关立案监督不全面的重要表现。

二是对通知立案而公安机关拒不立案的行为缺乏有效的监督措施。虽然目前我国《刑事诉讼法》规定，对于应当立案侦查的案件而公安机关不立案侦查的，检察机关可以进行监督，要求公安机关说明不立案理由，如果不立案理由不成立的，可以通知公安机关立案侦查。但是，检察机关通知公安机关立案侦查后，如果公安机关拒不立案或者立案后又撤销案件的，检察机关就无法再进行监督。从目前司法实践看，对于应当立案而不立案的案件，检察机关通知公安机关立案后，有的公安机关拒不立案或者立案后拒不进行侦查，或者立案后又撤销案件。对于这些情况，法律没有规定有效的监督措施，检察机关的监督难以达到纠正立案活动中违法行为的目的，无法防止放纵犯罪现象的发生。究其原因，主要是法律对检察机关的立案监督规定得不全面或不彻底，使得检察机关对公安机关拒不立案侦查或立案后又撤销案件的行为缺乏进一步监督的手段或措施，因而无法有效监督和纠正公安机关在立案方面的违法行为。

三是对法院的立案无法进行监督。除了刑事案件主要由公安机关立案外，刑事自诉案件、民事案件和行政案件都由法院负责立案。法院的刑事自诉案件立案活动、民事行政立案活动也是行使国家权力的一种诉讼活动，理应受到检察机关的法律监督。但是，从目前我国的法律规定看，检察机关无权对法院的刑事自诉案件的立案活动进行监督，检察机关对民事诉讼活动、行政诉讼活动有权进行法律监督是否包括法院的民事立案活动、行政立案活动，法律却没有

---

① 如山东省日照市东港区人民法院审结了一起行政诉讼案，山东省诸城市公安局因滥用职权插手经济纠纷而被法院确认为滥用职权行政行为违法。法院依法判决撤销了公安机关扣押原告张某款项31.5万元及收取取保候审保证金5万元的具体行政行为，公安机关返还原告上述款项（36.5万元）并赔偿原告利息损失。参见《诸城公安局滥用职权插手经济纠纷被判赔偿》，载中国法院网，2005年8月17日。

明确的规定，这导致实践中检察机关无法对法院的刑事自诉案件的立案活动、民事立案活动和行政立案活动进行监督。从目前司法实践看，法院也存在对刑事自诉案件和民事行政案件不及时立案的现象，甚至以某种理由拒不立案，对此当事人或者采取非法的手段乞求法院立案或者私下了结案件等，检察机关作为法律监督机关对此却无所作为，影响了法律的权威性。

2. 审判监督不全面

审判监督是对法院审判活动进行的一种法律监督，应当覆盖法院的整个审判活动，但是，从目前法律规定和司法实践看，检察机关的审判监督尚不能覆盖法院的所有审判活动，这说明法律配给检察机关的审判监督权还不完善。概括来说，审判监督不全面主要表现在以下几方面：

一是对刑事审判的监督不全面。刑事审判监督应当贯穿于刑事审判的全过程，涵盖各种刑事审判活动和各个环节。但是，我国 1996 年《刑事诉讼法》对刑事审判监督的规定尚存在一些监督盲区，主要表现在对以下三类案件的审判监督方面：（1）刑事自诉案件；（2）审判监督程序中法院引起的再审案件；（3）死刑复核案件。修改后的《刑事诉讼法》加强了审判监督，明确规定了检察机关对上述三类案件可以进行监督，从而基本上解决了刑事审判监督中存在的问题。但是，对于刑事自诉案件，检察机关有权进行监督。然而，刑事诉讼法未明确规定对刑事自诉案件审判活动的监督途径和措施，检察机关不派员参加刑事自诉案件的庭审，判决书、裁定书也不送达检察机关，检察机关很难了解刑事自诉案件的诉讼情况，也就很难及时、有效地进行监督。

二是对民事审判监督不全面。由于我国民事诉讼法对民事审判检察监督的规定较为原则，实践中法院又不断通过司法解释限定检察机关的监督范围，使得检察机关对法院的某些民事审判活动无法进行法律监督。例如，检察机关对法院依照民事诉讼法规定的特别程序、督促程序、公示催告程序、企业法人破产还债程序审理的民事案件，其作出的判决或裁定，检察机关不能提起抗诉，从而限制了检察机关对法院民事审判的监督范围，使得检察机关对法院的民事审判无法进行全面的监督。

3. 执行监督不全面

执行是依照法院生效的判决或裁定，强制义务人履行裁判文书规定的有关义务的一种活动。执行既包括对刑事裁判所确定的刑罚的执行，也包括对民事裁判和行政裁判所确定的民事义务和行政义务的执行。由于执行是涉及国家权力的一种活动，因而应当受到检察机关的法律监督。从目前实践看，检察机关对执行活动的监督并不全面，主要表现为对刑罚执行监督不全面。目前，刑罚执行的监督工作由检察机关的监所检察部门负责，监所检察部门主要承担 2 个机关（公安机关、司法行政机关）5 个部门（公安机关的监管部门、监外执行部门、拘役执行部门、司法行政机关的监狱部门、劳动教养部门）的执法监督工作，其中主要是对刑罚执行活动的监督。但是，人民法院执行没收财产、罚金刑等活动尚没有纳入法律监督的范围，使得检察机关对法院执行附加刑活动的法律监督出现严重缺位。对民事裁判执行的监督，过去因为没有法律规定，检察机关无权进行。现在虽然新修改的民事诉讼法作了明确规定，但如何进行法律监督还需要在实践中探索，以免像对行政裁判执行的监督那样流于形式。

（二）缺乏必要的监督手段

检察机关行使诉讼监督权离不开必要的监督手段，然而从目前情况看，法律在配置检察机关诉讼监督权时，往往没有明确规定相应的监督手段或措施，使得检察机关行使诉讼监督权遇到一定的困难[①]。概括来说，目前检察机关缺乏两方面的监督手段，即了解或发现违法行为的知情权和收集证据证实存在违法行为的调查权。

1. 缺乏知情权

检察机关作为法律监督机关，要正确及时地履行法律监督职能，就必须及时了解各个执法机关的执法情况，即必须享有知情权。然而，从我国修改后的《刑事诉讼法》规定看，检察机关对各个执法机关的有些执法情况并不享有知情权，检察机关知情权的缺位主要表现在以下方面：

一是不能全面了解公安机关不立案的根据。虽然我国法律规定人民检察院对公安机关的不立案活动有权进行监督，并有权要求公安机关书面说明不立案的理由，但是却没有规定人民检察院有权要求公安机关移送不立案的有关材料，因而造成人民检察院不能全面了解公安机关不立案的根据。关于公安机关不立案的根据，虽然公安机关在说明不立案理由中会有所涉及，但是这种涉及不仅不全面，而且检察机关也难以判断其是否正确，如果有被害人的话，被害人的陈述往往会与公安机关不立案理由不一致甚至矛盾，这种情况下若不审查

[①] 2010 年 7 月 26 日发布的最高人民法院、最高人民检察院、公安部、国家安全部、司法部《关于对司法工作人员在诉讼活动中的渎职行为加强法律监督的若干规定（试行）》明确规定了检察机关对司法工作人员在诉讼活动中的渎职行为实行法律监督的范围和手段。但是一方面，这个文件只是五个部门在工作层面上达成共识而形成的会签文件，虽然可以起到指导工作的作用，但不具有法律效力；另一方面，这个文件所涉及的还只是司法工作人员个人的渎职行为，不包括以单位名义行使公权力的诉讼违法行为。

有关材料，就难以排除这种矛盾，无法作出如何监督的决定。因此，人民检察院对公安机关不立案根据缺乏知情权，不利于对公安机关不立案活动进行有效的监督，而且也与人民检察院通知公安机关立案时应将证明应当立案的材料同时移送公安机关的立法不协调。

二是对法院民事、行政审判活动和裁判情况缺乏了解。虽然我国法律规定检察机关对法院的民事和行政诉讼活动有权进行法律监督，但是，法律并没有规定检察机关可以参与法院民事、行政案件的审判活动（检察机关抗诉的除外），也没有规定法院应当将民事、行政案件的裁判书送达检察机关（检察机关抗诉的除外），导致检察机关对法院的民事、行政审判活动、裁判情况缺乏了解。在司法实践中，通过当事人申诉、人大交办等方式，检察机关可以对生效的民事、行政案件进行审查，才可以了解民事、行政审判活动和裁判的情况，如果没有上述方式，检察机关就无法了解法院的民事、行政审判活动和裁判情况。因此，在现行法律下，检察机关缺乏对法院的民事、行政审判活动和裁判情况的知情权，难以及时发现法院的民事、行政审判活动是否存在违法行为，更难以判断其裁判是否正确，无法对其进行及时有效的法律监督。

2. 缺乏全面的调查权

检察机关作为法律监督机关，要及时正确地行使诉讼监督权，就必须有证据证明诉讼活动中是否存在违法行为并判断违法行为的程度，为此检察机关就必须采取一定的调查手段，事先对某些涉嫌违法的行为进行调查，收集有关的证据，因而检察机关就必须享有调查权。

但是，我国1996年《刑事诉讼法》并没有明确规定检察机关对有关违法行为有权进行调查。修改后的《刑事诉讼法》第55条规定："人民检察院接到报案、控告、举报或者发现侦查人员以非法方法收集证据的，应当进行调查核实。对于确有以非法方法收集证据情形的，应当提出纠正意见；构成犯罪的，依法追究刑事责任。"该条只规定了对侦查人员的违法收集证据的行为可以进行调查，但没有规定对其他司法人员的违法行为进行调查。1999年最高人民检察院、公安部、国土资源部、海关总署、国家税务总局、国家环境保护总局、国家工商行政管理局、国家林业局、国家质量技术监督局、国家保密局联合下发的《关于在查办渎职案件中加强协调配合建立案件移送制度的意见》（以下简称《意见》）第2条规定："公安、国土资源等部门发现或经调查，认为本部门工作人员触犯《中华人民共和国刑法》分则第九章中有关条款的规定，涉嫌渎职犯罪，需要追究刑事责任的案件，应将有关材料移送相应的检察机关，发现其他国家机关工作人员的渎职犯罪案件线索，也应将有关材料移送相应的检察机关。"第4条规定："检察机关接受群众举报或侦查中自行发现的公安、国土资源等部门工作人员的渎职案件，经查认为涉嫌渎职犯罪的，应向有关单位通报，并请求提供相关材料和协助侦查，有关单位应当协助。"第7条规定："检察机关与联合制定本意见之外的其他部门在查办渎职案件工作中的协调配合和案件的移送，参照此规定执行。"可见，根据该《意见》的规定，检察机关对违法行为中的渎职行为享有调查权。但是，检察机关对渎职行为如何进行调查，可以采取哪些手段或措施，其调查程序如何等，该《意见》并没有作出规定，因而难以保证检察机关有效行使调查权。

由于目前法律没有赋予检察机关完整的调查权，上述法律文件规定检察机关对渎职行为的调查权又缺乏程序保障，因而该问题就成为我国司法改革的一项重要内容。2004年，中央下发了〔2004〕21号改革文件，要求强化检察机关对违法行为、渎职行为的法律监督。2008年，中央决定进行新一轮的司法改革，并下发了〔2008〕19号文件，再次要求"强化法律监督，规范执法行为"，并明确提出要"依法明确、规范检察机关调查违法、建议更换办案人等程序，完善法律监督措施"。根据上述要求，2010年7月，最高人民法院、最高人民检察院、公安部、国家安全部、司法部联合下发了《关于对司法工作人员在诉讼活动中的渎职行为加强法律监督的若干规定（试行）》（以下简称《规定》），该《规定》第2条规定："人民检察院依法对诉讼活动实行法律监督。对司法工作人员的渎职行为可以通过依法审查案卷材料、调查核实违法事实、提出纠正违法意见或者建议更换办案人、立案侦查职务犯罪等措施进行法律监督。"第4条规定："人民检察院在开展法律监督工作中，发现有证据证明司法工作人员在诉讼活动中涉嫌渎职的，应当报经检察长批准，及时进行调查核实。"第7条规定："人民检察院调查司法工作人员在诉讼活动中的渎职行为，可以询问有关当事人或者知情人，查阅、调取或者复制相关法律文书或者报案登记材料、案卷材料、罪犯改造材料，对受害人可以进行伤情检查，但是不得限制被调查人的人身自由或者财产权利。"第8条规定："人民检察院对司法工作人员在诉讼活动中的涉嫌渎职行为进行调查，调查期限不得超过一个月。确需延长调查期限的，可以报经检察长批准，延长二个月。"第10条规定："人民检察院对司法工作人员在诉讼活动中的涉嫌渎职行为调查完毕后，应当制作调查报告，根据已经查明的情况提出处理意见，报检察长决定后作出处理。"可见，该《规定》对检察机关行使调查权的程序作了较明确和完善的规定，但是，该《规定》的效力较低，且没有对一般违法行为的调查权和程序作出规定，因而难以保证检察机关调查权的有效行使。

（三） 监督效力缺乏保障

为了有效纠正诉讼中的违法行为，法律就应当保证检察机关诉讼监督权具有效力。根据我国法律规定，检察机关行使诉讼监督权主要采取以下三种方式：一是提出抗诉，包括刑事抗诉、民事抗诉和行政抗诉；二是立案侦查，即对诉讼中违法严重而构成犯罪的行为，检察机关可以进行立案侦查；三是提出检察建议，即对诉讼中存在的一般违法行为，检察机关可以向违法机关提出检察建议，要求予以纠正或者要求对有关违法人员给予行政处分等。在这三种监督方式中，我国法律只对前两种监督方式的效力作出了规定，但对第三种监督方式的效力缺乏规定，致使检察机关的监督效力缺乏全面保障。

检察建议是检察机关在办案过程中，发现公安机关或侦查人员、法院或法官在诉讼活动中存在一般违法行为时，向其提出纠正违法行为的一种意见或建议。由于我国检察机关是法律监督机关，因而我国检察机关有权提出检察建议是广泛的，法律对此作了明确的规定，如修改后的《刑事诉讼法》第 203 条规定："人民检察院发现人民法院审理案件违反法律规定的诉讼程序，有权向人民法院提出纠正意见。"第 263 条规定："人民检察院认为人民法院减刑、假释的裁定不当，应当在收到裁定书副本后二十日以内，向人民法院提出书面纠正意见。人民法院应当在收到纠正意见后一个月以内重新组成合议庭进行审理，作出最终裁定。"《人民检察院刑事诉讼规则（试行）》第 321 条规定："人民检察院办理审查逮捕案件，发现应当逮捕而公安机关未提请批准逮捕的犯罪嫌疑人的，应当建议公安机关提请批准逮捕。"第 391 条规定："人民检察院在办理公安机关移送起诉的案件中，发现遗漏罪行或者依法应当移送审查起诉同案犯罪嫌疑人的，应当要求公安机关补充移送审查起诉；对于犯罪事实清楚，证据确实、充分的，人民检察院也可以直接提起公诉。"第 564 条规定："人民检察院依法对公安机关的侦查活动是否合法实行监督。"第 566 条规定："人民检察院发现公安机关侦查活动中的违法行为，对于情节较轻的，可以由检察人员以口头方式向侦查人员或者公安机关负责人提出纠正意见，并及时向本部门负责人汇报；必要的时候，由部门负责人提出。对于情节较重的违法情形，应当报请检察长批准后，向公安机关发出纠正违法通知书。构成犯罪的，移送有关部门依法追究刑事责任。监所检察部门发现侦查中违反法律规定的羁押和办案期限规定的，应当依法提出纠正违法意见，并通报侦查监督部门。"第 580 条规定："人民检察院在审判活动监督中，如果发现人民法院或者审判人员审理案件违反法律规定的诉讼程序，应当向人民法院提出纠正意见。"

虽然我国法律对检察机关的检察建议作了较为明确的规定，但是，从司法实践看，检察机关的检察建议在具体执行中却存在一些问题，突出表现在对检察机关的检察建议缺乏法律效力上的保障。从权力的属性看，检察机关的检察建议作为诉讼监督的一项权力，应当具有以下特性：一是司法性。即检察建议是作为国家司法机关的检察机关在司法活动中行使的一项权力，具有中立、独立等司法特性。二是主动性。即检察机关在诉讼活动中，一旦发现公安机关和侦查人员、法院和法官存在违法行为，无须其他机关或人员要求，就有权提出检察建议，这表明建议权具有主动的特性。三是程序性。即检察建议能够引起相应诉讼程序的特性，具有程序上的法律效力，而不能直接纠正违法行为，产生实体上的法律效力。然而，从我国司法实践看，检察建议权的特性并没有充分体现出来，主要表现为：检察机关向有关机关提出纠正违法建议时，有关机关不予理睬，检察机关对其别无他法。即检察机关的检察建议缺乏相应的法律效力保障。究其原因，是我国法律往往只对检察机关行使检察建议的情形作了规定，但对检察机关提出检察建议的法律后果（程序上的法律效力）却缺乏明确的规定，因而使得检察建议在实践中缺乏约束力，影响了检察建议的落实，也使得检察建议的作用难以充分发挥。例如，《人民检察院刑事诉讼规则（试行）》第580条规定："人民检察院在审判活动监督中，如果发现人民法院或者审判人员审理案件违反法律规定的诉讼程序，应当向人民法院提出纠正意见。"但是，检察机关向人民法院提出纠正违法意见后，能够引起什么样的程序后果，法律却没有明确的规定，导致人们对检察机关检察建议的法律效力存在不同的认识，有人甚至认为，检察机关的批准逮捕、抗诉是法律监督，检察机关的检察建议不是法定的法律监督形式，是一种"软监督"，不具有法律效力等。正是由于这种不同的认识，影响了检察机关诉讼监督权效能的充分发挥。由此可见，检察机关诉讼监督效力缺乏保障，是我国法律在诉讼监督权配置中存在的又一突出问题。

三、优化诉讼监督权的配置

针对我国检察机关诉讼监督权配置上存在上述问题，要有效发挥检察机关诉讼监督权的应有作用，优化检察职权的配置，我们认为，我国法律应当从以下几方面优化检察机关诉讼监督权的配置。

（一）扩大诉讼监督权的覆盖范围

从我国目前法律对诉讼监督权的配置上看，诉讼监督尚不能覆盖诉讼的方方面面，针对这种问题，建议从以下三方面优化诉讼监督权的配置：

1. 优化立案监督权的配置

为了解决公安机关对不应当立案而立案侦查，随意插手经济纠纷的问题，或者通知立案而公安机关拒不立案侦查或立案后又撤销案件的问题，使检察机关的立案监督能够覆盖公安机关立案活动的整个范围，我们建议，应当完善《刑事诉讼法》第111条的规定，增加两款内容，即"人民检察院认为公安机关对不应当立案侦查的案件而立案侦查的，应当要求公安机关说明立案的理由。人民检察院认为公安机关说明的立案理由不能成立的，应当通知公安机关撤销案件，公安机关接到通知后应当撤销案件"；"对于人民检察院通知立案后，公安机关仍不立案侦查或者立案后不侦查的犯罪案件，经省级以上人民检察院批准，可以由受理案件的人民检察院直接立案侦查"。赋予检察机关对公安机关立案侦查决定明确的监督权和对公安机关不立案侦查决定的直接纠正权，其主要理由如下：

第一，这是客观实践的需要。从目前实践看，检察机关主要开展对公安机关应当立案而不立案的监督工作，对不应当立案而立案的情形监督较少甚至没有监督，导致公安机关违法使用刑事手段，干预或插手民事、经济纠纷，或者办案人员利用刑事立案实施报复陷害、敲诈勒索以及谋取其他非法利益等违法立案情形，成为公安机关违法中的一种顽症，对此公安部三令五申予以制止，但尚未得到有效遏止。① 这种现象不仅严重地损害了公安机关的形象和声誉，造成极坏的社会影响，而且也侵犯了当事人的合法权利，容易激化社会矛盾，造成社会的不稳定和不和谐。因此，要有效地解决该问题，不仅要加强公安机关内部的监督制约，更重要的是要加强检察机关的外部监督，赋予检察机关对公安机关不应当立案而立案的行为以明确的监督权。同时，对于检察机关通知立案的，公安机关拒不立案侦查或立案后又撤销案件的现象较为突出，如据某地检察机关统计，检察机关通知公安机关立案侦查案件948件1216人，公安机关立案侦查428件557人，占通知立案案件的45.8%，而移送审查起诉的只有374件460人，占通知立案案件的37.8%。由此可见，检察机关通知公安机关立案侦查的案件，有50%以上的案件公安机关没有立案侦查，对此检察机关却无法进行监督。因此，要解决该问题，保证检察机关立案监督权的有效性，应当赋予检察机关以直接立案侦查的纠正权。

第二，这是优化司法职权配置和强化法律监督的客观需要。针对实践中群

---

① 例如1989年，公安部下发了《关于公安机关不得非法越权干预经济纠纷案件处理的通知》；1992年，公安部又下发了《关于严禁公安机关插手经济纠纷违法抓人的通知》等。

众反映强烈的问题、严重的腐败问题、严重的违法现象，中央决心对司法体制和工作机制进行改革，明确要求"优化司法职权配置，强化法律监督，规范执法行为"。在我国司法职权中，检察权是其中的一项重要权力，但从我国目前法律规定看，检察权的内容并不完善，其配置也存在一定的缺陷，比如刑事立案监督权不全面就是其中的重要表现。因此，在目前我国建设法治国家的新时期，要优化我国司法职权配置，强化检察机关的法律监督职能，以有效地保证公安机关正确行使刑事立案权，维护公民、法人和其他组织的合法权益，我国法律就应当完善检察机关的刑事立案监督权，赋予检察机关对公安机关不应当立案侦查而立案侦查的行为以法律监督权和对公安机关不立案侦查决定以直接的纠正权。

　　第三，我国目前司法解释对此作出了明确规定。为了解决检察机关立案监督不全面的问题，有关司法解释对公安机关不应当立案而立案的法律监督问题以及对公安机关拒不立案的法律监督问题，作出了明确规定，如最高人民检察院制定的《人民检察院刑事诉讼规则（试行）》第555条第2款规定："有证据证明公安机关可能存在违法动用刑事手段插手民事、经济纠纷，或者利用立案实施报复陷害、敲诈勒索以及谋取其他非法利益等违法立案情形，尚未提请批准逮捕或者移送审查起诉的，经检察长批准，应当要求公安机关书面说明立案理由。"第561条规定："对于由公安机关管辖的国家机关工作人员利用职权实施的重大犯罪案件，人民检察院通知公安机关立案，公安机关不予立案的，经省级以上人民检察院决定，人民检察院可以直接立案侦查。"2010年7月，最高人民检察院、公安部联合下发的《关于刑事立案监督有关问题的规定（试行）》第6条规定："人民检察院对于不服公安机关立案决定的投诉，可以移送立案的公安机关处理。人民检察院经审查，有证据证明公安机关可能存在违法动用刑事手段插手民事、经济纠纷，或者办案人员利用立案实施报复陷害、敲诈勒索以及谋取其他非法利益等违法立案情形，且已采取刑事拘留等强制措施或者搜查、扣押、冻结等强制性侦查措施，尚未提请批准逮捕或者移送审查起诉的，经检察长批准，应当要求公安机关书面说明立案理由。"第8条规定："人民检察院经调查核实，认为公安机关立案理由不成立的，经检察长或者检察委员会决定，应当通知公安机关撤销案件。"这种规定符合司法实践的需要，有利于加强对公安机关违法行为的监督，更好地保护公民的合法权利，因而应当纳入刑事诉讼法之中。

　　2. 优化审判监督权的配置

　　为了解决审判监督不能覆盖全部审判活动的问题，有效保证法院审判权的正确行使，切实保护当事人的合法权利，我们认为，我国法律应当从以下两个方面优化检察机关审判监督权的配置：

一是完善刑事审判监督权。针对刑事审判监督不能覆盖刑事审判的全过程，不能涵盖各种刑事审判活动和各个环节的问题，我们认为，应当完善检察机关对以下刑事审判程序的监督权：（1）刑事自诉案件审判的监督权。根据我国法律规定，检察机关有权对法院刑事自诉案件的审判活动进行监督，但由于缺乏相应的监督程序，使得检察机关无法进行监督。因此，应当完善检察机关对刑事自诉案件审判的监督程序，建议我国法律规定："人民法院对刑事自诉案件作出判决、裁定后，应当将判决、裁定书副本及时抄送人民检察院。"（2）死刑复核案件的审判监督权。检察机关对死刑复核案件的监督方式取决于法院的复核方式，修改后的《刑事诉讼法》规定法院死刑复核方式为"书面审查加提审被告人"，检察机关可以通过向法院提交书面意见、列席审委会、审查复核结果的方式进行法律监督，但是，最高人民法院在复核死刑过程中，最高人民检察院何时和以何种方式向最高人民法院提出意见、最高人民检察院检察长如何列席最高人民法院有关死刑复核的审委会会议、最高人民法院如何将死刑复核结果通报最高人民检察院等，法律都缺乏明确规定，因而要保证检察机关对法院死刑复核进行有效的法律监督，确保最高人民法院死刑复核裁定的正确性，就应当通过司法解释的形式，完善上述死刑复核法律监督的具体程序。

二是完善民事审判监督权。针对民事审判监督不能覆盖各种民事审判活动的问题，我们认为，应当完善检察机关的民事审判监督权。具体来说，就是要通过我国民事诉讼法的修改，完善民事审判检察监督的规定，丰富其内容，将法院所有民事案件的判决、裁定、调解都纳入检察机关的监督范围。为此我们建议，我国民事诉讼法应当明确规定，人民法院通过特别程序、督促程序、公示催告程序、企业法人破产还债程序审理的民事案件，通过法庭调解的方式审结的民事案件，其作出的判决或裁定，检察机关都可以进行监督，发现确有错误的，有权提起抗诉。

3. 优化执行监督权的配置

为了解决检察机关执行监督不能覆盖全部执行活动的问题，有效保证法院裁判的及时有效实现，切实保护当事人的合法权利，我们认为，我国法律应当从完善刑罚执行监督方面优化检察机关执行监督权的配置。

就刑罚执行监督权方面来说，从目前法律规定看，检察机关的刑罚执行监督工作尚不能覆盖法院对附加刑（没收财产、罚金刑）的执行活动。在目前司法实践中，人民法院在附加刑的执行上，也存在一些违法现象，比如已判决没收财产的没有及时没收，或者当事人转移财产后不及时甚至不进行追查等。

因此，要优化配置检察权配置，就应当完善检察机关的刑法执行监督权，将人民法院的刑罚执行活动纳入法律监督的范围，保证检察机关对法院执行附加刑的活动能够进行有效的监督，保证附加刑得到及时有效的执行，以维护司法的权威。为此我们建议，将检察机关的监所检察部门改名为刑罚执行检察部门，即将"监所检察厅（处、科）"改名为"刑罚执行检察厅（处、科）"，负责所有刑罚执行活动的监督工作。

（二）完善检察机关的监督手段

针对我国法律在配置检察机关诉讼监督权时没有明确规定相应监督手段的问题，要有效保证检察机关行使诉讼监督权，提高检察机关的诉讼监督能力，应当完善检察机关的监督手段。从目前实践看，主要应当完善检察机关对违法行为的知情权和调查权两方面的监督手段。

1. 扩展知情权的渠道

知情权是检察机关发现执法机关是否存在违法行为的重要前提和手段，也是对违法行为的性质、危害程度进行判断和决定采取何种监督方式的重要基础，因而对检察机关正确履行法律监督权至关重要，而目前我国法律对检察机关的知情权缺乏全面的规定，影响了检察机关法律监督权的有效行使。因此，要发挥检察机关法律监督的应有作用，应当从以下几方面完善检察机关的知情权：

一是明确规定检察机关对公安机关不立案根据的知情权。我国法律规定了人民检察院对公安机关的不立案活动有权进行监督，并有权要求公安机关书面说明不立案的理由，但却没有规定人民检察院有权要求公安机关移送不立案的有关材料，因而造成人民检察院对公安机关不立案根据缺乏知情权。从司法实践看，检察机关在接到公安机关不立案理由说明后，要作出是否通知公安机关立案的决定，就需要对其理由是否正确进行审查，特别是要排除公安机关的不立案理由与被害人陈述之间的矛盾或冲突，在缺乏有关材料的情况下，这往往是十分困难的，即使作出了某种决定，也难以让公安机关信服。因此，为了保证检察机关立案监督的准确性，防止不必要的扯皮现象，就必须明确规定检察机关对公安机关不立案根据的知情权，即明确规定公安机关在接到检察机关要求说明不立案理由后，应当向检察机关书面说明不立案理由，并移送有关材料。

二是明确规定检察机关对法院刑事自诉案件裁判情况的知情权。我国法律规定检察机关对法院的刑事审判活动有权进行法律监督，为了保证检察机关的有效监督，法律应当明确规定检察机关对法院刑事自诉案件裁判情况以知情权。具体来说，法律应当明确规定，法院应当将刑事自诉案件的裁判书副本及时送达检察机关，以保证检察机关对法院的刑事自诉案件裁判情况能够及时了解。同时，为了有效保证检察机关对刑事自诉案件审判的知情权，法律还应当明确规定，检察机关有权调阅有关案卷材料，即检察机关根据履行法律监督职能的需要，有权调阅有关刑事自诉案件的卷宗和其他材料，法院应当在规定的期限内予以提供等。

三是明确规定检察机关对法院民事、行政审判活动和裁判情况的知情权。我国法律规定检察机关对法院的民事审判活动和行政诉讼活动有权进行法律监督，为了保证检察机关的有效监督，法律应当明确规定检察机关对法院民事、行政审判活动和裁判情况以知情权。具体来说，法律应当明确规定，检察机关可以通过民事、行政公诉参与法院的民事、行政案件的审判活动，也可以通过民事、行政抗诉参与法院的民事、行政案件的审判活动，同时，法律还应当规定，法院应当将民事、行政案件的裁判书送达检察机关，以保证检察机关对法院的民事、行政审判活动、裁判情况能够及时了解。此外，除了检察机关直接参与民事、行政审判活动的案件外（民事、行政公诉案件、民事、行政抗诉案件），要保证检察机关对其他民事、行政案件审判的知情权，法律还应当明确规定，检察机关有权调阅有关案卷材料，即检察机关根据履行法律监督职能的需要，有权调阅有关民事、行政办案卷宗和其他材料，法院应当在规定的期限内予以提供。

2. 完善调查权

关于检察机关的调查权，虽然我国修改后的《刑事诉讼法》、《民事诉讼法》作出了部分规定，有关司法解释对此也作出了一些规定，比如 2010 年最高人民法院、最高人民检察院、公安部、国家安全部、司法部联合下发的《关于对司法工作人员在诉讼活动中的渎职行为加强法律监督的若干规定（试行）》（以下简称《规定》）明确规定了检察机关对司法工作人员在诉讼活动中的渎职行为有权进行调查，同时对检察机关行使调查权的具体程序作出了具体明确的规定。但是，由于修改后的《刑事诉讼法》规定得不全面，该《规定》的效力较低，且缺乏规定检察机关对一般违法行为享有调查权和具体的调查程序等，因而难以保证检察机关调查权的有效行使。因此，我们认为，应当将该《规定》中的一些内容纳入刑事诉讼法或民事诉讼法，以完善检察机关的调查权，并明确其具体程序。具体来说，应当赋予检察机关对国家执法机关及其工作人员的一切违法行为以调查权，同时应当明确规定检察机关行使调查权以下具体程序：

一是检察机关行使调查权的具体手段。即检察机关在行使调查权时可以采取哪些手段或措施。调查手段或措施是检察机关行使调查权的保障，也是检察

机关享有调查权的具体体现，因而法律应当对此作出明确的规定。从实践经验
来看，检察机关行使调查权应当可以采取以下具体手段：（1）询问有关人员。
询问是调查的基本手段，检察机关为了查明有关违法行为，也可以询问有关人
员，如有关当事人或者知情人等。（2）查阅有关材料。即检察机关为了查明
有关违法行为，可以查阅与违法行为有关的材料，如查阅、调取或者复制相关
法律文书或者报案登记材料、案卷材料、罪犯改造材料等。（3）对身体进行
检查。即检察机关为了查明有无违法使用暴力等行为，或者判断或确定伤情的
程度等，可以对受害人进行伤情检查。但是，检察机关在对身体进行检查时，
不得限制被调查人的人身自由或者财产权利。

　　二是检察机关行使调查权的审批程序。即检察机关要行使调查权时，需要
由谁进行审批以及审批期限等程序。为了体现调查权的权威性并防止被滥用，
检察机关行使调查权时必须经过审批程序。从实践经验看，检察机关行使调查
权只要经过检察长审批即可，即检察机关在开展法律监督工作中，发现有证据
证明国家工作人员在执法过程中涉嫌违法行为的，应当报经检察长批准后，才
能采取调查措施。对于单位或者个人向检察机关举报或者控告国家工作人员在
执法过程中有违法行为的，检察机关首先应当受理并进行审查，对于需要进一
步采取调查措施予以核实的，应当报经检察长批准后，才能采取调查措施。关
于行使调查权的审批期限，由于行使调查权的前提并不复杂，因而可以规定较
短的审批期限，比如1天或者3天。

　　三是检察机关行使调查权的具体期限。即检察机关在行使调查权而采取调
查手段或措施时的最长期限。权力行使的期限是对权力的有效限制，也是防止
权力滥用的有效措施。由于调查权所允许采取的调查手段或措施一般不涉及人
身自由等方面的权利，因而可以规定较长的行使期限，但由于调查所涉及的违
法情况并不复杂，一般不需要较长的期限。为此我们认为，检察机关行使调查
权的期限原则上不得超过1个月，如果确需延长调查期限的，可以报经检察长
批准，延长1个月。

　　四是检察机关行使调查权的处理结果。即检察机关行使调查权后最后得出
的调查处理结果。检察机关行使调查权后，应当对调查的情况作出处理结果。
从实践来看，检察机关进行调查后，根据调查的不同情况可以作出以下不同的
处理结果：（1）立案侦查。如果检察机关认为有犯罪事实需要追究刑事责任
的，应当按照刑事诉讼法关于管辖的规定依法立案侦查或者移送有管辖权的机
关立案侦查，并可以建议有关机关停止被调查人执行职务，更换办案人。
（2）提出纠正或处分建议。如果检察机关认为没有犯罪事实，但存在违法行
为的，应当依法向被调查人所在机关发出纠正违法建议，并将证明其违法行为

的材料按照干部管理权限移送有关机关，建议给予行政处分。（3）说明情况等。如果检察机关经过调查没有发现违法行为的，应当及时向被调查人所在机关说明情况。调查中询问过被调查人的，应当及时向被调查人本人说明情况，并采取适当方式在一定范围内消除不良影响。同时，将调查结果及时回复举报人、控告人。如果举报人、控告人捏造事实诬告陷害，意图使国家工作人员受刑事追究，情节严重的，应当依法追究其刑事责任。（4）提出抗诉。对于审判人员在审理案件时有贪污受贿、徇私舞弊、枉法裁判或者其他违反法律规定的诉讼程序的行为，可能影响案件正确判决、裁定的，检察机关应当分别依照刑事诉讼法、民事诉讼法和行政诉讼法规定的程序对该案件的判决、裁定提出抗诉。

五是检察机关行使调查权的救济程序。即检察机关行使调查权后，有关机关或人员对调查结果不服时可以采取的救济程序。任何权力的行使，都应当建立相应的救济程序。对于检察机关行使的调查权，应当建立以下救济程序：被调查机关或人员不服检察机关的调查结论的，可以向检察机关提出申诉，检察机关应当进行复查，并在10日内将复查决定反馈申诉人及其所在机关。申诉人不服检察机关的复查决定的，可以向上一级检察机关申请复核。上一级检察机关应当进行复核，并在20日内将复核决定及时反馈申诉人，同时通知下级检察机关。

应当说明的是，修改后的民事诉讼法在借鉴最高人民法院、最高人民检察院联合制定的《关于对民事审判活动与行政诉讼实行法律监督的若干意见（试行）》关于检察机关调查核实权规定的基础上，于第210条明确规定："人民检察院因履行法律监督职责提出检察建议或者抗诉的需要，可以向当事人或者案外人调查核实有关情况。"从而赋予了检察机关在民事诉讼中的调查核实权。该调查核实权有利于检察机关及时了解法院公权力运行的具体情况，进而判断是否需要对法院的公权力进行监督，以及需要采取何种方式进行监督。需要注意的是，检察机关调查核实权的权力属性为公权力，也存在恣意和滥用的可能。因此，检察机关应当严格规范调查核实权的使用，防止因权力的滥用破坏民事诉讼的应然结构，最终偏离民事检察监督制度的设立初衷。检察机关在行使调查核实权时需要注意以下三个方面的问题：一是调查核实权不同于职务犯罪侦查权。民事调查核实权由民事检察权所派生，是履行民事诉讼法律监督职责的重要手段；职务犯罪侦查权则由检察权直接分设，是法律监督权的重要组成部分。可见，民事调查核实权与职务犯罪侦查权在权力位阶及设置目的等方面迥然有异。最高人民检察院已通过文件将民事检察权与职务犯罪侦查权进行了分离，因此检察机关在民事诉讼监督中不能混用调查核实权与职务犯罪侦查权，更不能使用职务犯罪侦查权的强制措施。二是调查核实权不能替代当事人的举证责任。"谁主张、谁举证"是民事诉讼的举证规则，负有举证责任的当事人如果不能对自己的主张提供充分的证据进行证明，就要承担败诉的风险及相应的法律后果。检察机关应始终坚持客观居中监督的原则，把握好当事人举证责任与调查核实权的各自边界，防止因调查核实权的不当行使，代为履行当事人的举证责任，破坏两造平等对抗的民事诉讼结构。三是调查核实权的行使对象仅限于当事人和相关案外人。检察机关调查核实权行使的目的在于了解特定民事案件是否需要抗诉或提出检察建议的有关信息，因此对于与案件无关的当事人特别是案外人不能行使这项权力，以避免出现检察机关以行使调查核实权名义插手经济纠纷等情况的发生。

（三）明确诉讼监督的法律效力

从多年的检察实践看，虽然检察建议在扩大检察机关的监督范围和效果、维护司法公正和社会稳定方面，发挥了重要作用，但是，由于法律对检察建议的法律效力缺乏明确的规定，导致实践中有些机关对检察建议不重视，甚至不予理睬，检察机关所提出的检察建议如石沉大海，没有任何反应，严重影响了检察机关行使检察建议权的积极性，也影响了检察机关诉讼监督权的权威性。因此，要有效发挥建议权的监督作用，应当完善我国的有关法律规定，明确检察建议权的法律效力。因为检察建议是检察机关在行使诉讼监督权过程中提出的具有法律意义的文书，是实现法律监督权的一种形式，也是我国检察权的重要组成部分，理应具有法律上的约束力。具体来说，应当从以下几方面完善我国的法律规定：

首先，应当修改《人民检察院组织法》，明确规定检察机关享有建议权，有关机关负有接受监督的义务。这样，可以提高检察机关建议权的法律地位和权威性，保证检察机关所提出的检察建议得到有效落实。

其次，应当修改《刑事诉讼法》的有关规定，明确检察机关的建议权具有程序性法律效力。即应当明确规定，检察机关向有关机关提出检察建议后，有关机关必须进行必要的调查活动，对确实存在的违法情况进行纠正，并应当在一定期限内将调查的结果或纠正情况反馈给检察机关；有关机关如果认为没有违法的，也应当在一定期限内向检察机关书面说明理由。

最后，应当修改人民检察院刑事诉讼规则的有关规定，明确拒不采纳检察建议又不说明理由的法律责任。即应当明确规定，检察机关向有关机关提出纠正意见后，有关机关没有合理理由拒不纠正违法行为的或者拒不采取调查活动的，提出检察建议的检察机关可以报请上一级检察机关向有关机关的上一级机关提出纠正意见。上一级机关应当启动相应的调查、督促程序，并应当将下级机关纠正的情况在一定期限内通知检察机关。同时，应当明确规定，有关机关没有合理理由拒不纠正违法行为的或者采取调查活动的，应当承担相应的法律责任，比如可以将拒不纠正违法行为或者采取调查活动的行为作为要求有关人员回避的理由或更换办案人的条件，或者将其作为要求上一级机关对有关人员进行处罚的理由等。

第十一章　检察机关其他职权的优化配置

检察权作为法律监督权，是一种复合性的权力，它包括许多具体的权能。对于检察权的具体权能，从不同的角度或依照不同的标准，可以进行不同的分类。从诉讼内外的角度，可以将检察权分为诉讼内的检察职权（包括检察侦查权、批准和决定逮捕权、公诉权、诉讼监督权）和诉讼外的检察职权（包括行政执法监督权、司法解释权、立法建议权和法规审查权）。本书第七、八、九、十章分别论述了检察侦查权、批准和决定逮捕权、公诉权和诉讼监督权，这些都是诉讼内的职权。本章所称检察机关的其他职权，是指检察机关在诉讼外应当具有的职权。

一、行政执法监督权

行政执法监督权是检察机关享有的诉讼外的一项重要职权，对于检察机关履行法律监督职责具有重要的作用。从目前我国法律规定看，检察机关的行政执法监督权尚存在一些问题，因而要有效发挥检察机关法律监督的职能作用，就应当研究和完善检察机关的行政执法监督权。

（一）行政执法监督权概述

行政执法监督权，是指检察机关对行政执法机关在行政执法行为过程中存在的违法行为实行法律监督的一项权力。检察机关的行政执法监督权具有两个明显的特征：一是被监督者是行政执法机关，即检察机关行使行政执法监督权时，被监督者只能是行政执法机关，而不是所有的行政机关或其他国家机关。二是监督的对象是行政执法机关在行政执法过程中存在的违法行为，即检察机关行使行政执法监督权时，其监督的对象不仅是行政执法机关的违法行为，而且还必须是行政执法机关在行政执法过程中出现的违法行为。

由于检察机关行使行政执法监督权时，监督对象的广泛性，因而行政执法监督权的内容也较为广泛。如果从被监督者的角度看，行政执法监督权包括对公安机关行政执法的监督权、土地管理局执法的监督权、对税务局执法的监督权、环境保护局执法的监督权、工商行政管理局执法的监督权等。但是，从行政执法机关行政违法行为程度的角度，行政执法监督权包括以下内容：

1. 对不移交涉嫌犯罪案件行为的监督权

对不移交涉嫌犯罪案件行为的监督权，是指对于行政执法机关在行政执法过程中发现的涉嫌犯罪的案件不予移送的行为，检察机关享有法律监督权。我国《刑法》第 402 条规定，行政执法人员徇私舞弊，对依法应当移交司法机关追究刑事责任的不移交，情节严重的，则构成犯罪。2001 年国务院制定的《行政执法机关移送涉嫌犯罪案件的规定》第 3 条规定，行政执法机关在依法查处违法行为过程中，发现违法事实涉嫌构成犯罪，依法需要追究刑事责任的，必须依照规定向公安机关或检察机关移送。第 14 条规定："行政执法机关移送涉嫌犯罪案件，应当接受人民检察院和监察机关依法实施的监督。任何单位和个人对行政执法机关违反本规定，应当向公安机关移送涉嫌犯罪案件而不移送的，有权向人民检察院、监察机关或者上级行政执法机关举报。"可见，行政执法人员徇私舞弊不移交涉嫌犯罪案件的行为是一种犯罪行为，检察机关对此有权进行法律监督。

2. 对限制人身自由的行政强制措施的监督权

对限制人身自由的行政强制措施的监督权，是指对于行政机关依法采取的劳动教养、强制戒毒、强制医疗等限制人身自由的行政行为是否违反法律的规定，检察机关享有法律监督权。

劳动教养是我国针对具有某些违法行为或者轻微犯罪行为但是尚不够追究刑事责任的人所采取的一种强制性教育改造的行政措施。自 1957 年 8 月全国人民代表大会常务委员会批准《国务院关于劳动教养问题的决定》开始，我国设立了劳动教养制度。该决定第 2 条规定："劳动教养，是对于被劳动教养的人实行强制性教育改造的一种措施，也是对他们安置就业的一种办法。被劳动教养的人，在劳动教养期间，必须遵守劳动教养机关规定的纪律，违反纪律的，应当受到行政处分，违法犯罪的，应当依法处理。"由于劳动教养涉及对被劳动教养者人身自由的限制，是一种强制性非常严厉的行政措施，因此应当受到人民检察院的法律监督。为此，1979 年经第五届全国人民代表大会常务委员会第十二次会议批准的《国务院关于劳动教养的补充规定》第 5 条作出规定："人民检察院对劳动教养机关的活动实行监督。"可见，我国检察机关对劳动教养机关限制人身自由的劳动教养活动有权进行法律监督。

3. 对其他行政违法行为的监督权

对其他行政违法行为的监督权，是指对于行政执法机关在行政执法过程中出现的其他违法行为，检察机关应当享有法律监督权。2009 年最高人民检察院制定的《人民检察院检察建议工作规定（试行）》第 5 条规定："人民检察院在检察工作中发现有下列情形之一的，可以提出检察建议：（一）预防违法犯罪等方面管理不完善、制度不健全、不落实，存在犯罪隐患的；（二）行业主管部门或者主管机关需要加强或改进本行业或者部门的管理监督工作的；（三）民间纠纷问题突出，矛盾可能激化导致恶性案件或者群体性事件，需要加强调解疏导工作的；（四）在办理案件过程中发现应对有关人员或行为予以表彰或者给予处分、行政处罚的；（五）人民法院、公安机关、刑罚执行机关和劳动教养机关在执法过程中存在苗头性、倾向性的不规范问题，需要改进的；（六）其他需要提出检察建议的。"

在我国，检察机关作为法律监督机关，依法享有对行政执法机关的行政执法监督权，具有十分重要的意义。首先，有利于促进行政机关依法行政。我国在建设法治国家过程中，要求一切国家机关都应当依法行使权力。由于行政机关在国家机关中数量众多，且执法活动与人民群众的利益息息相关，因而其依法行政是我国建设法治国家的关键。从目前实践看，行政机关在行政执法过程中的违法行为还较为严重，因而加强检察机关对其执法行为的监督，无疑有助于防止和减少行政违法行为，促进行政机关依法行政。其次，有利于树立法律监督的权威。检察机关作为国家的法律监督机关，其职责是监督国家权力依法正确行使，维护国家法律的统一正确实施。行政机关是行使国家行政权的重要机关，在国家和社会管理中占有十分重要的地位，检察机关只有对其执法行为进行有效监督，才能发挥其法律监督机关的应有作用，才能在整个社会生活中树立法律监督的权威。最后，有利于保护当事人的合法权利。行政机关的执法行为都涉及公民、法人的切身利益，一旦违法就会侵害其合法权利。检察机关对行政执法机关的执法行为进行法律监督，可以有效防止和减少行政执法机关的违法行为，从而有利于保护当事人的合法权利。

（二）行政执法监督权配置存在的问题

从目前执法实践看，行政执法机关在执法过程中的违法行为还较为严重，人民群众对此有较多的反映，这说明检察机关的行政执法监督权尚不完善，还没有发挥应有的作用。我们认为，我国对检察机关行政执法监督权的配置尚存在以下问题：

1. 对行政执法监督权的配置较低

对于检察机关的行政执法监督权，我国法律没有明确的规定，而是由国务院制定的《行政执法机关移送涉嫌犯罪案件的规定》、《关于劳动教养的补充规定》等行政法规，以及最高人民检察院制定的《人民检察院检察建议工作规定（试行）》等司法解释予以规定的。可见，我国对检察机关行政执法监督权的配置较低，难以体现其应有的法律地位，更难以保证其得到有效的实施。

实践中对于检察机关行使行政监督权而提出的监督建议，行政执法机关往往不予理睬，或者不及时采取措施，也不给予任何反馈，检察机关对此无可奈何，这充分说明了检察机关行政执法监督权的法律配置较低。

2. 缺乏有效的监督手段

及时了解行政执法机关是否存在违法行为，是检察机关开展法律监督的前提，也是检察机关正确行使行政执法监督权的有效保证。虽然 1999 年最高人民检察院、公安部、国土资源部、海关总署、国家税务总局、国家环境保护总局、国家工商行政管理局、国家林业局、国家质量技术监督局、国家保密局联合下发了《关于在查办渎职案件中加强协调配合建立案件移送制度的意见》，要求检察机关与各部门之间采取不同形式互通信息①，2000 年最高人民检察院、审计署联合下发的《关于建立案件移送和加强工作协作配合制度的通知》也要求检察机关与审计署之间建立联席会议制度②，但是，这种"互通信息"和"联席会议制度"都具有一定的随意性，而且不具有及时性和全面性，因而难以保证检察机关及时了解行政执法机关执法的具体情况。从实践来看，检察机关往往在办案过程中或者通过当事人或有关人员的举报等方式，才能发现行政执法机关存在一些违法行为，但是这可能只是行政执法机关违法行为的"冰山一角"，实践中还可能存在大量的违法行为没有被发现。可见，检察机关对行政执法机关的执法情况缺乏知情权，是其行政执法监督缺乏监督手段的重要表现。同时，从法律监督实践看，检察机关要行使行政执法监督权，不仅要了解行政执法机关在执法过程中是否存在违法行为，而且更重要的是要有证据证明行政执法机关在执法过程中存在违法行为，为此，检察机关不仅需要有知情权，更重要的是需要有发现违法行为和收集违法证据的手段。但是，从目前我国法律看，既没有明确规定检察机关的行政执法监督权，也没有明确规定检察机关享有发现违法行为的手段，导致实践中检察机关既不了解行政执法机

---

① 1999 年最高人民检察院、公安部、国土资源部、海关总署、国家税务总局、国家环境保护总局、国家工商行政管理局、国家林业局、国家质量技术监督局、国家保密局联合下发的《关于在查办渎职案件中加强协调配合建立案件移送制度的意见》第 1 条规定："在查办渎职案件工作中，检察机关与各部门之间要加强联系、协调和配合，根据情况可采取不同形式互通信息，研究问题，交换意见。"

② 2000 年最高人民检察院、审计署联合下发的《关于建立案件移送和加强工作协作配合制度的通知》第 1 条规定："在查办贪污贿赂、渎职和其他违法犯罪案件工作中，检察机关和审计机关要加强工作联系，密切配合，建立案件移送制度，经常交流通报情况，研究解决工作中出现的问题，加大查办和打击贪污贿赂、渎职和其他违法犯罪活动的力度。也可根据工作需要，建立联席会议制度。"

关在执法过程中是否存在违法行为，也无法发现和证明行政执法机关在执法过程中存在违法行为。

3. 行政执法监督权的效力缺乏保障

为了保证行政执法监督的有效性，法律应当明确规定其监督的效力。然而，从目前的法律规定看，检察机关对行政机关违法行为的监督主要可以采取以下两种方式：一是立案侦查，即对行政人员在行政执法过程中违法严重而构成犯罪的行为，即发现涉嫌犯罪的案件而不予移送的行为，检察机关可以进行立案侦查；二是提出检察建议，即对行政机关在行政执法过程中存在的一般违法行为，检察机关可以向违法机关提出检察建议，要求予以纠正或者要求对有关违法人员给予行政处分等。在这两种监督方式中，我国法律只对立案侦查这种监督方式的效力作出了规定，但对检察建议这种监督方式的效力缺乏规定，致使检察机关行政执法监督权的监督效力缺乏有效保障。

（三）优化行政执法监督权配置的建议

针对我国检察机关行政执法监督权存在的问题，要有效发挥检察机关行政执法监督权的应有作用，强化检察机关的法律监督，保证我国法律的统一正确实施，实现依法行政的目标，我们建议从以下三方面完善检察机关的行政执法监督权。

1. 提升检察机关行政执法监督权的法律地位

从目前实践看，检察机关很少行使行政执法监督权，即使行使了行政执法监督权，其效果也不理想，其中的重要原因是行政执法监督权的配置较低。为了改变这种状况，必须提高检察机关行政执法监督权的权威性，为此建议应当改变目前以行政法规和司法解释的形式来配置检察机关行政执法监督权的做法，采取以国家法律的形式来配置检察机关的行政执法监督权，以提高检察机关行政执法监督权的法律地位和效力，使其与检察机关的地位相一致，与检察机关的其他职权的效力相统一。

2. 完善检察机关行政执法的监督手段

为了保证检察机关正确及时行使行政执法监督权，防止和减少行政机关"以罚代刑"、"动用刑事手段插手经济纠纷"、滥用劳教措施、滥用行政手段侵犯当事人合法权利等违法行为，加强检察机关的法律监督力度，应当赋予检察机关对行政执法机关执法情况以知情权。具体来说，有关法律应当明确规定，各个行政执法机关应当将立案情况或行政处罚情况等执法情况及时报检察机关备案审查，或者在行政执法机关与检察机关之间建立执法信息共享系统或机制，或者规定检察机关可以定期或不定期地对行政执法机关的执法情况进行检查，或者在检察机关建立当事人对行政执法机关处罚结果不服的投诉机制等，以保证检察机关对行政执法机关执法情况能够及时了解，及时进行法律监督，维护国家法律的统一实施和权威。同时，为了保证检察机关通过办案、当事人申诉、公民举报等途径发现行政执法机关存在违法行为时能够及时发现或收集有关证据，正确及时行使行政执法监督权，有关法律应当明确规定检察机关以必要的调查手段。根据实践经验，我们建议法律赋予检察机关以下三方面的调查手段：（1）询问有关人员。询问是发现和收集证据的基本手段，检察机关为了查明有关违法行为，应当可以询问有关人员，如有关当事人或者知情人等。（2）查阅有关材料。即检察机关为了查明有关违法行为，可以查阅与违法行为有关的材料，如查阅或者复制相关法律文书或者执法记录材料、劳改材料等。（3）调取有关证据。即检察机关为了查明有关违法行为，可以向有关机关、组织或个人等调取有关证据，有关单位、组织和个人应当予以配合。

3. 完善行政执法监督权的效力保障

为了有效发挥行政执法监督权的监督作用，应当完善我国的有关法律规定，明确规定检察机关在行政执法监督过程中提出的检察建议的法律效力。因为检察建议是检察机关在行政执法监督过程中提出的具有法律意义的文书，是实现法律监督权的一种形式，也是我国检察权的重要组成部分，理应具有法律上的约束力。为此我们建议，我国法律应当明确规定，检察机关在行政执法监督过程中，如果发现行政执法机关存在违法行为尚不构成犯罪的，有权向有关机关提出纠正违法行为的意见或建议，有关机关应当接到检察建议后，应当及时进行调查和处理，并应当在一定期限内将调查的结果或处理情况通知检察机关；有关机关如果认为没有违法的，也应当在一定期限内向检察机关书面说明理由。

二、司法解释权

司法解释权是最高人民检察院的一项重要职权，也是检察机关诉讼外的一项重要职权，它对于检察机关正确履行法律监督职能具有十分重要的作用。但是，从目前我国法律规定看，检察机关的司法解释权尚存在一些问题，需要认真研究和完善，以发挥其应有的作用。

司法解释权，是指最高人民检察院对于检察机关在执法过程中遇到的适用法律的疑难问题，依法享有对有关法律进行解释的一项职权。由于这种法律解释不同于国家立法机关的解释，而是同最高人民法院所作的司法解释一样，是在司法实践中、针对司法工作遇到的实际法律问题而作出的，属于司法职责派生出来的职责，因而被统称为司法解释权。1981 年，全国人民代表大会常务委员会通过的《关于加强法律解释工作的决议》第 2 条规定："凡属于法院审判工作中具体应用法律、法令的问题，由最高人民法院进行解释。凡属于检察院检察工作中具体应用法律、法令的问题，由最高人民检察院进行解释。最高人民法院和最高人民检察院的解释如果有原则性的分歧，报请全国人民代表大会常务委员会解释或决定。"这是最高人民检察院享有司法解释权的法律依据。检察机关享有的司法解释权具有以下特征：一是我国检察系统中享有司法解释权的主体只能是最高人民检察院，最高人民检察院的各内设机构和地方各级人民检察院以及检察系统中的任何人员都不享有司法解释权。二是最高人民检察院只能对法律、法令在检察实践运用中遇到的具体应用问题享有司法解释权，而不能对法律本身享有司法解释权，即不享有立法解释权。

从目前情况看，最高人民检察院享有司法解释权内容较为广泛，从司法解释的对象上看，检察机关的司法解释权可分为对刑法的解释权、对刑事诉讼法的解释权、对民事法律的解释权等，但是，从司法解释权行使的方式上看，检察机关的司法解释权可分为以下两种司法解释权：（1）独立解释权。最高人民检察院对有关法律在检察实践执行中遇到的疑难问题，独立作出司法解释的权力。从司法实践看，对于有关法律、法令在检察执法环节中遇到的疑难问题，通常由最高人民检察院独立作出司法解释，这是最高人民检察院作出司法解释中的重要组成部分，也是最高人民检察院司法解释权的重要内容。最高人民检察院对有关疑难问题行使独立解释权时，针对不同的问题或内容，可以采取"规则"、"实施意见"、"若干问题的解释"、"规定"、"决定"等名称。（2）联合解释权。最高人民检察院对有关法律在司法实践执行中遇到的疑难问题，与最高人民法院等机关联合作出司法解释的权力。在目前司法实践中，对于有关法律、法令在司法实践执行中遇到的疑难问题，如果既涉及检察执法环节，又涉及审判环节或者侦查执法环节等，最高人民检察院通常应当与最高人民法院或者公安部等机关联合作出司法解释或者规定，这也是最高人民检察院作出司法解释中的重要组成部分，也是最高人民检察院司法解释权的一项重要表现形式。从我国法律规定看，有些法律的规定贯穿多个诉讼环节，涉及多个机关，如公安机关、检察机关、人民法院、司法部等，为了避免多个机关多头解释可能出现不一致、矛盾或冲突的问题，最高人民检察院与最高人民法院等机关联合进行司法解释是十分必要的，这样联合解释权就成为最高人民检察院司法解释权中的一项重要内容。

在我国，最高人民检察院作为全国检察机关的最高机关，其依法享有司法解释权，对于我国法制建设、人权保障和法律权威的维护等，都具有十分重要的作用。具体来说，最高人民检察院享有司法解释权主要具有以下作用：一是有利于维护国家法律的统一正确实施。法律的实施离不开检察机关具体的执法活动，也离不开检察机关对法律的正确理解，如果检察机关在具体执法活动中出现对法律理解的分歧，或者遇到某些疑难问题，就会影响法律的统一正确实施。如果法律赋予最高人民检察院以司法解释权，就可以通过最高人民检察院的司法解释排除对法律理解的分歧，也可以解决执法中遇到的疑难问题，从而可以有效维护国家法律的统一正确实施。二是有利于完善我国的法制体系。法制体系是由一系列法律和制度构成的一个有机系统，它是国家机关执法的根本保证，也是建设法治国家的必然要求。由于法律需要普适性和简洁性，因而法律规定的内容一般较为简单和概括。法律要在司法实践中得到有效的贯彻执行，还需要一些特别具体的内容或者保证法律具体实施的一些制度。赋予最高人民检察院以司法解释权，就可以通过最高人民检察院的司法解释，建立能够解决检察实践中具体问题的一些制度，从而有利于形成我国完整的法制体系。三是有利于防止地方检察机关出现执法不统一的现象。由于法律具有一定的概括性，因而各地检察机关在执行法律的过程中就会遇到如何理解具体法律条文的问题，甚至会遇到法律规定不清的疑难问题，如果这些问题得不到及时统一的解决，各地检察机关就会根据自己对法律的理解来执行法律，这样就会出现执法不统一的现象，其中难免出现一些违背法律本意的违法行为。因此，赋予最高人民检察院以司法解释权，就可以及时解决检察实践中遇到的执法问题，从而可以防止或者避免出现地方检察机关执法不统一的现象，维护国家法律的统一性和权威性。

（一）司法解释权配置存在的问题

从目前实践情况看，无论是在司法解释权的行使过程中，还是有关司法解释在实践的执行过程中，都遇到了一些问题，这说明我国法律对检察机关的司法解释权配置尚不完善，主要表现在以下三个方面：

1. 对联合解释权缺乏明确规定

最高人民检察院可以与哪些机关联合进行司法解释，法律缺乏明确的规定。从目前实践看，当执法过程中遇到涉及多个诉讼环节的问题时，最高人民检察院经常与最高人民法院、公安部联合进行法律解释，有时还与国家安全部、司法部、全国人大常委会法制工作委员会联合进行法律解释。但是，由于法律没有对联合解释权作出明确的规定，导致人们对最高人民检察院与非司法机关所进行的法律解释的属性认识不同。例如，最高人民检察院与公安部（或国家安全部、司法部）联合进行的解释是否为司法解释还是执法解释？最高人民检察院与全国人大常委会法制工作委员会联合进行的法律解释是司法解释还是立法解释等？人们都存在不同的看法。这不仅影响了这些解释的法律效力，如何规范不同解释活动，而且影响了对我国法制的分类和研究。可见，法律对联合解释权缺乏明确规定是我国司法解释权配置存在的一个重要问题。

2. 司法解释的效力不明确

最高人民检察院所制定的司法解释对哪些机关具有法律效力，法律缺乏明确的规定。根据 1981 年全国人民代表大会常务委员会《关于加强法律解释工作的决议》（以下简称《决议》）第 2 条的规定，最高人民检察院有权进行司法解释。既然最高人民检察院有权进行司法解释，其所作出的司法解释就应当具有法律效力。[①] 但是，最高人民检察院司法解释的效力范围多大，对哪些机关具有约束力，法律却没有明确的规定，导致实践中存在不同的认识。有的认为，最高人民检察院作为国家司法机关，其所作出的司法解释就应当对所有的司法活动都具有效力，公安机关（包括安全机关等）、人民法院等在司法活动中都应当遵守；也有的认为，最高人民检察院的司法解释对检察机关内部具有约束力，对法院来说则不应当具有约束力。因为我国现行法律没有规定最高人民检察院的司法解释对人民法院的裁判活动具有约束力。[②]

3. 司法解释权的行使缺乏程序保障

法律对最高人民检察院如何行使司法解释权，缺乏相应的程序规定。任何权力的行使都需要一定的程序予以保障，否则就可能被滥用。从目前实际情况看，每当《刑法》、《刑事诉讼法》修改后，最高人民法院和最高人民检察院都要进行司法解释，以明确或细化一些具体内容或程序，而且对司法实践中遇到的一些新问题、新情况，也往往进行"立法化"解释，扩大自己的权力范围，对这种现象不少学者提出了质疑，要求改变这种状况。[③] 同时，司法解释机关往往以我为中心，进行司法解释，导致司法解释之间的不协调甚至矛盾或冲突。我国司法解释出现的上述问题，都与缺乏对司法解释权进行规范的法律程序有

[①]　2007 年，最高人民法院发布的《最高人民法院关于司法解释工作的规定》第 5 条明确规定："最高人民法院发布的司法解释，具有法律效力。"据此，最高人民检察院发布的司法解释也应当具有法律效力。

[②]　参见黄松有：《司法解释权：理论逻辑与制度构建》，载《中国法学》2005 年第 2 期。

[③]　参见袁明圣：《司法解释"立法化"现象探微》，载《法商研究》2003 年第 2 期；刘风景：《权力本位：司法解释权运行状况之分析》，载《中国青年政治学院学报》2005 年第 1 期；魏胜强：《司法解释的错位与回归——以法律解释权的配置为切入点》，载《法律科学》2010 年第 3 期。

关。程序的缺乏不仅影响了我国司法解释权的正确行使，而且影响了我国司法解释的贯彻执行。

（二）优化司法解释权配置的建议

针对我国目前检察机关司法解释权存在的问题，要有效发挥检察机关司法解释权的应有作用，维护我国法律的统一正确实施，我们建议从以下三方面完善检察机关的司法解释权。

1. 明确规定联合解释权

法律应当明确规定最高人民检察院可以与哪些机关联合进行司法解释。我们认为，从司法解释的性质来看，最高人民检察院只能与最高人民法院联合进行司法解释，因为在我国，司法机关只包括法院和检察机关，其他任何机关都不是司法机关，因而从严格意义上讲，司法解释只能是最高人民法院和最高人民检察院所作出的解释，其他任何机关都无权作出司法解释。从 1981 年全国人大常委会《决议》的规定也可以得出，只有最高人民法院和最高人民检察院才有权进行司法解释。因此，最高人民检察院的联合解释权，只能与最高人民法院联合进行。而且从理论上讲，由于司法解释的法律效力具有普遍性，即对参与司法活动的任何机关和人员都具有法律约束力，因而最高人民检察院的联合解释权也没有必要与司法机关以外的其他机关进行联合解释。但是，从我国目前实际情况看，公安机关是参与刑事诉讼活动的一个重要机关，为了保证司法解释能够解决公安机关侦查活动遇到的疑难问题，最高人民检察院进行司法解释时，应当征求公安部的意见，或者公安部单独进行执法解释。如果实践中遇到一些普遍性的执法疑难问题，为了提高法律解释的地位和效力，可以由全国人大常委会作出立法解释。

2. 明确规定司法解释的法律效力

为了保证司法解释的贯彻执行，防止重复进行司法解释或者出现司法解释之间的冲突，我国法律应当明确规定司法解释的法律效力。从理论上讲，只要是我国法律认可的具有司法解释权的机关，其所作出的司法解释就具有普遍的法律效力，对所有参加司法活动的机关和人员都具有约束力。这是国家最高司法机关权威的要求，更是国家法治的要求。从司法实践看，最高人民检察院作出的司法解释主要约束检察机关的执法活动，最高人民法院制定的司法解释也主要约束法院的审判活动，这是因为最高人民检察院的司法解释是对检察院检察工作中具体应用法律、法令遇到问题所进行的解释，这些解释检察机关运用的较多，而最高人民法院的司法解释对法院审判工作中具体应用法律、法令遇到问题所进行的解释，法院对这些解释运用得较多，但这并不意味着最高人民检察院的司法解释只对检察机关有约束力，对法院没有约束力，最高人民法院的司法解释只对法院有约束力，对检察机关没有约束力。否则，就不会出现检察机关（或法院）在执行司法解释方面出现矛盾或冲突的问题。① 同时，根据1981年《决议》的规定，当最高人民检察院的司法解释与最高人民法院的司法解释有原则性分歧时，应当报全国人大常委会解释或决定。无论全国人大常委会决定采用最高人民检察院的司法解释还是最高人民法院的司法解释，那么，该司法解释就对检察机关和法院都具有约束力，这也证明了司法解释本身的效力应当是覆盖所有参与司法活动的机关和人员的。但是，为了消除实践中人们对司法解释效力问题存在的不同认识，保证司法解释的有效执行，我国法律应当对最高人民检察院和最高人民法院司法解释的法律效力作出明确的规定。

3. 明确规定行使司法解释权的具体程序

我国法律应当明确规定最高人民检察院行使司法解释权的具体程序。法律程序是保证司法解释权正确行使的有效措施，也是司法解释权优化配置的重要内容。由于司法解释权是全国人大常委会授予最高人民检察院和最高人民法院的一项职权，因而行使司法解释权的具体程序也应当由全国人大常委会予以立法规定。我们建议，全国人大常委会应当制定专门的《司法解释法》，对司法解释问题进行专门规定，不仅要规定司法解释权授予的具体范围，而且应当对行使司法解释权的程序作出明确规定，既要明确规定司法解释的主体、原则、目的、权限等基本问题，还要明确规定司法解释的名称及各名称的适用范围②、法律效力范围、具体制定程序、越权解释的撤销和法律责任等内容。我国只有确立了司法解释权的行使程序，才能真正建立起我国的司法解释制度。

三、立法建议权

立法建议权是最高人民检察院的一项重要职权，也是检察机关诉讼外的一项重要法律监督权，它对于建立和完善我国的法律体系，保证我国法律的统一正确实施，维护我国的法律权威，都具有十分重要的作用。但是，从目前我国法律规定看，法律配给最高人民检察院的立法建议权尚不完善，实践运行中还

---

① 在司法实践中，当最高人民检察院的司法解释与最高人民法院的司法解释不一致时，检察机关（或法院）在执法过程中就会遇到是执行前者还是后者的矛盾选择，这种矛盾选择正好说明了二者对检察机关和法院都具有约束力。

② 从目前实践看，司法解释通常使用"规定"、"规则"、"决定"、"若干规定"、"实施意见"、"若干意见"、"若干问题的解释"等名称。

存在一些问题，需要认真研究和完善，以发挥其应有的作用。

立法建议权，是指根据社会发展和现实需要，享有提出创设、修改和完善法律的建议的权力。在现代国家，立法权无疑属于立法机关的一项权力，但是其他国家机关在执行法律的过程中，发现法律过时或者法律空白等情况时，应当有权向立法机关提出立法建议。检察机关作为国家的法律监督机关，根据国家法律实施的状况和需要，自然应当享有提出立法建议的权力。为此我国《立法法》第24条第2款规定："国务院、中央军事委员会、最高人民法院、最高人民检察院、全国人民代表大会各专门委员会，可以向常务委员会提出法律案，由委员长会议决定列入常务委员会会议议程，或者先交有关的专门委员会审议、提出报告，再决定列入常务委员会会议议程。如果委员长会议认为法律案有重大问题需要进一步研究，可以建议提案人修改完善后再向常务委员会提出。"可见，立法建议权就成为我国最高人民检察院的一项重要权力。

（一）立法建议权的内容

从目前实践情况看，最高人民检察院行使立法建议权的范围较为广泛，具体包括以下几方面的内容：

1. 创制新法的建议权

最高人民检察院发现法律空白时，向国家立法机关提出创制一项新法律的权力。检察机关在履行法律监督职责过程中，如果发现现有的法律体系不够健全、不能完全适应维护社会稳定和公平正义的需要，或者不能完全适应保障法律正确实施的需要，就应当有权提出创设新的法律规范的建议，提请国家立法机关，依照法定程序制定新的法律。完备的法律体系是一个国家法治的表现，也是执法机关执法的保障。在我国建设法治的过程中，我国的法律体系尚不完备，需要制定的法律制度较多，为了保证国家立法机关制定出实践急需又符合客观实际的法律，赋予国家机关以创制新法律的建议权是十分必要的。

2. 修改现行法律的建议权

最高人民检察院发现现行法律不完善，向国家立法机关提出修改该法律建议的权力。检察机关在履行法律监督职责过程中，如果发现现行法律存在重大漏洞或者严重不足时，应当有权及时向国家立法机关提出修改法律的建议，以促进我国法律的完善。在司法实践中，由于社会的发展变化，司法和执法过程中往往会出现原来制定的法律不能适用的新情况，或者出现了原来制定的法律不能解决的新问题，即法律"过时"现象，为了维护法律的权威性和社会公平正义，就应当及时修改现行的法律，因而赋予国家司法机关和执法机关以修改现行法律的建议权也是十分必要的。

3. 对其他机关的立法建议提出意见的权力

最高人民检察院发现其他机关提出的立法建议不完善时，享有提出修改意见的权力。一个国家，有权提出立法建议权的机关或部门可能很多，但是对于其他机关或部门提出的立法建议，检察机关应当有权从维护国家法制统一的角度提出修改意见。法律监督尽管是对法律实施情况的监督，但是如果在立法的环节上检察机关能够根据法律实施的情况提出修改意见，就可能避免所制定的法律法规包括部门规章在实践中难以执行或者与其他法律法规相冲突的现象，从而保证所制定的法律法规得到切实有效的执行。另外，检察机关作为法律监督机关，应当是法律方面的专家，因而也有资格在立法问题上发表意见，这种意见理应受到其他机关和部门的尊重和重视。

在我国，最高人民检察院作为全国检察机关的最高机关，其依法享有立法建议权，对于我国法制建设、维护法律权威和社会公平正义等，都具有十分重要的意义。具体来说，最高人民检察院享有立法建议权主要具有以下作用：一是有利于健全我国的法律体系。一个国家的法律体系是否完备，关键是看现行的法律是否能够解决实践中遇到的各种问题。如果检察机关在履行法律监督职责过程中发现了不能解决的新情况、新问题，就说明我国的法律体系尚不完备，因而赋予检察机关以立法建议权，无疑有助于立法机关制定相关的法律，健全我国的法律体系。二是有利于维护我国的法律权威。法律的权威不仅在于其具有法律效力，能够得到有效的贯彻执行，更重要的是在于其能够合理地解决实践中的问题，能够得到人们的信服。检察机关在履行法律监督职责的过程中，发现了法律不能解决新情况或新问题时，如果法律得不到及时的修改完善，就会损害法律的权威，若赋予检察机关以立法建议权，就可以及时修改和完善现行的法律，合理有效地解决实践中的问题，这无疑有助于维护我国的法律权威。三是有利于实现社会的公平正义。社会的公平正义需要法律的构建，更需要法律的切实保障。在一个国家，只有公民的正当权益得到切实的保护，社会秩序得到有效的维护，才能实现社会的公平正义。法律是社会管理和公民权利保护的根本措施，如果法律不健全、不完善，就无法切实保护公民的正当权利，也无法有效维护社会秩序，就难以实现社会的公平正义。赋予检察机关以立法建议权，无疑有助于完善我国的法律制度，促进社会公平正义的实现。

（二）立法建议权配置中存在的问题

从目前实践情况看，最高人民检察院在行使立法建议权的过程中，尚存在一定的困难和缺乏有效保障等问题，这说明我国法律对检察机关的立法建议权配置尚不完善，主要表现在以下三个方面：

1. 立法建议权的权限范围不明确

法律只对最高人民检察院的立法建议权作了概括性规定，其具体行使的权限范围却缺乏明确规定。我国《立法法》是赋予最高人民检察院以立法建议权的法律，该法第 24 条第 2 款只规定了最高人民检察院有权向全国人大常务委员会提出法律草案，没有具体规定最高人民检察院是否可以向全国人大常委会提出修改法律的建议和对其他机关的立法建议提出修改意见等。但是，从立法的含义上讲，"立法"有狭义和广义之分，从狭义上看，立法是指全国人民代表大会及其常设机关依照一定程序，制定或者认可反映统治阶级意志，并以国家强制力保证实施的行为规范的活动。从广义上看，立法是指国家专门机关根据一定的指导思想和基本原则，依照法定的权限和程序，使之上升为国家意志，从而创制、修改和废止法律的专门活动。通常我们都是从广义上来理解立法，它包括创制、修改和废止法律三方面的内容，因而实践中检察机关也是从广义上来行使立法建议权的，包括创制法律的建议、修改法律的建议和对其他机关立法建议的建议等。但是，这毕竟是概念上的通常理解，没有法律上的明确规定。由此可见，我国《立法法》对检察机关的立法建议权规定得较为原则，没有对立法建议权的权限范围作出明确规定。

2. 立法建议权的行使缺乏明确的程序规定

法律只规定了最高人民检察院享有立法建议权，但没有规定其行使立法建议权的具体程序。我国《立法法》只规定了最高人民检察院有权向国家立法机关提出法律草案，但对于具体如何启动立法建议、如何向国家立法机关提出立法建议等，法律却缺乏明确规定，即最高人民检察院具体行使创制法律的建议权、修改法律的建议权和对其他机关立法建议的建议权时，应当采取何种程序，以何种方式等，法律都没有作出规定，导致实践中，无论是国家机关提出立法建议，还是立法机关接受立法建议，都具有较大的随意性，国家机关何时提出立法建议，是否提出立法建议；立法机关对立法建议如何接受立法建议，是否予以反馈等，都存在很大的随意性。可见，法律没有明确规定行使立法建议权的具体程序是我国立法建议权配置中存在的一个重要问题。

3. 立法建议权的效力缺乏保障

法律只规定了最高人民检察院享有立法建议权，但没有规定其法律效力。我国《立法法》只规定了最高人民检察院有权向国家立法机关提出法律草案，但对于立法建议的效力，法律却缺乏明确规定，即最高人民检察院具体行使创制法律的建议权、修改法律的建议权和对其他机关立法建议的建议权时，应当产生何种法律效力，法律却没有作出明确规定，导致实践中，无论是国家机关提出立法建议，还是立法机关接受立法建议，都具有较大的随意性，立法机关对立法建议是否采纳或者不采纳，都不需要及时予以反馈，或者说明理由，提出立法建议的机关对所提出的立法建议是否被采纳，往往也不要求立法机关给予反馈，或者要求说明理由，即它们都没有将立法建议权作为一项职权来看待，导致立法建议权的行使缺乏有效保障。这其中的原因可能是多方面的，但是法律没有明确规定立法建议权的法律效力则是其中的一个重要原因。可见，法律没有规定立法建议权的法律效力是我国立法建议权配置中存在的又一重要问题。

（三）优化立法建议权配置的建议

针对我国目前检察机关立法建议权存在的问题，要有效发挥检察机关立法建议权的应有作用，维护我国法律的有效性和权威性，我们建议从以下三方面完善检察机关的立法建议权。

1. 明确立法建议权的具体内容

法律应当明确规定立法建议权具体包括创制、修改和废止法律的建议权。为了保证立法建议权的正确行使，体现立法建议权的职权性和权威性，我国《立法法》应当明确规定立法建议权本应具备的三方面内容。从立法建议实践看，由于享有立法建议权的国家机关都同时享有法律解释权，因而当这些国家机关在司法或执法实践中遇到"法律空白"或"法律过时"等问题时，一般都愿意进行法律解释，很少主动向国家立法机关提出立法建议，这种现象与法律对立法建议权规定得不明确有一定的关系。同时，从立法实践看，有关国家机关在起草制定法律法规的过程中，通常都会征求最高人民检察院的意见。但是这些都还停留在工作协调层面上，无论是检察机关自己还是其他有关国家机关，都没有把最高人民检察院提出建议的行为视为履行法定职权的行为，这也与法律对立法建议权规定不明确有关。因此，要改变上述状况，使立法建议权成为国家机关真正的一项职权，我国法律就应当对立法建议权的内容作出明确的规定。

2. 明确立法建议权行使的具体程序

法律应当明确规定国家机关行使立法建议权时启动程序、制作立法建立的程序和向立法机关提出的具体程序。行使权力的程序是权力配置的必要内容，缺乏该内容则权力配置就不完整，就难以保障权力的正确行使，更难以树立权力的权威性，实践中对待立法建议权的情况就充分证明了这一点。因此，如果法律赋予检察机关立法建议权，法律就应当为检察机关履行这种职权规定必要的程序，如立法建议的启动、立法建议的制作过程、立法建议提出的方式等，以便使检察机关慎重地行使立法建议权，保证向立法机关提出合理的立法建议，以有效推进我国的法制建设。

3. 明确立法建议权的法律效力

法律应当明确规定国家机关行使立法建议权时具有的约束力。行使权力的效力是权力配置的必要内容，缺乏该内容则权力配置就不完整，就难以保障权力具有的约束力，更难以树立权力的权威性。因此，如果法律赋予检察机关立法建议权，法律就应当为检察机关行使立法建议权提供效力保障，以便使检察机关所提出的立法建议能够进入立法机关和其他制定法律规则的国家机关的议事日程，得到应有的重视。同时，如果法律赋予检察机关立法建议权，那么，法律就应当同时规定与检察机关立法建议权相对应的国家机关征求和考虑检察机关立法建议的义务，以便使检察机关提出的立法建议对立法机关具有一定的约束力，其采纳与否应当及时予以反馈。为此我们建议，为了保证立法建议权发挥应有的作用，我国法律应当对行使立法建议权的法律效力作出明确的规定。

四、法规提请审查权

法规提请审查权是最高人民检察院的一项重要职权，也是检察机关诉讼外的一项重要法律监督权，它对于维护我国法制的统一性，树立法律的权威性，都具有十分重要的意义。但是，从目前我国法律规定看，法律赋予最高人民检察院的法规提请审查权尚不完善，实践运行中还存在一些问题，需要研究和完善，以发挥其应有的作用。

法规提请审查权，是指对国家机关制定的法规，提请国家最高立法机关就其合法性进行审查的一项权力。检察机关作为国家的法律监督机关，承担着维护国家法律的统一和正确实施的职责，因而当检察机关发现国家机关制定的行政法规、地方性法规、自治条例和单行条例与宪法和法律相冲突时，就应当拥有提请立法机关审查其合法性的权力。我国《立法法》第90条第1款规定："国务院、中央军事委员会、最高人民法院、最高人民检察院和各省、自治区、直辖市的人民代表大会常务委员会认为行政法规、地方性法规、自治条例和单行条例同宪法或者法律相抵触的，可以向全国人民代表大会常务委员会书面提出进行审查的要求，由常务委员会工作机构分送有关的专门委员会进行审查、提出意见。"这是检察机关享有法规提请审查权的法律依据。

在我国，为了有效管理社会，国家机关制定的法规内容十分广泛，因而检察机关享有法规提请审查权的内容也非常广泛。从法规的种类上看，法规提请审查权可分为治安法规提请审查权、交通法规提请审查权、工商管理法规提请审查权、教育法规提请审查权、医药卫生法规提请审查权等。但从全国性法规和地方性法规上看，法规提请审查权可分为以下两种：（1）对国务院行政法规的提请审查权。最高人民检察院对与宪法、法律相冲突的国务院行政法规享有提请全国人大常委会进行审查的权力。检察机关在履行法律监督职责过程中，如果发现国务院制定的行政法规与宪法、法律相抵触时，为了维护我国法制的统一和权威，有权向国家立法机关提出请求，要求审查该行政法规的合法性。法制的统一是一个国家法治的要求，维护国家宪法、法律的权威地位也是一个国家法治的重要标志，为此我国《立法法》第 78 条规定："宪法具有最高的法律效力，一切法律、行政法规、地方性法规、自治条例和单行条例、规章都不得同宪法相抵触。"第 79 条规定："法律的效力高于行政法规、地方性法规、规章。行政法规的效力高于地方性法规、规章。"第 87 条规定："法律、行政法规、地方性法规、自治条例和单行条例、规章有下列情形之一的，由有关机关依照本法第八十八条规定的权限予以改变或者撤销：（一）超越权限的；（二）下位法违反上位法规定的；（三）规章之间对同一事项的规定不一致，经裁决应当改变或者撤销一方的规定的；（四）规章的规定被认为不适当，应当予以改变或者撤销的；（五）违背法定程序的。"在我国，为了有效管理各个行政机关和社会，国务院制定了大量的行政法规，要保证这些行政法规不与宪法、法律相冲突，赋予检察机关对国务院行政法规提请审查权则是十分必要的。（2）对地方性法规、自治条例和单行条例的提请审查权。最高人民检察院对与宪法、法律相冲突的地方性法规、自治条例和单行条例享有提请全国人大常委会进行审查的权力。在我国，省、自治区、直辖市的人民代表大会及其常务委员会制定的地方性法规、自治条例和单行条例是我国法规的重要组成部分，为了保证我国法制的统一性，我国《立法法》第 88 条规定："改变或者撤销法律、行政法规、地方性法规、自治条例和单行条例、规章的权限是：（一）全国人民代表大会有权改变或者撤销它的常务委员会制定的不适当的法律，有权撤销全国人民代表大会常务委员会批准的违背宪法和本法第六十六条第二款规定的自治条例和单行条例；（二）全国人民代表大会常务委员会有权撤销同宪法和法律相抵触的行政法规，有权撤销同宪法、法律和行政法规相抵触的地方性法规，有权撤销省、自治区、直辖市的人民代表大会常务委员会批准的违背宪法和本法第六十六条第二款规定的自治条例和单行条例；（三）国务院有权改变或者撤销不适当的部门规章和地方政府规章；（四）省、自治区、直辖市的人民代表大会有权改变或者撤销它的常务委员会制定的和批准的不适当的地方性法规；（五）地方人民代表大会常务委员会有权撤销本级人民政府制定的不适当的规章；（六）省、自治区的人民政府有权改变或者撤销下一级人民政府制定的不适当的规章；（七）授权机关有权撤销被授权机关制定的超越授权范围或者违背授权目的的法规，必要时可以撤销授权。"检察机关在履行法律监督职责过程中，如果发现地方性法规、自治条例和单行条例同宪法或者法律相抵触的，有权向全国人大常委会书面提出进行审查的要求，这是检察机关法规提请审查权的一项重要内容。

在我国，最高人民检察院作为全国检察机关的最高机关，其依法享有法规提请审查权，对于维护我国法制的统一性和权威性具有重要意义。具体来说，最高人民检察院享有法规提请审查权主要具有以下作用：

第一，有利于维护我国法制的统一。一个国家法制的统一性不仅体现了其法治水平，而且体现了其文明程度。从现代社会看，宪法和法律是一个国家的根本和基本法律，是一个国家法制的核心。维护国家法制的统一，就是要维护与宪法和法律规定的一致性。如果检察机关在履行法律监督职责过程中发现了国家机关制定的行政法规、地方性法规、自治条例和单行条例与宪法、法律规定相抵触，享有法规提请审查权，要求国家立法机关对其合法性进行审查，对于违法的行政法规等予以废止，无疑有助于维护我国法制的统一性。

第二，有利于维护我国的法律权威。法律的权威不仅来源于其具有法律效力，对人们的行为具有约束力，而且来源于其他规定不能与其相抵触，否则应当归于无效。在我国宪法具有最高的法律效力，其次是法律，行政法规、地方性法规、自治条例和单行条例的效力最低。检察机关在履行法律监督职责的过程中，当发现行政法规等与宪法、法律相抵触时，如果该行政法规等得不到及时的修改或废止，就会损害法律的权威，若赋予检察机关以提请国家立法机关审查行政法规等合法性的权力，就可以及时修改或废止与宪法和法律相抵触的行政法规等，这无疑有助于维护我国法律的权威性。

第三，有利于增强检察机关的法律监督力度。检察机关作为国家的法律监督机关，其法律监督的力度不仅体现在其进行监督的法律效力上，而且应当体现在其进行法律监督的范围上。我国法律赋予了检察机关对其他国家机关的司法活动或执法活动有权进行法律监督，即诉讼监督权，这有利于保证国家司法机关的司法活动和行政机关的执法活动，如果再赋予检察机关对行政法规、地方性法规、自治条例和单行条例合法性以法律监督权，则无疑扩大了检察机关在维护国家法律统一正确实施方面的监督范围，有利于增强检察机关法律监督的力度，更好地发挥其在维护国家法律统一正确实施上的作用。

（一）法规提请审查权配置中存在的问题

从目前实践情况看，最高人民检察院在行使法规提请审查权方面，存在很少行使、缺乏保障等问题，这说明我国法律对检察机关的法规提请审查权配置尚不完善，主要表现在以下三个方面：

1. 法规提请审查权的权限范围不全面

法规提请审查权的对象难以覆盖所有的法规。在我国，法规包括行政法规、地方性法规、规章、自治条例和单行条例等。根据目前法律规定，检察机关的法规提请审查权难以覆盖所有的法规，这主要体现在以下两方面：一方面，最高人民检察院享有的法规提请审查权没有覆盖国务院各部等制定的规章。我国《立法法》第90条第1款规定，最高人民检察院认为行政法规、地方性法规、自治条例和单行条例同宪法或者法律相抵触的，可以向全国人民代表大会常务委员会书面提出进行审查的要求。显然，规章不包括其中。但是，《立法法》第71条规定："国务院各部、委员会、中国人民银行、审计署和具有行政管理职能的直属机构，可以根据法律和国务院的行政法规、决定、命令，在本部门的权限范围内，制定规章。部门规章规定的事项应当属于执行法律或者国务院的行政法规、决定、命令的事项。"另一方面，对于地方人民政府制定的规章，地方各级检察机关不享有法规提请审查权。地方人民政府制定的规章是地方性行政法规的重要内容，在我国社会管理中发挥着非常重要的作用，为此我国《立法法》第73条规定："省、自治区、直辖市和较大的市的人民政府，可以根据法律、行政法规和本省、自治区、直辖市的地方性法规，制定规章。地方政府规章可以就下列事项作出规定：（一）为执行法律、行政法规、地方性法规的规定需要制定规章的事项；（二）属于本行政区域的具体行政管理事项。"检察机关对地方人民政府制定的规章无法进行监督，不利于维护我国法制的统一。

2. 缺乏必要的知情手段

检察机关对国家机关有关行政法规、地方性法规、规章、自治条例和单行条例的制定情况，无法及时了解和掌握，影响其法规提请审查权的有效行使。检察机关作为法律监督机关，了解和掌握有关法规的制定情况，是其履行法律监督职责，维护法律统一的客观需要。我国法律赋予了检察机关法规提请审查权，但没有赋予其必要的手段即知情权，而赋予了其他国家机关以知情权。如我国《立法法》第89条规定："行政法规、地方性法规、自治条例和单行条例、规章应当在公布后的三十日内依照下列规定报有关机关备案：（一）行政法规报全国人民代表大会常务委员会备案；（二）省、自治区、直辖市的人民代表大会及其常务委员会制定的地方性法规，报全国人民代表大会常务委员会和国务院备案；较大的市的人民代表大会及其常务委员会制定的地方性法规，由省、自治区的人民代表大会常务委员会报全国人民代表大会常务委员会和国务院备案；（三）自治州、自治县制定的自治条例和单行条例，由省、自治区、直辖市的人民代表大会常务委员会报全国人民代表大会常务委员会和国务院备案；（四）部门规章和地方政府规章报国务院备案；地方政府规章应当同时报本级人民代表大会常务委员会备案；较大的市的人民政府制定的规章应当同时报省、自治区的人民代表大会常务委员会和人民政府备案；（五）根据授权制定的法规应当报授权决定规定的机关备案。"这种规定显然是不全面的，难以保证检察机关及时正确地行使法规提请审查权。

3. 缺乏程序和效力保障

法律只规定了最高人民检察院享有法规提请审查权，但却没有规定该权力行使的具体程序和法律效力。我国《立法法》只规定了最高人民检察院发现行政法规、地方性法规、自治条例和单行条例同宪法、法律相冲突时，有权向全国人大常委会提请审查其合法性的要求，但对于具体如何提出法规提请审查意见或要求，所提出的意见或要求具有何种约束力，法律却缺乏明确的规定，即最高人民检察院具体行使法规提请审查权时，应当向全国人大常委会的哪个部门提请、采取何种程序、全国人大常委会审查期限多长、审查结果如何告知最高人民检察院等，法律都没有作出明确规定。从目前实践看，我国制定的行政法规等存在与宪法、法律相冲突的现象时有发生，特别是地方人民政府制定的地方性行政法规，不符合宪法和法律规定的现象较多，但是，检察机关几乎没有行使法规提请审查权，对此也没有任何国家机关对这种现象提出过质疑。这其中的原因可能是多方面的，除了检察机关对地方性法规、规章的制定缺乏知情权外，与法律没有明确规定行使法规提请审查权的具体程序、效力具有密切的关系。由此可见，法律没有规定行使法规提请审查权的具体程序、效力是我国法规提请审查权配置中存在的一个重要问题。

（二）优化法规提请审查权配置的建议

针对我国目前检察机关法规提请审查权存在的问题，要有效发挥检察机关法规提请审查权的应有作用，维护我国法制的统一性和权威性，我们建议从以下三方面完善检察机关的法规提请审查权：

1. 扩大法规提请审查权的覆盖范围

将法规提请审查权的监督对象扩大到能够覆盖所有的法规。为了发挥法规提请审查权的应有作用和检察机关的法律监督职能，有效维护我国法制的统一和权威，我国应当加大检察机关对各级人民政府制定规章的监督力度。针对目前检察机关的法规提请审查权难以覆盖所有法规的状况，我们建议，我国法律应当从以下两方面优化检察机关法规提请审查权的配置：一方面，应当将最高人民检察院法规提请审查权的覆盖范围扩大到国务院各部等制定的规章。我国法律应当明确规定，最高人民检察院发现国务院各部、委员会、中国人民银行、审计署等制定的规章同宪法、法律或者行政法规相抵触的，可以向全国人民代表大会常务委员会书面提出进行审查的要求。另一方面，地方各级检察机关对地方人民政府制定的规章享有法规提请审查权。我国法律应当明确规定，地方各级检察机关发现地方人民政府制定的规章同宪法、法律、行政法规或者地方性法规相抵触的，可以向省、自治区、直辖市人民代表大会常务委员会书面提出进行审查的要求。

2. 建立法规抄送检察机关的制度

国家机关制定行政法规、地方性法规、规章、自治条例和单行条例后，应当及时抄送检察机关，以保证检察机关的知情权。检察机关作为国家的法律监督机关，有义务维护国家法律的统一，因而有义务审查其他国家机关制定的行政法规等是否符合宪法和法律。为了保障检察机关能够及时有效地行使法规提请审查权，发挥法律监督机关的应有作用，就应当建立法规抄送制度。具体来说，我国《立法法》第 89 条应当将最高人民检察院纳入抄送的机关，即应当明确规定：除了全国人大及其常委会制定的法律之外，其他有关国家机关制定的行政法规，包括国务院制定的行政法规以及国务院各部委制定的部门规章、地方国家权力机关制定的地方性法规或自治条例、单行条例等，都应当在公布后三十日内抄送最高人民检察院，以便最高人民检察院能够及时了解行政法规的制定情况。也就是说，向最高人民检察院抄送行政法规等是制定行政法规等机关的一项义务，最高人民检察院对抄送的行政法规等应当及时进行审查，既是其一项职权，更是其应尽的一项职责，必须严肃认真地履行。关于具体的备案程序，我们建议采取以下方式：国务院制定的行政法规以及国务院各部委制定的部门规章，由国务院统一抄送最高人民检察院；地方国家权力机关制定的地方性法规或自治条例、单行条例，地方人民政府制定的规章等，应当先报送国务院进行审查，国务院认为合法的，再由国务院抄送最高人民检察院备案。

3. 明确法规提请审查权行使的具体程序和效力

法律应当明确规定检察机关行使法规提请审查权的具体程序和效力。检察机关行使法规提请审查权的程序和效力是该权力配置的必要内容，缺乏该内容则该权力配置就不完整，就难以保障该权力的正确行使，更难以保证严肃认真地对待该权力，树立该权力的权威性，实践中检察机关几乎没有行使该权力就充分证明了这一点。因此，如果法律赋予检察机关以法规提请审查权，就应当为检察机关履行这种职权提供必要的程序和效力保障，以便使检察机关重视并正确行使该权力，发挥该权力的应有作用。具体来说，为了审查行政法规等内容，检察机关应当设立专门的机构研究行政法规等的合法性。特别是要结合行政法规等在具体实施过程中出现的问题，研究其包含的法律规范在内容上和精神实质上与国家基本法律是否存在矛盾和冲突。如果发现这些行政规范中存在与宪法和法律的基本原则或基本精神相冲突的地方，就应当以书面的形式，首先提请该法规的制定者进行审查。法律应当规定，对于检察机关提请审查的意见，有关国家机关应当在规定的时间内予以答复。如果在规定的时间内，有关国家机关没有作出答复，或者检察机关认为其所作出的答复没有回答或解决与宪法和法律相抵触的问题，检察机关就可以直接提请各级人大常委会，请求其对该法规的合法性进行审查，以启动人大常委会的法律审查机制。同时应当注意，检察机关在行使法规审查权的过程中，应当本着积极慎重的原则，认真研究行政法规等与相关法律之间的关系，既要忠实地履行法律监督职责，又要维护法律法规的严肃性。只有在行政法规等确实与宪法和法律相抵触的情况下，才可以启动提请审查的程序。此外，检察机关在提请审查的意见中，应当附有充分的情况说明，详细论证该行政法规等的哪些内容与宪法和法律相抵触，并要提出充分的理由，以便人大常委会进行审查并及时作出决定。因此，为了发挥法规提请审查权的应有作用，我国法律应当对检察机关行使法规提请审查权的具体提请程序和法律效力作出明确的规定，以优化检察机关法规提请审查权的配置。

第十二章　检察机关的机构设置
与检察权优化配置

检察机关的内部机构①是检察权运行的组织载体，也是检察权内部配置和管理的表现形式，因而对检察职能的发挥起着十分关键和重要的作用。检察机关应当将检察权内部优化配置与内设机构改革作为一个重要问题，下力气予以解决，以保证我国检察权的全面、公正、高效、正确行使。

检察机关的内部机构设置体现和反映检察权的内部配置模式，检察权的内部划分或者内部配置模式，决定检察机关内部机构设置的质和量。但检察权的内部配置在何种意义上影响和决定检察机关的内部机构设置，究竟应当按照何种标准对国家法律配置给检察机关的职权进行划分，并在内设机构之间进行再配置，都需要进行深入的研究。

一、内部机构设置中存在的问题

检察权内部配置是检察机关内设机构的基础，而检察机关内设机构是检察权内部配置的形式和载体，二者合为一体，密不可分。检察机关内设机构的状况不仅可以体现检察权的变化，而且可以反映检察权内部配置是否优化。检察机关内设机构可分为领导机构、业务机构和非业务机构。我国检察机关内设机构的设置是伴随着我国检察制度的发展而不断发展变化的。新中国成立以来，我国检察机关的内设机构经历了新中国成立初期的初建、1978 年检察机关恢复重建至 1983 年内设机构进一步发展和规范、1983 年至 2000 年内设机构调整，以及 2000 年至今不断改革完善四个发展阶段。从检察机关内设机构改革的整个发展过程看，1979 年强调上下相对一致，1983 年则突出灵活性，2000

---

① 总体上说，我国检察机关的内设机构包括领导决策机构、业务机构和综合管理机构三大部分。鉴于领导决策机构的职权配置在"检察权运行机制与检察权优化配置"一章中论述，综合管理机构不直接涉及检察权的配置问题，故本章的"内部机构设置与检察权配置"中的内设机构仅指业务机构。此外，本章的"检察权配置"是指检察权在检察机关各内设业务机构中的配置。

年以后进行改革调整。① 目前，我国检察机关的内设机构设置情况是：最高人民检察院内设业务机构有侦查监督厅、公诉厅、反贪污贿赂总局、渎职侵权检察厅、监所检察厅、民事行政检察厅、控告检察厅、刑事申诉检察厅、铁路运输检察厅、职务犯罪预防厅、死刑复核检察厅、案件管理办公室、法律政策研究室等厅局室；综合管理机构有办公厅、政治部、纪检组监察局、国际合作局、计划财务装备局、机关党委、离退休干部局等厅局；领导决策机构有检察长和检察委员会；临时机构有司法体制改革领导小组办公室；直属事业单位有机关服务中心、国家检察官学院、检察日报社、检察出版社、检察理论研究所、检察技术信息研究中心。省级人民检察院大体上同最高人民检察院的内设机构对应，大部分省级人民检察院的内设机构为 15 个（如重庆市、江苏省）至 18 个（如江西省、青海省），地县两级人民检察院的内设机构为 5 个至 15 个不等。从目前的情况看，检察机关内部机构的设置主要存在设置不规范、名称不统一和派出机构混乱三方面的问题。

（一）设置不规范

从目前全国各地的情况看，检察机关内设机构存在的一个突出问题是设置上缺乏规范性，主要表现在以下三个方面：

一是缺乏科学统一的设置标准。检察机关内设机构设置标准的统一性是内设机构具有系统整体性的保证，也是发挥系统功能的基础，然而目前检察机关内设机构的设置标准却缺乏科学统一性，有的以法律监督职能作为设置标准，如侦查监督部门、监所检察部门、铁路运输检察部门等；有的以刑事诉讼的程序阶段作为设置标准，如公诉部门、控告申诉检察部门等；也有的以管辖案件的性质作为设置标准，如反贪污贿赂部门、渎职侵权检察部门、民事行政检察部门等；还有的以行使的具体检察职能作为设置标准，如法律政策研究室、职务犯罪预防部门等。

二是内设机构的数量缺乏一致性。内设机构设置数量的一致性是系统具有等级结构性的体现，也是发挥系统功能的保证。检察机关内部机构的设置应当与检察机关的职能相适应，同一级别检察院内设机构的数量应当具有一致性。然而，目前全国同级检察机关的内设机构数量缺乏一致性，如同一级别的检察院，有的设有十多个处级机构，有的设置二十多个处级机构。基层检察院有的设置十多个科级部门，有的只设几个科级部门，甚至是同一个地区，各个基层

---

① 参见徐鹤喃、张步洪：《检察机关内设机构设置的改革与立法完善》，载《西南政法大学学报》2007 年第 1 期。

检察机关内设机构的数量也不相同。

三是内设机构的设置缺乏统一模式。统一设置模式是一个系统的标志，也是系统关联性的必然要求，然而目前各地检察机关内设机构缺乏统一设置模式，如有的检察院将渎职侵权检察部门与反贪污贿赂部门合二为一成立职务犯罪侦查局，而大部分检察院则将渎职侵权检察部门与反贪污贿赂部门分别设立；全国一些地方检察院设立了案件管理部门，但是一些地方检察院则没有设立类似的机构。在基层检察院，有的设有职务犯罪预防科，有的则把职务犯罪预防设在职务犯罪侦查科内；有的设有法律政策研究室，有的则把法律政策研究工作设在办公室内；有的检察院将检察委员会办公室设在法律政策研究室，有的检察院则将其设在办公室，有的检察院则独立设置一个检察委员会办公室等。

（二）名称不统一

名称不仅是个称谓问题，更是一个事物特性和本质的集中反映。检察机关内设机构的名称也应当反映检察机关的本质和内设机构的特性，然而目前检察机关内设机构的名称不统一，则难以准确地反映检察机关法律监督的本质和各个内设机构的特性。检察机关内设机构名称不统一，主要表现在以下两个方面：一是同一检察院内设机构的名称不统一。如最高人民检察院的内设业务机构有的称"厅"，有的称"局"，还有的称"室"，有的有"检察"二字，有的则没有，如公诉厅、反贪污贿赂局、渎职侵权检察厅、民事行政检察厅、法律政策研究室等；各省级检察院、省辖市检察院和基层检察院的情况也基本如此。二是不同检察院内设机构的名称不统一。从目前检察机关的内设机构看，职能基本相同的内设机构，在不同的检察院则有不同的名称，有的名称差别还相当大。例如，对渎职侵权检察部门，有的检察院称"渎职侵权检察局"，有的检察院则称"反渎职侵权局"；对公诉部门，有的省级检察院称"公诉一处"、"公诉二处"和"公诉三处"，有的省级检察院则称"公诉处"、"刑事审判监督处"和"二审监督处"，还有的省级检察院称"公诉办公室"（下设三个公诉处）；对检察教育宣传部门，有的检察院称"宣传处"，有的检察院称"宣教处"，有的检察院则称"组宣处"，还有的检察院称"新闻处"等。

（三）派出机构混乱

根据现行《人民检察院组织法》的规定，省一级人民检察院和县一级人民检察院，根据工作需要，可以在工矿区、农垦区、林区等区域设置人民检察院，作为派出机构。可见，派出机构是检察机关的一个重要内设机构。但是，从目前的实践看，检察机关派出机构的情况比较混乱，主要表现在以下几个方面：一是派出机构的主体比较混乱。虽然法律规定派出机构的主体为省一级检察院和县一级检察院，但在目前的派出机构中，有最高检察院派出的机构，也有省级检察院派出的机构，还有市级检察院派出的机构和县级检察院派出的机构。二是派出机构的级别比较混乱。从目前的派出机构看，有的派出机构是厅级，有的是处级，还有的是科级，还有的甚至连科级也算不上（如乡镇检察室）。三是派出机构的数量比较混乱。从目前派出机构的地域分布上看，有的地方设置了大量的派出机构，有的地方设置很少的派出机构，有的地方甚至没有派出机构。四是派出机构的名称比较混乱。从各地派出机构的名称上看，有的称派出人民检察院，有的则称派驻检察室，还有的则称乡镇检察室等。五是派出机构的领导归属比较混乱。从目前派出机构的领导关系上看，有的派出机构由派出的检察院直接领导，有的派出机构则由派出检察院的一个内设机构领导，还有的派驻监狱的检察室由省级检察院的监所检察处来领导等。

　　检察机关内设机构的设置之所以出现上述问题，其原因是多方面的，既有历史方面的原因，也有法制不完善方面的原因，还有人为方面的原因，归纳起来主要原因如下：

　　1. 缺乏明确的法律规定

　　关于检察机关内部组织机构设置的问题，应当由检察机关的组织法来规定，但我国现行的《人民检察院组织法》对此只作了原则性的规定，即第20条规定："最高人民检察院根据需要，设立若干检察厅和其他业务机构。地方各级人民检察院可以分别设立相应的检察处、科和其他业务机构。"笔者认为，法律作这样的规定，一方面是基于我国检察机关的职能较国外检察机关更为复杂，我国检察机关除公诉职能外还具有职务犯罪侦查、诉讼监督等多项职能，因而其内设机构也应当较为复杂，法律不便作出明确的列举规定；另一方面是原则性的规定也可以适应以后形势发展变化的需要，保持法律的稳定性和连续性。但是，这种原则性的规定在客观上却造成了检察机关内设机构设置的随意性。

　　2. 缺乏对检察权的科学分类

　　检察机关内设机构的设置是与检察权的分类密切相连的。检察机关内设机构设置得是否科学、是否合理，直接反映了检察机关对检察权的认识是否科学和分类是否合理。例如行使审判监督权的部门，是设在公诉部门还是专门设立一个审判监督部门，就直接反映了检察机关对公诉权的认识，即公诉权是否包括对审判活动进行监督的职权。又如，职务犯罪预防机构是独立设置，还是与职务犯罪侦查部门合为一体，也反映了检察机关对职务犯罪预防权的不同观念，即检察机关进行职务犯罪预防与查办职务犯罪案件是不是各自独立的两个权能。再如，目前一些地方检察院正在大力推行的乡镇检察室设置，直接涉及检察职能延伸的空间问题，也涉及对检察权性质功能的理解问题。因此，目前检察机关内部机构设置上的不规范、不统一和混乱问题，从一定程度上讲是检察机关对自己职权缺乏科学、统一认识和分类造成的。

　　3. 行政化管理模式的影响

　　尽管我国将检察机关和法院定位为司法机关，检察权和审判权为司法权，但在检察机关和法院的管理和内部机构的设置上仍然存在明显的行政化现象，司法人员的待遇也以行政级别的高低作为标准，从而导致司法机关内部也以官职的有无和高低作为评价司法人员成功与否的重要标志，司法人员也普遍存在热衷于追逐各种级别官职的现象，如检察机关在选拔主诉（办）检察官时报名者寥寥无几，场面冷清，但在中层干部竞聘上岗时则报名者趋之若鹜，热情空前。在这种情况下，为了解决检察官的待遇等问题，检察机关在内设机构的设置上就会宁多勿少，可设可不设的设，可分可不分的分。由于各地检察机关领导的活动能力和影响力不同，从而导致各地检察机关的内设机构设置情况各异，出现不规范、不统一等现象。

　　检察机关的内设机构是检察机关内部的功能单位，是检察权内部配置与运行的组织载体，也是检察权内部管理的组织保障。目前检察机关内设机构存在的问题，对检察机关的影响是多方面的。首先，内设机构设置得不科学，直接影响检察职能的充分发挥。机构设置是权力行使的组织保障，法律赋予检察机关的职权，只有通过一定的机构设置，落实为具体职能部门的职责，才能保证其行使。例如，法律规定检察机关对刑罚执行活动是否合法实行法律监督，但由于检察机关的内设机构只有"监所检察厅（处、科）"，而监所检察部门的监督仅限于监狱、看守所，难以对法院财产刑的执行、派出所缓刑的执行等活动进行监督。其次，内设机构不规范，职责划分不清晰，直接影响检察权的有效行使。近年来，检察机关特别重视对诉讼活动的法律监督，但在检察机关内部，侦查监督部门、公诉部门、监所检察部门、控告申诉部门等都可以行使诉讼活动监督职权，这些部门之间在诉讼监督过程中如何分工，界限如何划分，由于缺乏明确的法律规定，容易形成哪个部门都可以管，哪个部门都不管的状况，影响了诉讼监督权的充分行使。再次，内设机构设置得不科学，影响了检察资源的充分利用。在目前检察机关的内设机构中，非业务部门设置过多，一些业务骨干会因提拔到非业务部门的领导岗位而不再行使检察职权，使得检察机关大量的物质资源和人力资源用在检察职能以外的服务性活动上，从而造成有限的检察资源的浪费，难以保证检察职能的有效发挥。最后，内设机构的混乱，影响了检察管理水平的提高，使执法规范化建设难以实现。检察机关执法规范化建设，是检察机关依法独立、公正行使检察权的重要保障。但是，执法规范化的基本前提是组织机构的规范化。如果检察机关内设机构本身就不规范，各地检察机关各有自己的机构设置，全国范围内就很难形成统一的执法规范，规范化建设也自然无法实现。因为机构设置与职权划分是密不可分的，机构设置不同，职权的划分、制约以及对行使职权的考核就无法相同，执法规范也就难以做到统一。① 总之，检察机关内设机构不科学，直接影响着检察权的内部配置、行使和检察职能的发挥，制约着检察工作的科学发展，必须进行改革和完善。

二、检察机关内部机构设置与检察权配置的关系

从表象上来看，检察机关内部机构设置与检察权配置的逻辑关联是先设置内部机构，再将国家法律配置给检察机关的职权按照一定的原则，在内部机构之间进行再分配。这种认识在实践中乃至在决策者中有一定的市场，正是由于这种认识的存在，造成实践中随意设置内部机构，再往内部机构中塞职权的后果，由此导致上述问题的存在。

从应然层面上看，检察机关内部机构的设置在整体上要能够体现检察职权的法律属性，各内设机构行使的职权边界要清晰，不能存在职能交叉或者重叠，并且内设机构的名称要能够恰当地体现其所行使的职权特性。检察机关内部机构设置的这一要求决定了设置检察机关内部机构的前提是：必须先对检察权中的各项具体权能按照其属性和运行特征进行分解，然后再将具有同一属性的检察职权配置给一个内部机构来行使。因此，在本质上，检察机关内部机构的设置要受制于检察权中具体权能的划分状况。检察权的内部划分情况或者内部配置模式决定了检察机关内部机构的设置数量。在检察机关内部机构设置与检察权内部配置的逻辑关系中，检察权的分解与内部再配置是首要的和第一位的，是因；在对检察权进行分解的基础上，再设置若干内部机构来行使相应的检察职权是第二位的，是果。

由此可见，对国家法律配置给检察机关的检察权进行科学的分解，应当成为影响和制约检察机关内部机构设置的根本要素。在讨论和谋划检察机关内部机构设置方案之前，检察权中各项具体权能的划分情况是制定内部机构设置方案的重要依据。在检察机关内部机构设置并运行后，检察权的内部配置的应然

---

① 参见张智辉：《应当重视检察机关内设机构改革》，载《检察日报》2011 年 8 月 19 日。

性要求，应当成为验证和评价检察机关内部机构设置是否科学合理的重要标准。在发现检察机关内部机构设置模式错位，或者导致检察权运行效能低下，或者设置标准不统一以后，检察权内部的应然性配置模式则又应当成为纠正内部机构设置偏差的依据。总之，从功能和价值评判的角度看，检察权的分解和内部配置的应然性模式，对检察机关内部机构的设置和改革起着规制和引导的效用，其决定性功能体现在以下几方面。

（一）导向功能

根据检察权中不同权能的属性和运行特征，对国家法律配置给检察机关的检察权分解成若干个具体的检察职权，或者"检察职权块"或"检察职权段"是设置内部机构的重要依据。若对检察机关内部机构进行改革，则应当根据检察权内部配置的逻辑要求，按照分解出来的"检察职权块"或者"检察职权段"，对检察机关现行内部机构设置状况进行对比，找出内部机构设置中不符合检察权内部配置要求的环节和内容，找准内设机构改革的切入点，并按照检察权内部配置的要求，确定改革的方向，具体设计和选定应当改革和重新设置的内设机构名称，以此制定出完整的内部机构设置改革方案。检察权内部配置的应然性要求对检察机关内部机构设置和改革的这种引领作用，可以称为检察权分解对检察机关内部机构设置的导向功能。

（二）调节功能

检察权内部配置模式对内部机构设置的调节功能，主要体现在内设机构的改革方面。内设机构的改革方案与改革效能是双边沟通的关系，排除外界环境因素的影响，内部机构改革方案制约改革效能，改革效能反过来促进改革方案的修正完善。在改革方案与改革效能之间，制度规范与改革实践分别是信息的传送者和接收者。但是，由于制度规范的静态性和改革实践的动态性二者异质的缘故，彼此不能直接进行信息交流，必须通过"中介"进行沟通。对检察机关内部机构改革来说，这个"中介"就是检察权内部配置的要求。为了确保改革取得预期效果，内部机构改革方案在实施前，必须对整个原有内设机构或者新增内部机构的改革方案可能产生的效果。譬如，是否与检察改革的整体价值目标相契合，能否促进检察权的科学运行，能否通过内部机构的设置体现检察机关性质定位和检察权具体内容，改革以后的内部机构设置状况是否囊括了检察权的全部内容等，要进行整体的估算。要综合衡量改革后的内部机构可能产生的实际效能，尤其是要预测改革后的内部机构在整体上能否与检察权的内部配置要求相符合。要按照检察权内部配置模式对应内部机构设置的要求，不断对内部机构改革方案进行调整和修补，确保改革方案符合检察权内部配置对内设机构的要求后再付诸实施。这是检察权内部配置模式对内部机构设置的调节功能。

（三）矫正功能

从制度生长看，要确保一个新建立的制度能够被接受并发挥其有效性，就必须培植与这种制度相关的社会认可的心理文化，但是形成适合某一种制度生长与发展的社会心理，需要一个长期的转化与培植过程。检察机关内部机构设置和改革也不例外，尤其是要按照具体检察权能的法律属性和运行特征，对国家法律配置给检察机关的检察权进行分解，并按照检察权内部配置模式的要求，设定和改革内部机构，这一改革思路和模式要得到社会各界的认可和接受，尤其是检察改革的推动者和决策者的认同和接受，就需要一个过程。检察机关内部机构设置改革措施的推行，需要以"检察权内部配置模式决定内部机构设置"为核心的检察文化的广泛传播和社会认同。正如一位美国学者指出的："那些先进的制度要获得成功，取得预期的效果，必须依赖使用它们的人的现代人格、现代品质。""如果一个国家的人民缺乏一种能够赋予这些制度以真实生命力的广泛的现代心理基础，如果执行和运用这些现代制度的人，自身还没有从心理、思想、态度和行为方式上都经历一个向现代化的转变，失败和畸形发展的悲剧结局是不可避免的。"① "检察权内部配置模式决定内部机构设置"的理念一旦为社会公众普遍接受，"就会沉淀为一个社会及其成员稳定的深层心理结构，就能规范着他们的思想、态度、价值取向和判断方式等各方面"②。就能够使检察机关内设机构改革方案的制定者自觉地按照检察权内部配置的模式要求，思考和策划内设机构改革的具体方案。而且，要对已经推行的改革措施的准确性和实施效果进行评判，也只能是看其是否符合检察权内部配置模式的内在要求。这就要求我们用"检察权内部配置模式"这根主线来衡量内设机构改革的各项举措，并且要用检察权内部配置模式的要求对各项不合理的改革措施进行纠偏，对偏离检察权内部配置要求的改革举措及时进行矫正，重新调整改革后的内设机构的职能，或者用与检察权内部配置模式相匹配的其他机构替换不符合检察权内部配置模式要求的内部机构，或者对所有内部机构进行重新编排和设置，以确保改革后的内设机构能够满足检察权内部配

---

① ［美］英格尔斯：《人的现代化》，殷陆君译，四川人民出版社 1985 年版，第 4～5 页。

② 欧卫安：《刑事辩护制度的文化视野》，载《中国刑事法杂志》2000 年第 1 期。

置模式的要求。这就是检察权内部配置模式对检察机关内部机构改革的矫正功能。

当然，从实然层面上说，检察机关内部机构的设置也能够在一定程度上制约或者影响检察权的内部配置。如果检察机关内部机构的设置契合了检察权内部配置模式的要求，则能够确保检察权的运行满足检察规律的要求，并能够确保检察权的运行符合公正与效率价值的要求。如果违背检察权内部配置模式的要求而任意设置检察机关内部机构，则会使检察机关内部机构的设置呈凌乱状态，并且会影响检察权的高效运行，阻碍检察效能的有效发挥。因此，无论从应然层面或者实然层面上，只有按照权力运行的基本模式和各项权能的法律属性对检察权进行合理的分解，再设置相应的内部机构来行使相关检察职权，才能确保检察机关内部机构的设置与履行检察职能的要求相符合。

三、检察机关内部机构设置原则

关于检察机关内部机构设置应当坚持的原则，目前学者们提出了许多不同的观点。有的学者认为应当坚持四项原则，即全面履行法律监督职能原则、保障检察官相对独立行使检察权原则、依检察院的层级区别设置内设机构原则、精简高效和优化检察人员结构原则。[①] 有的学者则认为应当坚持五项原则，即系统性原则、统一性原则、发展性原则、高效性原则和法治性原则。[②] 还有的学者认为应当坚持六项原则，即全面履行法律监督职能原则、检察一体原则、检察官相对独立原则、内部制约原则、加强业务部门和精简非业务机构原则、地县两级人民检察院内部机构设置因地制宜原则。[③] 笔者认为，这些观点都具有一定的合理性，但是也存在各自的问题和不足，都不尽完善。由于检察机关内部机构是检察权运行的载体和组织保障，因而设置检察机关内部机构就应当从保证检察权依法行使的角度出发，主要应当坚持以下三项原则。

（一）保证检察权全面公正高效行使原则

历史经验告诉我们，检察机关内部机构的改革不是简单地增设机构或撤并机构，而是为了更好地保证检察权的全面、公正、高效行使，否则，检察机关

---

① 参见徐鹤喃、张步洪：《检察机关内设机构设置的改革与立法完善》，载《西南政法大学学报》2007 年第 1 期。

② 参见冯中华：《我国检察机关内部机构设置改革研究》，载《青海师范大学学报》2005 年第 3 期。

③ 参见谢鹏程：《论检察机关内部机构的设置》，载《人民检察》2003 年第 3 期。

内部机构改革就会成为下一次改革的对象，甚至会出现改革的恶性循环。因此，检察机关内部机构设置改革必须坚持保证检察权全面公正高效行使的原则。

"全面"就是检察机关设置的内部机构要能够保证法律赋予检察机关的各项职权都得到行使，也就是说，检察机关的各项权能都应当由相应的内部机构（或人员）来承担，不能出现遗漏，也尽量避免重复。但是，要保证检察权能够得到全面的行使，就应当对法律赋予检察机关的各项职权进行全面的总结并进行科学合理的分类，为此就必须确定检察权的科学分类标准。只有这样，才能对检察机关内部机构进行合理的改革，避免盲目性和随意性，也才能有效保证检察权的全面行使。

"公正"就是检察机关设置的内部机构要能够保证检察权公平合理地行使。检察权作为国家的司法权，必须得到公正行使，以实现司法公正，这是依法治国的要求，也是司法作为社会最后一道保障的要求。检察机关内部机构作为检察权运行的组织载体，要保证检察权的公正行使，就必须按照权力制约理论的要求，在内部机构改革上应当对检察权进行合理的分解，保证各个内部机构之间能够通过科学分权达到内部监督和制约的作用，实现机构之间各司其职、相互配合、相互制约，确保检察权的公正行使。

"高效"就是检察机关的内部机构要能够保证检察权在有效节约司法资源的情况下行使。司法效率是解决司法资源如何配置的问题，司法效率的核心应当被理解为司法资源的节约或对司法资源有效利用的程度。[①] 可见，"高效"就是最大限度地节约和有效利用司法资源并能够获得最大的司法效益，也就是以最低的司法成本获取最大的司法效益。因此，在检察机关内部机构改革时，就应当使内部机构具有合理的规模和数量，司法人员的配备要合理适当，即内部机构的设置和人员配置要符合其日常所要解决的法律事务的客观要求，避免内部机构数量过多，忙闲不均，或者内部机构人员不均衡，人浮于事，出现浪费人力资源、司法效率低下甚至无效率的现象。此外，为了保证各项检察职权能够公正、高效行使，有必要对各项检察职权的行使情况进行监督和管理，为此设置监督和管理各项检察权运作的内部机构也是十分必要的。

（二）优化检察权内部配置原则

检察机关内部机构是具体分解和行使检察权的组织形式，要保证法律规定的各项检察职权都能够得到公正、高效的行使，在对检察机关内部机构进行改

---

① 钱弘道：《论司法效率》，载《中国法学》2002 年第 4 期。

革时，必须坚持优化检察权内部配置的原则。所谓"优化配置"，就是通过检察机关内部机构的设置改革，合理分解检察权，并通过不同的内部机构行使不同的检察职权，以达到互相配合、互相制约，从而实现各项检察职权公正、高效行使的目标。我们认为，优化检察权内部配置原则应当包括以下三个方面的基本内涵：一是必须根据各项检察职权的法律特性、价值目标和运行特征，将整体的检察职权进行合理的分解，并将具有相同法律属性、价值目标和运行特征的检察职权归为一类，设置相对应的内部机构行使具有同一法律属性和特征的检察职权。例如，民事行政检察职权与刑事检察职权具有不同的法律属性、价值目标和运行特征，因而应当将它们归为不同的检察职权种类，由不同的内部机构来行使。二是根据诉讼规律来分解和配置各项检察职权。检察机关是诉讼活动的重要主体，我国法律赋予其的各项职权也主要是诉讼职权，因而在分解和配置检察职权时，就必须按照诉讼规律的要求进行。例如刑事诉讼活动分为立案侦查、批准逮捕、审查起诉、审判和刑罚执行等诉讼阶段，各个诉讼阶段的职权之间不仅存在互相配合，但更重要的是存在互相制约和监督，这是权力制约理论在刑事诉讼活动中的规律反映，因而在对检察职权进行分解和配置时，就必须按照诉讼规律的要求进行。如果检察机关在内部机构改革中不顾诉讼规律的要求，随意对内部机构进行合并或分立，尽管会取得某一方面的效果，但会因为违反诉讼规律而带来更大的危害。例如，有的地方检察机关在内部机构改革中，搞"捕诉合一"①，这种改革虽然可以加强公诉对侦查的引导、加快办案速度，但却失去了公诉对批捕的监督和制约，不符合诉讼规律的内在要求，因而可能带来权力被滥用而侵犯公民人身权利的更大危害。三是一个内部机构只能承担或行使一项检察职权。检察职权分解后还必须得到分离，由不同的内部机构行使。不同的检察职权由不同的内部机构来行使，各项检察职权才能得到真正的分离，这样一个内部机构就只能承担或行使一项检察职权。只有如此，才能保证各项检察职权得到合理分解并相互分离、相互监督和制约，有效保证各项检察职权的公正、合理行使。

（三）统一分级设置原则

统一是一个系统的灵魂和核心，也是一个系统发挥一致功能的根本保障。检察机关的内部机构只有统一，才能发挥检察机关统一的法律监督功能。同时，层级分明是一个系统复杂性和完备性的要求，也是一个系统能够发挥比单

---

① 许永俊、王宏伟：《捕诉合一办案机制研究》，载《国家检察官学院学报》2002年第1期。

个个体总和更大功能的基础。因此，在对检察机关内部机构设置进行改革时，必须坚持统一分级设置的原则。"统一"就是要求检察机关在内部机构的设置上，坚持统一的标准、统一的名称、统一的级别和统一的模式。具体来说，统一包括以下四方面的内涵：一是统一的设置标准。即检察机关应当以统一的标准来设置内部机构，以体现检察机关的特色和法律监督性质。这是对检察机关职能统一认识的必然要求，也是形成完整统一、相互协调、各司其职的法律监督体系的必要保证。二是统一的机构名称。即检察机关内部机构的名称应当上下一致，行使相同检察职权的机构应当具有相同的名称。在检察机关内部机构改革过程中，应当统一检察机关内部机构的名称，这不仅是检察机关整体性的要求，而且也是对外展示检察机关职能的客观需要。三是统一的机构级别。即检察机关各个内部机构的级别应当相同，不应当有高低之别。这是检察机关组织体系明晰的要求，也是同等重视和全面发挥检察职能的必然要求。四是统一的设置模式。即同一地区和级别的检察机关，其内部机构的规模和数量等应当保持统一。此外，为了保证检察机关内部机构的统一性，从内部机构改革的角度讲，检察机关内部机构设置的权力应当统一到最高人民检察院，由最高人民检察院统一规划机构设置方案，统一制定改革步骤，统一推进改革进程。

"分级设置"就是检察系统中区分不同层级的检察院，根据其职责、管辖区域和工作量的大小，分别设置数量不同的内部机构。检察机关的内部机构是承担检察职能和检察工作的载体，不同级别和地区的检察机关，其职责、管辖区域和工作量大小不同，其内部机构的多少也应当有所区别，因而在内部机构改革中，除坚持统一原则外，还应当坚持分级设置原则。即应当坚持检察机关的内部机构与其职责和工作量相一致原则。具体来说，最高人民检察院和省级人民检察院的检察工作侧重于对下领导、指导和监督管理，为了加强对检察业务工作的分类指导和有效监督管理，其内部机构应当全面并保持一致；分市院和基层院的检察工作则侧重于具体行使检察权，其内部机构的多少应当充分考虑其工作量的大小，分市院与省级院只要主要业务部门保持一致即可，非业务部门可以根据实际情况自行设置，而基层院则可以根据业务工作量和人员编制规模来设置业务机构，只要与分市院的主要业务机构保持一致即可，非业务部门可以根据实际情况合理设置。但应当注意的是，即使没有设置与上级相对应的内部机构，其相应的职责也必须设有专门的人员来负责，以保持检察工作的上下一致性和统一性。

四、以检察权优化配置为基础规范内设机构

为了进一步推进我国的检察改革，优化我国检察机关职权的内部配置，充分发挥检察机关内设机构在检察职能实现和职权优化配置方面的重要作用，我们应当针对目前我国检察机关内设机构存在的问题，对我国检察权内部配置和检察机关内设机构进行改革。按照上述改革原则的要求，我们认为，改革的基本思路是：首先，对法律赋予检察机关的各项职权进行系统的概括和梳理，按照法律赋予检察机关各项职权的性质、特点和要求，对检察权进行科学合理的分类和分解。其次，按照检察职权的不同类型划分内设机构设置的基本框架，确定内设机构设置的标准、名称等，并使检察机关内设机构的设置与检察权的分解与配置成正比关系，即职能多，内设机构则多；职能少，内设机构则少。最后，本着全面行使检察职权、优化检察职权的内部配置、整合资源的开发利用、有利于职能的充分发挥等原则，并适当考虑不同级别检察机关的工作需要和人员编制等情况，具体确定检察机关的内设业务机构和非业务机构。

（一）检察权的分解

检察机关内设机构作为行使检察职权的组织形式，其设置是否科学合理直接决定了对检察权的分解和配置是否科学、是否合理。例如，检察权是否分解为独立的职务犯罪预防权，或者职务犯罪预防权是否与职务犯罪侦查权配置在一起，决定了职务犯罪预防机构独立设置，还是与职务犯罪侦查机构合为一体。又如，检察权是否分解为独立的刑事审判监督权，也决定了刑事审判监督机构独立设置，还是与公诉机构合为一体。由于检察权是一种复合性的权力，它包括许多具体的权能，因此，对检察权进行合理分解，是检察机关内设机构改革的必然要求和前提条件。

关于我国检察权的分解，目前理论界存在不同的观点。有的学者将检察权分为五大类职权，如朱孝清副检察长和张智辉所长主编的《检察学》，将检察权分为检察侦查权（专门调查权、采取强制措施权）、批准和决定逮捕权（批准逮捕权、决定逮捕权）、公诉权（起诉权、支持公诉权、公诉变更权、量刑建议权、不起诉权、抗诉权）、诉讼监督权（刑事诉讼监督权、民事审判监督权、行政诉讼监督权）、其他职权（包括司法解释权、检察建议权、参与社会

治安综合治理和预防职务犯罪的职责）；①　孙谦副检察长主编的《中国特色社
会主义检察制度》，将检察权分为职务犯罪侦查权、批准和决定逮捕权、刑事
公诉权、对刑事诉讼的法律监督权（刑事立案监督权、侦查活动监督权、刑
事审判活动监督权、刑罚执行监督权）、对民事审判和行政诉讼活动的法律监
督权、其他职权（特种案件检察权、司法解释权、参与社会综合治理和预防
犯罪权）；②　石少侠院长著的《检察权要论》，将检察权分为公诉权、侦查权、
侦查监督权、审判监督权、执行监督权；③　等等。

　　有的学者则将检察权分为四大类，即调查权、追诉权、建议权（纠错建
议权、整改建议权、处置建议权等）、法律话语权（立法建议权、法律解释
权、法律文件提请审查权）；④　有的学者从诉讼职能的角度出发，将检察权分
解为侦查方面的检察权（或称为检察侦查权）、公诉方面的检察权（简称为公
诉权）和诉讼活动监督方面的检察权（即诉讼监督权）三大类职权；⑤　还有
的学者将检察权分为"职务犯罪侦查权"、"审查逮捕权"、"刑事公诉权"、
"刑事诉讼监督权"、"民事审判监督权"、"行政公诉与行政诉讼监督权"、
"法律话语权"七大类职权；⑥　等等。

　　上述对我国检察权分解的各种观点都具有一定的合理性，但是相比较而
言，将检察权分解并归为五大类职权的观点更为合理，因为这种分类不仅具有
法律规定方面的依据，而且符合检察权主要是程序性权力的本质要求。但是，
上述对检察权分解的各种观点都是针对检察机关业务方面的职权进行的，而没
有涉及或者包括检察机关其他方面的职权，如检察领导权、检察非业务职权
（检察人事管理权、检察财务管理权、检察装备管理权）等方面的职权，因而
是不全面的。我们认为，只有对检察权进行全面合理的分解，才能对检察机关
内部机构设置的改革具有现实意义。根据目前我国的法律规定，我们可以对检
察权进行四级分解，具体见下图：

---

　　①　参见朱孝清、张智辉主编：《检察学》，中国检察出版社 2010 年版，第 325 页。括
号内的各项职权为检察权的二级分权与配置，下同。

　　②　参见孙谦主编：《中国特色社会主义检察制度》，中国检察出版社 2009 年版，第
152 页。

　　③　参见石少侠：《检察权要论》，中国检察出版社 2006 年版，第 112 页。

　　④　参见张智辉：《检察权研究》，中国检察出版社 2007 年版，第 111 ~ 113 页。

　　⑤　参见邓思清：《检察权研究》，北京大学出版社 2007 年版，第 47 页。

　　⑥　参见向泽选：《检察职权的内部配置与检察机关内设机构改革》，载《河南社会科
学》2011 年第 3 期。

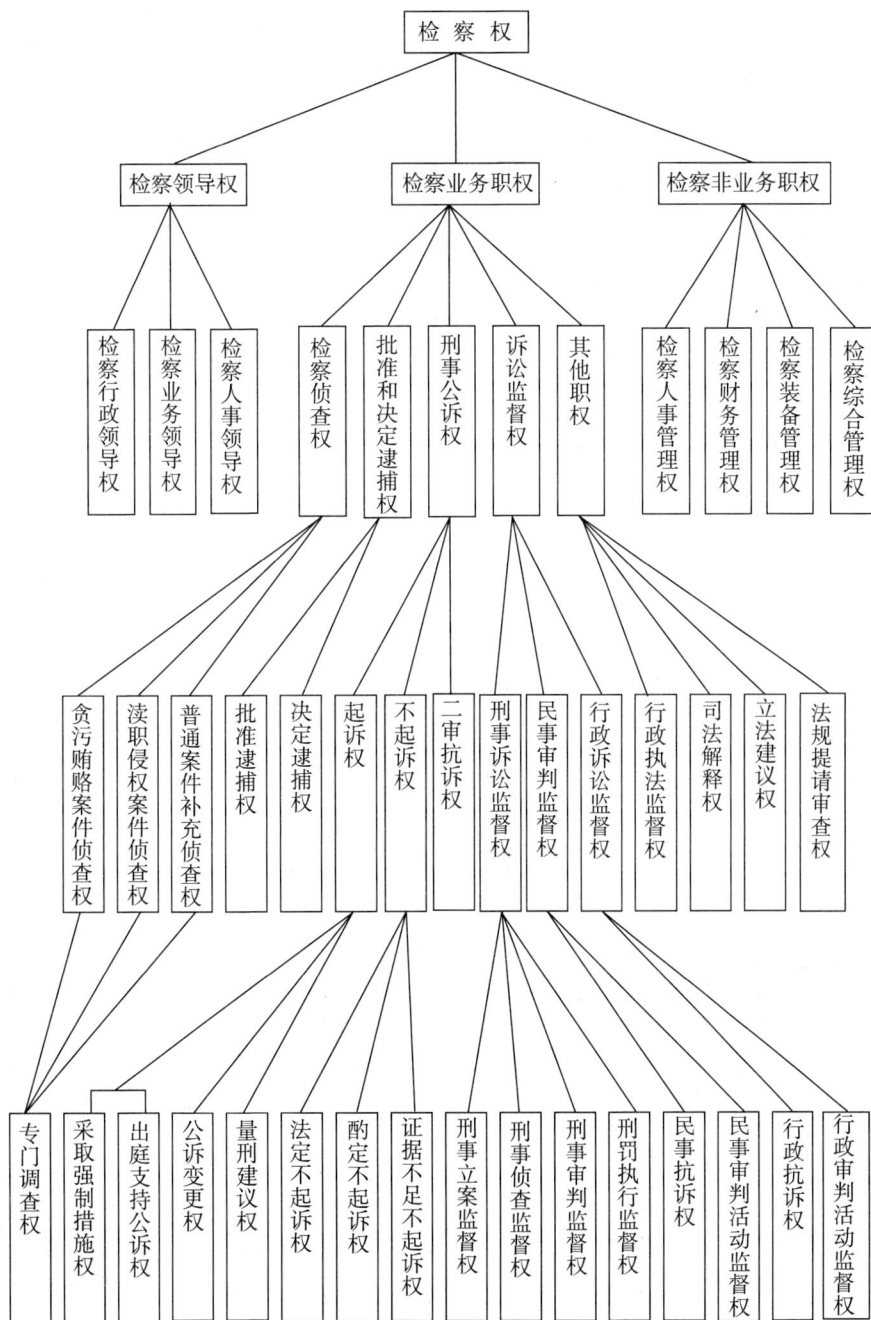

检察权

检察领导权　检察业务职权　检察非业务职权

检察行政领导权　检察业务领导权　检察人事领导权

检察侦查权　批准和决定逮捕权　刑事公诉权　诉讼监督权　其他职权

检察人事管理权　检察财务管理权　检察装备管理权　检察综合管理权

贪污贿赂案件侦查权　渎职侵权案件侦查权　普通案件补充侦查权　批准逮捕权　决定逮捕权　起诉权　不起诉权　二审抗诉权　刑事诉讼监督权　民事审判监督权　行政诉讼监督权　行政执法监督权　司法解释权　立法建议权　法规提请审查权

专门调查权　采取强制措施权　出庭支持公诉权　公诉变更权　量刑建议权　法定不起诉权　酌定不起诉权　证据不足不起诉权　刑事立案监督权　刑事侦查监督权　刑事审判监督权　刑罚执行监督权　民事抗诉权　民事审判活动监督权　行政抗诉权　行政审判活动监督权

在上图检察权的分解中，检察领导权、检察业务职权、检察非业务职权为一级分解，以下分别为二级、三级和四级分解。这些被分解的各项检察职权既有联系又有区别，共同组成了完整的检察权。由于上述各级对检察权的分解程度不同，因而它们对检察机关内设机构设置的影响也不尽相同。第一级检察权属于检察权的类权力，不是具体的检察职权，因而不能设置独立的内部机构来行使；第二级、第三级检察职权是检察权的具体权力，且权能大小适中，因而可以设置独立的内部机构来行使；第四级检察职权虽然属于检察权的具体权力，但权能较小，一般不能设置独立的内部机构来行使。

基于上述检察职权分解，我们可以按照检察职权的不同特征及其所要求的运行机制，对现行的检察职权进行必要的整合，以形成不同的"职权块"。具体来说，可以将职务犯罪侦查职权与职务犯罪预防职权进行有效的整合；可以将审查逮捕与侦查监督、刑事公诉与审判监督适当分离，然后对刑事侦查、刑事审判和刑罚执行的监督整合为一个完整的检察职权块；可以对民事审判监督与行政诉讼监督进行分离，然后将行政诉讼监督与行政公诉整合为一个独立的"检察职权块"。

1. 职务犯罪侦查和预防合并成为一个完整的"检察职权块"

职务犯罪侦查理当成为检察机关行使的一项不可分割的检察职权，根据《人民检察院组织法》和《刑事诉讼法》的相关规定，检察机关有权对国家工作人员实施的与其职权相关的职务犯罪进行侦查，包括对贪污贿赂犯罪，国家机关工作人员的渎职犯罪，国家机关工作人员利用职权实施的非法拘禁、刑讯逼供、报复陷害、非法搜查等侵犯公民人身权利的犯罪和侵犯公民民主权利的犯罪进行侦查。贪污贿赂犯罪和渎职侵权犯罪的成立，都必须与犯罪主体所具有的公职相关联，两类犯罪在构成上具有相似或者相通的地方。检察机关对这两类犯罪的立案侦查，体现了对国家公职人员职务活动的事后监督，侦查过程实质是审查核实国家公职人员是否正确行使国家赋予的权力，体现了对国家公职人员的司法弹劾。由于贪污贿赂犯罪和渎职侵权犯罪具有不同的特点，对其侦查的难度也不相同，因而可以对贪污贿赂犯罪的侦查与对渎职侵权犯罪的侦查进行适当分离，由检察机关内部的不同机构来进行，更有利于查处犯罪，也更能体现国家严厉打击腐败的立场。

同时，职务犯罪预防不是独立的检察职权，是由检察机关的职务犯罪侦查权所派生出来的一种功能。对职务犯罪立案侦查，收集公职人员涉嫌犯罪的证据，对确有证据证明构成贪污贿赂和渎职侵权犯罪的国家公职人员动用刑罚，根本目的不是要体现刑罚的报应性，而是要通过刑罚剥夺涉案公职人员实施职务类犯罪的资格，并通过刑罚的威慑效能，警示其他公职人员谨慎使用公权，将特殊预防和一般预防有机结合起来，督促和确保国家公权依法规范运行。据此，将有罪的公职人员绳之以法只履行了一半的检察职责，要发挥检察机关确保国家法律正确实施的效能，就必须结合所办理的职务犯罪案件，查找滋生职务犯罪的直接诱因，帮助有关单位和行业建章立制，向其提出防止职务犯罪再发生的合理化建议，以消除滋生职务犯罪的诱因，从根本上遏制和预防职务犯罪的再发生，由此衍生出检察机关对职务犯罪的预防功能。由此可见，检察机关对职务犯罪的预防是由检察侦查权和检察机关的法律监督地位所派生出来的一项职能，检察侦查权是根本，检察职务犯罪预防是附属。检察机关也只有结合办理的案件从事职务犯罪预防工作，把职务犯罪的预防融入职务犯罪的侦查中，才能做到有的放矢，真正找到预防工作的切入点和重点部位，确保把职务犯罪的检察预防工作做实做好。因此，把职务犯罪的侦查和预防整合为一个整体，不仅具有较深厚的理论根基，也是职务犯罪侦查和预防实践的客观需要。

2. 审查逮捕与侦查监督进行适度分离，使审查逮捕成为一个独立的"检察职权块"

尽管审查逮捕与侦查监督有严密的逻辑关联，审查逮捕是审查发现侦查活动是否依法进行的一个重要渠道，通过审查逮捕可以发现侦查中所存在的问题或者违法侦查行为，为侦查监督提供素材，但是，两者毕竟属于不同性质的检察权能。审查逮捕是对侦查活动实施的司法审查，是对能否羁押犯罪嫌疑人所实施的司法授权，由此决定担负审查逮捕职能的主体要站在客观中立的立场，以第三者的身份居中对侦查主体提供的案件事实和证据进行审查，并依法作出是否应当逮捕犯罪嫌疑人的决定。审查逮捕包含的职能只是对侦查主体提请逮捕的案件事实和证据进行审查，作出是否同意逮捕的决定并签发逮捕令状。审查逮捕中发现的非法证据当然应当予以排除，不能作为批准逮捕或者不予逮捕的根据，但对审查逮捕中发现的非法侦查或者非法取证行为以及其他违法现象等问题，向侦查主体反馈并督促其纠正，不是审查逮捕所能够囊括的职权要素，它本质上属于侦查监督职权的范畴。审查逮捕职权的内涵中并不包括，也不能合乎逻辑的推导出利用已经发现的素材对侦查活动实施监督的结论。

侦查监督是基于指控犯罪准确性的需要而派生出来的对侦查活动的引导和纠错权，也是为了确保侦查活动能够按照指控犯罪和法庭裁判认定犯罪所要求的证明标准收集、固定证据，防止侦查主体采取侵犯犯罪嫌疑人合法权益的手段收集证据，而赋予检察机关的一项引导、指导并督促纠正侦查错误的职权，更是基于我国检察职权法律监督的本质属性而赋予检察机关的一项权力。发现并督促纠正侦查活动中的错误、介入并引导侦查、督促准确执法、保障人权等构成侦查监督职权的合理内涵。从侦查监督职权的运行特征和机理看，积极主动地介入并引导侦查、发现侦查错误并督促侦查主体纠正，是侦查监督职权的运行特征。与审查逮捕职权的被动启动相比较，主动出击是侦查监督职权的重要特征；在价值追求上，审查逮捕职权更注重公正性，侦查监督职权则更侧重于效率性。应当说，审查逮捕职权与侦查监督职权是两种具有一定逻辑关联，但又是两种性质不同的检察权，将两种具有不同特征的职权拼在一起，存在难以调和的逻辑矛盾。可见，将审查逮捕与侦查监督职权适当分离，使得审查逮捕成为独立的检察职权块，是两种职权本身的特征和运行机理对职权设置的要求。当然，审查逮捕与侦查监督职权分离后，应当在两种职权的运行中建立必要的信息沟通机制，使得审查逮捕过程中发现的侦查活动中的问题，能够及时传送到侦查监督职权的行使主体手中，以便及时有效地进行侦查监督。

3. 刑事公诉应当与监督职能分离，使刑事公诉成为独立的"检察职权块"

尽管审查起诉可以发现侦查环节在收集、固定和采信证据中存在的问题，对证据不足的还可以退回补充侦查，或者自行侦查，但这并不能与侦查监督相提并论，充其量只能说通过审查起诉可以发现侦查活动是否依法进行，审查起诉最根本的目的是要审查核实侦查主体移送审查起诉的案件是否具备提起公诉的条件，只是在审查案件事实是否与起诉条件相符的过程中，能够附带发现侦查收集和提取证据中可能存在的问题。刑事公诉最核心的职能是对侦查主体提交的案件进行审查，并决定是否将案件提交有管辖权的法院进行审判，至于通过审查起诉发现的侦查环节可能存在的违法侦查等问题，并以此对侦查活动进行事后的监督，则不是刑事公诉所能包含的职能，而是属于侦查监督职权所应当包括的职能。

同样，尽管刑事公诉与审判监督具有严密的关联，公诉人通过庭审前的阅卷和出庭指控犯罪，参与庭审活动，可以发现庭审活动是否严格依法进行，可以客观地评价案件事实并审查法院对案件的裁判是否准确，但这些只能成为对庭审和裁判进行监督的合理依据和素材，并不能引申出刑事公诉具有对法庭审判和法院裁判的监督职能。① 刑事公诉最核心的权能就是审查决定是否向法院起诉，并在庭审过程中证明被告人实施了起诉书中所指控的犯罪，检察官的客观义务也只是要求出庭的公诉人站在客观公正的立场上履行指控犯罪的职能，在发现所指控的被告人不构成犯罪或者不构成所指控的犯罪时，有责任要求法

---

① 刑事公诉职权所具有的向有管辖权的法院提起公诉而启动审判程序，从而限制和制衡法院对案件的审判的数量和范围，只能说公诉具有制约法院审判的职能，而并不能引申出刑事公诉具有对法院庭审和裁判的监督的职能。即便刑事公诉具有对公民是否守法的监督属性，但也不能引申出刑事公诉具有对法院庭审和裁判的监督功能。

庭作无罪或者罪轻的判决，避免公诉人的角色演变成纯粹的追诉当事人，客观义务本身并不能推导出公诉人具有对法庭和裁判的监督职能。刑事公诉人做好庭审前的阅卷和出庭指控并向法庭证明犯罪的职责，法庭对案件作出了裁判，刑事公诉职权所包含的权能就履行完毕，至于在庭审中发现法庭审判和裁判中存在的问题，则属于审判监督职权范畴之内的事，已经超出刑事公诉的职权范畴。况且，由刑事公诉人对法院庭审和裁判实施监督，本身也存在逻辑矛盾，与法律监督所要求的中立性、与被监督事项的超然性等矛盾，公诉人本身在庭审活动中是否正确履行公诉义务，也需要监督。可见，刑事公诉的职权内涵以及履行审判监督职责的机制说明，审判监督是刑事公诉职权所包含不了的又一项检察职权。

综上所述，既然刑事公诉职权包含不了侦查活动的事后监督和对刑事审判的监督职能，就应当对侦查的事后监督和刑事审判监督权能从刑事公诉职权中独立出来，将对侦查活动的事后监督与上文审查逮捕中提到的侦查监督职能合并，结合侦查监督的其他内容，组成独立的侦查监督职权，将刑事审判监督从刑事公诉中剥离出来，成为一项独立的对刑事审判实施监督的职权。当然，应当分别在刑事公诉与侦查监督和刑事审判监督职权之间建立必要的信息沟通机制，刑事公诉职权在运行中发现侦查活动中存在的不依法侦查或者侵犯犯罪嫌疑人合法权益现象的，应当及时向侦查监督部门移送，由侦查监督部门依法向侦查机关实施监督，督促侦查机关纠正错误。刑事公诉部门发现刑事审判进程中存在的违法现象，应当将有关材料转交刑事审判监督部门，由刑事审判监督部门依法采取必要的监督手段，向有关法院提出并督促其纠正错误。

4. 行政诉讼监督与民事审判监督相分离，并将行政诉讼监督与行政公诉结合成一项完整的"检察职权块"

民行监督尽管是对法院审理民事和行政案件的审判活动所实施的检察监督，但民事审判与行政诉讼本身具有质的差别。民事审判所审理的对象是平等民事主体之间的纠纷，原被告之间是平等的关系，民事纠纷的解决要尊重当事人的意识自治和处分权。行政诉讼审理的则是国家行政机关与遭受具体行政行为侵害的公民、法人或者其他社会组织之间的纠纷，原被告双方一边是处于弱势地位的公民、法人或者社会组织，一边是行使公权力履行社会管理职能的国家行政机关，原被告之间在诉讼之前是管理与被管理的关系，在法律地位和力量对比上具有天然的不平衡性。民事审判所要解决的民事权利义务纠纷与行政诉讼所解决的行政纠纷，两者在法律属性、特征和运行机理上具有质的差异性，因此决定了对民事审判的监督与对行政诉讼的监督在运行机理上不可避免地存有差别，将两种性质不同的职权捆绑在一起，存在逻辑上的错误，违背了职权配置的一般原理。况且，在我国目前法治化程度不高的背景下，很可能导致实践中注重对民事审判的监督，淡化乃至疏忽对行政诉讼的监督。将行政诉讼监督职权与民事审判监督职权相分离，既是公权力配置的基本要求，也有利于规范和强化对行政诉讼的监督职能。将行政诉讼监督职权独立后，与行政公诉权①结合，组成完整的旨在强化对行政活动实施监督的检察职权。检察机关对行政诉讼活动实施监督，直接指向的对象是人民法院对行政案件的审判，表象上是对法院行使审判权的监督，但实质上是通过督促法院依法规范审理民告官的行政案件，督促国家行政机关及其工作人员依法规范行使管理职权，间接地实现对国家行政权的监督。检察机关的行政公诉职权则是通过对造成侵害公民、法人和其他组织合法权益，危害公共利益的案件提起诉讼的方式，实现对国家行政职权的直接监督，两种职权虽然表现形式有异，但其实质都体现了对国家行政职权运行过程的监督。将两种具有相同属性的职权配置在一起，既是职权配置原理的要求，也有利于检察权的行使和发展，更是强化对行政权运行过程的监督的需要。

5. 其他职权可以成为一项独立的"检察职权块"

其他职权，是指提出制定和修改法律的意见、在具体案件中解释法律或者提供法律意见，以及就其他规范性文件的合法性提出质疑的权力。② 其他职权包括立法建议权、法律解释权和法律文件的提请审查权。法律建议、法律解释和提请审查法律文件权，是围绕法律的制定、修改、运用以及法律规范的合理性表达检察机关的意见，具有相同的法律属性，在职权的运行机理上也具有相同或者相似的特征，可以将三者组合成完整的一项"检察职权块"。赋予检察机关的其他职权是世界各国的普遍做法。例如在英国，"作为国王的首席法律顾问，总检察长尤其要向国王提供有关国际法、公法和宪法问题的咨询，并且向上议院特权委员会提供咨询"。在美国，司法部长作为总检察长，具有向总统和各部首脑就法律问题提出建议的职权，其"工作意见要编辑出版，并成

①　行政公诉，是指检察机关在履行法律监督职责的过程中，认为行政机关违反了有关法律规定，侵害了公民、法人和其他社会组织的合法权益，危害了国家和社会公共利益，依照行政诉讼程序向法院提起诉讼，要求法院进行审理并作出裁判的活动。我国法律给检察机关配置的现行检察职权中，没有行政公诉，但检察机关行使行政公诉权与检察机关的法律监督地位相适应，是强化对行政职权运行过程监督的必然要求，符合诉权的基本理论，也是我国检察制度发展的必然趋势。同时，有近年各地检察机关开展行政公诉的实践经验作为基础，还有国外检察机关实施行政公诉的制度和经验可资借鉴。

②　张智辉：《检察权研究》，中国检察出版社 2007 年版，第 211 页。

为有价值的国家文件"①。尽管我国宪法和法律没有直接规定检察机关的其他职权，但其中有的权力如法律解释权已经在全国人大常委会《关于加强法律解释工作的决议》中作了明确规定，其他两种职权则是由我国检察机关的性质和所承担的法律监督职能决定的。作为法律监督机关，我国检察机关要对被监督主体适用法律的情况进行审查，并且依法对被监督事项中的错误进行督促纠正，是及时了解法律适用的基本状况以及所存在的问题，及时发现法律制度中存在的漏洞和不足，提出具有针对性的立法和法律修改意见的根本保证；通过法律监督实践中对法律的审查适用，也最能了解法律的立法意图和精神实质，以及法律规范的设定是否合理，也因此有责任向国家立法机关提出违法审查的建议。可以说，赋予检察机关以其他职权，不仅是法治建设的需要，也是确保法律规范本身协调统一的要求。

（二）检察机关内设机构改革

检察机关的内部机构设置，直接服务于检察权的规范运行，应当按照检察权分解后形成的职权单元设置内部机构，每个单元确定为一个内部机构。基于这种考虑，我们认为，应当对现有的检察业务机构实行重组，统一按照检察职权中各具体权能的划分标准设置内部机构，确保各业务机构的设置能够囊括检察职权的整体内容，在本质上能够体现检察机关作为法律监督机关的宪法定位。对检察非业务机构也应当进行调整，以实现精简高效的目标。

1. 内设业务机构改革

检察机关的内设业务机构是行使检察职权的主要机构，也是目前存在问题较多的内设机构，因而应当成为检察机关内设机构改革的重点。针对目前检察机关内设业务机构存在的主要问题，我们认为，应当从以下三个方面对其进行改革。

（1）统一名称

检察机关内设业务机构的名称与其行使的具体检察职权及其属性具有密切的关系，检察机关内设业务机构的名称是否科学、是否合理，直接反映了对检察权的认识。例如，是称"公诉处"还是称"审判监督处"，直接反映了对公诉权的认识，即公诉权是否包括对审判活动进行监督的职权。因此，统一检察机关内设业务机构的名称是检察机关内设机构改革的一项重要内容。

关于检察机关内设业务机构的名称，目前学者们提出了许多不同的观点。

---

① ［英］戴维·M. 沃克：《牛津法律大辞典》，北京社会与科技发展研究所译，光明日报出版社 1989 年版，第 68 页。

例如，有的学者提出检察机关内设业务机构的名称应当统一为"署"，如职务犯罪检察署、公诉署、诉讼监督署等。① 有的学者认为，在内设业务机构的称谓上，应当上下保持统一，可以考虑两种方案：一种是各级检察机关的业务机构一律称"厅"，正好与人民法院的"庭"相对应。另一种是参照现在反贪污贿赂局的称谓，各级检察机关的业务机构一律称"局"，最高人民检察院的业务机构称"总局"。② 还有的学者提出基层检察院内设机构实行"大部制"构想，名称统一为"庭"，如职务犯罪案件侦查庭、刑事犯罪案件审查庭、检务监督庭、检务管理庭和检务保障庭。③ 在最高人民检察院组织修改《人民检察院组织法》的讨论过程中，统一内设业务机构名称的呼声很高。但在"署"、"部"、"厅"、"局"、"室"、"司"等具体称谓上难以达成共识。在最高人民检察院关于《人民检察院组织法》修改的历次草拟稿中，主要提出了以下四个方案：方案一，最高人民检察院根据需要，设立若干检察厅、局和其他业务机构，省级检察院设立相应的检察局和其他业务机构，省辖市检察院设立相应的检察处、局和其他业务机构，县级检察院设立相应的检察科、局和其他业务机构。方案二，检察院根据工作需要，在内部设立若干检察业务部门和其他业务机构。各级检察院内设机构设主任检察官一人，副主任检察官若干人。方案三，检察院根据工作需要，在内部设立若干检察业务局和其他工作机构。各级检察院内设机构设局长一人，副局长若干人，局长负责召集、主持检察官会议和处理相关行政事务，副局长协助局长工作。方案四，从最高人民检察院到基层院，分别使用"厅"、"局"、"处"、"科"的称谓。④

我们认为，检察机关内设机构的名称应当上下统一，业务机构的名称应当体现检察机关法律监督的本质特征和其承担的职能，非业务机构的名称应当反映其基本功能。各级检察院内设机构的名称，从最高人民检察院到基层院，可以分别使用"厅"、"处"、"科"的称谓。由于"检察"是法律监督的体现，因而检察机关业务机构的名称应当有"检察"二字，为此应当对检察机关内设业务机构的名称进行以下改革：将"侦查监督厅（处、科）"改为"侦查检

① 参见张宪平：《检察机关内设机构设置的构想及论证》，载《法制经纬》2010年第2期（下）。
② 参见冯中华：《我国检察机关内部机构设置改革研究》，载《青海师范大学学报》2005年第3期。
③ 参见徐安怀、包晓勇：《"大部制"检察机关内设机构运作的新理念》，载《中国检察官》2008年第11期。
④ 参见张步洪：《检察院组织法修改的基本问题与主要观点评介》，载《国家检察官学院学报》2011年第6期。

察厅（处、科）"、"公诉厅（处、科）"改为"刑事公诉检察厅（处、科）"、"监所检察厅（处、科）"改为"刑罚执行检察厅（处、科）"等。这里应当说明的是，"反贪污贿赂局"虽然可改为"贪污贿赂检察厅"，但是最好不改，因为"反贪污贿赂局"中的"反"字具有"反对"、"打击"、"监督"等含义，也能体现检察机关法律监督的本质特征，同时，经过多年来新闻媒体和影视文艺作品的宣传，"反贪局"已被社会各界和广大人民群众所熟知，成为一个响亮的品牌，已深入人心，具有很高的知名度，这是检察机关一笔十分宝贵的无形资产，弃之而改用人们不大熟悉的其他名称则十分可惜，因而最好予以保留。

（2）机构调整

针对检察机关内设业务机构存在的问题，根据上述对检察权的分解，笔者认为，应当对现有的内设业务机构进行调整，统一按照检察权的分解和各类检察职权运行的要求设置内部机构，以确保各个业务机构的设置不仅能够体现检察机关法律监督的本质特征，而且能够优化检察职权的内部配置，保证各项检察职权的高效运行，实现检察机关的职能作用。据此，应当对检察机关内设业务机构进行以下改革。

一是整合反贪污贿赂部门、渎职侵权检察部门和职务犯罪预防部门。即撤销职务犯罪预防部门，将其职能融入反贪污贿赂部门和渎职侵权检察部门，保留反贪污贿赂局、渎职侵权检察厅（处、科）。由于目前法律对职务犯罪预防权及其行使程序、手段等缺乏明确的规定，近几年来预防职务犯罪工作的有效开展主要依赖于职务犯罪侦查工作。虽然目前许多人民检察院设立了独立的职务犯罪预防机构，目的在于通过机构的分离和专业化，深化和加强职务犯罪预防工作。但问题的关键是预防职务犯罪工作对职务犯罪侦查有着天然的依赖性，职务犯罪预防权的分离必将严重影响预防职务犯罪工作的开展和预防效果的实现，也不利于实现"打防结合"。因此，借鉴我国香港特别行政区廉政公署的成功经验，有必要撤销职务犯罪预防部门，将职务犯罪预防职能融入职务犯罪侦查工作中。关于反贪污贿赂部门和渎职侵权检察部门的设置问题，有的学者以反贪污贿赂部门和渎职侵权检察部门都行使检察侦查权为由，主张将二部门合并成立职务犯罪侦查局，下设贪污贿赂侦查处、渎职侵权侦查处等。[1]

---

[1]　参见向泽选：《检察职权的内部配置与检察机关内设机构改革》，载《河南社会科学》2011 年第 3 期；徐安怀、包晓勇：《"大部制"检察机关内设机构运作的新理念》，载《中国检察官》2008 年第 11 期；熊发南：《对检察机"关内"设机构设置问题的思考》，载《中国检察官》2009 年第 11 期。

我们认为，这种观点在理论上可能是成立的，但是不符合我国的现实情况和客观需要。这是因为：虽然贪污贿赂案件和渎职侵权案件都是职务犯罪案件，检察机关查处这两类案件都是行使检察侦查权，但是，这两类案件的特点是不同的，其侦查难度也是有很大差别的，因而设立两个部门有利于深入研究和总结这两类案件的侦查技巧和规律，有效提高侦查效率。更为重要的是，我国目前实践中查办渎职侵权案件的数量较少，这不是因为渎职侵权现象少，而是因为查办力度不够，如果将两个部门合并，就会因贪污贿赂案件多而冲淡渎职侵权案件的侦查，使查办渎职侵权案件的数量进一步减少，这不符合人民群众的要求，更不符合法治的精神。从我国目前情况看，渎职侵权现象还较为严重，人民群众对此反映十分强烈，这就要求我国应当进一步加大查办渎职侵权案件的力度；而法治也要求对国家工作人员的权力进行有效的监督，查办渎职侵权行为是对国家公权力进行监督的有效手段，在我国法治建设的初期，这项工作不仅不应当削弱，而且需要进一步加强，这就为独立设立渎职侵权检察部门提供了客观需要。同时，根据我国《刑事诉讼法》第 18 条的规定，人民检察院的侦查权主要是针对贪污贿赂犯罪和渎职侵权犯罪，即检察侦查权可分为贪污贿赂案件侦查权和渎职侵权案件侦查权，因而将检察机关的自侦部门分设为反贪污贿赂部门和渎职侵权检察部门两个机构也是合理的。此外，由于职务犯罪案件较为复杂，侦查工作需要较多的人力和物力，因而各级检察机关都为职务犯罪侦查工作配备了较多的检察人员和物质装备，如果将两个部门合并，就会显得机构庞大，与其他部门也不协调。

二是分解刑事公诉检察部门。即将刑事公诉检察部门分解为若干个部门，分别承担不同类型案件的公诉职能和刑事审判监督职能。一直以来，检察机关的公诉机构承担着行使公诉权和审判监督权的双重职责。1996 年刑事诉讼法修改后，许多学者从当事人主义诉讼结构的要求出发，认为检察机关在该构造中既是当事人一方，又是凌驾于被告人、法官之上的监督者，行使审判监督权会影响审判的公正性，因而主张将公诉职能与审判监督职能分立，单设一个刑事审判监督机构。① 我们认为，这些论证预设了检察机关是视控诉为唯一立场，且高高在上，拥有可以左右裁判权的机关，然后通过纯粹的理论论证得出了上述结论。事实上，只须通过法律和制度的合理设计和约束，以上担心是完

---

① 参见但伟、姜涛：《侦查监督制度研究——兼论检察引导侦查的基本理论问题》，载《中国法学》2003 年第 2 期；徐鹤喃、张步洪：《检察机关内设机构设置的改革与立法完善》，载《西南政法大学学报》2007 年第 1 期；向泽选：《检察职权的内部配置与检察机关内设机构改革》，载《河南社会科学》2011 年第 3 期等。

全可以去除的。其一，典型的三角形诉讼结构只限于法庭上，在法庭上必须保证法官的绝对权威，由法官主导和控制诉讼进程。其二，审判监督权是一项程序性权力，而非实体裁决权，它对法官没有实质性的影响，更不会影响法官的独立思考与公正判决。其三，即使在未明确赋予检察机关以法律监督权的大陆法系国家，公诉人在法庭上既是依法履行法定各项职能的检察机关的代表，也可以对审判活动进行监督。① 其四，如果公诉和审判监督机构分设，审判监督者以何种形式介入审判活动值得考虑，而一旦脱离了审查起诉和出庭公诉的诉讼过程，审判监督的力度和效能就会大大削弱，其结果会使审判监督名存实亡。其五，当前这种主要以事后监督形式实施的审判监督往往要取得检察机关领导、检察委员会的同意，才可以提出纠正违法意见或提起抗诉，本身已具备严密的审查程序，即使分设审判监督机构，也须经过相同的程序，这样的分设显然是不必要的，也不符合效能原则。虽然我们不主张独立设立刑事审判监督部门，但认为应当对目前的刑事公诉检察部门进行分解，按照审查公诉的案件类型分为若干个刑事公诉检察部门，如可以按照普通刑事案件、死刑犯罪案件、职务犯罪案件、青少年犯罪案件等类型，设立刑事公诉检察一厅（处、科）、刑事公诉检察二厅（处、科）、刑事公诉检察三厅（处、科）等，分别行使该类刑事案件的审查起诉和审判监督职能。这样分解刑事公诉检察部门，不仅可以与法院的各个刑庭相对应，而且还可以解决目前刑事公诉检察部门办案压力大和人员多的问题，有效协调检察机关各内设业务机构的人员比例。

三是分解民事行政检察部门。即将现行的民事行政检察部门一分为二，成立民事检察厅（处、科）和行政检察厅（处、科）。民事检察厅（处、科）负责民事审判监督和民事执行监督；行政检察厅（处、科）则承担行政诉讼监督和行政执法监督职能。这样改革的理由是：民事案件和行政案件具有较大的区别，检察机关对这两类案件审判监督的对象也不相同，特别是目前法院审判的大量民事案件需要监督，因而将民事检察独立设立一个机构，有利于加强对法院民事审判和执行的监督，有效维护当事人的合法权利和社会稳定。同时，设立行政检察机构，行使对法院行政诉讼的监督权和行政机关行政执法的监督权。目前虽然行政案件较少，对法院行政诉讼监督的任务不重，但是，目前实践中却存在大量的行政违法行为需要监督，将这项监督工作纳入行政检察机构，不仅可以增加行政检察机构的任务，协调各个内设机构的业务工作量，而且可以明确对这项工作的监督责任，加强对行政执法的监督力度，提高我国

---

① 陈吉生：《论公诉权与法律监督权的独立行使》，载《政法论坛》1998 年第 1 期；赵子良：《试论公诉权与审判监督权的分离》，载《人民检察》1999 年第 11 期。

的行政执法水平。

四是合并刑事申诉检察部门和控告检察部门。即将刑事申诉检察部门和控告检察部门合二为一，成立控告申诉检察厅（处、科），负责有关刑事申诉和控告的审查职能。从目前司法实践看，刑事申诉检察和控告检察工作具有许多相似性和相通性，而且这两个方面的工作任务也不太重，设立两个部门不仅不利于工作，而且与其他内设机构的业务工作量也不协调。因此，从有效提高工作效率和精简机构两方面考虑，有必要将这两个部门合并为控告申诉检察部门，成立控告申诉检察厅（处、科）。

五是设立案件管理部门。即各级检察机关应当设立案件管理办公室。从目前实践看，为了强化检察机关的内部监督，许多检察机关都设立了案件管理部门，但名称尚不统一，有的称"案件管理中心"，有的称"案件管理办公室"。我们认为，统一称"案件管理办公室"较为合适，因为"室"是检察机关内设机构常用的名称，如办公室、研究室等。为了加强内部监督，提高办案质量，有必要改革检察机关现行的"纵强横弱、分散管理"的案件管理模式，建立统一同步的案件管理模式。案件管理部门具体担负管理和监督的职能。管理职能即对检察案件的统一受理、分配、流转，对检察文书的统一编号、备案、对外出具，以及绩效考评管理。监督职能包括案件办理过程的流程监控，重点案件的督察，扣押、冻结款物的监督，案件质量的事后评查、诉讼文书的对照复核等。此外，还负责对办案数据的统计、分析和信息发布，确保各部门间的信息互通、共享和汇总反馈等，这实质也属于管理的范畴。总之，案件管理部门是对各项检察业务进行统筹管理和监督的综合业务部门。设立案件管理办公室，可以通过统一案件的"进口"与"出口"、规范管理流程，可以同步监督每一起案件和每一个办案环节，及时发现、督促和纠正违规违法行为，促进执法办案活动的规范化。同时，案件管理办公室还可以通过对提出异议不批捕、不起诉、撤回起诉的案件，以及检察长批示交办、督办的案件等，进行审查、督察、评查，有效加强内部监督。因此，设立案件管理办公室，可以起到"办案流程管理、办案质量监督、交办督办案件、业务运行分析指导、检察业务综合考评"等作用，有效提高检察机关的办案质量和执法水平。

六是规范派出机构。即法律应当明确规定哪些检察院可以派出检察院或检察室，以及具体的审批程序等。从目前实践看，检察机关的派出机构包括派出检察院和派出检察室两类。关于派出检察院，现行人民检察院组织法规定，省一级人民检察院和县一级人民检察院经本级人大常委会批准，可以在特定区域设置人民检察院。这一规定打破了检察机关四级设置的基本体系，而且县一级人民检察院派出的人民检察院规格无法确定，也没有同级人大可以报告工作，因而存在的问题较多。为此建议修改为："省一级人民检察院和自治州、省辖市人民检察院，根据工作需要，经最高人民检察院批准并提请本级人民代表大会常务委员会决定，可以在工矿区、农垦区、林区等区域和监狱等场所设置人民检察院，作为派出机构。"关于派出检察室，现行人民检察院组织法没有规定，但实践中各级检察院都有派出检察室。目前派出检察室主要有两类，即派驻监所的检察室和派驻农村乡镇的检察室。为了使派出检察室于法有据，建议法律规定："各级人民检察院，根据工作需要，提请本级人民代表大会常务委员会批准，可以在监狱、看守所、乡镇等设置检察室，作为派出机构。"

此外，保留现行的侦查检察厅（处、科）、刑罚执行检察厅（处、科）、法律政策研究室等部门，并调整其职能。侦查检察厅（处、科）行使刑事立案侦查监督权、批捕和决定逮捕权；刑罚执行检察厅（处、科）行使对所有刑罚执行和变更执行的监督权；法律政策研究室行使司法解释权、立法建议权、法规提请审查权①等。

（3）分级设置

由于检察机关体系分为最高人民检察院、省级人民检察院、自治州和省辖市人民检察院、县级人民检察院四级，各级检察机关的职能、任务大小不尽相同，因而其内设机构多少也应当有所区别。具体来说，在检察业务机构的设置上，应当体现原则性与灵活性相结合的原则，各级检察机关可以根据职能多少和业务量的大小，决定设置业务机构的数量，没有必要实行严格的上下对应，以节省司法资源。最高人民检察院和省级人民检察院除了办案外，还要承担检察政策和工作思路的确定、对下工作指导和监督、司法解释和规范性文件的制定等职能，同时，省级人民检察院承担着传达最高人民检察院各项政策和指令的任务，因而在业务机构的设置上应当做到齐全对应。自治州和省辖市人民检察院和县级人民检察院的主要任务是办理案件，同时各地业务量大小有很大区别，因而没有必要与上级院实行严格的对应，可以根据本地区案件种类和数量的多寡，将具有相似职能的机构进行整合或减少同一职能的机构设置等，以避免出现一至两人科处室的现象，使有限的人力资源发挥更大的作用。但是，

---

①　法规提请审查权，是指检察机关发现行政法规与宪法和法律相冲突时，提请国家最高立法机关就其合法性进行审查的一项权力。这是我国《立法法》赋予检察机关的一项权力，即《立法法》第90条第1款规定："国务院、中央军事委员会、最高人民法院、最高人民检察院和各省、自治区、直辖市的人民代表大会常务委员会认为行政法规、地方性法规、自治条例和单行条例同宪法或者法律相抵触的，可以向全国人民代表大会常务委员会书面提出进行审查的要求，由常务委员会工作机构分送有关的专门委员会进行审查、提出意见。"

"有些机构可以不设，但必须有专人负责该项工作"①，以保证检察各项职能的有效实现。

2. 内设非业务机构改革

由于检察权分为检察领导权、检察业务职权和检察非业务职权三大类，因而检察机关的内设机构总体上可分为内部领导（决策）机构、内设业务机构和非业务机构（综合管理机构）。关于检察机关内部领导机构的改革，主要是对检察委员会的人员组成、议决程序和办事机构的改革。② 目前检察机关的内设非业务机构主要有政治部、办公室、纪检监察部门、计划财务部门、后勤装备部门、直属事业单位等。对于这些非业务机构，最高人民检察院和省一级人民检察院可以独立设置，但是自治州和省辖市人民检察院、县一级人民检察院则可以根据各地的实际情况，进行以下精简改革。

一是将纪检监察部门与政治部合并，设置政治部。政治部主要负责政治党务工作和人事工作等，包括政治思想教育、政治学习、教育培训等党务工作，以及负责检察机关内部机构的设置、人员编制、人事任免、检察人员的监督、考核等人事工作。

二是将财务部门、后勤装备部门与办公室合并，设置办公室。办公室主要负责检察机关文电的起草与处理、会议组织、内外联络、财务管理、行政装备建设、宣传报道工作、一般性调研、数据信息统计、档案管理、外事接待以及其他非办案性质的工作等。

通过上述改革，可以有效减少检察机关内设非业务机构的设置和人员编制，避免出现一至两人科处室的现象，提高非业务机构的综合服务能力和效率，同时可以将有限的人力资源用在检察办案业务上，增强检察机关的办案能力，切实有效地提高办案质量和水平。

（三）检察权的内部配置

检察机关各内设机构是检察权运行的载体，也是检察权有效分解的根本保证。在对检察权进行内部配置时，应当根据检察机关各内设机构所承担的职能，按照保障法律监督效能的发挥、检察权独立高效运行、各项检察权能相互制约的原则进行配置。

---

① 孙谦主编：《检察理论研究综述》，中国检察出版社2000年版，第142页。
② 参见邓思清：《论我国检察委员会制度改革》，载《法学》2010年第1期；《再论我国检察委员会制度改革》，载《人民检察》2010年第11期。

1. 检察侦查部门的权能

依据我国法律对检察权的总体配置状况，结合检察侦查部门的具体职能，检察侦查部门应当享有查办和预防职务犯罪的权能。

（1）职务犯罪侦查权，即对刑法规定的贪污贿赂犯罪案件和渎职侵权犯罪案件进行查办的权力。根据我国《刑事诉讼法》的规定，检察机关负责对贪污贿赂犯罪，国家工作人员的渎职犯罪，国家机关工作人员利用职权实施的非法拘禁、刑讯逼供、报复陷害、非法搜查的侵犯公民人身权利的犯罪以及侵犯公民民主权利的犯罪，进行立案侦查。同时，对国家机关工作人员利用职权实施的其他重大的犯罪案件，经省级人民检察院决定，也可以立案侦查。职务犯罪侦查部门具体承担对上述犯罪案件的侦查管辖职责，具体行使对职务犯罪案件举报材料的初查权，对符合立案条件的涉案者进行立案侦查。

根据侦查案件的需要，按照《刑事诉讼法》的规定，职务犯罪侦查权包括：对犯罪嫌疑人进行讯问、对证人进行询问的权力；对与犯罪有关的场所、物品、人身、尸体进行勘验、检查、搜查，以及对涉案款物采取查封、扣押、冻结等强制性侦查措施的权力；对特别重大贿赂案件律师会见犯罪嫌疑人的批准权；对讯问实施同步录音录像的权力；对案件专门性问题进行鉴定的建议权；对侦查中查封扣押的涉案款物进行处理的建议权；对重大贪污贿赂案件以及利用职权实施的严重侵犯公民人身权利的重大犯罪案件采取技术侦查的决定权和建议执行权；案件侦查终结后将案件移送或者不移送审查起诉的权力等。侦查中所行使的这些具体权能都属于职务犯罪案件侦查权的范畴，是由侦查案件所派生出来的权能。尽管有的检察权能的行使需要经过检察长的审批，但从权力内部配置的角度看，上述权能在本质上属于职务犯罪侦查部门应当享有的职权。

（2）职务犯罪预防权，即结合查办职务犯罪案件而开展职务犯罪预防工作的权能。将预防职务犯罪的权能赋予检察侦查部门统一行使，比职务犯罪侦查与职务犯罪预防由两个部门分别行使更为便捷，拥有更多的优势。检察侦查部门承担职务犯罪预防的职能，可以将预防工作融入侦查办案中，根据办案中获取的关于职务犯罪动机和犯罪特征，发案单位内部管理存在的漏洞和隐患，拟定预防职务犯罪的对策和措施，有针对性地堵塞漏洞，防止非规范性的职务行为演变成职务犯罪，并通过开展警示教育，从源头上防止职务犯罪的发生。侦查办案人员通过对职务犯罪的规律性、苗头性、倾向性问题的归纳分析，尤其是对职务犯罪多发、易发、高发领域的研究，可以发现职务犯罪案件线索，明确职务犯罪侦查办案的方向和重点领域。如此，通过职务犯罪的侦查带动职务犯罪预防，借助职务犯罪预防促进职务犯罪侦查向纵深发展的功效就可以显现出来。

此外，由检察侦查部门履行职务犯罪预防职能，可以将专司预防和侦查办案的人员有机组合，统一调度。既可以让专司职务犯罪预防的人员及时介入案件线索的经营、初查和侦查，有针对性地收集信息和资料，为开展预防工作打好基础；也可以让侦查办案人员必要时介入个案预防、专项预防和系统预防，让其参与预防调查、预防约见，从相关环节中发现案件线索，提升对案件的控制力。这样就可以从人员调配和工作统筹上避免侦查、预防工作思路单一、视野不开阔，工作模式简单、缺乏灵活性，细节考虑不完善、信息收集不全面等弊端，合理地规划和使用检察人力资源，既可以解决职务犯罪侦查办案人员短缺的问题，又可以提高预防的针对性、实效性和精确度，还可以在实践中不断提升和拓展侦查和预防人员的知识面，不断提升其执法能力。

2. 公诉部门的权能

依照我国刑事诉讼法和人民检察院组织法的规定，公诉部门应当享有审查起诉、提起公诉、不起诉、出庭支持公诉、公诉变更、量刑建议、二审抗诉等检察权能。

（1）审查起诉权，即对公安机关、国家安全机关、军队保卫部门以及检察机关侦查部门侦查终结的案件依法进行审查，并作出提起公诉决定的权能。审查起诉是公诉的前提和基础，因而必然将审查起诉权配置给公诉部门行使。审查起诉权的运转机理及其目标决定审查起诉权包括受理、审查和作出审查决定三项子权能。

受理权即公诉部门依照法定程序接受公安机关、国家安全机关、军队保卫部门以及检察机关侦查部门侦查终结，移送审查起诉的案件的权能。审查权即公诉部门对依法受理的提请审查起诉的案件，指派专人对犯罪事实是否清楚，证据是否确实、充分，犯罪性质和罪名认定是否正确，有无遗漏罪行和其他应当追究刑事责任的人，是否属于不应当追究刑事责任的，有无附带民事诉讼，以及侦查活动是否合法而依法审查的权能。为了确定案件是否达到起诉标准，审查过程中要讯问犯罪嫌疑人，听取辩护人、被害人及其诉讼代理人的意见，由此决定审查起诉权还包括以下主要的子权能：要求到案的权能，即要求侦查机关或者侦查部门对在逃的犯罪嫌疑人采取相关措施，保证犯罪嫌疑人到案后再移送审查起诉的权能；讯问和询问的权能，即依法讯问犯罪嫌疑人，询问辩护人、被害人、证人的权能；违法线索的移送权，即对审查起诉中发现的侦查活动中的违法现象，依法向侦查监督部门移送的权能；退补权，即对需要补充侦查的，依照法定程序将案件退回侦查机关或者侦查部门补充侦查，以及对经审查确定犯罪嫌疑人没有实施违法行为，或者犯罪事实并非涉案犯罪嫌疑人实施的，依法定程序将案件退回侦查机关处理的权能；证据补充权，即要求侦查机关或者侦查部门补充提供有关证据的权能等。作出审查决定权即公诉部门对受理的案件进行审查后，根据案件的事实和证据情况，在法定时限内作出提起公诉决定的权力。

（2）提起公诉权，即案件经审查决定起诉后，将犯罪嫌疑人提交有管辖权的人民法院进行审判的权能。提起公诉是刑事公诉的核心和根本，是将犯罪嫌疑人提交法院审判，实现国家刑罚权的纽带和桥梁。作为审查起诉的必然结果之一，与审查起诉具有前因后果的逻辑关系，既然审查起诉权要由公诉部门行使，提起公诉就更应该配置给公诉部门行使。提起公诉的权能包括制作起诉书和向有管辖权的人民法院提起公诉、移送案件两项子权能。根据案件的具体情况，还可能包括并案起诉权和提起附带民事诉讼的权能。并案起诉权，是指依法对侦查机关或者侦查部门遗漏的犯罪嫌疑人决定一并提起公诉追究其刑事责任的权能。提起附带民事诉讼权，是指对因犯罪嫌疑人的犯罪行为造成国家、集体财产损失的，依法提起附带民事诉讼的权能。当然，这些具体权能的运行，需要报经检察长审批或者由经检察长授权，从权能配置的角度看，他们属于公诉部门应当享有的检察权能。

（3）不起诉权，即检察机关对案件进行审查后，认为不具备起诉条件或者不适宜提起公诉时，作出不将案件移送法院进行审判而终止诉讼的权力。根据我国《刑事诉讼法》规定，检察机关的不起诉权包括三方面内容：一是法定不起诉，即具备《刑事诉讼法》第15条规定的六种情形之一的，检察机关应当作出不起诉决定；二是裁量不起诉，即对犯罪情节轻微，依照刑法规定不需要判处刑罚或者免除刑罚的案件，检察机关可以决定不起诉；三是证据不足不起诉，即对于补充侦查的案件，检察机关仍然认为证据不足，不符合起诉条件的，可以决定不起诉。不起诉权是检察机关对案件进行审查后的一种结果，因而应当将其配置给公诉部门。

（4）出庭支持公诉权，即在法院开庭审判公诉案件时，派员出席法庭，进一步阐明公诉意见，并通过举证、质证和辩论，证明指控事实，使法庭确认对被告人的指控，要求依法对被告人予以判决的权能。出庭支持公诉是实现公诉主张，确保被告人获得刑罚处罚必要的途径，也是提起公诉权能的必然延伸，毫无疑义，应当配置给公诉部门行使。根据刑事公诉目标的要求，出庭支持公诉权还包括举证、质证、辩论和发表公诉意见等具体权能。

（5）量刑建议权，即检察机关在提起公诉后，就有罪被告人的量刑种类和量刑幅度向法院提出法律意见的权能。刑事公诉实质是检察机关就被告人的犯罪事实和应当承担的刑事责任，向法院递交的"定罪申请"和"求刑建议"。请求定罪和量刑是公诉的两大基本内容，"求刑建议"与"定罪申请"一样，是刑事公诉的组成部分，或者说"求刑建议是公诉权的必要延伸"①，既然量刑建议与公诉权密切相关，就应当与公诉权的其他权能一样，配置给公诉部门行使。公诉部门的检察人员熟悉案件情况，对犯罪嫌疑人或被告人的主观恶性、悔罪程度，以及犯罪发生的前因后果等较为熟悉，由公诉部门行使量刑建议权，也是诉讼效率和司法公正的内在要求。

（6）二审抗诉权，即请求人民法院对有错误的尚未生效刑事裁判重新审理的检察权能。它是基于人民检察院认为尚未生效的刑事裁判存有错误，认为公诉主张没有实现，而要求法院按照检察院的公诉主张对案件进行改判，它是刑事公诉的必然延伸，理应配置给公诉部门行使。同时，公诉部门熟悉案情，由公诉部门行使二审抗诉权，还可以避免由其他部门如诉讼监督部门行使该权能带来的重复劳动，节约检察人力资源，提高诉讼效率。

3. 审查逮捕部门的权能

审查逮捕部门的职能决定其应当享有审查逮捕和决定逮捕的职权。根据审查和决定逮捕的法律属性及其价值目标，审查逮捕和决定逮捕权还应当包括受理、审查、决定和移送等具体权能。

（1）受理权，即受理侦查机关提请批准逮捕的案件，或者受理下一级检察机关报请决定逮捕的案件的权能。

（2）审查权，即对受理提请批准逮捕或者报请决定逮捕案件的相关事实和证据，依法进行审查的权能。为了核实案件的事实和证据，审查逮捕时可以讯问犯罪嫌疑人，对是否符合逮捕条件存有疑问的、犯罪嫌疑人要求向检察人员当面陈述的、侦查活动可能有重大违法行为的案件，应当对犯罪嫌疑人进行讯问，以便核实证据的真实性和客观性。因此，决定审查的权能还包括讯问犯罪嫌疑人的子权能等。

（3）决定权，即经过审查后，对符合法定逮捕条件的，建议批准逮捕或者决定逮捕的权能；对不符合法定逮捕条件的，建议不予批准逮捕或者决定逮捕的权能。②

（4）移送权，即对审查逮捕中发现的侦查机关或者侦查部门侦查活动中存在刑讯逼供、暴力取证或者其他违法线索的，依照法定程序移送诉讼监督部门的权能。审查逮捕部门移送的违法线索是诉讼监督部门对侦查活动进行监督

---

① 参见陈瑞华：《量刑程序中的理论问题》，北京大学出版社 2011 年版，第 167 页。
② 是否能够批准或者决定逮捕，还要报经检察长批准，审查逮捕部门只享有批准或者决定逮捕的建议权。

的一个重要依据，审查逮捕部门与诉讼监督部门之间应当建立必要的移送案件信息的工作机制，以确保审查逮捕部门移送权的有效运行。

4. 刑事诉讼监督部门的权能

根据职能决定职责，职责决定职权配置的原理，刑事诉讼监督部门的职能决定应当将对侦查、审判和刑罚执行等诉讼环节中法律监督的权能配置给该部门行使。刑事诉讼监督的价值目标及其运行机理决定了诉讼监督权应当包括知情权、审查权和启动监督程序或者采用特定监督方式的权能。

（1）知情权，即获得被监督主体执法或者司法审判活动中认定事实和运用法律情况的权能。该权能是对诉讼活动实行法律监督的前提，只有知晓被监督主体的执法过程及与此相关的信息，才能审查发现各诉讼环节中是否存在违法问题。诉讼监督部门也由此获得了受理审查逮捕部门、公诉部门以及控告申诉检察部门提供的侦查机关或者侦查部门、刑事审判机关和刑罚执行机关违法行使职权的线索的权能，不服法院生效裁判的申诉案件的受理权，诉讼监督部门还应当具有主动了解被监督主体执法和司法情况的权能。

（2）审查权，即对获得的执法信息和素材依法进行审查核实的权能。该权能是诉讼监督部门对被监督主体的违法行为准确定性，并准确实行法律监督的关键。因此，诉讼监督部门在审查过程中享有对被监督主体的执法和司法情况进行询问，或者调阅有关案卷的权能，有权对不服法院生效裁判案卷进行复查，并根据情况对有关证据进行调查核实的职权等。

（3）督促纠错权，即根据审查确定的被监督主体违法行使职权的具体情形，依法启动特定纠错程序，或者采用特定方式，督促被监督主体纠正错误的的权能。包括对侦查、审判和刑罚执行中严重违法构成犯罪的，建议侦查部门启动侦查程序，对确有错误的法院生效裁判依照法定程序提起再审抗诉，对诉讼中存在的一般违法现象发放纠正违法通知或者纠错建议的权能等。

要特别强调的是，诉讼监督部门享有的只是程序上的督促权能，对监督中发现被监督主体存有严重违法构成犯罪的现象时，只能将相关材料移送侦查部门统一办理，不能由诉讼监督部门直接立案查办。这是检察职权内部配置规范性原则的要求，该原则决定，同一性质的职权只能配置给同一部门统一行使，将同一职权配置给不同部门，会造成职权配置中的凌乱，导致职权运行标准不统一，可能造成管辖中的扯皮和管辖真空地带，不利于对职务犯罪的查办。同时，检察权对外是一个整体，只要诉讼监督部门与职务犯罪侦查部门建立完善的信息交换机制，完善内部监督机制，就不会出现诉讼监督没有侦查权作保障而削弱监督效力的情况。

5. 民事审判监督部门的权能

民事审判监督部门的职能和职责决定应当将对民事审判的监督权能配置给该部门行使。根据民事诉讼的构成特征以及民事审判监督的内在机理，民事审判监督权包括信息获取、审核、抗诉以及纠错等具体权能。

（1）信息获取权，即通过受理当事人、其他利害关系人的申诉，以及通过其他渠道，获取法院民事裁判和生效裁判的执行活动是否存有错误的权能。

（2）审核权，即对受理的符合法定条件的申诉和其他材料进行审查，并确定生效的民事裁判和执行活动是否存有错误的权能。

（3）抗诉权，即对符合抗诉条件的生效民事裁判，依法建议向有管辖权的法院提出抗诉的权能。为确保抗诉意见能够获得合议庭的采纳，必然要派员出席再审法庭发表出庭意见，并对庭审活动实施法律监督，由此获得出庭支持抗诉的权能。

（4）纠错权，即对民事审判和执行存在的一般违法现象，发放督促被监督主体纠正错误的权能，包括发放错误纠正通知书、检察建议等。纠错权还包括对民事审判和执行中发生的严重违法构成犯罪的现象的纠正权，只是民事审判部门不能直接予以纠正，要将发现的民事审判和执行中发生的职务犯罪线索移送职务犯罪侦查统一查办，以遵循职权内部配置的规范性原则，为此，也必须在民事审判部门和职务犯罪侦查部门之间建立完善的工作信息交换机制。

6. 行政检察部门的权能

行政检察部门的职能决定配置给该部门的职权只能是行政检察权。行政检察权的内容包括对法院行政诉讼的监督，以及对行政权滥用造成的公益损害提出行政诉讼的权能。因此，行政检察部门的检察权能应当包括行政诉讼监督权、行政公诉权、行政执法监督权三项权能。

（1）行政诉讼监督权，即依照行政诉讼法的规定，对法院审理行政案件的活动进行监督的权能。要对行政审判活动实施监督，就要及时获取行政审判信息并对获取的信息进行审查，从而决定以何种方式进行监督。由此决定，行政诉讼监督权包括信息获取、审查和决定监督等具体权能。获取信息的权能，即通过受理行政诉讼当事人及其代理人的申诉，人民群众来信，或者通过新闻媒介获取行政审判活动和生效裁判信息的权能。审查权，即对受理的有关行政审判和生效行政裁判的材料进行审查核实，确定是否存在违法情形、违法的性质和严重程度的权能。决定监督的权能，即根据行政审判和生效裁判存在的违法事由的性质和严重程度，决定依法提起抗诉，或者采取发放纠正违法通知或者检察建议的方式，督促纠正行政审判和生效裁判中错误的权能。

（2）行政公诉权，即对国家行政机关及其工作人员的行政乱作为和行政不作为而造成的严重公益危害结果，依法提起行政公诉的职权。行政公诉权包括受理、提起行政公诉和出庭支持公诉等具体权能。受理的权能，即依法接受公民、法人和其他组织反映行政不作为或者行政乱作为而造成严重损害后果的材料，或者通过新闻媒体发现行政不作为和行政乱作为造成不法侵害的信息的权能。提起行政公诉的权能，即根据对受理的违法侵害材料和有关信息的审查，认为符合提起行政公诉的标准，依法向有管辖权的法院提起行政公诉的权能。出庭支持公诉的权能，即出席行政公诉审判活动，发表公诉意见，并对审判活动实施监督的权能。

（3）行政执法监督权，即对国家行政机关执行法律过程中存在的严重违反法律的情况实行法律监督的权力。从现有的法律规定看，检察机关依法可以对行政执法机关不移交刑事案件构成犯罪的行为立案侦查；对行政机关工作人员利用职权实施的职务犯罪行为进行立案侦查。这些都是对行政权实行法律监督的表现。除此之外，从应然的角度看，检察机关应当有权对行政机关执行法律、行使行政权过程中严重违反法律的情况实行法律监督。

7. 控告申诉检察部门的权能

控告申诉检察实质上包括控告检察和刑事申诉检察两方面的内容，由此决定，控申检察部门的职权应当由控告检察权和刑事申诉检察权两部分组成。

（1）控告检察权，即依法受理控告、举报、申诉以及犯罪嫌疑人自首，对举报、控告、申诉材料依法进行分流处理，对性质不明难以归口、群众多次举报未查处，以及检察长交办的举报线索进行初查，并对实名举报的处理情况和办理结果予以答复，并建议对举报有功人员予以奖励的权能。

（2）刑事申诉检察权，即依法审查办理属于本级院管辖的不服检察机关决定的刑事申诉案件，依法审查办理错误行使检察权引发的刑事赔偿案件，审查办理检察环节要求救助的刑事被害人救助案件的权能。

8. 法律政策研究部门的权能

法律政策研究室是检察机关的综合业务部门，其性质决定了应当为该部门配置的只能是其他职权。由于最高人民检察院法律政策研究室与省级以下检察院法律政策研究室的地位和职能不同，因而其行使的其他职权的具体内容不尽一致，故应当分两个层次对其行使职权的内涵进行界定。各级检察院法律政策研究室都享有的职权包括：对提请检察委员会讨论的案件和其他事项进行审核，以及就检察工作中的具体问题进行专项调研的权能。

最高人民检察院法律政策研究室应当享有以下职权：（1）就法律的制定和修改提出建议的权能，包括创制新法的建议权、修改旧法的建议权，以及对其他部门的立法建议提出意见的权能。（2）法律解释的权能，即针对检察工作中的实际问题，就法律的某些规定进行解释，以满足检察办案需求的权能。（3）就某些法律文件提请审查的建议权能，即对国家最高立法机关以外的国家机关制定的具有法律性质的规范性文件，提请国家最高立法机关就其合法性问题进行审查的建议权能。这三项权能属于最高人民检察院法律政策研究室的专属权，但地方检察机关的法律政策研究室可以就上述三项权能涉及的问题进行调研，提出建议报最高人民检察院研究室参考借鉴。

9. 案件管理部门的权能

严格地说，案件管理部门行使的职权并不是检察权的范畴，它是对其他内设机构行使检察权能的过程和质量进行管理和监督的权能。从案件管理的内容看，案件管理部门享有的权能包括流程管理和质量评查两项权能。

（1）流程管理权，即对检察执法办案的流程实施管理并督促各业务部门规范执法的权能。为了强化和实现办案流程管理的目标，必须赋予案件管理部门对检察执法办案中各项法律文书的管理权能，以及对扣押、冻结、查封的涉案款物的处理进行复核的权能。通过对文书的审查核实和对涉案款物处理过程和处理意见的监督，可以发现检察权运行中存在或者可能出现的问题，督促检察执法部门依法规范地采用强制性侦查措施，最终发挥对检察执法的评价职能。

（2）质量评查权，即对各检察执法业务部门办理的案件进行质量评查，总结发现检察办案经验和问题的权能。案件质量评查权还包括信息汇总的子权能，即对本级和下级检察院执法办案的信息情况进行统计汇总的权能。执法办案信息统计是案件质量管理的基础性要素，没有执法办案的信息，案件评查就成了无源之水，信息汇总是为案件质量评查服务的，因而信息汇总属于案件质量评查的下位权能。

第十三章　检察权运行机制与检察权优化配置

检察权运行机制是推动或者影响检察权运行的各主体相互联系相互作用的模式。检察权的运行涉及检察系统内外两个领域①。本章的研究，仅限于检察权在检察系统内部的运行。按照检察权在检察机关内部运行的特点和规律，检察权运行机制又可以分为宏观运行机制和微观运行机制。检察权运行机制的顺畅运转及其功能的正常发挥，与检察机制中推动检察权运转的各主体拥有的检察职权密切相关，怎样按照检察权运行机制运转规律的要求，为推动检察权运行的各主体配置适当的职权，就成了理论研究和实践操作不能不关注的问题。本章拟对检察权运行机制与检察权配置的逻辑关系，以及检察权运行的微观机制和宏观机制中的职权配置问题进行阐述。

一、检察权运行机制与检察权配置的内在联系

检察权是为实现检察价值目标而赋予检察机关的权力，但要确保检察权价值目标的实现，就必须建构合理的与实现检察价值目标相吻合的检察权运行机制。为检察机关配置特定的检察权，是建构检察权运行机制的前提，检察权运行机制是促使检察权运转，并实现检察职能的工作系统中各要素相互作用的机理或者模式。在实践操作层面，检察权运行机制要真正发挥功能，就必然要在其运转过程中把法律配置给检察机关的检察权具体化为各项检察权能，并对检察权的配置提出相应的要求。这应当成为把握检察权运行机制和检察权配置逻辑关系的基本准则。

（一）检察权是建构检察权运行机制的逻辑前提

检察权运行机制是为兑现检察权所包含的内容及其价值目标服务的，一定程度上，检察权运行机制描述的是检察权的运行轨迹，或者说是动态化的检察权表现形态，因此，检察权是建构检察权运行机制的逻辑前提。在检察权运行

---

① 检察权在检察系统内部的运行，包括在同一检察院内部和上下级检察机关之间的运行。检察权在检察系统外部的运行，是指检察权在侦查、审判和刑罚执行等领域的运行。

机制和检察权的逻辑关联上，是先有检察权，再有检察权运行机制。检察权的本质属性，可以通过检察权运行机制表现出来，有什么属性的检察权，就会有什么样的检察权运行机制。检察权的内容及其所要实现的价值目标，决定检察权运行机制的内涵和形态。在我国，法律监督是检察权的本质属性，这一属性要通过检察权运行机制的运转体现出来。同时，检察权又是一个复合概念，在检察权下面还有检察侦查权、公诉权、批准和决定逮捕权、诉讼监督权等具体权能，也因此决定，在检察权运行机制的大概念下，还存有检察侦查机制、公诉机制、批准和决定逮捕机制、诉讼监督机制等。但无论是检察权运行机制，还是具体的检察权能机制，它们所体现的必然是检察权或者具体的检察权能的内容，反映的只能是检察权或者检察权能所追求的价值目标的要求。也就是说，只有按照检察权或者具体的检察权能运行规律的要求，建构相应的检察权或者检察权能的运行机制，方能确保检察权内容的实现。如果建构的检察权运行机制不能反映检察权或者具体的检察权能运行规律的要求，就会出现检察权运行中的障碍现象。实践中出现的冤错案件，最根本的是建构的检察权运行机制没有反映检察权运行内在规律的要求所导致的。要从源头上确保检察权各项功能的正常发挥，杜绝检察权运行中的差错现象，就必然要从检察权运行机制上予以完善，确保建构的检察权运行机制能够体现检察权的内容及其要求。

（二）运行机制是检验检察权配置是否合理的重要途径

检察权运行机制的实际运转需要各相关权力主体的推动，各相关权力主体要发挥推动检察权运行机制实际运转的效用，就必须享有相应的职权。如果给检察权运行机制各相关主体配置的检察职权科学合理，检察权运行机制其他程序性要素的确立，也符合实体和程序理性要求的话，则能够使检察权运行机制合乎逻辑的实现检察权的内容及其价值目标，否则，检察权运行机制的运转就会走向其反面。也就是说，如果检察权运行机制的实际运转，能够将检察活动惩罚犯罪和保障人权的双重功能有机结合起来，则说明对检察权运行机制中各相关主体配置的检察职权，以及检察权运行机制中其他程序性要素的建构是科学合理的；如果不能发挥保护和保障双重功能的话，则说明对检察权运行机制中各相关主体的职权配置或者其他程序性要素的建构存有缺欠。从另一个侧面可以理解为，在检察价值目标相对恒定的情况下，检察权运行机制的实际运转，可以成为测量检察职权配置和其他程序性要素的试金石，既可以发现检察权运行机制中各相关主体的职权配置是否能够满足实现检察价值目标的现实需求，也可以检测出检察权运行机制中其他程序性要素的建构是否符合检察理性的要求。

（三）运行机制能够为检察职权的优化配置提供进路

在检察权运行机制和检察权的逻辑关联中，既要看到检察权对检察权运行机制建构的决定性效用，又要看到在检察价值目标恒定的情况下，检察权运行机制的实际运行轨迹是相对固定的，并且对推动检察权运行的各权力主体应当享有的职权也提出了相应的要求。只有检察权运行机制中各权力主体的职权配置，以及检察权运行机制运转轨迹的设定，契合了检察权运行机制运转的应然性要求，才能确保检察权运行机制的运转，能够实现检察权的基本内容和检察价值目标。也就是说，检察权运行机制对推动机制运行的各权力主体的职权配置具有制约和导向的功能。根据应然层面的检察权运行机制对职权配置的要求，可以对实然层面的检察权运行机制的各要素是否合理进行检测和调整。通过既存的检察权运行机制的实际运转，可以发现检察权运行机制中各权力主体的职权配置，有哪些不能满足实现检察价值目标要求的地方，按照检察权运行机制的应然性要求应当做哪些改革。可以说，根据检察权运行机制对职权配置的应然性要求，可以对现存的检察权运行机制中的各项不合理的职权配置进行纠偏，对偏离检察权运行机制应然性运行轨道的职权配置和其他不合理的要素及时进行矫正，把不符合或者远离应然性运行轨道的职权配置，及时拉回到检察权运行机制应然性运行轨道上来。检察权运行机制所具备的对职权配置的引导、检测和调整功能，可以为完善检察权运行机制中的职权配置找到合理恰当的切入点。

二、检察权运行机制中存在的问题

现行的检察权运行机制是在长期的检察实践和检察改革中探索建立起来的，基本能够实现检察权运行的价值目标，能够确保各项检察功能的正常发挥，在总体上符合检察权运行规律的要求，能够反映和体现出我国检察权的本质属性。但现行的检察权运行机制也并非白璧无瑕，检察实践中发生冤错案件的原因，除了检察执法主体主观方面的缘由，最根本的在于检察权运行机制中推动检察权运行各主体的职权配置和权力界限上还存在与检察权运行规律的要求不相适应的地方。

（一）检察权运行中不同主体的职权配置不够科学

享有特定的职权是各权力主体推动检察权运行机制运转的基本前提，这要求按照各权力主体在检察权运行机制运转中的地位和作用，为其配置界限明确便于操作的职权。现行的检察权运行机制中，无论是检察权的宏观运行机制，还是检察权的微观运行机制，都一定程度地存在为各权力主体配置的职权不明确、不具体、不均衡，或者权限不清晰的弊病。在检察权的微观运行机制中，检察活动由普通检察官具体实施，但制度规范上并没有赋予其独立的职权，每实施一个检察活动，每推动检察权往前运行一步，都要获得部门负责人或者检察长的授权。各内设机构负责人并不直接从事检察活动，制度规范也没有赋予其特定的职权，却要指挥或者分派普通检察官的执法活动，对普通检察官办理的案件或者其他事项进行审查。但由于对普通检察官执法审查不是法定的职责，也没有明确是实质审查还是形式审查，造成检察实践中审查标准和审查形式的不统一，这些都可能造成检察权运行机制运转中的权责不明，导致检察权微观运行机制运转的不规范甚至发生冤错案件。在检察权的宏观运行机制中，宪法和法律只是笼统地规定上下级检察院之间领导与被领导的关系，并没有具体明确各上级检察院享有的具体职权，也没有规定上级检察院在何种条件和情形下以何种形式对下行使领导权，更没有明确下级检察院在检察权宏观运行机制中是否应当享有一定的职权，导致下级检察院在检察权宏观运行机制的运转中只是被动地执行，这也会在一定程度上影响宏观运行机制的运转效果。

（二）权力主体推动检察权运行的条件不很明确

检察权运行机制是依靠各权力主体的推动来运行的。推动检察权运行机制运转的多个主体之间相互配合、密切合作，才能确保检察权运行机制功能的正常发挥，这就要求具体明确各权力主体推动检察权运行机制运转的基本条件，规定每个主体具备何种条件以及在何种情形下，即可行使推动检察权运行机制往前运行的权力。但现行的检察权运行机制要么只是笼统地确定其运行的模式或者机理，要么只是明确了某个或者某几个权力主体享有的职权。在检察权宏观运行机制中，只是明确了上下级检察院之间领导与被领导的运作模式，没有明确上下级检察院各自行使职权的具体条件。在检察权微观运行机制中，只规定检察长负责和检察委员会集体领导的决策模式，明确了检察长和检察委员会享有的职权，但没有明确各权力主体在何种条件和情形下可以行使推动检察权运行的职权，尤其是没有明确处于下位权力的主体行使权力的条件。可以说，现行的检察权运行机制是通过处于主导地位的权力主体的职权行使，带动处于其下位的主体行使相应职权，以此推动检察权运行机制的运转。由于各权力主体行使职权的条件不具体、不明确，导致检察权运行机制的运转带有一定程度的主观色彩，也因此难以把握和认定每个主体在检察权运行机制运行中应当发挥的作用，造成检察权运行机制运转失灵，检察执法中出现冤错案件或者其他违法情形时难以追究错案责任。

（三）主体间的责任界限不很明晰

要确保检察权运行机制在法治轨道上运行，除了赋予各权力主体特定的职权，还要明确各权力主体间的关系和应当承担的责任，但现行的检察权运行机制中，各权力主体在推动检察权运行机制往前运行中所处的地位，应当发挥的作用、相互间的关系，以及应当承担的责任，都不是很明确。譬如，在检察权微观运行机制中，法律将推动检察权运行的各项职权，分别赋予了检察长或者检察委员会，但没有明确检察长、检委会和其他主体，如内设机构负责人、普通检察官在推动检察权微观运行中各自应当承担的责任。在检察权宏观运行机制中，上级检察院在推动检察权往下运行中应当承担何种责任，如何处理检察院和党委、人大等的关系①，在制度规范层面没有具体明确。由于这些因素没有制度规范予以具体明确和划分，即便明确了推动检察权运行机制运转的各权力主体的职权界限，也不能完全保证检察权运行机制的运转符合法治、效率等的要求。

（四）检察权运行中上下级权力区分不够明确

在检察权运行机制中，既需要上级人民检察院或者上级领导的组织领导，也需要下级人民检察院或者普通检察人员的具体实施。领导者的职权与实施者的职权，分别构成检察权运行机制中辩证统一的主体双方。检察权运行机制的运转主要依靠领导者的推动，没有领导者启动检察权的运行，检察权运行机制只能处于静止状态。如果检察权运行的实施者只是被动地毫无作为地接受检察权运行给自己带来的任意后果，则可能造成检察权运行的领导者的恣意，影响检察权运行机制运转的整体质量和效果。只有让检察权运行的实施者在检察权运行机制的运转中处于能动的地位，赋予其对检察权运行的反作用力，才能促使启动检察权运行的主体，严格按照法治要求谨慎行使领导权。但要使实施者能够对检察权的运行形成某种反作用力，就必须赋予检察权运行的实施者一定

---

① 党的领导、人大的监督等是对检察权运行机制的运转施加积极影响的重要因素。这要求在检察权运行机制运转中，要正确处理好与党委、人大等的关系，遵循依法独立行使检察权与接受党委领导、人大监督的原则。检察权运行机制的运转必须坚持党委领导和接受人大的监督，这是前提。但党的领导和人大监督，主要是人事管理和政治领导，是一种权力监督，是为检察权的依法运行提供政治保障，而不是对具体检察活动的领导和包办，不是对具体检察办案活动的监督。党的领导和人大监督不会也不应当妨碍检察权的依法独立行使，检察权在其宏观和微观机制的运转中，要自觉服从党的领导和人大的监督。这是应当从制度规范层面上予以明确，实践中必须坚持和遵循的。

的职权，使其在面对检察权运行带来的某种影响时，能够对领导者形成某种制约，督促领导者依法谨慎行使启动权，确保检察权运行机制的运转质量。现行的检察权运行机制在实施者所应当享有的职权方面不是很明确。例如，在检察权的宏观运行机制中，只是一味地强调推动检察权往下运行的上级检察院所享有的职权，而对作为实施者的下级检察院应当享有的职权却不是很清楚，这在一定程度上影响了检察权运行机制的整体运转效果。

根据检察权运行机制运转的内在机理及其要实现的目标，针对现行检察权运行机制在职权配置上存在的上述问题，我们认为，要确保检察权运行机制功能的正常发挥，就必须从制度规范和实践运作层面，明确检察权运行机制中各主体的法律地位，厘清检察权运行机制中各主体在推动检察权运行中所应当享有的职权。例如，在检察权的微观运行机制中，应当分别对不同层次的启动者在推动检察权的微观运行中所享有的权限作出规定。在检察权的宏观运行机制中，除了从总体上明确上下级检察院的职权和作用外，还应当分别对处于不同层级的上级检察院和下级检察院应当享有的职权和发挥的作用予以明确。唯此，才能从根本上确保检察权运行机制效用的正常发挥。

三、微观运行机制中的检察职权配置

检察权的微观运行机制，可直观地理解为：推动检察权在同一检察院内部运行的各主体之间相互作用相互博弈所形成的工作流程或工作轨迹。本部分拟从我国检察权所固有的实现部分刑罚权和规制刑罚权的特性出发，对同一检察院内部即微观层面的检察权运行机制各要素的职权配置问题进行阐述。

（一）微观运行机制中各主体的职权配置状况及其效能

检察微观运行机制的研究，实质是要探讨怎样从工作机理上设定检察权在同一检察院内部的运作过程和运作方式。检察权的运用者和承受者是直接推动检察权微观运行的要素，其他一些因素诸如刑事政策、执法环境、犯罪状况等，也能在一定程度上促进或者延缓检察权的运行，但这些要素更多的是检察决策的条件，对检察权微观运行施加的是间接的影响。同时，检察权的微观运行又是在刑事诉讼过程中完成的，检察权的微观运行进程和质量与刑事诉讼模式密切相关。在犯罪惩治型诉讼模式下，刑事诉讼围绕被追诉者的治罪而展开，被追诉人是受追诉的客体，与此相联的检察权的微观运行只能是单项度的，缺乏与被追诉人能量和信息的交换，检察权的运用者成了推动检察权微观运行唯一的要素。在纠纷解决型诉讼模式下，惩治犯罪与保障人权构成刑事诉讼的双重目标，在这一诉讼模式下，被追诉人成为刑事诉讼的主体，检察机关与被追诉人在检察权微观运行中能够实现信息与能量的交换，检察权的运用者与承受者双方都构成推动检察权微观运行的主体。我国检察机关既是刑事诉讼的重要主体，担负着推动国家刑罚权实现的职能，又要对诉讼活动实施法律监督，发挥规制国家刑罚权运行的效能，惩治犯罪与保障人权构成我国检察权微观运行最基本的价值目标，由此决定，检察机关和被追诉者成为推动检察权微观运行机制实际运转的要素，①但由于被追诉者是通过法律赋予其享有特定的权利，来实现与行使检察权的各主体的抗衡和博弈，也因此决定，检察权微观运行机制中的职权配置不涉及被追诉方，只涉及同一检察院推动检察权运行的各主体之间的职权分配。

1. 检察长在检察权微观运行机制中享有的职权

检察长是检察机关的领导者和决策者，这是各国检察机关内部组织机构设置的通例。例如，英国 1985 年《犯罪起诉法》就规定，检察长是英格兰和威尔士皇家检察机关的首脑。②法国驻最高法院的总检察院和驻上诉法院总检察院的检察长分别掌握了所在检察院的重大权力，包括人事调动权和职责分配权，只是驻最高法院总检察院的检察长主要以"法律守护人"的身份存在，通常不直接参与或者支持案件的公诉。驻最高法院的总检察长和驻上诉法院的总检察长之间不存在隶属关系或权力等级关系，驻上诉法院总检察长对上诉法院辖区内各检察院的所有官员行使支配权。③在德国州检察系统，驻高等州法院总检察长统一领导本州的检察工作，对其辖区内的检察机关进行工作监督和专业监督。联邦检察院由联邦总检察长领导。④由于其他各国一般实行检察官办案制，检察官无须征求其上级的批准，就可以直接依法对案件进行处理，有权直接对案件作出起诉或者不起诉的决定。检察长一般不干预案件的办理，只有当检察长接到反映检察官不公正处理案件的告发时，才命令检察官对犯罪发

---

① 刑事政策、执法环境、犯罪状况等要素能够间接地影响检察权的运行，但这些要素更多的只是对检察决策者施加影响，成为检察决策时不能不考虑的因素。在此，仅对检察权运行起到直接推动作用的要素进行阐述。

② 参见孙谦主编：《中国特色社会主义检察制度》，中国检察出版社 2009 年版，第 134 页。

③ 参见魏武：《法德检察制度》，中国检察出版社 2008 年版，第 20~21 页；樊崇义、吴宏耀、种松志主编：《域外检察制度研究》，中国人民公安大学出版社 2008 年版，第 127~128 页。

④ 参见魏武：《法德检察制度》，中国检察出版社 2008 年版，第 178~180 页；樊崇义、吴宏耀、种松志主编：《域外检察制度研究》，中国人民公安大学出版社 2008 年版，第 177 页。

动追诉，但即便如此，检察官也可以坚持自己的意见而不启动追诉程序。作为对普通检察官办案权的制约，也作为对普通检察官违背检察长命令行为的补救，法律赋予检察长将案件交给其他检察官办理的调配权。① 可见，其他国家普通检察官在推动检察权的微观运行中发挥着重要的作用。检察长担负的重要职责就是，围绕国家和政府的统筹安排制定司法政策，保障国家和政府的政策在检察院的落实，从宏观上推动和确保检察权发挥维护法治和社会良性运转的效能。

在我国，检察长是检察机关的首长，享有广泛的职权，对推动和保障检察权的运行发挥主导性作用。检察长除了享有检察工作思路、检察工作重点的决定权外，还在检察权的微观运行中发挥重要作用，主要表现在：一是享有案件批办权，将案件交由有关内设机构查办，并通过对相关案件是否进行初查和立案行使批准权，启动检察办案权的运行程序，这意味着如果检察长不同意对特定案件进行初查或者立案查办，检察办案程序就不能启动，检察职权也就因此而不能运转。二是在具体的检察办案程序中，通过批准侦查措施、强制措施的适用或者解除，对案件的程序处理行使决定权，如对羁押期限重新计算、撤销案件、起诉与不起诉、拟不起诉案件公开审查、变更和追加起诉、撤回起诉、分市院以上的抗诉行使最终的决定权，以及对特定案件或事项是否提交检委会讨论行使决定权，直接影响检察权的微观运行。检察长所享有和行使的职权体现在检察办案的各环节，无论是侦查环节、审查逮捕环节、审查起诉环节，还是诉讼监督环节，各项程序的启动和终结，各项法定措施的采取和变更，各项处理决定的启用，都要由检察长审批，哪个环节缺乏检察长的审批，或者检察长不同意采取特定措施，检察权微观运行的进程将因此而受到影响。

2. 检察委员会在检察权微观运行机制中享有的职权

检察委员会在检察微观运行机制中也享有较广泛的职权，表现在：一是享有审议、决定检察工作如何贯彻国家法律、政策和本级人大常委会决议，总结检察工作经验，研究检察工作面临的新情况、新问题，最高人民检察院检察委员会还享有审议、通过检察工作具体应用法律问题的司法解释，省以下检察院享有审议、通过本地区检察业务、管理等规范性文件的职权，并通过上述职权的行使，来划定和规制检察权微观运行空间和运行模式。二是享有审议、决定本院办理的重大、疑难、复杂案件，审议、决定下一级检察院提请复议的案件

---

① 作为不遵从检察长指令最严重的后果，则是检察官可能会受到纪律制裁，但不能更改对案件的处理结论。参见魏武：《法德检察制度》，中国检察出版社 2008 年版，第 65 页。

或者事项的职权，通过行使这些职权，来推动和规制检察办案权的运行进程。从检察权微观运行的状况看，分市院和区县一级检察院的检察委员会，主要是以讨论决定重大疑难复杂案件的方式，推动检察权的微观运行，省级院和最高人民检察院的检察委员会主要是以讨论通过检察工作总体思路、检察政策、规范性检察文件、司法解释等形式，划定检察权的运行空间，为检察职权的微观运行提供制度规范层面的依据。

3. 内设机构负责人在检察权微观运行机制中享有的职权

在制度规范层面，并没有赋予各内设机构负责人具体的职权，但在实践操作层面，内设机构负责人在检察权的微观运行中发挥着承上启下（上传下达）的效用。内设于检察机关的厅（局、处、科、室）的负责人，上对分管副检察长负责，下对本部门承担的职责统筹管理。无论是检察长主动将案件批给各内设职能部门办理，从而启动检察微观运行机制自上而下运行，还是普通检察官在工作中发现案件线索，并经审查认为应当初查或者立案，或者依照法定程序对案件予以审查，认为应当逮捕或者起诉（不起诉），或者应当采取其他措施，而需要报请检察长审批的，都要经由部门负责人审核。对检察长批办的案件或者其他事项，部门负责人则要根据本部门检察人员的专业特长和业务技能，将有关案件分派给特定的检察官办理，并从程序和期限上予以督促。对由普通检察官受理案件需要报经检察长审批，而启动检察权微观运行程序的，也要由部门负责人审签后，再报请检察长审批。因此决定，部门负责人在检察微观运行机制中实际上享有对案件的审查权和案件分派权，但无论以哪种模式启动检察权的微观运行程序，除直接参与办理的案件，部门负责人所担负的职能就是程序上的形式审查①，既不能变更案件的事实和证据，也不能决定案件的最终处理。但部门负责人可能以程序审核的方式，将案件退回检察官补充证据和其他素材，从而对案件质量进行把关，或者延缓案件的办理时限，也可以利用案件分派的职权，将不同类型和复杂程度的案件，分派给不同素能的检察官办理，间接地促进或者延缓检察权的微观运转进度和运行质量。

4. 普通检察官在检察权微观运行机制中享有的职权

检察权的微观运行实质是在案件的具体办理中实现的，案件办理的过程实质就是检察权的微观运行过程。尽管普通检察官不能直接启动检察权的微观运行，但在检察长决定启动检察权的微观运行后，检察权微观运行所赖以依靠的证据和事实需要通过普通检察官收集整理方能实现。普通检察官根据部门负责人的指派和检察长的决定或者批示，审查办理案件，依法收集、审查核实、甄

①　部门负责人如果认为案情疑难复杂，会将案件提交厅（处）务会讨论。

别采信案件的证据，并根据相互印证的证据形成案件最终的事实。在检察官依
法调查案件的进程中，每推动检察权微观运行前进一步，都必然要采取法定的
侦查措施、强制措施，形成法定的处理决定，而每项措施的采取或者处理决定
的形成，都需要经过部门负责人的审核和报请检察长最终的批准或决定。部门
负责人的审核和检察长的批准，是普通检察官办理案件采取法定措施的保障，
成为普通检察官行使检察权的制度保证。但普通检察官所提供的证据和事实，
又是部门负责人审核和检察长决策授权的依据和前提条件，没有普通检察官提
供的证据材料，推动检察权微观运行的各种决定，则失去了存在的前提。从这
个层面讲，普通检察官是检察权微观运行的基础，也是推动检察权微观运行的
根本性要素，由此决定，普通检察官在检察微观运行机制中享有直接办案权，
具体包括调查权、证据的收集和采信权、强制性侦查措施的实施权、实施强制
措施的建议权和部分强制措施的执行权、案件处理的建议权和执行权等项
职权。

上述推动检察权微观运行的各主体享有的职权及其发挥效用的机理表明，
我国检察权微观运行的起点包括：检察长主动批办案件而启动检察权的微观运
行和普通检察官依照法定程序办理案件，报请检察长批准而启动检察权的微观
运行，检察权微观运行的终点是确认受追诉的犯罪事实是否存在，以及追诉过
程是否彰显人权保障价值。在以查办案件为起点和确认被追诉事实是否存在为
终点，而构成的开放式的检察权微观运行机制中，检察权的运行除了要与外部
进行能量和信息交换，运行机制内部的各要素也要进行能量交换，如检察长批
准采取法定措施或者授权办理案件，必然要以普通检察官提供的事实和证据为
基础，以内设机构负责人对普通检察官获得的证据材料的审查意见为依托，普
通检察官只有在检察长授权或者批准，并经内部机构负责人指派的情况下，才
能依法办理案件，从而推动检察权往前运行，被追诉者对案件事实的陈述或者
辩解，又成为普通检察官认定案件事实和甄别采信证据的重要依据，或者成为
普通检察官查办案件的重要突破口，这些要素相互依存、相互作用，共同推动
检察权的依法规范运行。

但现行检察微观运行机制各要素相互作用的机理也反映出，检察权的微观
运行呈现出明显的行政性特征，体现在检察权的微观运行中，几乎所有事项要
经过检察长的审批，没有检察长的审批或者授权，其他检察官不得采取推动检
察权向前运行的措施，既不能采取法定的侦查措施、强制措施，也不能擅自决
定采取其他处理决定。上命下从是行政权运行最根本的特征，检察活动是司法
活动的重要组成部分，检察权微观运行的行政性特征与检察活动的司法属性不
相吻合，违背了检察活动和检察决策的亲历性规律，该规律要求检察活动的决

策者亲自审查证据，核实案件事实，亲自聆听涉案当事人对案件事实意见的基础上作出决定。①而现行检察权微观运行中的决策者，是在没有也无暇审查案件证据和事实的情况下，根据普通检察官提供的素材直接决策，正因为检察权微观运行所表现出的行政性特征，使得本来属于司法权范畴的检察权的实践运作，表现出较典型的行政特征，检察权的司法属性曾一度受到理论研究者的质疑。同时，公正和效率同为检察权微观运行的价值追求，检察权的微观运行要兼顾公正和效率，检察活动中要采取的任意措施，都要报经检察长审批，体现了检察权行使的审慎和谦抑性，但也可能牺牲了检察权微观运行应当遵循的效率原则，也可能因此丧失了突破案件和获取证据的最佳时机，不利于发挥检察权对刑事犯罪的惩治功能。此外，凡事由检察长审批与责权结合的考核原则相悖。由于检察办案中采取的法定措施和处理决定都经过层层审核和检察长审批，在出现错案或者办案失误的情况下，不好确定和追究错案责任。检察活动中采取的措施和决定由检察长审批的运行机制，也会在一定程度上弱化办案检察官的责任心，淡化其责任意识，不利于调动办案检察官的积极性和创造性，不利于强化对办案检察官的管理。仔细分析检察环节出现的冤错案件的深层次缘由，无不与现行检察权微观运行机制存在的问题密切相关。这些问题的存在表明，对检察权微观运行机制进行改进，对检察权微观运行机制中各要素的职权配置进行完善，应当成为检察改革的重要问题。

（二）微观运行机制中检察职权配置的优化

检察权属于司法权，检察权的微观运行应当彰显司法权的特性。作为规制和引领检察权微观运行的工作机制，必然要为检察权的微观运行彰显司法权属性提供权能和程序保障，为此，就必须按照司法活动基本规律的要求设定检察微观运行机制。现行检察微观运行机制中各要素职权配置过于集中，在运行程序上表现出浓厚的行政特性，没有体现检察权的司法权特性。要使检察微观运行机制体现司法权特性，就必须对现行的检察微观运行机制进行去行政化改造，合理调配检察微观运行机制中各要素所拥有的检察权能，尽可能地保持检察权微观运行中办案与决策的统一性，使得检察权的微观运行体现亲历性规律的要求。鉴于此，我们认为，应当对现行的检察微观运行机制中的职权配置从以下两方面进行改造。

---

① 参见向泽选、曹苏明：《检察规律及其启示》，载《华东政法大学学报》2010 年第6 期。

1. 为普通检察官配置一定的检察职权

现行检察权的微观运行，实质是运行机制中的各主体以行使检察权能的方式实现的，并且主要是通过位于检察权微观运行机制两端的检察长和普通检察官实现的，位于机制中间的部门负责人更多的是发挥连接和桥梁作用，将普通检察官办案中获取的事实和证据材料递交到检察长（分管副检察长，以下相同）手中，供检察长决策，并将检察长关于案件办理的指示和决策传递给普通检察官落实。位于检察权微观运行机制底端的普通检察官负责案件的办理，检察权微观运行中各项具体权能都集中在检察长手中，从检察机关自侦案件的立案到案件诉出检察院，办案过程中要采取的强制性侦查措施和强制措施，侦查羁押期限的延长和重新计算，补充鉴定、重新鉴定，补充侦查，以及案件的起诉，批捕或者不批捕等，都要经过检察长的批准或者授权。

现行检察微观运行机制中具体权能的配置，体现出对被追诉者个体权利的重视，以及谨慎采取检察措施的特性，这是其科学合理的一方面，但另一方面，检察权微观运行中的责任也就落在检察长的肩上了。为了使检察办案中的决策和决定准确无误，不至于出现冤错案件，检察长不得不将大量的精力用在具体的办案事务中。而具体负责检察办案且亲身感知案件情况和证据材料的普通检察官，只要执行好检察长的决定，反倒没有更多的压力和责任了，即便懈怠职责，也很难追究其错案责任。在反复强调办案责任和办案安全的情况下，还屡屡发生办案安全事故，可能也与检察权能在微观运行机制中的配置不够周延有一定的关联。

我们认为，为确保检察权微观运行的安全性和有效性，也为确保检察权微观运行机制中各主体权能配置的适度均衡性，应当为普通检察官配备适度的决策权，将检察权微观运行中不涉及限制或者剥夺公民自由和财产的决策权，相对简单的程序决定权，以及不涉及办案全局的措施的决定权，如侦查中对犯罪嫌疑人辨认的决定权、补充鉴定的批准权、认罪案件的起诉决定权、全程同步录音录像由其他检察人员录制的决定权、请求侦查协作的批准权、拟不起诉案件的公开审查决定权、变更和追加起诉的决定权等，交由承办案件的检察官行使，使其担负一些程序性事项的决定权，以突出检察官在办案中的主体地位，增强责任心。但凡是涉及被追诉者人身和财产等基本（宪法性）权利的剥夺或者限制，涉及办案全局性事项的决定权，如立案、撤销案件、采取强制措施和重大侦查措施的决定权、财产的查封、扣押以及扣押款物的处理权，不认罪案件的起诉、不起诉、重大疑难复杂案件的起诉、侦查羁押期限的延长和重新计算，抗诉以及采取其他监督措施的决定权，依然要由检察长批准或者决定。

2. 厘清和明确检察委员会的职权界限

检察委员会担负着制定检察规则、议定检察工作思路和决定重大疑难复杂案件的处理等职权。表层上，检察委员会的职权边界似乎是明晰的，但由于重大疑难复杂案件的范畴各地掌握标准不一，导致检察委员会的职权边界不很清晰。有的地方把检委会讨论的案件范围限定在以下案件：党委、纪委和上级检察院交办的案件；涉外、涉港、涉澳人员的犯罪案件；涉及宗教、民族人权问题的案件；涉及与世贸组织规则相冲突的案件；涉及可能引发群众性上访的案件；涉及计划生育和农村基金会敏感案件；涉及询问媒体披露的案件；涉及被害人及社会反映强烈的案件；其他可能引起各级领导关注的案件。有的地方把它界定为：检察机关管辖范围以外的国家机关工作人员利用职权实施的其他重大犯罪案件，需要由人民检察院直接受理并报省级检察院决定的案件；重大审查逮捕案件；存疑不起诉案件；相对不起诉案件；被不起诉人对相对不起诉不服提出申诉，人民检察院复查后认为应当撤销不起诉决定提起公诉的案件；认为公安机关不立案理由不能成立，而需要通知公安机关立案的重大或疑难、复杂案件；有关检察长或者公安机关回避的案件；案情疑难或重大复杂的一审控诉案件；对已经发生法律效力的刑事判决、裁判需要提出抗诉的案件；人民检察院办理的错案的确认以及重大疑难刑事错案的赔偿案件。[①]

最高人民检察院 2009 年颁布的《人民检察院检察委员会议事和工作规则》规定，检察委员会审议的案件范围为：有重大社会影响或者重大意见分歧的案件；根据法律及其他规定应当提请检委会决定的案件；按照有关规定提请抗诉的刑事案件和民事、行政案件；应当提请上一级人民检察院复议的案件；下一级提请复议的案件。这一规定力求明确检委会讨论的案件范围，但依然存在不好把握的事由，如"根据法律和其他规定应当提请检委会讨论的案件"，实践中仍然不好把握，从而使得检委会的职权边界依然处于模糊状态，而影响检察权微观运行机制中各主体职权的整体配置效果。

我们认为，要使检察委员会的职权配置边界精确清晰，就必须在坚持现行对检察委员会职权配置模式的基础上，对检委会讨论的案件范围作出便于理解和操作的规定。而唯有将检委会讨论的案件范围限定在：可能判处 10 年有期徒刑、无期徒刑或者死刑的案件；有重大社会影响的案件；有重大分歧的案件；上级交办的案件或者向上级请示的案件或者提请上级处理的案件；按照审

---

① 赵志坚等：《检察委员会工作机制改革研究》，载慕平主编：《检察改革的新探索》，法律出版社 2007 年版，第 48 页。

判监督程序提起抗诉的案件①的范围之内，同时，将检委会讨论的其他事项限定在"事关检察工作全局的重大事项"上，才能使检察委员会的职权配置边界精确清晰，才能使检察委员会的职权配置符合检察权微观运行内在规律和检察效率的要求。

当然，检察微观运行机制中各要素职权配置的完善，需要在不断探索和总结经验的基础上逐渐实现。我国的检察权微观运行机制中各要素的职权配置之所以形成现在的状况，必然有其内在的决定性因素和深刻的缘由。正如哈特彼得斯曾指出的：在某种意义上，法律领域是意义和符号领域，是由有关互动形成、再生产和予以改变的，是活动的过程，在许多活动和交往中，这种符号和意义被正式制度化或未被制度化。②我们需要探知的不仅是检察权微观运行机制中各主体职权配置的现实状况，更需要探知检察微观运行机制中各主体职权配置状况的深层次缘由，阐明影响检察微观运行机制中职权配置社会因素和制度因素，真正搞清楚检察权微观运行机制各要素职权配置的内在规律，并要阐明检察权微观运行机制中，为何有的职权在制度规范层面以显性的方式予以规定，而有的却只是实践运作中存在并发挥作用，以通过配套措施的改革，逐渐推动符合检察规律要求的检察权配置模式的最终形成。

四、宏观运行机制中的检察职权配置

检察权③的宏观运行机制，是推动检察权在上下级检察院之间运行的各要素相互作用形成的工作流程或者工作轨迹。检察权运行的内在机理表明，检察权宏观运行机制的要素包括主体和事由两方面。推动检察权宏观运行的主体是上下级检察院，事由可以理解为上下级检察院启动检察权运行的理由。推动检察权宏观运行的主体和事由都应当是明确和具体的，但从检察权宏观运行的现实情况看，推动检察权宏观运行的事由表现出一定的模糊性和盖然性。由此决定，检察权宏观运行的事由，就成了检察权宏观机制研究要解决的根本问题。具体说，也就是要从理论上明确，上级检察院在哪些情形下可以启动检察权往下运行，相对应的下级检察院又要承担什么责任；下级检察院在何种情况下可

---

① 张智辉：《论检察委员会的职权范围》，载《人民检察》2011 年第 12 期。

② ［德］伯恩·哈特彼得斯：《法律和政治理论的重构》，载［美］马修·德夫林：《哈贝马斯、现代性与法》，高鸿钧译，清华大学出版社 2008 年版，第 138 页。

③ 从检察权的属性上，可将检察权分为检察办案权、检察人事权和检察事务权。三类检察权中，检察办案权是中心和根本，检察人事权和检察事务权是为检察办案权的依法行使服务的。本章所说的检察权的宏观运行指的是检察办案权的运行，不包括检察组织权和检察事务权。

以推动检察权往上运行，上级检察院是否也要承担特定的责任。上下级检察院启动检察权宏观运行的事由不同，表明上下级检察院在检察权的宏观运行中享有不同的职权。上下级检察院各自享有启动检察权宏观运行的特定职权，就能反映出推动检察权宏观运行的具体事由。因此，上下级检察院在检察权宏观运行中的职权，就成了检察宏观运行机制研究的落脚点。

（一）上级检察院在宏观运行机制中应当享有的职权

根据我国宪法和人民检察院组织法的规定，上下级检察院是领导与被领导的关系，这实质是上级检察院推动检察权往下运行的重要依据。上级检察院推动检察权往下运行，是实现上级检察院领导下级检察院的动态表现。各级检察院依法独立行使检察权，是我国宪法和人民检察院组织法确立的检察权运行的又一原则，同时，效率是司法权运行应当遵循的基本准则。故上级检察院在依法推动检察权往下运行中享有的职权，应当在遵循和坚持依法独立行使检察权、检察一体和检察效能原则的基础上确定。据此，我们认为，上级检察院在推动检察权宏观运行的过程中，应当享有以下职权。

1. 信息知悉权

获取检察权在下级检察院的实际运行状况，是上级检察院对下行使领导权的前提条件，是上级检察院掌握推动检察权往下运行时机的重要依据，也是确保检察权往下运行取得预期效果的重要因素。如果在不了解检察权在下级检察院实际运作状况的前提下，就盲目启动检察权往下运行的程序，这种推动检察权往下运行的决定很难产生预期的效能。只有准确掌握检察权在下级院的实际运作状况，才能确保推动检察权往下运行的实效性，才能保证对下级检察院领导的有效性和指挥的准确性，避免对下领导的盲目性。根据检察权往下运行所要实现的根本目的，信息知悉权所"应当知悉"的内容包括：检察权在下级院的整体运作状况和实际效能、下级检察院执行国家法律和贯彻党的路线政策方针的情况、下级检察院贯彻上级院工作部署的情况、下级检察院办理案件的整体情况以及办理重点案件和疑难复杂案件的情况、下级检察院在检察执法中遇到的疑点难点问题、下级检察院执法办案中需要解决的其他问题，等等。总之，信息知悉权的内容应当包括，检察权在下级检察院的运作情况，以及运作过程中需要解决的带有倾向性的问题。

2. 工作部署权

上级检察院享有对下级检察院的工作部署权，是上级检察院对下级检察院行使领导权的重要方式。检察机关作为国家的法律监督机关，其职权来自法律授权，各级检察院的职责和任务法律已经作了划分，但这并不排除各上级检察院根据经济社会形势的发展变化，对其所辖检察机关提出某一时期检察工作的重点和要求。当然，上级检察院对其所辖下级检察院部署工作，要考虑到经济社会发展对检察工作提出的总体要求，要立足检察机关的基本职能，从检察机关服务党和国家工作大局和经济社会的发展要求出发，在结合本地区实际情况的基础上，确定好所辖检察机关某一时期的重点工作。在对下部署工作时，各上级检察院还要准确定位，最高人民检察院要从检察工作服务党和国家工作大局和经济社会发展需要的全局出发，省级以下各上级检察院要在其上级检察院工作部署的范围内，结合本地区的实际情况，对其辖区内的下级检察院部署工作。同时，各上级检察院在对下部署工作时，要考虑到各级人民检察院依照法律规定独立行使检察权的现实需求，还要考虑到检察机关作为一个整体在行使检察职权中的独立性和整体性。要通过行使对下级检察院的工作部署权，使得各级检察机关对经济社会发展的服务和保障职能得到充分发挥，又要通过部署工作使得上下级检察机关作为一个整体的属性得以体现。

3. 办案指挥权

检察权实质是围绕案件办理而运行的。刑事诉讼法没有直接规定检察机关的案件级别管辖权，但规定了法院审判的级别管辖范围。检察机关对案件的级别管辖对应于法院审判的级别管辖，有关司法解释对检察侦查和追诉的级别管辖范围作了明确规定。办案指挥权就是在案件级别管辖的基础上，为保障案件侦查和追诉的顺利进行而赋予各上级检察院的一项职权，包括对案件的督办权、提办权、参办权、交办权、指定管辖权和改变管辖权等几项具体权能①。但办案指挥权具体权能的行使，要符合法定原则、有利于惩治犯罪原则和诉讼效益原则，其中，法定原则是行使各项办案指挥权具体权能首先要考虑和遵循的，在该原则之下，再从有利于惩治犯罪和提高诉讼效能的角度确定具体的办案检察院。例如，指定管辖权的行使，一般只能指定与属地管辖检察院最邻近的检察院办理，而不能不考虑办案成本而将发生在东部地区的职务犯罪交给西部地区的检察院侦查和起诉。又如，对交办权的行使，既可以将案件交给有管辖权的检察院办理，在有管辖权的检察院办理该案不利于惩治犯罪的情况下，才可以将案件交给其他有利于侦查破案的下级检察院办理。为了更好地行使办案指挥权，最高人民检察院必要时还要对检察工作中正确运用法律的问题进行司法解释，省级人民检察院受最高人民检察院的委托，还要对适用于本地区的

---

① 《人民检察院刑事诉讼规则（试行）》的相关条款对检察办案的级别管辖权、提办权、交办权、指定管辖权以及改变管辖权作了明确，如第 13 条规定了级别管辖权，第 14 条规定了提办权、交办权，第 15、16、18 条规定了改变管辖和指定管辖权。

法律疑难问题进行解释，从而使最高人民检察院享有了法律解释的权力，省级
人民检察院附条件地行使规则制定权。总之，要通过办案指挥权的行使，实现
加强上级检察院对下级检察院办案指导，进一步提升检察权运行效率，提升办
案质量的目的。

4. 业务考评权

业务考评权是为规范办案和提升办案质量，而赋予上级检察院的又一项职
权。通过对下级检察院办案质量的考评，可以发现下级检察院执法办案的总体
情况和办案中的不规范乃至违法现象，总结检察权在各下级检察院运行中的成
功经验，纠正下级检察院在检察职权行使中的错误。但现行的检察业务考评具
有注重对履行惩治犯罪职能的激励、侧重对检察权运行的规范和制约、考评结
论主要源自办案数据的静态分析等特点，还存在考核指标的设定与程序法定原
则不相适应、会造成诉讼程序的倒流或前置，并且以"数"和"率"为主考
核评价检察工作，会导致检察实践产生"从严从快"的倾向等问题，①要确保
上级检察院对下的业务考评权的正确行使，发挥业务考评对检察执法办案的正
确导向力，就必须确保各项考评要素的确立，要符合检察权运行的基本规律，
能够督促检察人员积极提高其执法办案的素养。为此，就必须对现行的业务考
评机制进行改革，设定专门的业务考评机构，科学设定检察业务的考评对象，
确立符合实际的检察业务考评方式，②做到对检察办案活动的全程动态监控和
考核，如此，方能通过检察业务考评权的行使，实现检察权在法治轨道和法定
程序内有效运行的效果。

5. 人员培训权

检察培训权是为提升检察人员素质，解决检察办案中存在的问题，提升办
案质量而赋予上级检察院的职权。尽管检察培训权不直接属于检察办案权的范
畴，但由于其与检察人员的素质提升密切相关，进而与检察办案质量具有内在
的逻辑关联，在检察制度规范和检察工作机制其他要素相对恒定的情况下，检
察活动主体的素能，就成了影响办案质量的关键要素，因此，将检察培训权也
纳入检察办案权的范畴一并论述。事实上，要确保检察工作从数量增长型③向

---

① 参见向泽选：《检察业务考评机制》，载《国家检察官学院学报》2010年第4期。
② 参见向泽选：《检察业务考评机制》，载《国家检察官学院学报》2010年第4期。
③ 数量增长型是指单纯的以追求办案数量增长率为衡量标志的检察工作增长模式。

内涵发展型①模式转变，必须确保检察人员素质不断提升，为此，就必须建立不断更新检察活动主体素能的培训机制，提升检察教育培训质量，扩展教育培训领域，增加教育培训的内容。也正是由于意识到经济社会发展和科技进步对检察执法提出的新要求，检察机关近年加强了检察队伍素能建设的力度，加强了检察官专业化教育培训的力度，丰富了检察教育培训的课程体系，创新了检察教育培训的管理机制，检察教育培训取得丰硕成果，检察官的素能得到较大程度的提高。但经济社会发展引发的社会矛盾的复杂性、动态性，社会主体观念变化的趋前性，民众对司法需求的多样性，以及社会管理的动态性等特征，要求检察官的知识结构应当保持不断更新的状态。各上级检察机关应当把检察培训问题纳入重要的议事日程，高度重视检察教育培训工作，建立专门的教育培训机构，定期对不同层别的检察人员分别进行领导素能和业务素能的培训，必须改变传统的检察教育培训模式，锻造一支高素能的检察教育培训师资力量，优化检察教育培训结构，建构科学的内容充实的检察培训课程体系，完善检察教育培训方式，建立健全检察官素能不断提升的动态养成机制。

　　6. 督察权

　　督察权是检察机关内部对检察权的运行情况实施监督的职权，包括对本级检察院和下级检察院检察人员执法活动、执行上级或本级检察机关决议、决定，以及遵守办案纪律的情况进行的监督。督察权的内容多，涵盖面广，被监督的对象包括本级检察院和下级检察院，被监督的事务包括检察执法办案活动和检风检纪两个方面。严格地说，督察权本身不属于检察执法权的范畴，但督察权与检察执法办案直接相关，督察权中包括的对下级检察院是否严格执法办案的督察，以及对下级检察院执法办案质量的督察，则与检察执法办案权的关联更加密切。鉴于此，把督察权纳入检察执法办案权的范畴一并阐述。从职权渊源上看，督察权是近年由最高人民检察院的规范性文件所赋予上级检察院的一项职权。要确保该项职权的行使达到规范检察执法行为、促进公正执法的效果，就必须设置专门的履行检务督察的机构，配备懂得检察权运行内在机理、熟悉检察业务工作的行家里手从事这项工作，要把督察的重点放在职务犯罪不立案的案件，撤案处理的自侦案件、不捕案件、不诉案件、起诉中改变罪名的案件、重大案件、团伙犯罪案件和其他社会危害大的案件、审判改变定性的案件、判处无罪的案件，以及群众举报检察办案人员违法、违纪等反应强烈等案

---

　　①　内涵发展型是指以办案数量和办案质量、办案效果等多种要素为标准，来衡量检察工作效能的发展模式。它要求构成检察活动机制的各要素均衡发展，在各种要素都提升的前提下，追求办案数量和办案效果的辩证统一。

件类型上，重点是督察核实这些案件办理中是否存在违法违纪问题，办案人员是否严格遵守法定程序，以及是否兼顾了刑罚的保护和保障功能，并且要制定完备的督察程序和督察方法，建立信息平台，制作规范的督察文书、表格，力求使督察权的行使规范化、标准化和信息化，真正发挥督察权所应有的事中监督和事前监督的效用。

（二）下级检察院在宏观运行机制中应当享有的职权

下级检察院在推动检察权的宏观运行中发挥着重要作用，并且，检察权在上下级检察院之间宏观运行的最终目的，是要督促和帮助下级检察院落实好上级检察院的工作部署，执行好上级检察院的各种决定，履行好各项法定的检察权能。可以说，下级检察院是检察权宏观运行的最终依托，检察权宏观运行的质量和效果如何，在一定程度上要看下级检察院的执法能力和执法效果。事实上，要确保检察权宏观运行的质量，就必须在强化上级检察院对下级检察院领导权能的同时，赋予下级检察院一定的职权，使得下级检察院也成为检察权宏观运行的启动主体，确保下级检察院执法中的问题和要求，能够及时向上级检察院报告和反馈。根据检察权在上下级检察院之间宏观运行的机理和最终目的，结合程序法定原则的要求，我们认为，应当赋予下级检察院独立办案权、请示权、质疑权和建议权等项权能。

1. 独立办案权

检察权在本质上属于司法权，其运行要符合检察规律中亲历性规律的要求，在案件事实的认定、证据的采信、强制措施和侦查措施的采取，以及案件的最终处理上，只有直接办案的检察人员或者检察院才能依法决定，[1]没有参与案件侦查或者案件审查的检察院，不能决定案件办理中的实体和程序问题，这意味着各级检察机关分别是独立的办案主体，有权独立自主地依照法律的实体和程序规定，对具体的案件采取行动和作出决定。各级检察院依法享有独立的办案权，也是人民检察院依法独立行使检察权的具体表现。但各下级检察院依法享有独立的办案权，并不意味着可以此来抵制上级检察院享有的对下级检察院的办案指挥权，当然，上级检察院享有对下级检察院的办案指挥权，主要限于程序性问题的决定权，如对案件指定管辖、改变管辖、交办案件，从办案时限上进行催办和督办，以及附条件的对下级检察院正在办理的案件中的实体和程序性问题的指导权，如下级检察院就案件办理中的疑难问题向上级检察院

---

[1]　参见向泽选、曹苏明：《检察规律及其启示》，载《华东政法大学学报》2010年第6期。

请示，因为下级检察院的请示，使得上级院获得了对办案中的疑难问题的答复权或者决定权。一般情况下，上级检察院只有在参与下级检察院办理案件的情况下，才享有对案件办理中实体问题和程序问题的发言权。但即便是上级检察院参与了下级检察院立案侦查案件的办理，由于下级检察院是法定的办案主体，办案中采取的法定措施和履行的法律手续，也只能以立案侦查的下级检察院的名义实施。

2. 请示权

如果说独立的执法办案权是下级检察院推动检察权往上运行的基础性权力的话，赋予下级检察院对上的请示权，则是下级检察院启动检察权往上运行的一个直接动因。赋予下级检察院必要的请示权，是确保下级检察院履行法定职责，确保国家法律正确实施，确保上级检察机关的工作部署和各项决定得以落实的保障。但赋予下级检察院案件办理中的请示权，必然导致上级检察院对所请示的问题作出明确的答复，这很可能导致当事人在不服下级院决定时，难以获得上级检察院的救济。因此，有必要从实体和程序两个方面限定请示的内容。下级检察院的请示权，只能限定在检察办案中遇到的法律规定不明确或者法律规定缺失、法律规定理解存有歧义，案件办理中遇到与证券、期货等新的经济现象密切相关的涉及事实认定或者证据采信等不好把握的问题，案件管辖存有争议或者不好确定案件管辖，案件侦查思路或者侦查方向难以确定的问题，案件侦查跨地区需要其他地区检察院予以协助的情形，需要延长办案期限等事由。同时，请示权只能以下级检察院的名义行使，并且只能向其直接的上级检察院请示。一般情况下，不能就案件如何定性或者如何处理直接向上级检察院请示，只有在因案件定性涉及的问题在理论上存在争议，并经检察委员会讨论的情况下，才能向其直接的上级院请示，亦即，案件请示权的行使要在谦抑的原则指导下谨慎行使。

3. 质疑权

质疑权即下级检察院在贯彻上级检察院工作部署和执行上级检察院决定时，发现上级检察院的部署或者决定存在问题时，可以依法向上级检察院提出质疑的权力。赋予下级检察院对上级院的工作部署或者决定的质疑权，是确保检察权宏观运行质量的要求，也是强化上级检察院对下领导的有效方式，但对上级检察院工作部署和决定的质疑权不能任意行使。对上级检察院的工作部署和作出的决定，下级检察院必须执行，即便发现上级检察院的部署或者决定存有与党和国家的路线、方针、政策相悖的情形，只能在执行的同时，以下级检察院的名义向其直接的上级检察院反映。向上级反映情况时，要阐述清楚上级工作部署中的哪些要求，或者上级作出的哪些决定与党和国家的路线方针政策不相符合，或者违背了国家法治的要求，并要阐明具体理由，提出改进的方案。提出质疑的事项，必须从检察工作贯彻落实党和国家工作部署大局的角度出发，要从国家法治建设的全局出发，审视上级检察院的工作决策或者决定，而不能仅从本地区、本部门或者某个具体案件的微观层面来审视或者提出意见，不能以质疑权的名义，对上级检察院作出的决定和部署求全责备，不能以其中的措辞或者某个表述不恰当，而任意对上级检察院的部署或者决定提出异议，更不能以质疑权的行使，消极对抗上级检察院的决定或者工作要求。

4. 建议权

建议权即各下级检察院享有的就检察工作长远发展、检察机关的重点工作，以及检察工作思路和工作部署等事项向上级检察机关提出建议的职权。检察工作的科学发展是各级检察院检察干警应当思考和关注的事情，而不仅仅是各上级检察院要考虑的问题。各级检察机关除了履行好管辖范围内的法定职责，最高人民检察院要从检察工作发展的全局出发，对检察工作的科学发展作出整体部署，其他各上级检察院要对所辖检察院的检察工作作出部署。这就要求各上级检察院既要着眼于全国或者所辖地区的检察工作实际情况，又要从国家法治建设的根本要求出发，思考检察工作如何实现科学发展的问题。事实上，各上级检察院作出的工作部署和各项决策，是在充分调查研究，全面掌握检察工作具体情况和存在的现实问题，按照党和国家中心工作的要求，在综合考虑多种因素的基础上，根据检察工作价值目标的本质要求而作出的。赋予各下级检察院对上级检察院的建议权，既是确保各上级检察院及时获取检察一线最新情况和信息的有效途径，督促各下级检察院积极开展调研，深入思考检察工作科学发展中深层次问题的重要方式，也是各下级检察院推动检察权往上运行的一个重要手段。赋予各下级检察院建议权，也是提高各上级检察院决策质量的有效方式。通过自下而上建议权的行使，使得各下级检察院检察执法中的信息能够及时流转到各上级检察院，能够从另一个方面保障检察权宏观运行的质量。要强调的是，建议权的行使，同样要以各下级检察院的名义在统一格式、统一程序（所提建议必须经过检察委员会讨论）的基础上，向其直接的上级检察院提出。

综上所述，上下级检察院是检察权宏观运行的推动者，分别赋予上下级检察院各自特定的检察权能，是推动检察权宏观运行的前提条件，但要使检察权在上下级检察院之间规范的运转起来，还必须根据检察权宏观运转的内在机理，建构完善的符合检察规律要求的检察权宏观运行的程序和方式。由于建构确保检察权宏观运转的程序和方式，属于检察权运行所要解决的问题，超出了检察权配置的范畴，在此不再详述。但建构与检察权运转规律相适应的程序和方式，是确保上下级检察院在检察权宏观运行机制中享有的职权，能够真正在程序运转中得到兑现和落实的程序保障。

图书在版编目（CIP）数据

检察权优化配置研究/张智辉主编. —北京：中国检察出版社，2014.4
ISBN 978 – 7 – 5102 – 1122 – 5

Ⅰ.①检…　Ⅱ.①张…　Ⅲ.①检察机关 – 权力 – 研究 – 中国
Ⅳ.①D926.3

中国版本图书馆 CIP 数据核字（2014）第 000459 号

检察权优化配置研究

主　编　张智辉　副主编　向泽选　谢鹏程

出版发行：中国检察出版社
社　　址：北京市石景山区香山南路 111 号（100144）
网　　址：中国检察出版社（www.zgjccbs.com）
电　　话：(010)68658769（编辑）　68650015（发行）　68636518（门市）
经　　销：新华书店
印　　刷：三河市西华印务有限公司
开　　本：720 mm×960 mm　16 开
印　　张：26 印张　　插页 4
字　　数：480 千字
版　　次：2014 年 4 月第一版　　2014 年 4 月第一次印刷
书　　号：ISBN 978 – 7 – 5102 – 1122 – 5
定　　价：58.00 元